ワーキング・プア　アメリカの下層社会

ワーキング・プア
アメリカの下層社会

THE WORKING POOR

デイヴィッド・K.シプラー
森岡孝二／川人 博／肥田美佐子 訳

岩波書店

THE WORKING POOR
Invisible in America

by David K. Shipler

First published 2004 by Alfred A. Knopf,
a division of Random House, Inc., New York.

This Japanese edition published 2007
by Iwanami Shoten, Publishers, Tokyo
by arrangement with Alfred A. Knopf,
a division of Random House, Inc., New York
through The English Agency (Japan) Ltd., Tokyo.

日本語版への序文

本書はアメリカについて書かれているが、日本のような他の先進工業国にとっても戒めとなる話を含んでいる。アメリカで見られる困窮というテーマや貧苦のパターンは、乏しい賃金で社会に不可欠な仕事をしている人々がいるところであれば、また富貧の格差が拡大しているところであれば、どこでも生じうる。国々の具体的な階級構造は、一国の文化や経済システム、政府の政策によって形づくられる一方で、窮乏化した生活の基本的な構成要素は、どの国でも悲しいほど普遍的である。

したがって、日本の読者の皆さんは、アメリカの経験についての本書の考察から、有益な示唆を得てくださるだろうと期待している。

英語版の『ワーキング・プア』が二〇〇四年に出版されたとき、編集者も著者も本書がたちどころに成功を収めたことに驚いた。貧困は、二五年以上にわたり、アメリカにおいて片隅に追いやられてきた争点であった。贅沢な消費が広がり、恵まれない人々に対する社会的責任は、保守政治の台頭とともに衰退してきた。それだけに、本書が「ニューヨーク・タイムズ」と「ワシントン・ポスト」の書評紙の表紙を飾り、全米のベストセラーになり、さまざまな貧困追放団体が本書を職員と寄付者に配布しはじめ、大学が新入生の必読書に指定し、教授たちが教材として採用するようになるや、貧困に対する関心という深層海流が姿を現したのである。

関心の広がりを示しているのは、学生が貧困について学んでいるか、地域のボランティア活動に参加している大学と、政府に対する働きかけや、住宅、食糧、法的支援、医療、職業訓練などを通して貧困者を援助している非営利組織から私が受けた、山のような講演依頼である。これは、広大な福祉活動のネットワークと化し、その資金集めの催しは、著明な判事や弁護士、企業の重役、政府の役人、学者、ソーシャル・ワーカーなどの関心を引きつけている。これらの驚嘆に価する部類のアメリカ人たちは、ほとんどが経済的にゆとりがある生活を送っているが、自分たちの社会が直面している不平等について心から憂慮している。

これらはすべて上辺の印象に反することのように思われる。というのは、表面上は、私たちアメリカ人は、強欲さにしだいに満足を覚えてきたように見えるからである。私たちは、政治指導者たちから、社会的正義という大義について話を聞くことはめったにない。二〇〇四年の大統領候補のテレビ討論会では、候補者に対する質問のなかで貧困に関するものはただの一つもなかった。選挙遊説においては、唯一、民主党副大統領候補のジョン・エドワーズだけが、その問題について真剣に議論した。彼が私に述べたところでは、『ワーキング・プア』は彼が選挙後に読んだ最初の本であり、それ以来、貧困対策のために活発なキャンペーンを続けているという――それは彼の政治的将来にプラスになりそうもないアプローチであるにもかかわらず。一般的に言って、置き去りにされた労働者たちは公共討論の題目とはならない。私たちが選んだ議員たちは、私たちが働いて得る貨幣はすべて私たちのものであり、私たちはそれを常に自分自身のために支出するべきだと繰り返し言うだけである。コモン・グッド〔社会全体の利益〕について語られることはほとんどないか、まったくないのである。

しかし、強欲さと並行して、力強い寛容さも存在している。それは、アメリカ人による莫大な寄付を引き起こした二〇〇四年のインド洋大津波につづき、二〇〇五年にハリケーン・カトリーナがニューオーリンズにもたらした壊滅的惨状によって、目に見える形で現れた。そのときには、全米の一般家庭、礼拝所、そして地域組織が住み処を失った市民を受け入れ、何百万ドルもの小切手を書いたのである。ニューオーリンズで露呈した貧困――多くの家庭は暴風雨より先に逃げる経済的余裕がなかった――は、ブッシュ大統領から感動的な言葉を引き出した。彼はこう宣言したのである。「われわれは大胆な行動でもって、この貧困に正面から立ち向かう義務がある」。だが、彼の唯一の大胆な行動は、食糧、住宅、地域開発、その他貧困に対する主要な政策について経費を削減するよう議会に求めるというものであった。

政治家は、増税に関するわずかなささやきですら選挙運動に悪影響を与えると思っており、おそらく実際にそうなのだろう。しかし、私が講演を行い、聴衆に対し、この中に貧困との闘いを支援するのに今以上の税金を払ってもよいと思う人はどれくらいいるかと尋ねると、ほとんどの人が手を挙げる。もちろんこれらは偏ったサンプル――このテーマを進んで聴きにきている人々――であるが、それでもなお、職業的に多種多様であり、全員が政治的にリベラルというわけではない。そしてときには、いやいや聴きにきた人たちが、同じ意見を示すこともある。たとえば、ミネソタ州のエリート校であるカールトン大学の新入生が本書を読んだのち、私の知る限り、その五五〇人全員が、増税に賛成したのである。彼らの意見は、ひとたび彼らの親ではなく彼ら自身が税金を払いはじめたら変わるかもしれないが、しかし、彼らは、自分たちの国で起きていることについて学んで得た深い苦悩によって突き動かされていると、今のところ私は思っている。

二〇〇一年から二〇〇四年までの連邦準備銀行の調査によれば、アメリカの世帯のもっとも富裕な一〇%が、彼らの純資産を六・一%、平均三一一万ドル増加させた一方で、最底辺の二五%は、ゼロ――すなわち資産と負債の額が等しい――の状態から、マイナス一四〇〇ドルへと落ち込んだ。それは最底辺層が資産以上の負債を負っていることを意味する。これは、どのような経済においても健全なことではない。機会均等の原動力として自己を宣伝しているアメリカ経済にあっては、なおさらそうである。

貧困をめぐるアメリカの議論は、個人と社会のいずれがより責任を負うべきかということに焦点が当てられてきたが、私が予想していたとおり、左右の極端なイデオロギー信奉者は、いみじくも本書に困惑している。左翼においては、貧困を助長する家族の機能不全と個人の失敗に関する私の率直さを嫌う一部の人々を怒らせ、右翼においては、社会の諸制度の持つ責任に対する私の「リベラル」な評価を嫌悪する一部の人々を激昂させた。しかし、アメリカの読者の大半は、この袋小路を抜け出し、現実主義的な、イデオロギーにとらわれない議論に向かうことを切望しているように思われる。私は日本においてもまったく同様であろうと信じている。

二〇〇六年八月

D・K・S

デビーに

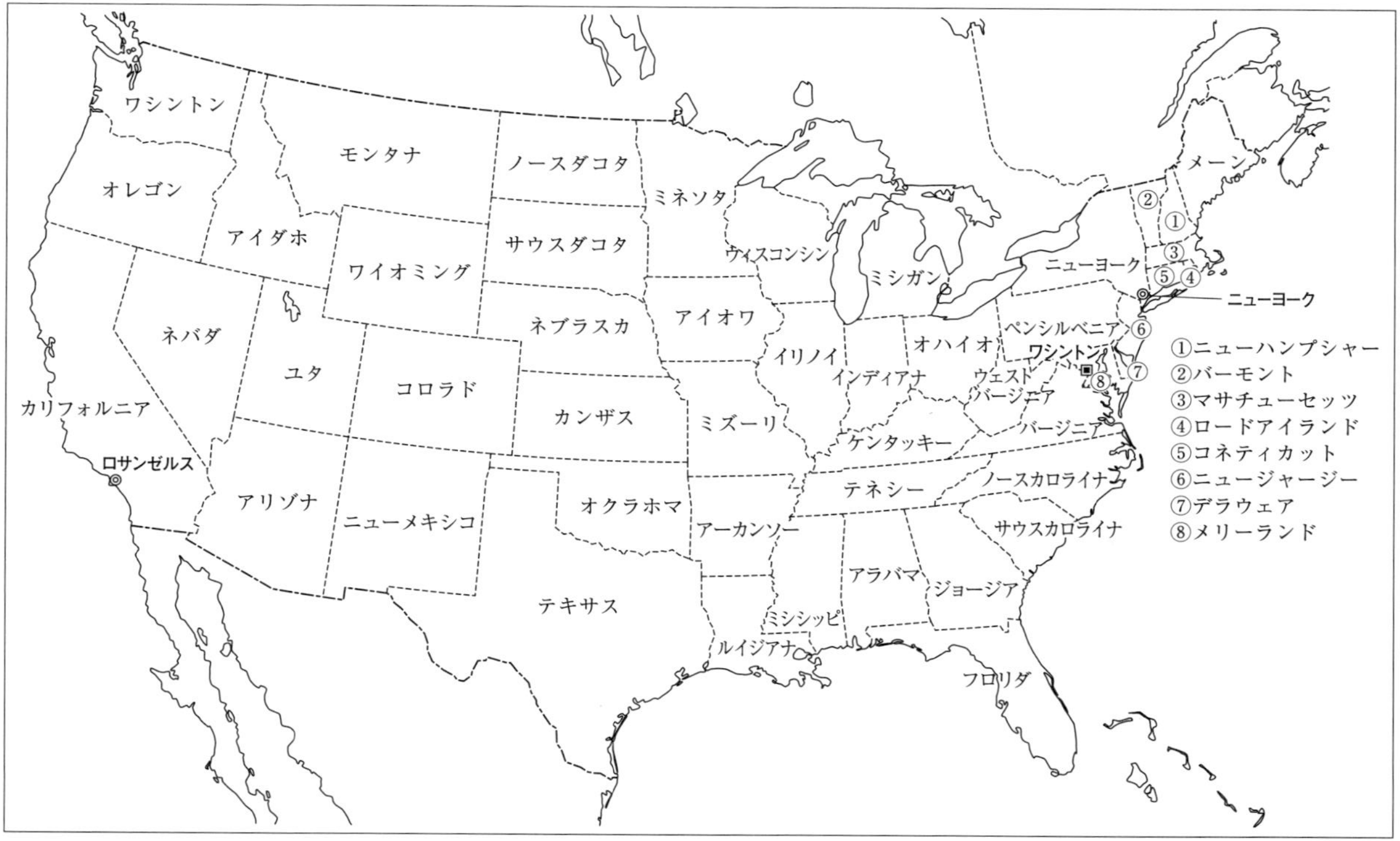
ワシントン
オレゴン
カリフォルニア
ロサンゼルス
ネバダ
アイダホ
モンタナ
ワイオミング
ユタ
アリゾナ
コロラド
ニューメキシコ
ノースダコタ
サウスダコタ
ネブラスカ
カンザス
オクラホマ
テキサス
ミネソタ
アイオワ
ミズーリ
アーカンソー
ルイジアナ
ウィスコンシン
イリノイ
ミシシッピ
ミシガン
インディアナ
ケンタッキー
テネシー
アラバマ
オハイオ
ウェスト
バージニア
ジョージア
フロリダ
ペンシルベニア
ワシントン
バージニア
ノースカロライナ
サウスカロライナ
ニューヨーク
メーン
ニューヨーク
①ニューハンプシャー
②バーモント
③マサチューセッツ
④ロードアイランド
⑤コネティカット
⑥ニュージャージー
⑦デラウェア
⑧メリーランド

目　次

＊原書のペーパーバック版で加えられたEpilogueの日本語訳については、岩波書店ホームページ(http://www.iwanami.co.jp/)に掲載しております。併せてご参照ください。

装　丁＝後藤葉子

序文 *Preface*

本書で取り上げた人々の大半は腹を立てる余裕さえない。彼らは生活苦でへとへとになっている。彼らの賃金は貧困から抜け出し生活を改善するにはほど遠く、みじめな生活がかえって彼らを阻害している。彼らについてよく言われる「ワーキング・プア」〔勤労貧民、訳注、以下同〕という言葉は矛盾した表現である。アメリカでは勤勉に働く者が貧困であってはならないはずである。

この国が繁栄を極めた一九九七年に、私は繁栄から取り残された勤労者の調査に着手した。私はその人々に、ワシントンの黒人居住区、ニューハンプシャーの白人の町、クリーブランドとシカゴの工場や職業訓練センター、アクロン〔オハイオ州〕とロサンゼルスの公営住宅〔低所得者向け公営住宅団地〕、ボストンとボルチモアの栄養失調診療所、カリフォルニアのスウェットショップ〔非常に低賃金で劣悪な労働条件の工場や商店〕、ノースカロライナの農場などで出会った。

私の目的は、その人々の生活を許される限り徹底的に調査し、一人ひとりを困窮させた原因と結果の複雑にもつれた糸を解きほぐすことだった。一部の人々は一、二度会っただけだが、他の人々は現在に至るまで五、六年追跡調査してきた。好景気が終わり景気後退が始まった頃、私は彼らと繰り返し連絡を取った。その間、彼らは上昇と破綻、結婚と離婚、子どもの誕生と家族の死を経験してきた。

この国の経済の浮沈は彼らにあまり大きな影響を与えなかった。彼らは好況時にも不況時にも苦しんでいた。なかには脱力状態のうつ病に陥り、諦め、無力感、敗北感を感じている者もいた。彼らは、カール・サンドバーグ〔アメリカの詩人、1878－1967〕の言葉を借りれば、「希望に疲れ、夢もない」状態であった。しかし、なかには自分の夢と決断力を持っていて、仕事の能力を信じ、やる気に満ちた人々もいる。彼らはめったに自分の状況に腹を立てることはなかったが、怒りが表に出るときは、しばしば間違って配偶者や子どもや同僚に対して向けられる。上司や政府や国や富裕層を非難してよさそうな場合でもたいていそうしない。彼らはよく自分自身を責めるが、そうするのがもっともなときもある。

同じ人々と何年にもわたり一二回、一五回、二〇回、あるいはそれ以上の面談をしてくれれば、その人たちが好きになってくる。だから当然、私は彼らを応援している。しかし、私はイデオロギーのレンズを通してではなく、曇りのない目で物事を見ようとしてきた。実のところ、信心深い保守派も、熱情的なリベラルも、本書の貧困に関する描写には困惑するだろう。少なくとも私はそうなることを期待している。というのも、私の見た現実は、どんなグループの政治的信念にもうまく適合するものではないからである。私は、この問題領域の両極にある長年の仮定に挑み、その仮定を切り崩したいのである。

本書の主題は強く感情の機微に触れるものであり、アメリカ人が自分たち自身に関して信じていることの核心に突き刺さるものである。それゆえ、読み続けるのがつらい事実に出くわす読者には、これらの生活のあらゆる矛盾をより広い洞察力で理解していただくことを強く願っている。この問題に立ち向かおうとすれば、私たちは党利党略の政治を超越する必要がある。

本書に登場する家族の大半は、連邦政府の公式の貧困ラインのわずか下か、少し上の生活をしている。貧困を調査するのに、これらの人々を考察するのは、奇妙に思われるかもしれない。彼らは安易な定義を受け付けない境界領域にいる。しかし、そのことが彼らを意味のある存在にしている。というのは、それによって貧困者が現状から抜け出そうとする際に越えなければならない障害物がはっきりとわかるからである。貧困の淵に立てば、貧困の奥深さが明確に見えてくるのである。

「貧困」という用語には不確かなところがある。貧困は政府が定める年収額によって単純に線引できるようなものではない。実生活では、貧困は一連の区切りのない領域であり、社会が通常認識しているよりも広範囲の困窮を意味している。実際には、公的に「貧しい」とされているより多くの人々が、貧困と結びついた困難に打ちひしがれている。それゆえ、私は「貧しい」という言葉を、統計学者のようには用いない。私は貧しいという語を、それに付随するあらゆる問題とともに、経済レベルにおける最下層を意味するものとして、なるべくあいまいなまま使用する。

ワーキング・プアに関して議論するには、彼らの雇用主に関して議論する必要がある。したがって、雇用主――安価な労働力から利益を得ているか、企業の生き残りに苦闘している起業家や経営者――も本書に登場する。さらに、読者は本書を読み進むうちに、状況を変えようとしている教師や医師などの専門家に出会うだろう。

私は人口統計から見た代表例を描こうとしたわけではないが、この国が概してそうであるように、本書のワーキング・プアの大半も女性である。彼女らは、多くの場合、結婚していない子持ちであり、低い収入と育てている子どもの高い要求に苦しんでいる。私が取り上げた人の多くはアメリカ市民であるが、その労働がこの国の成長と安らぎのために不可欠な合法・不法の移民もいる。

本書に登場する人々は白人、黒人、アジア系、ヒスパニック〔スペイン語を話す中南米系の人〕である。アメリカの貧困には民族的、人種的な境界はない。アフリカ系アメリカ人は、彼らの多くが通う劣悪な公立学校のなかで、彼らの多くが住む荒廃した近隣地域のなかで、彼らを今なお苦しめる固定観念と人種差別のなかで、特別な困難にぶつかっている。肉体労働の地位から管理的地位へ抜け出そうとするときはとくにそうである。奴隷制の遺物は今なお消え去っておらず、アメリカにおける人種的偏見の長い歴史のために、低所得のアメリカ人のなかには人口比から見ると著しく不比例に黒人が多い。とはいえ、貧困はまたあらゆる人種の人々を苦しめる普遍的な苦難を意味する。労働社会の底辺にいる白人も、黒人が堪え忍んでいる障害のすべてではないにせよ、その多くに苦しめられている。それゆえ、私は前著『よそ者の国』(*A Country of Strangers*, 1997)では黒人と白人の隔壁について書いたが、今回は人種の境界線を越えて広く共通する貧困の動態に視点を移した。

本書には創作した登場人物はいない。私はそんな小細工はまったくしていない。どの人物も実在している。名前を明かさないように頼まれた場合には、ファーストネームだけを用いるか、初出のときに仮名で置き換えるか、任意に選んだ頭文字を用いるかした。

名前を明かせる人のなかには、私が感謝しなければならない人が多くいる。妻のデビーは教師とソーシャル・ワーカーの能力を発揮して、教育と育児という複雑な問題に私の目を向けさせてくれ、また手際よく原稿に手を入れてくれた。彼女は、私がいつも家に持ち帰る話の理解を助けてくれることで私のルポをよいものにし、私が理解しようとしていたことについて繰り返し考えるよう強く後押ししてくれた。ともに上手な書き手で、鋭い観察者である娘のローラと息子マイケルの示唆で、原稿は著しく改善された。二人のおかげで、よりよい本ができた。兄のジョナサンは、原稿を校閲してそれを洗練されたものにし、有益な意見を述べてくれた。

たくさんの人が多くの時間を割いて手助けしてくれた。本文中で言及していないかあるいは十分に感謝の言葉を述べられなかったのは、以下の人々である。私に貧困と闘う労働者を紹介し、原稿に関して示唆を与えてくれた、友人のニューハンプシャー州元州議会議員のデイヴィッド・アリソン。ニューイングランド地方の貧しい人々に手をさしのべているレベッカ・ジェンテス、ナンシー・ゼトー、ボブ・オルコット。ロサンゼルスの韓国系労働者と中南米系労働者を援助する効果的な組織を指揮しているロイ・ホンとビクター・ナロ。企業経済学について門戸を開いて啓発してくれた私のいとこで、ファッションのデザイナー兼製造業者をしているマリア・ウォイチェホフスキ。ロサンゼルスのジョブズ・プラス〔雇用促進団体〕のモニク・デイヴィス、ルルデス・カストロ、リチャード・ケインズ。ワシントンのファースト・ロック・バプテスト教会のリチャード・コービン牧師、SOME雇用訓練センター所長のジェームズ・ベックウィズ。この国の首都の貧困について鋭い見識を与えてくれたルフス・フェルダーとブレンダ・ヒックス。原稿に論評を加え、ボストン医療センターの診療所を紹介し、研究スタッフに会わせてくれた、若く優秀で献身的な小児科医のジョシュア・シャーフスタイン。ボストン医療センターのデボラ・フランク医師とバリー・ズッカーマン医師。ボルチモアの成長・栄養診療所の代表モーリーン・M・ブラック。デラウェア大学のグウェン・B・ブラウン。アクロンのYWCAのデイケアセンター代表ナンシー・ライス。クリーブランド雇用訓練センター所長のマリー・ラポート。カンザスシティ地域投資委員会のブレント・シェーンデルメイヤー。アクロンとワシントン〔州と限定しないかぎり首都を指す〕でそれぞれ学校長を務める、洞察力に富んだアンソニー・マラノとセオドア・ヒントン。ロサンゼルスで私が韓国人にインタビューするときの通訳をしてくれたジュリア・ソング。

私のエージェントのエスター・ニューバーグは、この企画の初めから私を熱心に励ましてくれた。編集者ジョナサン・シーガルは、この仕事を熱意としっかりした助言でもって受け入れてくれた。両人にはとても感謝している。

仮にこれが短編小説集であれば、登場人物がいて、ときには筋書きがあり、家族の悲劇と孤独なヒロイズムまで描かれていると言われるところだろう。しかしここにはクライマックスも物語の終わりもない。人生は未解決のまま続くのである。

二〇〇三年六月

D・K・S

序　章　貧困の淵に立って　*At the Edge of Poverty*

希望に疲れ、夢もない

――カール・サンドバーグ

アメリカの神話と反神話

洗車係の男性は自分の車を持っていない。銀行で支払い済み小切手をファイルする行員は自分の預金口座に二ドル二セントしかない。医学の教科書の原稿を整理する女性は一〇年このかた歯医者に行っていない。

これは忘れ去られたアメリカである。アメリカの労働社会の底辺では、無数の人々が繁栄の陰で、貧困と福祉の間の薄暗がりに暮らしている。金持ちであれ、貧乏人であれ、中産階級であれ、私たちは、毎日その人々に出会っている。彼らは私たちにビッグマックを出し、私たちがウォルマートで買い物をするのを手伝う。彼らは私たちの食糧を収穫し、私たちのオフィスを掃除し、私たちの衣服を縫っている。カリフォルニアの工場では、私たちの子ども用自転車のライトを梱包している。ニューハンプシャーの工場では、私たちの部屋の改装に役立つ壁紙のサンプル本を作っている。

彼らの困窮状態は目に見えない。彼らの中には苦労して生活保護、麻薬依存症、ホームレス生活から抜け出した者もいる。低賃金労働の危険ラインにずっと置かれてきた者もいる。栄養失調の子もいる。性的虐待を受けた者もいる。崩れかけた住宅に住んでいる者もおり、そのために子どもは喘息になりやすく、学校を何日も休むことになる。子どもたちの中には、黒板をはっきりと読むのに必要なメガネを持っていない者さえいる。

本書は、何人かのこうした人たちとその家族や、彼らの夢や個人的欠点や、さらにはより大きなこの国の欠陥について述べている。アメリカが前例のない豊かさを謳歌してきた一方で、低賃金労働者は、勤勉は貧困を解決するというアメリカの教義に疑問を提起してきた。労働がよい結果を生むことに気づいた者もいる。労働はよい結果を生まないことを学んだ者もいる。多くの人たちが、苦労が多く賃金の少ない仕事を転々と変わり、政府の定めた貧困ライン上を歩き、危険なまでに困窮の淵のすぐそばにいる。裕福な家庭にとってはある種の面倒——ちょっとした車の故障、短期の病気、育児の困難——でも、彼らにとっては一大危機である。というのも、それは彼らの就業能力を脅かすからである。彼らは、収入をつかいはたし、まったく貯蓄しない。いつも支払いが滞っている。ほんのわずかの銀行預金があるか、あるいはまったくない。そのためにゆとりのあるアメリカ人より多くの手数料や金利を支払う。経済が活況を呈しているときでさえ、大多数は、元の状態からあまりよくなることなく、苦境をさまよう。景気が悪くなると危機的状態に逆戻りする。

何百万もの人々が、連邦政府の福祉改革〔受給者の二年以内の就労義務と五年以内の受給期間制限などを盛り込んだ個人責任・就労機会調整法〕によって、受給期間に制限が設けられると同時に、働くことを義務づけられ、アメリカの繁栄期の一九九六年に成立したこの改革は、多くの福祉受給者からは、息苦しい依存の世界を抜け出て、活動的で、やり甲斐のある、希望に満ちた職場生活に踏み出すように誘導するものだと思われている。自信を得て、子どもたちから新たな尊敬の念を持たれるようになったと言う人も一部にはいる。運がよいか、才能がある人は、出世の階段を昇り、地位が高まり、賃金が上がっていく。しかし、より多くは、低賃金のままで生活水準は相変わらずである。彼らは貯蓄も、まともな医療を受けることも、よりよい地域に引っ越すことも、将来の成功を約束してくれる学校に子どもたちを行かせることもできない。これらの人々は忘れ去られたアメリカ人である。彼らは福祉から抜け出すと、注目され数に入れられるが、労働生活であがいているときはこの国のレーダーから消え去っている。

貧困から抜け出し、安心して暮らせるようになるには、有利な条件がすべてそろう必要があるように思われる。一連の技能、十分な初任給、昇進の見込みのある職が必要条件である。しかし、目的の明確さ、強い意志、多額の借金を抱えていないこと、病気や依存症を患っていないこと、まともな家族、しっかりした友人たちのネットワーク、民間や政府の機関からの適切な援助があることなどもまた必要条件である。ここに列挙した条件のどれが欠けてもトラブルのもとになる。なぜなら、貧乏でいることは無防備でいることを意味するからである。それは、ヘルメットもパッドも着けず、練習もせず、経験もないまま、体重一〇〇ポンド〔約四五キロ〕のひ弱なアメフト選手たちの戦列の後方で、クオーターバックをやろうとするようなものである。資金の蓄えもなく、より広い世界に適応する訓練もなく、荒廃した地域社会の脅威と誘惑に対する防備もほとんどない状態では、貧乏人は繰り返しクビになり——叩きのめされ、傷つけられ、打ち負かされる。アメリカン・ドリームの実現と呼ばれるのは、例外的にこの破滅のサイクルが破られるときである。

　アメリカには、貧困の原因についてはまったく不確かで、それゆえにその解決策も不確かであると考える文化がある。アメリカの神話は依然として、最も身分の低い生まれの者でも幸せになれるということを前提としている。私たちはそれが真実であることを望んでおり、フィクションであれ現実であれ、それが真実であると思わせてくれるお手本が大好きである。ホレイショ・アルジャー〔『ぼろ着のディック』の著者、1832−1899〕は今ではもう読まれない一九世紀の作家であるが、その名は、彼の描く人物が高潔勤勉に働いて達成する、ぼろ着から大金持ちに立身出世する物語の別名として、私たちの脳裏に埋め込まれている。その古典的な移民物語は、自由の女神像の碑文にある「黄金の扉」への「うちひしがれた群衆」の到着に対してこの国にずっとある反感にもかかわらず、今でもなおアメリカ人の心を揺さぶる[1]。一方では移民の流入を嫌いながらも、私たちは、困窮した難民を成功した起業家にさせる、たゆみない労働と実直な倹約の尊さに酔いしれる。ジョージ・W・ブッシュは、彼の最初の政権の第一次組閣で二人の黒人と一人のヒスパニックと二人の女性を含めたことに、何かメッセージを伝える意味合いがあるのかと尋ねられたときに、その神話を口にした。「そのとおり」と新大統領は答えた。「アメリカにおいては、懸命に働き人生で適切な判断をする人は何でも望むことを成し遂げることができる」(2)。

この神話の意義は重要である。それは国家にもすべての住民にも、厳しい基準を定めている。国家は自らを伝説の機会の地にするために努力しなければならず、住民はその機会を利用するために努力しなければならない。この観念は、「公民権運動」や「貧困に対する戦争」を鼓舞し、豊かさのただ中に残り続ける困窮を軽減する方法を探究するよう絶えず鼓舞してきた。

しかし、このアメリカの神話はまた、責任を転嫁する手段をも提供する。ピューリタンの遺産では、勤勉は単に実利的であるだけでなく道徳的でもあり、勤勉の欠如は倫理的な堕落をも意味する。無情な論理は過酷な判断を下す。もしある人の勤勉が成功につながるのであるならば、労働が美徳であるならば、また社会の誰もが労働を通じて成功を手に入れることができるのであるならば、そうしないことは正道からの逸脱である。市場は公正かつ最終的な審判者であるとすると、低賃金であるのはどうやらその労働者の落ち度であり、彼の労働の低い価値を反映しているにすぎない。CNNのジュディ・ウッドラフが二〇〇〇年三月に共和党の大統領候補者の討論会で司会を務めたとき、彼女はアラン・キース〔二〇〇〇年大統領選挙における共和党候補者の一人〕に、一部の道徳性の指標が改善しているのに道徳が悪化している理由をどう思うか尋ねた。そして、犯罪は減り、婚外出産も減り、福祉受給者も減ったことに言及した。福祉は明らかに不道徳の指標とされているのである。

対極には、個人の貧困に関して社会に責任を負わせるようなアメリカの反神話もある。人種差別と経済力のヒエラルキーは、劣悪な学校と限られた選択肢しかない困窮した地域社会という病理現象を生み出す。貧困者の子どもたちは非行や薬物に走るか、低賃金で将来のほとんどない職へ追い込まれる。個人は、個人の労働を搾取する利潤に飢えた企業を含む、個人では制御できない巨大な力の犠牲者なのである。

一九六二年、マイケル・ハリントンが著書『もう一つのアメリカ』(内田満・青山保訳、日本評論社、一九六五年)において鮮やかに表現した反神話は、人々の現実認識を高めるものであった。当時の豊かさによって目隠しされていた国民にとって、貧困者の広大な「見えない国」についてのハリントンの描写は思いがけない事実の暴露であった。それはリンドン・B・ジョンソン〔元大統領〕の「貧困に対する戦争」をもたらすことに役立った。しかしジョンソンの運動は真にこの国を団結させることはなかったし、勝利を収めることもなかった。

四〇年後、わが国は経済的に繁栄したあげく、富める者と貧しい者の格差は拡大する一方で、上位一〇%では〔世帯〕平均八三万三六〇〇ドルの純資産があり、下位二〇%ではわずか七九〇〇ドルしかない[3]。日本、香港、イスラエル、カナダ、西ヨーロッパの全主要国に比して、アメリカの平均寿命は短く、乳児死亡率は高い[4]。だがそのことは書かれたり、議論されたりしても、所詮は未解決で放置されたままであり、驚いたり、ショックを受けたり、憤慨したり、されにくくなっている。それゆえに行動を起こすことはいっそう難しい。

もちろん現実には、人々は簡単に神話あるいは反神話に当てはまるわけではない。本書に登場する働く個々人は、孤立無援でも全能でもなく、個人の責任と社会の責任という両極の中間領域のさまざまな地点に位置している。各人の人生は、まずい選択と不幸な運勢の合成物であり、また、選ばれなかった進路と、生まれや環境という偶然によって中断された進路の合成物なのである。ある人の貧困が、その人の無分別な行為——学校の中退、婚外出産、薬物の使用、仕事での慢性的な遅刻——にいくらかでも関係していないような事例を見つけるのは困難である。そしてまた、お粗末な育児、不十分な教育、将来の展望が見えない地域のみすぼらしい住宅、といった親から引き継がれた境遇に多少とも関係していない事情を見つけることも困難である。

個人の貧困に関して個人が果たすべき役割をどのように限定するかは、社会福祉などの社会政策をめぐる議論で取り上げられてきた問題であるが、特定の事例においてすら、それが明確に解答されることはめったにない。貧困な人々は、富裕な人々と比べ、私的な決定に関して制御する力が弱く、冷酷な行政機構から身を守ることもままならず、技術と競争を原動力とする危険に満ちた猛烈な世界を航海して回る鋭敏さにも劣る。彼らの個人的な誤りはより大きな結果を伴うが、彼らの個人的な達成はより小さな見返りしか生み出さない。個人と公共性の相互作用は非常に複雑であり、そのため職業訓練のような援助も重要な意味を持っている。たとえば、職業訓練は各個人のニーズにぴったりと合っていなければならないが、個々人のニーズは、コンピュータを使ったり旋盤を動かしたりするといったような「ハードスキル」を含むだけでなく、同僚と協力し合う、すすんで秩序に従う、長年の困窮でたまってきているかもしれない深い怒りを制御する、といった「ソフトスキル」をも含んでいる。職業訓練士たちは――学業や恋愛や仕事において――繰り返し失敗してきた人々は、自分には成功する能力があるということを自覚しない限り成功できないということに気づきつつある。貧困から抜け出すには、手の器用さだけでなく感情の器用さをも身につけなければならない。

豊かな国の貧困

貧困から出ることは、パスポートを見せて国境を越えるようなものではない。欠乏と満足の間には広くて長い競合領域があって、その移動は誰にとっても同じわけではない。「家賃を一回〔一週間〕の給料で払えたら気持ちがいいでしょうね――一か月の家賃を払うために二週間の間貯金するというようなことをしなくてよいのですから」と、ワシントンに住むティローン・ピクスレーというすらりとした五〇歳の男性は言った。彼はとりわけ多くを求めず、日雇い労働者とヘロイン常用者という厳しい生活から抜け出してきた。「私はあたふたしなければいけないようなことは望みません」と彼は無邪気に言う。「気持ちよく暮らせればいいのです。たとえそれが一〇×一〇フィート〔約三×三メートル〕の部屋であっても。そうすれば一か月の間には、自分の給料からすべての請求書の支払いができます。なにも貯蓄しなくてもいいのです。気持ちよく暮らすには銀行口座を持つ必要はありません」。

これほど豊かな国では、大半の人々がティローン・ピクスレーよりも旺盛な欲望を持っている。ほとんどつけっぱなしにされているテレビから絶え間なく流れる広告に囲まれて、多くのアメリカ人はさまざまな欲求を持つようになり、それらは必要に転ずる。「公営住宅に住んで、母親は福祉を受けているとします。それで六人か、五、七、八人の子どもを育てていて、なにもかも欲するとしたら、手に入れることはできません」と、フランク・ディカーソンは言い訳する。彼はビルの守衛で、自分にないものを手に入れるため、ワシントンで薬物を取り引きしている。「子どもらはすてきなテニス・シューズやジャケットを欲しがる。六、七人も子どもがいて福祉を受けている母親にはそれを買ってやれない。子どもたちがどうやって手に入れようとするかって? 年をとって大人になると、いいものが欲しくなる。そうなると、それを手に入れるには薬物に走るしかない。そういうことです。そこに行って取り引きしさえすれば、欲しいものが手に入る。車も、アパートも、服も」。フランク・デイカーソンは三年間を刑務所で過ごしたが、彼と妻は、彼が薬物から稼いだ金でメリーランドの郊外に家も購入した。

このように貧困に対して安易な定義は役立たない。貧困は絶対的なものでありうる――基本的な必需品を手に入れる能力の欠如。相対的なものでありうる――ある時代やある場所で広まっているライフスタイルを手に入れる能力の欠如。貧困は普遍的な尺度や不平等の指標によって測りうるものではない。辞書でさえ同一ではない。「生活手段の欠乏あるいは不足」と、ある辞書は断定的に言う。(5)「物質的ニーズあるいは快適さを手に入れる手段の欠如」と、別の辞書は言う。(6)「通例あるいは社会的に許容された金銭や物質的所有を欠いている状態」と、第三の辞書は言う。(7)

世界的あるいは歴史的な基準によると、アメリカ人が貧困と見なすものの多くは贅沢である。地方のロシア人は、車を買えず、家にセントラル・ヒーティングがなくても、貧乏だとは見なされない。しかし、地方のアメリカ人はそれでは貧乏と見なされる。ベトナム人は水牛で耕し、手で水を引き、藁葺きの家に住んでいるからといって、貧乏とは見なされない。しかしノースカロライナの農場労働者は、キュウリを手で穫り、一箱に一ドルをもらい、崩れかけのトレーラー〔移動住宅、トレーラーハウスともいう〕に住んでいるという理由で、貧乏と見なされる。世界の困窮した人々の大半は、アメリカの貧しい人々を取り囲むアパート、電話、テレビ、水道、衣料品、その他の生活の利便品に目がくらむだろう。しかし、そのことは貧困者が貧しくないということを意味するわけではないし、貧困の淵に立つ人たちが本当は崖っぷちにいないということを意味するものでもない。

「アメリカの貧困者は香港や一六世紀なら貧しくない。彼らは今ここで、このアメリカにおいて貧しいのである」と、マイケル・ハリントンは香港が急激に繁栄するようになる前に書いた。「彼らは、この国の他の人々が享受しているものから見て貧困化させられており、社会が意志さえあれば提供できるものから見て貧困化させられている。彼らは社会の中心から外れたところで生活している。豊かなアメリカについて彼らが見る映画や読む雑誌は、彼らが国内難民であると告げている……。他の人々がみんな半杯の飯を食べる社会では一杯の飯を食べることは、学力と知力の証しになるかもしれない。それは人に行動を起こさせ、その人の潜在能力を発揮するよう駆り立てるだろう。大多数がまともな、バランスのとれた食事をとっている社会では、五杯の飯を食べることは悲劇である」[8]。

事実、豊かな国において貧しいことは、貧しい国において貧しいよりも、より耐え難いかもしれない。なぜなら、貧乏を生き抜く能力は、アメリカでは大方失われてしまったからである。ハノイのスラムを訪れれば、瓶《びん》と棒きれと自転車の車輪の錆びたリムで遊びを考案する子どもらを目にするだろう。ロサンゼルスのスラムに行けば、プラスチックのおもちゃとビデオ・ゲームに依存する子どもらを目にするだろう。私の息子のマイケルはカンボジアで暮らして、必要によって生み出される工夫の才や、自分の国であれば捨てられるであろうものを修理する能力に驚嘆した。プノンペンでテレビのリモート・コントローラーが作動しなくなったとき、彼は街角でそれを一ドルで修理してもらった。

見過ごされている人々

アメリカにおいて連邦政府は貧困をきわめて単純に定義している。二〇〇二年時点〔二〇〇三年発表〕では、大人一人と子ども三人の家族で年収が一万八三〇七ドル以下を指す。その額はある人が一年五二週に一週四〇時間労働する、すなわち年間二〇八〇時間労働すると仮定すると時給八・八ドルになり、連邦政府の定める最低賃金〔五・一五ドル〕より三・六五ドル高い[9]〔原資料によって数字を一部訂正〕。一九九〇年代の景気拡大の間、所得の上昇が続いたために、公的な貧困率は低下した。二〇〇〇年には人口比一一・三%となり、一九九三年の人口比一五・一%から下がった。それから、貧困率はその後の景気後退期にわずかに上昇し、二〇〇二年には一二・一%となった。

しかしその数字は誤解を招く。連邦政府の貧困ラインは、まともな暮らしに必要な額のはるか下で区切られている。なぜなら、国勢調査局は社会保障庁によって一九六四年に考案された基本的なやり方を、その後四度の小さな改訂があったものの、依然として用いているからである。その方式は「つましい食料バスケット」費の約三倍に貧困の水準を設定している。その計算は一九五五年の支出パターンに由来するもので、当時は平均的な家族は収入の約三分の一を食費に費やしていた。平均的な家族は家計の約六分の一しか食費に充てていない今日では、それはもはや妥当しない。それなのに政府は「つましい食料バスケット」費に三を掛け続けており、ただ物価上昇率で調整しているだけで、ライフスタイルの半世紀近くの劇的な変化に目をつぶっている[10]。

その結果、生活が困窮していると当然考えられる人々の数を過小に見積もり、現実を美化している。国勢調査局と全米科学アカデミーによってテストされている、より正確なやり方は、食糧、衣服、住居、電気・水道・ガスなどの実際の費用をもとにしている。これらの計算に基づけば、食料切符、学校給食といった、政府から給付金を支給されている住宅、燃料費助成、学校給食といった、政府から給付金を支給されているに入っていない給付金も収入に含まれるであろう。また、育児、医療費、医療保険料、社会保障賃金税〔失業保険に充当される〕といった、現在は無視されている支出も生計費に含まれるだろう。一九九八年にさまざまな方式が試みられたとき、それらの方式は、人口に占める貧困者の割合を約三ポイント高め、公式値の三四五〇万人を四二四〇万人へ増加させた[11]。その方式の最近の少し異なったやり方は、二〇〇一年に貧困者を〇・六％増加させた[12]。そのような修正は、おそらく、より多くの家族に貧困の水準にリンクした諸給付の受給資格を与えるであろう。州によっては子どもの医療保険を含むいくつかの制度は、すでに貧困の基準値の最大一五〇から二〇〇％の収入の世帯をもカバーしている。

しかし、もし改訂された貧困の計算方式が採用されても、それはある家族の瞬間的な状況の静止画像を提供するだけであろう。そんなスナップ写真では、動画でなら見られる生活の浮沈は見失われてしまう。その方式は、ある年の収入と支出だけを計って、資産と負債を計らないということによって過去を無視しているが、その過去は、往々にして、現在の上にのしかかるどうしようもない重荷なのである。多くの人々が貧困水準より収入の多い仕事に移ったとしても、その結果は、学資ローンや、自動車のローン、クレジットカードの以前からの負債残高にかかる法外な利子が現金収入の大半を食い尽くしてしまい、以前よりよい生活は送れないということを悟ることになるだけである。

一方、貧困者やそれに近い人は、貧困を定義するように求められると、財布にいくらあるか話すだけでなく、頭や心の中で何を思っているのかも話す。「絶望です」とニューハンプシャーの一五歳の少女は言った。

「絶望ではありません——無力です」とロサンゼルスのある男性は言った。「なんで見栄を張る必要などあるんでしょうか。だって、身なりとか、あるいは高校中退だとか、黒人だとか、褐色だとか、黄色だとか、トレーラーで育ったとかという事実を見て、誰も雇おうとはしないのに」。

「心の状態です」とワシントンのある男性は言う。「私は精神的なものが物質的なものよりもずっと重要なものだと信じています」。

「私はとてもリッチです」と、ゼロックスのコピー機を扱う新たな仕事で貧困から抜け出したある女性は言う。「というのは——物質的なことだけではないからです——自分が何者かわかっていて、今はどこへ行こうとしているのかわかっているからです」。

中産階級として育ったあと貧困に陥った別の女性は、自分の「文化資本」を賛美した。それは本や音楽や知識への愛着と、子どもたちとの親密な関係を意味する。「ある意味では、ちっとも貧しくはありません。私たちには素晴らしい豊かさがあるのです」と彼女は言った。「そんなに貧しいとは感じていません。貧しいと感じるのは、医者にかかれないときや車を修理できないときです」。

ほとんどあらゆる家族にとって、貧困の構成要素は経済的でもあれば心理的でもあり、個人的でもあれば社会的でもあり、過去のことでもあれば現在のことでもある。どの問題もその他の影響を増幅させ、すべてがしっかりと結びついているため、一つの不運がもともとの原因からずっとかけ離れた結果を伴う連鎖反応を引き起こすことがある。荒廃したアパートは子どもの喘息を悪化させ、救急車を呼ぶことにつながり、それによって支払えない医療費が発生し、カード破産を招き、自動車ローンの利息を引き上げてしまう。そうして故障しやすい中古車を購入せざるをえなくなり、母親の職場の時間厳守を危うくし、その結果、彼女の昇進と稼得能力を制約し、粗末な住宅から出られなくなる。読者は第1章ではそのような女性に会うだろう。彼女やほかの貧しい働く親が自分の個人的な問題をすべて数え上げていけば、全体は各部分の合計以上になるだろう。

それゆえ、本書の各章は貧困の一、二の要素にスポットを当てているにもかかわらず、ワーキング・プアの前に立ちはだかるほとんどの問題は、本書のほとんどの章に織り込まれている。労働に関する章で育児の話が出てくるだろうし、健康に関する議論で住宅の問題に出くわすだろう。実験室で特定の毒素を抽出するような仕方で、個々の問題を切り離すのは、不自然であり無意味である。それらの問題はたいてい他の問題があって存在しているのであり、それらの間の化学反応が全体の影響を悪化させているのである。

もし問題が絡み合っているとすれば、その解決法もそうであるはずである。職だけでは十分ではない。医療保険だけでも十分ではない。よい住宅だけでも十分ではない。当てにできる交通手段や、細かい家計管理、効果的な育児、効果的な学校教育も、それぞれが他から孤立して実現されたのでは十分ではない。働く人々が貧困の淵から抜け出すのに役立つ修正可能な単一の変数は存在しない。諸要因の全配列に手をつける場合にのみ、アメリカは〔勤勉は貧困を解決するという〕公約を達成することができる。

最初の一歩はその問題を理解することであり、最初の問題はその人々を見ていないことである。働いているのに貧しい暮らしをする人々は、見慣れた風景の中に溶け込んでおり、そのため見過ごされている。彼らはアナリストたちが平然と無視している目に見えない物言わぬアメリカを作りだしている。「今や私たちはみんな都市のスラム街ではなく郊外に住んでいます」と、コロラド大学のマイケル・ゴールドスタイン教授は、PBS〔全米公共放送〕でダウ工業平均株価〔米株式市場の代表的指数、工業株三〇と言われながら、今では情報・通信、金融・保険、食品・外食、娯楽、小売りなどの銘柄が多い〕でウールワースがウォルマート〔どちらもスーパーマーケット・チェーン〕に入れ替えられた理由を説明するなかで公言した[13]。

NPR〔全米公共ラジオ〕のコメンテーター、ティム・ブルックスは、かつて映画館の高すぎるポップコーンを槍玉に軽妙な長談義をした。彼は小さな袋に五ドル取られたことに憤慨して、実際の費用について調査を行った。彼の計算では、彼が受け取った五・二五オンス〔約一五〇グラム〕のポップコーンはあるスーパーで二三・七一八七五セントであったが、映画館の経営者が五〇ポンド〔約二三キロ〕袋に払った価格で換算すると一六・五セントにすぎなかった。彼は大目に見積もって、ポップコーンの調理にかかる電気代を五セント、袋代を一セントとして計算に加えた。総費用は二二・五セントである。消費税を差し引くと、四・〇七五ドルの利潤、すなわち原価の一八一一%が利潤として残るという[14]。

これでは明らかにその映画館は労働者を誰も雇っていないという驚くべき意味になる。なぜなら、カウンターのうしろにいる人たちにブルックスが少しでも気づいている様子はまったくないからである。この過大な利潤を損なうはずのない彼らの微々たる賃金は、彼の計算からは抜け落ちている。コーンを弾けさせる人、袋に入れる人、袋を渡してお金を受け取る人は、透明服を身にまとっていたに違いない。ＮＰＲの番組担当者は誰も気づかなかったようである。

私はこの人々が見えるようになるのに本書が役立つことを望んでいる。

第1章　お金とその対極　*Money and Its Opposite*

ねえ、ママ、貧乏ってお金がかかるんでしょ。
――サンディ・ブラッシュ、一二歳のとき

金を手にするには金がかかる

貧困地域の住民にとって税金の申告時期は四月ではない。一月である。そのうえ「所得税」は、払うものではなく、受け取るものである。確定申告用紙が届くやいなや、勤労者は、国税庁〔内国歳入庁〕からの小切手を待ち焦がれて、申告業者〔確定申告代理業者〕のもとへ急ぐ。申告業者たちは、一九九六年に連邦議会で生活保護の受給期間制限が定められて以来、困窮化した労働者をだまして繁盛してきた。ワシントンからくるその小切手は、源泉徴収された税金の還付だけでなく、勤労所得税額控除〔控除前の所得税額が税額控除額より小さければその差額が現金給付される制度。以下、「勤労所得給付金」と表記〕として知られる追加の給付金を含んでいる。それは低賃金の労働者世帯を援助するためのものである。この還付金と勤労所得給付金は、ときには、車や家や教育のための預金として銀行に預けられる。しかしそれらは、多くの場合、滞っている請求書と、年中ずっと少しずつの賃金では賄えない大口の買い物の支払いのために、ただちに必要とされるのである。

アクロンのチャイルド・ケアワーカーとしてクリスティは、税金を払うほどの稼ぎはないが、勤労所得給付金として年に一七〇〇ドルを受け取る。それによって、彼女は、救世軍の中古家具店に行かないですみ、公営住宅のリビングルームに置く、新しい揃いのゆったりした黒いソファと二人がけのイスを買うことができる。

キャロライン・ペインの小切手は、ニューハンプシャーにある彼女の家の頭金になった。「私は自分の給付金を使って、一〇〇〇ドルの頭金を支払いました」と彼女は誇らしげに言った。彼女は、その家を五年半後に売って、引っ越しトラックをレンタルするお金を娘が貸してくれれば、「自分の税金が手に入ったときに」娘に返済すると予定していた。

「給付金が来るのを待ってますから、固定資産税は支払えますよ」とトム・キングは言った。彼はシングルファーザーの木材伐採人で、自分の土地でトレーラー暮らしをしている。

クリーブランドのパン工場で働き始めたデブラ・ホールは、初めて税金の還付を申請したあと、期待を胸に待っていた。「私は三〇七九ドルの払い戻しを受けます！それで何をすると思いますか。請求書分を全部払いますよ」と彼女は得意そうに言った。「家には新しいものはありません。還付金を役に立たせますよ、それはもちろんです。車のちょっとした修理も。請求書がまずいちばんですね、信用(格付け)もありますし、溜まっている負債を全部支払わないと。それでたぶんつかってしまうでしょう」。

勤労所得給付金は、政府援助と自助の両方の長所が生かされ、リベラルにも保守派にもお気に入りの数少ない貧困追放プログラムの一つである。何らかの勤労所得がない限りその給付を受けることはできず、またその給付金は所得申告にリンクされているので、所得申告をしない限り受けることはできない。それは、闇で働き現金で支払いを受け、国税庁を通さないほうがましだと考えている低賃金労働者――特に不法滞在移民――を除外している。しかし、彼らにとって結局は申請したほうが得であろう。なぜなら、稼ぎをすべて手にしたまま、そのうえ給付金を受け取れるからである。給付金は、二〇〇三年では、たとえば、一人以上の子どもを扶養する労働者で、三万三六九二ドル以下の所得というかなり高い水準で支給される。低所得層では、勤労所得給付金は当該労働者の賃金に時間当たり一～二ドルを上乗せすることになる。

このプログラムは一九七五年に成立し、レーガン、ブッシュ、クリントン大統領のもとで拡充され、二〇〇三年には一八〇〇万世帯に三二〇億ドル以上が支払われた。財務省当局は、正直にであれ、不正にであれ、間違った申請に神経をとがらせている。それは申請全体の二七〜三二％にも達する可能性がある。(1) 他方で、有資格者のおよそ一〇〜一五％は申請していない。(2) その理由の一つは、雇用主や労働組合がこの制度の存在を教えていないからである。たとえば、ワシントンの二つの地方労働組合の代表は、私が勤労所得給付金のことに触れるまで、それぞれ委員長、一方はビル清掃員の代表、他方は駐車場係員の代表は、私が勤労所得給付金のことに触れるまで、それを耳にしたことがなかった。また、私は、雇用主に提出されるＷ－５と呼ばれる簡単な用紙で、低賃金の従業員が年間にいくらかの前払いを受けられることを知っている労働者や上司にはまだ一人も出会ったことがない。私がデブラ・ホールにＷ－５について話し、彼女が自分の働くパン工場にそれを尋ねたとき、給与支払係の女性は、苛立った様子で彼女の質問を受け付けず、それについては何も知らないと言った。その後、申告業者は、前払いを受けずに確定申告後に全額まとめて支払いを受け取るほうがよいと彼女に言った。

たしかにそのほうがよい――申告業者であるならば。申告業者は、巧妙な手口で、低賃金労働者の還付金と勤労所得給付金からできるだけ多くの金を剝ぎ取る仕組みを考案してきた。驚異の電子申告、銀行口座への迅速な払い込み、「迅速な還付金」に見せかけた高金利のローン、これらすべては、現金に飢えた世帯に突然ドルが湧き出すことを約束する。問題は金を手にするには金がかかることである。

申告業者は、薄汚れた小切手換金屋でも、まともな会社の街の出先機関でも営業活動を行っている。彼らは、顧客がフォーム1040〔確定申告用紙の書式の一つ〕を自分で処理する計算能力と気力、あるいは迅速な申告と受領を可能にするコンピュータと銀行口座を持っていれば、自分で金をかけずにできたかもしれない申告に対して、法外な手数料を取る。しかし、大半の低賃金労働者には、計算能力も、気力も、コンピュータもなく、多くは銀行口座すら持っていない。彼らは小切手が欲しくてたまらないので、あらゆることを迅速かつ正確に済ませるために、貴重な一〇〇ドルほどをあきらめる。「とても怖いのです」とデブラ・ホールは言った。彼女は二一年間の生活保護の受給に終止符を打ったあと、単純な申告を済ませるのに九五ドルを支払った。「なぜそんなに怖いのかわかりませんが、最初はうまくやるほうがいいと思ったのです」。

彼女はもしかしたら賢明なのかもしれない。それというのも、貧乏であるためにもうひとつ不利なことに、一九九九年以来、国税庁による税務調査を受ける機会が多くなってきたからである。その年、年収二万五〇〇〇ドル以下の納税者による所得申告の一・三六%が調査を受けた。それに比べ、年収一〇万ドル以上の納税者の申告で調査されたのは一・一五%であった。この厳密な調査は、勤労所得給付金の濫用をおそれた共和党の議会指導者たちによってけしかけられたものであった。国税庁は悪評に直面し、二〇〇〇年に、年収一〇万ドル以上の納税者による申告の一%を調査するのに対し、年収二万五〇〇〇ドル以下は〇・六%とすることで、バランスを逆転させた。その後、調査の割合は行きつ戻りつし、二〇〇一年にはそれぞれ〇・八六%と〇・六九%、二〇〇二年には〇・六四%と〇・七五%になった(3)。言い換えれば、国税庁が税務調査官を減らしたことで、裕福な納税者に対する調査の厳密さが劇的に下がったことになる。彼らの申告は、かつては一〇%の割合で調査されていた。高所得階層に対する調査は必然的に失われた歳入を大きく回復させるにもかかわらず、このようなことが起きたのである。

エヴォン・ジョンソンは、国税庁が、彼女に税金と罰金と利子で二〇七二ドルを課してからは、もうけっして自分で申告することはなくなった。彼女はホンジュラスからやって来て、ボストンの清掃会社で午前五時から働いている。その会社は源泉徴収をすることも、彼女にW-2〔支払調書〕の申請用紙を送ることも一切していない。彼女は、それらがどちらも義務とされていることを知らなかった。「私は自分で確定申告して、書類を書きました。うまくいったんです」と彼女は言った。しかし、明らかに、うまくいってはいなかった。「三、四年後、国税庁が私に連絡してきて、二〇七二ドルだったかを払うよう言いました。「なんで払う義務があるの?」と聞くと、彼らは、私が税金の申告をしていないからだと言うのです。私はしたと言い、彼らはしていないと言う。たしかした。全額でなかったのは、当時、お金がなかったし、残りのお金は少額の分割払いにするつもりだったからです。彼らは何をしたと思いますか。銀行口座はありましたが、彼らは私の口座からお金を奪っていきました――あり金全部をです」。それ以来、彼女は年に一〇〇ドルを喜んで申告業者に払っている。年に一〇〇ドルを安心のために払うのである。「国税庁に二度と睨まれたくありません」と彼女は言う。「申告業者が申告書を作成して、サインして、万事やってくれる。何かミスがあっても、国税庁と交渉するのは申告業者です」。

二月の終わりともなると、ワシントン一四番街のまっすぐ伸びた陰気な通りにあるH&Rブロック社〔最大手の申告業者〕の支店のオフィスは、投票日から一週間後の潮の引いた選挙本部のようになっていた。たいていのコンピュータのスクリーンは暗く、部屋は静かでがらんとしていた。すべての机は一つを除いて空席で、その一つには、かつてバージニアの図書館で無償で確定申告書類を作成していたクラウディア・リベラが座っていた。彼女とマネージャーのカール・ケイトンは、繁忙期が過ぎた今ではすることが少ないので、キーボードの前に座って喜んで説明してくれた。

納税者が必要とするフォームには一つ一つ手数料がかかる。フォーム1040には四一ドル、勤労所得給付金には一〇ドル、W-2には一枚一ドルなど。電子申告はそれ以外に二五ドルかかる。したがって、二枚のW-2を用いる簡単な確定申告を電子申告ですると、七八ドルかかることになる。しかし、これだけにとどまらない。ブロック社は、崖っぷちの生活をしている人々向けに多様なサービスを用意している。銀行口座がない場合は、還付金は、一回の引き出しに二ドルの手数料がかかる銀行カードに入れられる場合もある。あるいは、一時的な口座が開かれ、国税庁からの支払いが二四・九五ドルの手数料で預託されることもある。「迅速な還付金」というブロック社の売り込みにつられて一日か二日のうちに小切手を手にしたいなら、自分の受け取る額に応じて、ブロック社に追加で五〇ドルから九〇ドルを支払わねばならない。一四番街の手数料は、二〇〇〇ドルの還付金で五〇ドル、二〇〇〇ドル以上で九〇ドルにもなる。(4)

これは実際はローンであって、しかも非常に短期間のローンである。国税庁によれば、電子申告すればたいてい二週間半で小切手を受け取ることができ、もし還付金が直接、銀行口座に振り込まれるならさらに五日早くなる。それにまた、申告から一日か二日後に支給される「迅速な還付金」ローンの期間は、最長で約一五日である。この場合、二〇〇〇ドルの受け取りに対する九〇ドルの手数料は、一〇九・五%〔原書では一〇八%〕の年利率に相当する。最短だとこのローンはわずか四日しかかからないだろう。その場合、さらに年利率は、二〇〇〇ドルの給付で四一〇%、二〇〇ドルの給付〔五〇ドルの手数料〕で二二八一%にまで上昇する(この最高比率が適用されるのは、次のようなタイミングですべてが重なったときである。すなわち、確定申告が国税庁の毎週の締め切りである木曜正午までに行われ、このローンの小切手が金曜に銀行が閉まるまでに支給されず、納税者が月曜まで自分の口座にローンの小切手を預けられず、国税庁が次の金曜に還付金を直接銀行に預託するほど迅速であった場合である)[5]。

相次ぐ民事訴訟の後、ノーフォーク市〔バージニア州〕の連邦裁判所は、ブロック社に対し、ローンを宣伝する際に「迅速な還付金」という誤解を招く用語を使うのをやめるよう命じた。しかしブロック社は、「迅速な還付金」を電子申告のみに関するものとして定義し直すことによって、その宣伝を続けている。同社は、その貸付制度を「還付先取りローン」〔税金申告業者が申告業務を請け負う時点で還付金を先取りして行うローン〕と呼んでいるが、これは、迅速な還付を求めて意を決してブロック社のオフィスにやってくる低賃金の労働者の多くは知らない区別である。二〇〇〇年には、そうしたローンが四八〇万人の納税者に対してなされた。

私がインタビューした働く人々のなかでは誰一人として、このローンのサービスを利用していても、その契約条件やオプションを理解している者はいなかった。デルガド(ヘクターとマリベル)夫妻は、ノースカロライナで野菜を収穫し梱包して年に約二万八〇〇〇ドルの収入を得ている。私が彼らのトレーラーに一緒に座り、彼らの確定申告にざっと目を通し、それがすべてどのような仕組みになっているのかを説明すると、彼らは呆然とした。彼らはブロック社に対し、確定申告書を作成し、それを電子申告し、国税庁から一三〇七・〇五ドルの前払いを受けるために、一〇九ドルを支払っていた。彼らのサインした申込用紙に示された貸出金利は年六九・八八八%になっていたが、彼らはそのことを理解していなかった。ブロック社の社員は、細かく書かれた契約条件を示すときでさえ、「ローン」という言葉を避け、かわりに「二日での還付」と言うように訓練されていた。それはメリーランドの裁判所が貸付手続きに関する訴訟を審理する際にわかった。しかも還付ローンは、一九九九年のブロック社の全利益の八%を生み出すほどに儲かっている。それは主にブロック社の子会社がハウスホールド・バンク〔ローン・クレジット会社〕によってなされるそのローンに四九・九九％の利子を認めているからである。

ブロック社の窓口がデルガド夫妻に対して行ったのは、ルール違反だけではなかった。彼らは、一月に電子申告し、その時には国税庁が二週間のうちに小切手で支払うことを約束していたにもかかわらず、「六〜八週間待たなければならないと言われました」とマリベルは言う。これは明らかにごまかしである。「請求書の支払いのためにお金が必要でした」と彼女は説明する。「一部はメキシコへ仕送りして、残りは手元におきます。いつも隔週でメキシコに一〇〇ドルを送っています。私たちは大家族なのです」。

H&Rブロック社は、欺瞞的な融資手続きであるとして起こされた集団訴訟を一〇年間抱えた後、二〇〇〇年に、いかなる違法行為も認めることなく、二五〇〇万ドルの和解金の支払いに応じた。同社の広報担当者によれば、同社が変更した唯一の慣行は、連邦法で求められる貸付条件の提示を融資手続きのより早い段階で行うということであった。社員は少なくとも口頭で契約条件を説明するのか？「顧客の質問次第です」と彼女は言った。「もし顧客が尋ねれば、申告業者は答えなければなりません」。しかし多くの顧客は、何を尋ねるべきかまったくわからないのである。

現金を引き剝がす無数のテクニック

貧困は、出血している傷口のようなものである。それは防御力を弱める。抵抗力を減ずる。肉食動物をひき寄せる。悪徳金融業者は酒場や街角で営業活動をしているだけでなく、防弾ガラスの奥で合法的に営業してもいる。彼らの勧誘の貼り紙は、この国中のおよそ一万か所に貼られている。「給料日ローン」「即金」「低利融資」。貧しい労働者階級の居住区の小切手換金所や街の店舗で目にする広告である。それらは、少なくとも十指に余る全国チェーンに組織され、年利にして五〇〇％以上になる手数料を課している。

悪徳金融業者はまた、緊急の物入りを用立てる。たとえば、電話回線や電気の停止予告通知が来て、現金が足りない、請求書も山積みだとしよう。給料日までまだ二週間あって、その前に電話と電気を止められそうである。すると、地元の日用雑貨店の男は、小切手換金業もやっていて、救いの手を差し伸べてくれる。もしあなたが今一〇〇ドル必要ならば、二週間後の日付を入れた一二〇ドルの小切手を彼に書けばよい。彼はその日のうちに現金で一〇〇ドルをくれて、あなたの銀行口座に賃金が振り込まれて小切手が通るまで、小切手は彼が持っておく。あるいは、あなたが一二〇ドルを手にして、それを彼に渡すことができれば、彼はあなたに小切手を返却してくれる。いずれにせよ、二週間で二〇％の利率は、一日一・四二八％、年利で五二一％に相当する。

給料日後も引き続きお手上げ状態であっても、給料が全然必要額に足りなくても、あるいは、一二〇ドルの小切手が不渡りで戻ってきても、問題はない。防弾ガラスの奥の男は、喜んでこちらの借金の借り換えをやってくれるだろう——さらに二〇ドルを取って。このパターンは、イリノイで広く行われている。たとえば同州では、州の調査官が、給料日ローンの取引全体の七七％を借り換えローンが占めていることを発見した。顧客は平均して一〇回はそのような更新を行っており、それは、総額で、借りた金額の二倍にまで達する手数料を払うことを意味する。[6] 最終的には、最初の手数料を支払うために、他の給料日ローン業者から借りなければならなくなる。それが繰り返される。

さらには、一部の州では、小切手が介在しているという理由から、そのローンは法的にはローンとされていない。そしてもし小切手が不渡りで戻ってきたら、未返済のローンに対する罰則よりももっと厳しい罰則が適用されるのである。たとえば、インディアナ州のある女性が、三〇〇ドルを借りて、三〇ドルの手数料を払い三三〇ドルの小切手を書いた。その小切手が不渡りで戻ってきて、銀行と給料日ローン業者は、八〇ドルの手数料を課した。そしてそのローン業者が彼女を裁判に訴え、被害の三倍の九九〇ドル、弁護士料として一五〇ドル、訴訟費用として六〇ドルを手にした。三〇〇ドルのローンに対する請求総額は一三一〇ドルである。[7]

詐欺師もまた、財団から即座に給付金が交付されるという虚偽の約束でワーキング・プアを釣ってきた。郵便による勧誘文の約束では、皆誰でも財団の名前と住所が載ったリストに一九・九五〜四九・九五ドルを支払い、悲痛な訴えの手紙を書きさえすればよい。「お金を必要とする真の理由がある人々に郵便でお金を寄付したいと思っている、文字通り何百もの民間の財団があります」と、ある勧誘文は言う。「多くの財団は……請求書を支払ったり、バカンスに出かけたり、緊急に必要なものに払ったり、必要になるかもしれないものを買ったりしても、それが合法的である限り、あなたが何を望んでお金をつかうのかについては関知しません」。こうしたばかげた言明のせいで家の修理、医療費の支払い、負債の返済のためのお金を求める必死の嘆願が、大小の財団に殺到する。二〇〇一年には、オハイオ州の裁判所が、このような方法で少なくとも五〇万ドルを人々から騙し取った一人の詐欺師に懲役五年の判決を下した。ニュージャージーの男は一週間で三万ドルをかき集め、検察に告発された(8)。

もう一つの驚くべき詐欺の舞台は職場である。ロサンゼルスの韓国料理店は、給仕人と料理人を食い物にする方法を発明したことで、厳しい目にさらされることになった。それらの給仕人や料理人のほとんど全員が、韓国人か中南米系住民であったと、韓国移民労働者支援団体の代表ロイ・ホンは言う。多くの人には、韓国の習慣である定額の月給が支払われていた。一日一二時間、一週六日も働かねばならず、州の賃金法に違反していた。時給五・一五ドルという連邦最低賃金とは異なり、カリフォルニア州では時給六・七五ドルの最低賃金が給仕人に適用されるために、多くの料理店主はタイムカードをごまかして、従業員がもっと短いシフトで働いているように見せかける。

いくつかの料理店はまた、税負担の一部を会社から従業員に移す方法として、従業員に支払われたチップの総額を誇張したW‐2を提出する。たとえば、客が二〇ドルの食事をクレジットカードで払い二ドルのチップを加えたら、オーナーは従業員に二ドル払うが、国税庁には、従業員に三ドルのチップを払って食事代は一九ドルであったと申告する(企業は個人と同様に、所得が二万五〇〇〇ドル以下のときは、より頻繁に調査される)。

韓国人労働者に対するキャンペーンの中で、支援団体は、ビル管理会社における悪質なやり口を暴露した。ロサンゼルスの韓国系の小さな清掃請負業者は、新たにやってきた同郷人にうまい話を持ちかける。仕事を切望しながら、英語が話せず、不法移民状態の発覚を恐れている最近来たばかりの移民は、歯科医や医者、法律家、会社の重役がオフィスを置く商業ビルの清掃で月に一〇〇〇ドル以上稼ぐ下請業者になれるという売込みに誘惑される。請負業者の説明では、彼らがしなければならないのは、契約料として、二・五か月分の賃金を支払うことだけであった。

多くの韓国人は、お金を出し合い経済的困難を和らげる広い家族関係を頼りに合衆国にやって来る。したがって、その前払いの資金はたいていかき集めることができる。「彼らは自分たちもまた清掃会社を始めることができるという希望でありったけの貯金を渡すのです」とロイ・ホンは言う。その韓国人移民たちはいつも夜働き、オフィスを清掃し、二、三か月のあいだはすべてうまくいく。しかし、請負業者は、ビルの管理者からまだ支払いを受けていないと言って、賃金を滞らせることがよくある。「気がついてみたら、自分が数千ドルを負担させられて、いったいどうなったんだろうと思うわけです」とロイは説明する。ついには、「三、四か月後」と彼は言う。「請負業者が正体を現します」。「ここから出ていきなさい。鍵を返しなさい」。

「私が何をしたというのですか」。

「苦情が多すぎるんだ」。

そして次の「下請業者」にうまい話が持ちかけられる。もし彼が、二・五か月分の賃金を用意するつもりであれば。

立派な外見の裏で、一部の大きな機関も貧しい人々を意のままにしている。残高が少ない預金者を求める銀行はほとんどないので、法的な義務のない州では、銀行は最低残高を高く設定し、法外な手数料を課す。多くの貧困地域には銀行の支店はまったくない。このため、低収入の世帯は費用のかかる小切手換金サービスを強制され、その店舗網は国中で増殖してきた。

貧しい人々に対する「ライフライン」口座を州法で義務化しているところでさえ、それらが宣伝されることはめったにない。なぜなら、銀行はそのために金を失うほうが多いからである。支店の従業員は多くの場合そういった口座を知らず、今後預金者になりうる人の大半もまた同様である。ニューヨーク州の金融界でもっともよく守られている秘密は、開設時に最低二五ドルの預金、一セントの最低残高、月に三ドルの手数料で一か月に八回の手数料無料の預金引き出し、という条件の口座を銀行が提供することを、州が義務づけているということである。大半の預金者はそういった規約をずっと知らされずにいて、大手の銀行は、そうした口座を開いている人はごくわずかであると報告している。(9)

一つの理由は、多くの労働者は秘密裏に稼いで、自分たちのお金が記録されないのを好むからかもしれない。またそうでない労働者も、自分たちの耳にした悪辣《あくらつ》な銀行についての伝聞を信じ込んでいるのかもしれない。

「私たちにはお金を隠しておくちょっとした方法があります」とウェンディ・ワクスラーは言った。彼女はシングルマザーで、ちょうど生活保護を離れ仕事に就いたところだった。「私がしようと計画しているのは、安全を得ることです。これには利子はつきません。でもその反面、もし銀行が破産しても、私はまだお金を持っているのです！　人々が銀行とのお金のやり取りをどのようにするのか知ってます。お金はその人のお金ですが、誰かが持ってくるものです。それは人々が通り抜けるある種のシステムで、だからもし誰かが銀行に行って自分のお金を全部欲しいと言っても、すぐには手にできません。ある日数のあいだ待って、やっとお金が戻ってきます。それが私の教えられたことでした。何か手から手へとやり取りされるお金のようなものです」。

ウェンディは待ち時間についてては間違っていたが、彼女の疑念は理解できる。アメリカ社会は、民間業者と政府が一体となって、ワーキング・プアからわずかな現金を引き剝がす無数のテクニックを考案してきた。人々は、くじに当たって苦境から解放されることを願っているので、州の宝くじは、スラムの一角の売り場で、大人気の商売である。大小の企業が、アメリカの消費文化につきもののごまかしを実践する。やむことのない、甘い響きの売り文句は、契約書の細字のただし書きとは似ても似つかない。すべては完全に合法なのである。ただ、サインの前に注意深く聞き、あるいは読んで、商業界のやり方について少しばかり心得ておかなければならないだけである。デブラ・ホールの場合、誘惑は、二〇代前半の娘のために買った携帯電話だった。それはばかばかしいほど安いように思えた。「手に入れるのは簡単でした」と彼女は回想する。「私は有効なクレジットカードを持っていませんでした。彼らはそれでも携帯電話の契約を認めてくれました。契約書は、店員が書き込んで、私はただサインしました。読む時間はありませんでしたし……その女性はとても聞こえのよいことを言いました。月に九ドルでいいというのです。でも、それは作り話だとわかりました」。デブラはどういうわけか、数字を見落としていた。「それは月に八九ドルでした。私は騙されて三年契約を結ばされました。彼らは二〇〇〇分くらいはサービスだというのです。週末のあいだの電話は無料のはずでした。結局は料金を請求されました。私は彼らに対し二回の支払いをしたのです。彼らは私に電話をかけてきて、裁判にかけると脅しましたが、彼らは私が二回の支払いをしたことは認めているのです。私はその男に、騙されたような気分だと言ってやりました」。

対照的に、アン・ブラッシュは、ジープ・チェロキー〔オフロード車〕のリース契約をするとき、契約書をよく読んだ。彼女は、リース期間が不利であることを知っていたが、好ましくない選択をせざるをえないように思えた。一〇年前、離婚によって、彼女と二人の子どもは貧困と一時的なホームレス状態に陥った。彼女が年収二万三〇〇〇ドルの編集の仕事を得るまでは、子どもの養育費と、自由契約の編集者としてのごくわずかな収入で、年に一万ドルほどが彼女のもとに入っていた。彼女は単に、ニューハンプシャーの雪の中を通勤するために信頼できる車を必要としていただけであった。

「トヨタを持ってます」と彼女は言う。「スターターにどこかおかしいところがありますし、ドアのフロントパネルは錆でヒビだらけになってます。私は、それが車検に通るとは思いません。……現在のところ、前部に故障があります。ブレーキも直さないといけないとわかっています」。彼女には預金がなく、クレジットカードで支払えず、修理するためのお金がなかった。彼女の一〇代の子ども、サンディとサリーは、自動車保険料をカットすれば、浮いたお金で車を買い換えられるかもしれないと期待して、一年のあいだ自分たちの運転免許をあきらめることを申し出た。

そのとき「うまい具合に別の車が手に入りました」と彼女は言った。「プレーンフィールド〔地名〕の親切な若い男性がジープのリースを継続しないかというのです。彼は結婚していて、あまりに物入りでした。彼はその車のことをずいぶんとけなしていて、私は、リースの期限まで一五か月あると考え、(販売代理店の)店長が私に電話してきて、「彼の代わりに彼のリース契約を引き継いでいただけませんか。頭金やその類のものは一切不要です」と言いました。そこで、私はそうしました。先週のことです。この燃費の悪いでっかいヤッピーな車を運転するのは少し間抜けに見えます」。

このリース契約は、月に二九三ドルで、彼女にとってなんとか賄えるものだが、リース期間の終わりには、ある危機が出現する。彼女がその車を引き続き所持したいと思うなら、彼女は一万七〇〇〇ドルを工面しなければならないだろう。もしそうしないなら、彼女に割り当てられた三万六〇〇〇マイルを超えた一マイル〔約一・六キロ〕ごとに一五セントを支払う、すなわち走行距離メーターに出ている約五万三〇〇〇マイルに二五〇〇ドルを支払わなければならない。「そう、私には自分の所持金から出せる二五〇〇ドルなんてありませんから、車を買う必要があります」と彼女は言った。「私のクレジットはひどい状態です」。彼女は学資ローンで一万八〇〇〇ドル、クレジットカードの負債で一万二〇〇〇ドルの支払いを滞らせており、彼女と同じ教会のある夫婦に連帯保証人になってもらうことによってのみ、車のローンを組めるだろう。それでもなお、利率は二四％になるだろう。それは、その男性が車の所有者として彼の名前を最初に書くことに同意すれば、一九％に下がる。支払いは月に三九四・四五ドルで、それはチェロキーが屑の塊と化す寸前まで続く。

高い利率は、低賃金労働者にとって、もっとも普遍的な罠かもしれない。結婚していたアンは、低金利のクレジットのすべての特典にあずかる中産階級だった。離婚して、急速に暮らし向きが落ち込み、しばらくのあいだ、彼女と完全な貧困とを分かつ唯一のバリアは四枚の薄っぺらいプラスチックの小片だった。それは、一枚はディスカバー、もう一枚はシティバンク、あとの二枚はシアーズのクレジットカードだった。彼女は、支払残高がかさんでくると、車の修理のような必須の費用、クロスカントリー・スキーのセット、ダートマス〔大学〕で後に満額の学資援助を獲得したサンディへのコンピュータなど、彼女が自分の子どもたちの健康や知的満足に寄与すると正当に理由づけたものにのみ、カードの使用を限定した。「クレジットカードは自転車などに使いました」と彼女は強調する。「ポテトチップスや小さなバービー人形に使うのではなく、本の類や、子どもたちを大きくし、生活をよりよいものにして、成長に役立つものにカードを使ったんです」。

今という瞬間は、常に、不確実な未来との摩擦を引き起こす。「クリスマスの贈り物はいつも盛大でした」と彼女は認める。「なぜなら、もしかしたら来年はそれがないかもしれないと思ったからです」。

「毎年、お母さんは、もうできないと言ってたね」と、サンディがリビングルームでノートパソコンを起動しながら付け加えた。

アンの親類の人たちは彼女に批判的だった。彼女は言う。「私たちが、真冬に奮発して箱いっぱいのラズベリーを買うと決めたなら、それは許されないでしょう。それをするだけの収入がないのですから」、と。「私たちは、こういった類の選択をすべきではありません。また私はしばしば、人々がこう言うのを聞きます。「ほら、あの人たちをごらん、彼らは生活保護を受けてると思うよ。食料切符を持っている。テレビなんて持って何やってんだろうね」。私は、明日はどんなことがふりかかるかわからない毎日のつらい単調な仕事から、人々はあのプレッシャーとあの苦痛を和らげる方法を何か必要としているのを知っています――ほんとにそれは苦痛です。なかには、それを健全な方法でやれる人もいるんですよ。〔私たちのように〕クロスカントリー・スキーにクレジットカードを使うといったようにね――それはあまり責任ある態度とはいえませんが、いたって健全です」。彼女は笑ったが、陽気ではなかった。

そのツケの帰結は雪だるま式に増える請求書であった。彼女のクレジットカードの格付けは、AAAではなかったから、最大で二三・九九九％の利子を課されることになっていた。そのうえ重要なことには、ほとんど毎月、ローンの金利と最低料金を誠実に払っているあいだ、常に支払期日に間に合うように給料を受け取ったわけではなかった。その結果、彼女は、カード会社が彼女の元本に延滞料を加えて、常にふくらんでいく元本に法外な利子を課していることを次第に理解した。彼女がカードを使うのをやめてからずっとあとも借入残高は上昇し続けた。

このことは、ちょっとした滞納がある場合には、貸し手が借り手のクレジット記録を調査し、借り手を「サブプライム」〔信用度の低い要注意の顧客〕と分類するので、この国のいたるところで慢性的な問題になっている。この分類に入ると、より高い手数料と金利を課されるようになるが、借り手が自分の信用調査書を見たときでさえ、本人はそれに気づかないかもしれない。なぜなら、消費者のクレジットの格付けを決定するスコアを開示するよう貸し手に義務づけている州はわずかしかないからである。そのスコアは、最低三七五から最高九〇〇まであって、五つの要素に基づいている。支払いの期日厳守、負債の額、これまでのクレジットカードの使用期間（長いほどよい）、申請されている追加クレジット額の大きさ（少ないほどよい）、複数のクレジットの混合利用の有無（住宅ローンと車のローンはクレジットカードよりも優先される）である。もちろん、貸し手はしばしばそれらを読み違えるが、それは彼らに好都合に働く。『コンシューマー・レポート』誌によれば、サブプライムの貸付は、一九九四年から一九九九年のあいだに、種々の元凶のなかでも大手銀行のせいで、三七〇億ドルから三七〇〇億ドルに拡大した。同誌は、一九九〇年代には、貸し手は「消費者を返済能力を超えた負債水準に誘い込むことによって、昔からの健全な貸付の基準を緩和したが、ローン返済の昔からの厳格な基準は緩和しなかった。その結果、消費者金融は、彼らがその創出に一役買ったサブプライムの人々を非難し、きわめて高い利率と手数料で借り手を痛い目に遭わせた。大学生――今や高校生ですら――が、サブプライムの貸し手にとって新たな標的となった」と、報告している[10]。

サンディ・ブラッシュは、アイビー・リーグ〔米東部の名門私大八校〕の学生で、お金はまったくないが、「少なくとも一日に一件の売り込みを受けた」と、彼の母が言う。熱心な勧誘と安易な貸付のために、ティーンエイジャーでさえ破産宣告していると、フィナンシャル・カウンセラーはアンに言った。アンは、破産を考えるのは忌まわしいことだと思っていた。ある日、彼女は、月四〇〇ドルの家賃のみすぼらしいアパートで、リビングルームの机の前に座り、頭をかかえて、確定申告のつましい数字を集計し、出費額を追跡調査していた。線の引かれた白い紙のメモ帳に、彼女は数字の明細を書き出していたが、そのどれもあまり大きくはなかった。「わからない」と彼女は言った。「やる気にもなりません。絶望的です。ここから抜け出る方法はありません」。多くの人々が破産宣告によって脱出していると、私は言った。「それは生活保護を受けるのと同じように思えるので、したくはありません」と、彼女は鋭く言い返した。「ただ自分が返す義務があるお金を返したいのです」。彼女の声は、不安な憂鬱さを帯びた高い調子になった。「でも、こんな利率ではそれもできない。子どもたちを成長期の終わりまでなんとか養っていくには、年にもう一〇〇〇ドルかかることはわかってますが、それを逃れる道はありません。だから私はそれも負担したんです。ツケを払わないといけないことはわかってます。まあ、そんなところです」。

ある点では、アンは、私が全国各地――ニューハンプシャーの町、ノースカロライナの農場、ロサンゼルスの公営住宅――で話をした低賃金労働者の典型である。彼らは黒人や白人、ヒスパニックやアジア系、アメリカ生まれやアメリカへの新移民であったが、怒りにとらわれているわけではなかった。アンは責任の糾弾はしない。

彼女は社会全体に対して全面的な批判をすることはない。「こんな状況に陥りましたが、私が選択をしたのです」と彼女ははっきりと言う。「クレジットカード会社が人々の弱みにつけこんで、こんなにひどい利率を課すなんてほんとにひどいという事実はあるにしても、カードを使う選択は私がしたんです。私は二年間カードを使っていません。それで電話には出られません」。彼女は、取り立て屋の声を聞くのがいやだから電話には出なかった。「彼らはあらゆる種類の声色をつかっています」と彼女は言う。彼らがこんなメッセージを留守番電話に残していることもあった。「この番号にすぐに電話せよ」。

彼女がこんなふうに話したときはいつも、そのあと「愚痴る」ことを詫びた。しかし私は、思うに、彼女の愚痴の扇動者だった。というのは、私は質問し続けたからである。こういう状態でいるのはどんな気持ちなのか。何について考えているのか。中産階級の快適さの中で育った人にとって、貧困の淵に立つことはどれほど異常なことなのか。「ときには二ドルが重大な金額で、二五ドルは常にものすごい金額だということなんて、誰もほんとに知りたくないんです」と、まるでその状況がまだ彼女にとっても驚きであるかのように、彼女は言った。「それが普通のありふれた人たちには当てはまらないことは百も承知です。同じものでしょうか。つまり、人生がこんなふうになる前の普通の人生と」――彼女はやけになったような笑いをうかべた――「私は思い出せません。それがどんなものだったか思い出せないんです。毎晩毎夜、眠りに就こうとするとき、この首を絞めるような不安があります。車をちゃんと手入れしてこなかったけど、うまく切り抜けられるだろうか。どうやってこれをやろうか。これをしなければならないとわかっている。それをどうやって済ませようか。どうやって請求書の支払いを引き延ばそうか。もし何か特別なことが起きたら……」。

五月、彼女の車のリース期限の切れる三か月前、彼女の前夫からの週に一〇〇ドルの子どもの養育費が終了することになっていた。なぜなら、サリーが一八歳になるからである。それはある種のデッドラインで、アンはついに、破産も考慮しなければならないと認めた。それは彼女の気性に反していたが、それ以外に数字の帳尻を合わせる方法はなかった。次に、彼女は破産宣告するにしては貧しすぎることに気付いた。彼女には弁護士費用として七〇〇ドル、申請手数料として二〇〇ドル必要だった。彼女は、破産宣告をするかわりに、フィナンシャル・カウンセラーのもとを訪れた。

カウンセラーは、もし元金が定期的な分割払いで完済されるなら、利率をゼロに下げるようクレジットカード会社と交渉するのが習わしだった。しかし、アンは、そのオプションをとるにも貧しすぎることがわかった。カウンセラーは、彼女の低収入、出費、資産の完全な欠如を見て、支払いはできそうもないと、彼女に告げた。そこで彼は、クレジットカードの請求書の支払いをやめて、まず家賃と電気代を払い、破産宣告のためのお金を貯めて、十分にお金ができたら申請するよう、彼女に助言した。アンの言葉を借りれば、彼女は歯ぎしりしながら「道徳的問題を脇に置き」、三月はクレジットカードの支払いをやめ、食費をいくらか節約して、七か月間貯金し、一〇月に、ついに申請に必要な九〇〇ドルをかき集めた。だが、祝うにはあたらなかった。「私は二週間ごとに約八六〇ドルを家に持ち帰っていました」と彼女は説明する。「隔週の小切手の半分は家賃に、もう半分は車にいきます。それから、電気・ガス・水道代と、仕事の行き来の交通費があります。下着の買い換えはできません。今年はクリスマスもしないでしょう。食事はするつもりですが。ごめんなさい、愚痴ってるつもりはないんです」。

一見すると奇妙なことに、利率がアパートの状態によって決定され、今度はそれによって病気と医療費が生じ、次にそれが悪いカード格付けに形を変え、それが購入可能な車の質を制限し、そのことで通勤における労働者の信頼度が脅かされ、それが昇進を制限して賃金を抑制し、それが家族をぼろぼろのアパートに閉じ込めることになる。貧困という複合的な欠乏はそのようなものであり、困窮の完全な構造が築かれるまで一つが他を補強する。リサ・ブルックスの苦境もそのようなものである。

彼女はまだ二四歳であるが、疲労による目の下のくまが若々しい顔を損なっていて、ブロンドの髪はストレスによる手入れ不足からもしゃもしゃになっている。彼女は精神障害を持つ成人の社会復帰訓練施設で介護士として懸命に働いている。彼女はそれを十分優しくしっかりとこなしているが、時給八・二一ドルしか得ていない。それは、彼女と彼女の四人の子どもたちに、連邦政府の定める貧困ラインを二〇〇〇ドルほど下回る年収しかもたらさない。

彼女はニューハンプシャー州ニューポートの荒んだ地

域で、最近の研究によって小児喘息を引き起こし悪化させることが明らかになった部類の住宅に住んでいる。リサは喘息につながる、カビやダニ、ネズミの糞、ゴキブリに気をつけたことなどまったくなかった。しかし彼女は、ビーチ通りにある、古い木造のすきま風の入るじめじめしたアパートに引っ越してきてから、九歳の息子ニコラスの病状が悪くなったことに気づいていた。

ニコラスは、盲目の祖母と家にいるときに、二度、突然、呼吸困難に陥った。彼女は九一一〔救急番号〕に電話をかけ、いずれのときも、救急車で素早く病院に運ばれた。一度はクレアモントへ、もう一度はニューロンドンへ。どちらの救急救命室でも、酸素吸入とステロイドで処置された。しかし、リサが隔週に九七ドル払っていた家族医療保険は、医師が正式の許可を得ていなかったと主張して、救急車の費用二四〇ドルと二五〇ドルを出すことを拒絶した。リサは保険の規約と手続きを理解しておらず、どのようにして異議申し立てをすればいいのかも知らなかった。「診療所や保険会社と喧嘩しました」と彼女は不満を漏らした。「彼らはただもう、何が何でも私が払わないといけないと言いました」。

彼女は、ただちに、すなわち一度に全額を支払うことはできなかった。というのは、彼女は破産寸前の状態でやりくりしていたからである。そのため、未払いの救急車の費用が彼女のクレジット報告書に出てしまった。彼女が、トレーラーを購入するためのローンを申し込み、そこそこの住まいに移ろうとしたら、クレジット報告書に未払いの救急車の請求書が載っていたため、申し込みを拒絶された。彼女が通勤に必要なもっと信頼度の高い車を買おうとしたときも拒否された。そのため、彼女の一九八九年製のドッジ・キャラバンに致命的な電気系統の故障が起きたとき、彼女には、信用調査をしない中古車売り場に行く以外の選択肢はなかった。しかし、そこでは、一五・七四七％の利子を課された。彼女は、走行距離八万二〇〇〇マイルの一九九五年製のプリマス・ネオンに五八〇〇ドル支払った。発電機の不良やその他の不具合で、修理に月一〇〇～二〇〇ドルかかった。

リサが高利のローンのことを話したその日、私はたまたま保険会社から、頼みもしない自動車ローンの売り込みを受けた。それは七・五％の利率で、彼女の利率の半分以下だった。私にはそのローンは必要なく、またそのことが、私の利率がそんなにも低い理由だった。自由市場経済では、社債を発行する企業に似て、人は、財政的に不安定になればなるほど、借金のときに払わねばならない利率が高くなるのである。

テレビは贅沢品？

貧しい人々と投資銀行家には一つの共通点がある。彼らはともに、お金について考えるのにかなりの精力を費やす。彼らは判断し、予測し、計画を立て、そのあらゆる決定が重要性を帯びている。「もし餓死しそうになったら、食糧に関心を持つようになる。もし請求書の支払いに四苦八苦していたら、お金は悲劇的なまでに重要になる」と、セバスチャン・ユンガーは、彼を突然金持ちにしたベストセラー『パーフェクト・ストーム』（佐宗鈴夫訳、集英社、一九九九年）の中で観察している。[11] お金が悲劇的なまでに重要であるような人々の多くは、ずいぶん苦労して選択をする。広告のチラシを探し、クーポン券を切り抜き、特売品を求める抜け目ない目でもってリサイクル・ショップを物色する。しかし、他方で、現金が出ていくままにまかせ、貯蓄をするほどに十分なお金を手にしたことが一度もないために、貯蓄の恩恵をまったく知らない人もいる。

彼らは、アメリカの享楽主義と、貧乏人はあきらめて我慢するべきで、もちろん自分の楽しみを手に入れてはいけないという格言とのあいだで、板挟みになっている。そのため、アン・ブラッシュはラズベリーを買ったときに眉をつり上げられ、他の多くの人たちもケーブルテレビなどの支払いは身勝手だと批判を受けるのである。月々のケーブルテレビ視聴料の支払いは、貧困追放の仕事に携わっている人々の一部で不快感を引き起こす。それどころか、もっとも厳しい批判者は、かつて自らが貧しかった人たちであるように思われる。

困窮した家族を助けようとしている献身的な男女のグループと同席していれば、しばしば、その人たちの中で、一人か二人は、明らかに、彼らのクライアント（福祉サービスを受ける人たち）の放漫な出費について、容赦ない意見を述べるのを許されていると思っていることがわかる。その難癖屋はきまって、子ども時代の生活保護、未婚の妊娠、絶望の文化との不幸な関わりなどの経歴を誇示する。彼らの過去の貧困は、人から認められる保証となる。かつて泥沼から抜け出す方法を見つけた彼らは、置き去りにされた人々がチャンスを棒に振るのを見るのは、自分自身のことを思い出させて我慢できないのである。

それゆえ、ナンシー・ゼトーは、ニューハンプシャー州クレアモント市のバリー地域病院での討論で声高に話した。ナンシーは、繊維工場と靴工場の閉鎖によって見捨てられた貧しい白人の人々を対象とする診療・医療プログラムである「パートナーズ・イン・ヘルス」で働く、したたかなケース・マネージャー〔個別問題の対処法についての相談員、看護師やソーシャル・ワーカーなどが兼任していることが多い〕であった。彼女はマサチューセッツ州サウス・ホールヨークの公営住宅で大人になり、食料切符を売ったり、物干し用ロープから盗んだり、スーパーマーケットの棚のものをすばやく食べることによって「買い物」をしたりして、生き長らえるあらゆる手口を知っていた。彼女は数分間、医療問題や医療サービスをめぐる同僚たちの丁寧な分析を聞いたあと、無遠慮にこう言った。

「もし彼らが州からいくらかお金をもらうとすれば、家計のカウンセリングを受けるよう強制すべきです」と彼女は断言した。「私は、とても大勢の人たちが電話代に一五〇ドル費やすのを知っています。そして全員が、ケーブルテレビの視聴料として九〇ドル払っています」。「そして彼らは皆キャッチホン・サービスを利用しています」と、ある社会福祉士が付け加えた。ナンシーがまくし立てたのにつられて、彼女は口が軽くなったのだった。

他の人たちは、話や不平に同調した。ある小学校の校長は、病気の幼い女の子の家に電話しようとして、結果、電話が止められていたことに気づいたと話した。「その少女は言いました。「ええ、うちはケーブルテレビと電話の両方のお金は払えない」と」。校長はそのグループでそう話した。そして、他の人たちは、わかったふうにうなずいた。

「彼らにはミルクがありません、しかしケーブルテレビはあります」とブレンダ・セント・ロレンスは言った。彼女は、問題を抱えた若い母親を対象とするプログラムで家庭訪問員をしている。ブレンダのクライアントたちはブレンダの優しい粘り強さを愛しているようで、彼女たちはそれを、これまで受けたことのないような愛情として受け止めていた。ブレンダは、倹約的な自助や禁欲、お下がりや手縫いの衣服に対する両親の誇り、さらに生活保護や食料切符を受けることを拒否するという、労働者階級の子ども時代から得た教訓を応用した。生き残りのための彼女のお決まりの処方は、賢明な選択と熱心な労働から成っていた。「私たちは、クライアントの優先順位に私たちの価値観を押しつけるようにしています」と、彼女は言い訳することもなく断言した。彼女が不満を言うところによれば、クライアントたちは、出費が過大そうだという理由で医療保険には入らないのに、二〇〇ドルのビデオデッキとテレビのセットは買おうとするのである。

「それはつかの間の満足であって、逃避です」と、彼女の同僚の一人が発言した。

その通りである、でも、それの何がいけないのか、と尋ねる人もいるだろう。逃避にはテレビよりももっとひどい方法があり、アメリカのテレビによって創り出される広大な共通の基盤を、なぜ貧しい人々が共有すべきでないのだろうか。わずか数十年前まで、福祉受給者は、電話という不当な贅沢品の所持を許されていなかったことを、思い出してみるがよい。電話は子どもの怪我や病気の際に助けを呼べるのみならず職探しを容易にする、という主張に、電話所持の禁止は敗れ去ったのであった。

多くの中産階級の貧困追放指導員は、貧しい人々に中産階級の楽しみを追い求めるべきではないと指図するのは正しくないと感じている。援助提供者のなかには、そういった指図は、階級をまたいで、そしてときには文化的・人種的な境界線をまたいで、高所から人を見下すようなものだという印象を持つ人もいる。この抵抗感は、昔は貧しかったが今では援助を提供する側になった人たちのあいだでは、あまり一般的ではないようである。彼らは、クライアントたち——会社組織や非組織の詐欺師によって金を巻き上げられ、また無計画な買い物によって自分自身からも巻き上げる人たち——の金のつかい方を先読みして批判するもっともな理由をよく引き合いに出す。たとえば、薬物やアルコール依存症の治療プログラムのなかには、立ち直る途上の麻薬依存症やアルコール依存症の患者がお金を浪費するのを見てきた経験から、社会復帰訓練施設で働く入所者に、賃金を第三者管理口座の預かり金にするよう求めるものがある。

ブレンダは、彼女が受け持つ若い母親たちにそうさせることはできなかったが、彼女たちを指導しようとはしている。「私は彼女たちに、食料雑貨店に行く前にリストを書かせます」と彼女は説明した。それは期待はずれの努力だった。「請求書のために取っておかれるお金が、ソーダやタバコにいくんです。彼女たちはみんなペットを飼っています」。

対照的に、彼女が賞賛する家族は、校長がしばしば目にする家族である。自尊心が強すぎて、子どもたちが無料の昼食を受ける資格があるのに利用しようとしないワーキング・プアの親たちのことである。「彼らは、子どもたちに、おいしくて栄養のある弁当を作るでしょう」と校長は言った。「彼らは、子どもたちにトウィンキーズ〔クリーム入りの小型スポンジケーキ〕など持たせようとはしません。おいしいサンドイッチとフルーツを持たせます」。

こういった地味な良識は、常に、不品行よりも記憶に残りにくいものであり、そのため、テーブルで交わされる話が、代表的なものかどうかはわからない。浪費家というのは、処方薬の支払いに助けを求めたある男性のことを記憶しているナンシーにとって、目につきやすい人たちである。製薬会社は期限切れ間近の薬を寄付したがる。それで彼女は、特別なニーズに対処するために必要となる複雑な事務処理でいつものように残業した。しかし、この男性がケーブルテレビを契約し、あらゆるチャンネルを利用できるようにして彼のリビングルームを快適にしたことを知ると、彼女は激怒した。「あなたがケーブルテレビに月九〇ドルを支払うなら、あなたの四〇ドルの薬代のために、たとえわずかな時間でも無駄に働きたくない、と私は言いました」。

ナンシーは、アパートの裏にあるコンクリートの中庭で、涼しいそよ風に吹かれて、タバコを吸いながら座っている祖母、リーサ・バトラーが気に入っていた。ここは、ワシントンにある、町の大部分が黒人の貧困地区のベニング・テラスである。七月の真夜中過ぎ、レクリエーション・センターの外で、リーサの娘ダイアンが、走行中の自動車からの狙撃で殺害され、リーサのもとに、四歳、八歳、一六歳の三人の孫が残された。その境遇のせいで彼女はお金を節約する術《すべ》を鍛えざるをえず、彼女は近所の人々に対するお節介な忠告にたけていた。もし、そのテーマでセミナーを開くために人が雇われるとすれば——実際、そうすべきであるが——リーサはもっとも尊敬すべき教授であろう。

彼女は社会保障給付を受けていたので、彼女の生活保護の受給額は、彼女の娘よりも少額——娘の月五〇〇ドルに比較して、三七九ドル——であった。食料切符では、彼女の娘は四〇〇ドルを受給し、リーサは一八〇ドルだった。彼女と亡夫はかつて守衛として働き、それから彼女は、「パラダイス・レストラン」で調理師をした。彼女には年金はなかった。

「家計が苦しいとは感じません。私は年寄りの田舎女で、節約の仕方を知っていますから」と、彼女は文法にかまわずに言い放ち、タバコをふかした。彼女は四〇年前にミシシッピから移ってきたので、彼女の経歴は田舎の女性と言えなくもない。しかし彼女は、孫たちの要求や希望をあしらうときは、いつフェイントを仕掛け、前進し、後退すべきかを知っている、野戦指揮官の老獪さを持っていた。「あの子らはつまらないものは欲しがりません」と彼女は誇らしげに言う。孫たちは、アイスクリーム売りのトラックが町内を誘惑するように巡回しているとき、そこに駆けつけることを禁じられている。アイスクリームやクッキー、キャンディ、ソーダを家に常備しておくほうが安上がりである。もちろん彼女は、セールをよくチェックし、セーフウェイやジャイアント、ショッパーズ・ウェアハウス（いずれも安売りのスーパーマーケット・チェーン）で、ケチャップやコーラの価格を暗唱することができる。「水曜日にチラシをもらって、メモに書き留めます。コーラ一箱一・八九ドル。セールで六九セントになると、二、三箱買います。Kマートは一瓶六九セントでケチャップとマスタードを売っています。それをセーフウェイで最安値で買っても一・二三ドルです」。ローストビーフが安売りのときは、たくさん買う。「それをサイコロ状に切ってシチュー肉に使います。サイコロ状に切って、ペッパーステーキを作ります。セールのときはたくさん買うんです。私には車がありませんが、あちこち動き回ります。あの戦車というか――バスに乗るんです」。彼女が自分で運べるよりも多くの買い物をした場合は、ある同僚に五ドル払って、家まで連れて帰ってもらう。

「日曜にリサイクル・ショップに行って、枕カバー付きのシーツを四セット、マットレスカバーを四枚、コーヒーカップを八つ、それにシングルベッドを買って、全部で四三ドルくらいになりました。近所の人は、その店に毎日行っていた人なんですけど、私はこう言いました。『あなたはお金を本当に無駄にしているんですよ』」。リーサ・バトラーは、話を聞く人には誰にでも、どうすればよいか、やり方を話したものだった。

貧困追放指導員はしばしば、学校が責任ある家計管理を教える必修講座を提供することを望むが、ときにはそれと逆のことが起きる。ワシントンのある学校は、貧困世帯の四年生たちに「スタンフォード9学力試験」（毎年春に実施される全米標準学力試験）の準備をさせる際、以下の練習問題の載った問題集を利用した。

　ビクターは何よりもお金が大好きでした。彼にはほとんど友だちがいません。彼は楽しいことにはけっしてお金をつかおうとはしませんでした。彼は、貧しくて困っている人々にもけっしてお金をあげることはありませんでした。彼はただ一生懸命働いて貯金しました。言うまでもなく、ビクターはしばしばみじめな思いをしました（強調は筆者による）。

　ドリアンはまったく違っていました。彼は楽しい時間を過ごすのが好きでした。映画や劇に行くのが好きでした。一生懸命働きましたが、お金は彼にとってはあまり重要ではありませんでした。誰かがいくらかお金を貸してほしいと頼んだときはいつも、彼は喜んで手助けしました。

　倹約をケチと、勤労を苦痛と、浪費を寛大さおよび幸福と混同しているこの練習問題は、生徒に対し、ビクターとドリアンの違いについてのもっとも適切な説明を選ぶよう求めていた。正解はこうである。「ドリアンは他の人たちを助け、ビクターは助けなかった」[12]。子どもに慈善を教えるのに、勤労と倹約をおとしめることが必要であるはずがない。こうした子どもたちの家庭も知っているように、お金がちょっとぐらい必要だからといってお金を崇拝してはならないが、もしお金が少しもないようなら、お金は間違いなく重要性を持っている。

　現金の欠乏に対して、よくある対処法は物々交換である。ときとして、それは単純な好意のように見える。ちょうど、リーサ・バトラーのご近所の一人、マルキータ・バーンズが、ごくごく少額で整備士の友人に車を修理してもらったとき、あるいは彼女のための買い物をしてくれる別の友人に車を貸してあげたときのように。彼女と別の女性は、互いに昼間の子どもの世話をし合ったが、お金のやり取りはなかった。別の事例では、交換はもっとあからさまである。ナンシー・ゼトーは、彼女の子宮摘出の手術と交換に、医師のオフィスで働いた。中年の図書館員リン（仮名）は、テネシーでのひどく貧しい子ども時代からの物々交換の慣習をずっと続けていて、東欧での貧困を乗り越えてきた学校教師の夫もそうしている。

「私より裁縫のうまい友人がいます」とリンは言った。

「彼女がときどき私のために針仕事をしてくれるときはいつでも、私は彼女の家を清掃します」。彼女の夫は、素人大工の腕を生かして、家具職人の店の裏から拾ってきた廃材から食器棚や書棚などを作る。彼は、キッチンの食器棚を、「世界でもっともおいしいブルーベリー・パイを作る女性」のブルーベリー・パイと交換した、とリンは言った。「私たちはときどき車の修理と交換します」。そして彼女の甥は、彼のオフィスの書棚を作ってもらうのと交換に、彼らにコンピュータを組み立ててやった。

リンは、そのような素朴な取り引きのノウハウの減少を嘆いた。「私は実際に、何年ものあいだ、自分のすべての衣類を作ってきました」と彼女は言う。「私たちの食べる野菜は私が育て缶詰にしてきましたし、夫は今まで住んだどの家も建て直したり建てたりしてきました。どんな電気製品でも何でも修理するときは、誰もうちに呼んだことはないんですよ」。彼らは、とてもおずおずと、彼らの中産階級への上昇に順応してきた。「五〇代後半の今になって、私たちは贅沢と呼べることをしています」と彼女は言った。たとえば？「たとえば、クリスマスには一本のワインに八ドルを出し、それを二人で飲んでいました。まだ少し残っていますよ、もう一月ですけど。昨夜はそれを少しだけ飲みました」。彼女の倹約は、貧困の不安から生じたものではあるが、彼女に誇りを持たせていた。「どれだけお金を稼ぐかはあまり重要ではありません。どれだけお金をつかうのか、なのです」と彼女は強く言う。「この国の大金持ちからもっとも極貧の人々に至るまで、それは当てはまります。そして、私はこれこそがアメリカの問題だと思います……。これが必要だ、いちばん新しいもの、最近のもの、最高のもの、その他いろいろなものが必要だというこの広告――思うに、それこそがアメリカの問題なのです」。

たしかに、浪費は貧しい人々の独壇場ではない。トム・ウルフは、ホレイショ・アルジャー〔の立身出世物語〕のアメリカの対極を描き、富裕な人々のもろさを巧みに風刺する。「いまでもすでに年収一〇〇万ドルでは破産しそうなのに！」と、『虚栄の篝火』（中野圭二訳、文藝春秋、一九九一年）の中で債券トレーダーが自分に叫ぶ。

おそるべき数字が頭をかけめぐる。去年の年収が九八万ドルだった。しかしアパートを買うために借りたローン一八〇万ドルの返済が月々二万一〇〇〇ドルある。年収一〇〇万ドルの人間にとってはものの数ではない。彼もそのときそう思った――そして事実、押しつぶされかねない大変な重荷ではあるが、それだけのことだ。ローンの支払いは年に二五万二〇〇〇ドルになる……税金のことを考えると、二五万二〇〇〇ドルを支払うためには四二万ドルの収入が必要だった。昨年の年収からそれを引いた残りの五六万ドルのうち、四万四四〇〇ドルがアパートの月々の維持管理費として必要だった。一一万六〇〇〇ドルがサウスハンプトンのオールド・ドロウヴァーズ・ムアリング・レインにある家のために要る(抵当権設定住宅ローンの返済が利息を含めて八万四〇〇〇ドル、暖房、水道・光熱、保険、修理が一万八〇〇〇ドル、芝刈りと生垣剪定《せんてい》が六〇〇〇ドル、税金が八〇〇〇ドル)。家庭や料理店での娯楽費が三万七〇〇〇ドル。これでも、よその家と比べれば、つつましいものだ。たとえば、サウスハンプトンでのキャンベルの誕生パーティにしたって、カーニバルの乗り物が一つだけだった(もちろん、それに付随するポニーはどうしても頼まなくてはいけなかった、それにマジシャンも)、だから四〇〇〇ドル以下で収まった。トリヴァ・スクールが、スクールバスの費用も含めて、年間九四〇〇ドル。家具と衣装の請求書の額は約六万五〇〇〇ドルに及んだ。……使用人(ボニータ、ミス・ライアンズ、掃除婦のルシール、サウスハンプトンの雑用夫ホービー)が締めて年間六万二〇〇〇ドル。残るはたった二二万六二〇〇〇ドル、月にならして一万八八五〇ドル、それに追加の税金や……二台の車の駐車場代(月八四〇ドル)、家庭の食費(月一五〇〇ドル)、クラブ会費(月二五〇ドル)など、あれやこれや賄わなくてはならない――ぞっとするような真実は、昨年九八万ドル以上つかっていたということ、どうやらあちこち節約する必要がありそうだ――しかし、それくらいでは追い[13]つかないだろう――もし、最悪の事態が起こったら!

「われわれ自身のせいです」

現実の生活では、ウィリーとサラのグッドベル夫妻にとって、数字はもっと低いが、パターンは似ている。彼らは、やっと一〇代を過ぎたばかりで、三人の幼い子どもがいて、清算すべき彼ら自身の失われた子ども時代がある。彼らはともに、彼らの育ち方から自暴自棄的な振る舞いを引き継いでいて――ウィリーは飲酒、サラは暴力――青年期にやむことなく繰り返してきた。

彼らは、サラの祖母のぼろ家の二階に住んでいる。風雨にさらされたその建物は、まるで朽ちて崩れるほかはないかのように、ニューハンプシャー州クレアモントの中心の、古い家並みがきちんと十字状に交差する通りのなかに、悲しげにたたずんでいた。祖母には家を修理するだけのお金はなく、ちゃんと機能するものはごくわずかで、シャワー、洗濯機とドライヤー、キッチンの流しくらいのものだった。窓は壊れ、リビングルームにはカーペットがない――むきだしのリノリウムの床だけ――が、おもちゃがたくさん壁際に積まれていて、音楽CD用の背の高いラックが、ステレオと大きなテレビセットの収まった整理棚を飾っていた。上二人の子どもは、三歳と一歳半で、服を着ておらず、おむつをつけているだけだった。

ニューイングランドの多くの工場都市がそうであるように、クレアモントの古風な趣で残されているものは、可憐に聞こえる地名だけである。シュガー・リバー、そして、サマー、プレザント、パールと呼ばれる街路。工場でのまともな仕事の大半は消滅し、生活賃金がかろうじて支払われるくらいの仕事を見つけるための砂を噛むような苦闘が取り残された。パール通りに住んでいるウィリーとサラは、他の大半の人たちよりも幸運だった。なぜなら、ウィリーは、マサチューセッツで建築中だったキャンディ工場と製薬工場にシート状の金属屋根を取りつけているサラの義父を通じて、職を得たからである。それぞれの工場に車で行くのに毎日二時間半かかったが、彼は時給一三〜二〇ドルを稼ぐことができた。それは、もっともよい年では、三万一〇〇〇ドルに達した。問題は、彼らがそれを全部つかってしまって、絶え間ない、退屈で満足感の得られない買い物という雑用から、ごくわずかの喜びをなんとか得ていたことである。タバコだけでも週に五〇ドル。ほかに衣服、靴、CDなどなど。毎晩の夕食はマクドナルドやピザハット、タコベルでほとんど外食。彼らは、銀行口座を持っていなかった。

ウィリーはひょろっとして、穏和で、のんきで、メガネをかけ、明るいブラウンのもじゃもじゃの髪型だった。彼はしばしばかすかに笑みをうかべ、そのため少し放心したような顔つきをしていた。まるで、自分が不可解な混乱のなかにいることに気づいて突然に目覚めさせられたように。彼の子どもたちは手に負えないきかん坊で、コーディは、三歳にして目のなかに荒っぽい怒りをたたえ、すでにして一人前の男性と同じくらい根深い憤怒をこめて叫ぶのであった。彼が妹をぶつと、今度は妹が末っ子の赤ん坊をぶった。実は、コーディはウィリーの親しい仲間に似ており、そして案に違わず、その仲間の子であることが判明した。しかしウィリーは高潔な人物であり、妻の最初の子を養子にとった。

サラは、短いツンツンの赤みがかった髪で、右耳にピアスをして、もう一つのピアスを右眉にしている。顔色はとても青白く、しばしばむっつりしていた。彼女の青白い顔は、彼女の落ち着きのない子どもたちを田舎の日光のもとに連れだし、彼らのエネルギーを発散させるよりも、家に籠もり、たいていはベッドの中で過ごすという彼女の好みを示していた。彼女は、不機嫌なあきらめたような調子で、哀れっぽい声で話す。

「私は、子どものときに二度、性的虐待を受けました」と、彼女は私たちが初めて話をしたときに言った。「父と母が別れて父が家を出ていったとき、母はもう一度子どもになりたいと心に決めました。だって母は一八のときに私を生んだのだから。母はずいぶんとバーに通いました。私は九歳で、一人で留守番をしてました。とてもつらかった。孤児院や子どものためのグループホームに入れられました。叔父と家族の友人から性的な虐待を受けました。育ちのせいで多くのメンタルヘルスの問題を抱えています。そのため働くことができません。深刻な不安、パニック、心的外傷後ストレス症候群、その他あらゆる種類の様々な症状に悩まされています。極度の薬恐怖症でもあるので、カウンセラーに診てもらいに行きますが、どんな治療薬も飲めません」。彼女はマルボロにライターで火をつけた。ニコチンは彼女が恐れない薬物だった。

サラもずいぶんとバーに通った。なぜなら、彼女もまた子どもになる必要があったからである。そう彼女は説明した。二一歳になるまでに、彼女とウィリーの結婚は破綻し、彼女には三人の父親のあいだに四人の子ができていた。彼女は子どもたちにジャンクフードを食べさせ、たえず言っていることが変わり、子どもたちにしたい放題させたかと思えば、次には同じ行動に対して怒って叱りつけた。懲罰の脅し――レンタルビデオを借りに行くのを禁止したり、ベッドに行くよう命じたり――は風に吹かれる葉っぱのように定まらず、何の重要性も持たなかった。

家庭訪問員のブレンダは、その危険な状況を心配していた。私もまた、サラとウィリーがまだいっしょだった頃に、二人に会っていた。ある日、コーディが扇風機のスイッチを入れ、指を羽根の近くまで突き出し、軽く怒られたことがある。彼は網戸のない窓の下枠によじ登った。ウィリーがきつく「窓から降りろ」と言うと、コーディは公然と彼を無視した。ブレンダが彼らの家に到着すると、サラが眠っていて、一歳半のカイラがタバコを噛んで、ビックのライターを口に入れているのを発見したこともあった。カイラが汚いトイレの中で遊んでいる一方で、コーディは、イスを火のついたガスレンジのそばに引っ張り出していた。私は、カイラがスニーカーで赤ん坊の顔をぶって、プラスチックの腰掛けを持ち上げて、赤ん坊の頭に打ちつけようとしているのを見かけた。コーディは叫び声を上げ、ウィリーがカイラを制止した。しかし、それより深刻でない振る舞いが、もっと厳しい叱責を受けているように思えた。カイラは、リビングルームを歩き回るあいだ、チーズを食べるのを許されていたが、その当然の結果としてチーズがリビングルームの床じゅうに落ちると、過酷な叱責を受けた。ウィリーもサラも子どもたちも、遊び方というものを知らないように見えた。彼らのいくつかの高価なおもちゃは、たいていは家の中を騒々しく引きずり回されているだけだった。飲酒運転のために免許停止になったあとの、楽しい土曜の外出についてのウィリーのアイデアは、子どもたちとウォルマートまで歩くことであった。ブレンダの事務所と州の児童保護局は、子どもたちをこの家から引き離す審判を得ようとしたが、不首尾に終わった。

サラの結婚生活は、始終荒れていた。母が義父を殴るのを見て育ち、同じことをウィリーにしたと、サラは説明した。「彼をさんざんぶん殴ります」。彼は一年に四つもメガネをダメにしてしまいます」。私は彼女に、あなたは自分から少し距離を置いて、自分が何をしているのかをはっきり見ることができるのだから、変わることもできるのではないか、と尋ねた。彼女は小さな声で答えた。「どうしようもなく絶望的な感じがします」。

彼女の暴力を避けるため、ウィリーは彼女を金で買収した。「私には、銀行にお金を預けられることもわかっていました」と彼は言った。「けれど、どちらが容易でしょうか。銀行にお金を預けるのと、落ち着いた家庭生活を送るのと。実際のところ」。彼は微かな笑みを浮かべサラのほうを見た。彼らは、私のために、ちょうどある月の家計簿をつけていたところで、ウィリーもサラも、支出の多くは切り詰めようとすればできただろうと思った。「できたのは六〇〇ドルです」とウィリーは概算する。それが彼らの生活に何をもたらしただろうか。「それはひどいものでした」と彼は言った。「きみから彼に教えてあげて」と彼はサラに振った。サラは黙っていた。「彼女には説明できません――自分の問題や何かで、いつも落ち込んでいるように見えて、お金をつかわなければ、不満なのです」。

しかし、数枚のCDを買っても、それは彼女を長いあいだ幸福にするわけではない。「その日一日です」と彼女は言った。

「彼女が店を出るまでです」と、彼は言い返した。

彼らの日常の生活費は法外というわけではない。支出には、月の家賃としてサラの祖母にいく三〇〇ドルと電話代の約一〇〇ドルが含まれ、電気代とケーブルテレビ代は含まれていない。しかし、ウィリーの長距離通勤は、免許を停止されて同僚の労働者に同乗させてもらわざるをえなかったときを除き、たいていガソリン代で月に数百ドルかかる。彼ら夫婦は、保険に入る余裕のない車に月に二二〇ドル支払い、電気製品が動かないのでランドリーに月およそ二〇〇ドル払う。そのうえ、外食に月二〇〇ドルを払う。滞納したガス代の四〇〇ドルを支払うまではガス会社が彼らの家のガスを止めているからである。また、サラも、料理ができるほど感情的に落ち着いていることはめったになく、ウィリーは一四時間労働から家に帰るとあまりに疲れ切っている。

さらに、彼らはときどき、自分たちを甘やかしがちだった。「私たちはともに若いので」とウィリーは説明する。「それに、二人とも子どものころは本当に何も持っていなかったので、誕生日やクリスマスなどでときどきかなり度を超してしまうことがあるんですよ」。

四月中旬から五月中旬までの彼らの家計は、家賃、車の支払い、その他の経常的な支払いに加え、ウィリーが稼ぐ二五〇〇ドルのほとんどすべてをつかい果たしてしまうほどの出費があることを示していた。

食料雑貨品(おむつとタバコを含む)	四六七・一九ドル
レンタルビデオ	五三・九三ドル
外食	二一四・四五ドル

その他　　七八五・〇九ドル

食料雑貨品は、日に三・九九ドルするランチャブル〔箱に入ったランチセット〕のような高価な品目を含んでいる。ランチャブルは、コーディが幼稚園の部屋のあちこちに投げつけない唯一のランチである。「その他」のカテゴリーは、五二の項目から成り、その詳細の大半は、サラもウィリーもそれらをリストアップしてから一か月もすると忘れてしまう。それらは二ドルや五ドルの即座に忘れられるようなものから、一六一ドルのコンサート・チケット（オジー・オズボーンを聴きに）、結婚式用の五二ドルの衣服一式、誕生日および結婚式、そして不必要な物をこしらえるメーカーによって巧みに創り出された行事の一つである母の日のための、四五ドルとか五〇ドルとかの多数のプレゼントに至るまで多岐に渡る。

彼らの節約の主な努力は、ウィリーの出費に向けられた。彼は、好みのキャメルを吸う代わりに、カートン単位でない四ドルのマルボロを吸うことに同意した。禁煙は、まったく検討課題にはされなかった。料理店、加工調理済み食品、ジャンクフードを利用しないのは、実行不可能な自己犠牲のようであり、サラは、家庭訪問員のブレンダからのこの点に関する助言を、苛立たしくはねつけた。「ブレンダの家計を抑える計画はこうです。一週間、ハンバーガーとマッシュド・ポテトなんかを食べるような。そんな生活はしたくない」とサラは嘲笑した。「私は自分の好きなものを食べられるほうがいいんです」。

たとえサラとウィリーが倹約の模範生であったとしても、彼らの生活は依然として過去の重い負債に縛り付けられていたことだろう。ウィリーが屋根の仕事を見つける前の、収入の少ない時期から、彼は、電話代に七〇〇ドル、支払いが滞った車の購入代に五〇〇〇ドル、医療費に一万ドルの支払いを負っていた。彼は電話を所有できなかった。彼女が電話を持てたのは、ただ、彼女の電話代のツケが、法的に責任のある一八歳になる前に溜まっていたものだからである。最終的に、彼女はおそらく、こうした状況下で一部の親たちによって使われる策略を試してみなければならないだろう。すなわち子どもの名前と社会保障番号を使って電話代の口座を作るのである。

ウィリーの医療費は、医療保険に未加入の勤労者の典型ともいえる形で、負わせられた。彼は、歯医者に行く金がなく、虫歯になっており、土建業で各地を回っていた。彼は膿瘍が悪化するといつも、鎮痛剤と抗生物質を投薬してもらうために最も近くの救命救急室に行った。法律では、病院の救命救急室は、保険加入者も未加入者も、治療する義務があるが、そのあと請求書を送りつけることはできる。それはたいてい途方もない額である。請求金額はウィリーに払える範囲を大きく超えていて、それは彼の信用格付けを台無しにしてしまった。

「貧乏」と、サラは彼女たちの社会経済的レベルを説明しながら言って、甲高く神経質にクスクスと笑った。

「私たちは、自分で自分を貧乏にしている」とウィリーが同調した。「でも、私たちが利口な人だったら、かなり暮らし向きがよかっただろうことはわかっています。ときどき、一週間に七〇〇ドルを持ち帰ります。暮らしをよくすることができるのはわかっています。でも、私たちのどちらも、ただ家でじっとしていることができなくて、OK、このお金で夕食に行こうよと言うんです。それでおしまいです」。彼は悲しげに笑った。「もしポケットに一〇ドルあって、私たちの調子が悪くて、家で座っているのに飽きていたら、外に出てアイスクリームや夕食に一〇ドル使ってしまうことでしょう。お金のかかることをすることで、暮らしを楽にするほうが簡単だと思います」。

サラは、貧乏であることの彼女の定義を提示した。「私たちには、貯金するお金がまったくありません。私たちには、自分たちのものと呼べる家庭がありません」。「われわれ自身のせいです」とウィリーは言った。「私はその責任を他の誰にも押しつけません」。

ウィリーの板金の仕事による収入は、彼の家族を連邦政府の貧困ラインよりも上に位置させる程度に高いが、家族に若干の福祉手当が与えられる程度に低い。子どもたちは連邦政府によって出資されている州児童医療保険プログラムの有資格者で、サラは、ミルク、シリアル、ピーナッツ・バター、粉ミルク、その他の食料を、女性・乳幼児・子ども特別栄養強化プログラム(WIC)から受給している。何年かのあいだ、彼らが確定申告をしていたとき、彼らは源泉徴収税の還付だけでなく、追加支払金の勤労所得給付金も受けていた。

ある年、彼らは国税庁からの小切手の一部を、タトゥーを入れるために使った。「私たち自身、まだ子どもみたいなものです」と彼女は言った。「だから、時には子どものように振る舞います」。ウィリーは、腕に魔術師を彫ってもらった。サラは背中のシャツをめくりあげてタトゥーを見せた。棘《いばら》でできたハートだった。

第２章　働いてもうまくいかない
Work Doesn't Work

貧困によってその資質が妨げられている人が向上するのは容易なことではない。

——ユウェナリス*「風刺詩集」

「怠惰。怠惰です」

クリスティは、多くの労働力を必要とするこの経済にとって、不可欠な仕事をしている。彼女は毎朝、使い古された一九八六年製のフォルクスワーゲンで、公営住宅のアパートから、オハイオ州アクロンのＹＷＣＡの保育所まで通う。そこで幼い子どもたちの世話に一日を費やす。それによって子どもたちの親は仕事に行くことができる。彼女のような仕事をする人々が全国に大勢いなければ、アメリカの繁栄に雇用という燃料を十分に注ぐことはできないだろう。彼女の忍耐と思いやりがなければ、子どもたちも被害を受けるだろう。というのは、彼女はベビーシッター以上のことをしているからである。彼女は子どもたちに対し心の安らぎの場を与え、子どもたちを教え、母親のように世話をし、ときには家庭での虐待から救い出すことすらある。

これらの有益な奉仕に対し、彼女は隔週に約三三〇ドルの小切手を受け取っている。この収入では二人の子どもを自分が働いている保育所に預けることはできない。

クリスティは、がっしりした女性で、境遇からは考えられないほどによく笑う。彼女はストレスと高血圧に苦しんでいる。それなりの額のお金をそれなりの期間預けておくことができないために銀行口座を持てずにいる。どんなに慎重に買い物をしても、いつも請求書の支払いが遅れ、延滞料を課される。低収入のために、食料切符と家賃の助成金の受給資格を得ているが、彼女の賃金がわずかでも増えればすぐ、政府当局は給付金を減らす。そのために、働いているせいで罰せられているような気持ちになる。彼女は福祉改革の出口のない罠に陥り、一九九六年の「個人責任・就労機会調整法」の規定にしたがって生活をやり繰りするようになった。この法律の名は、議会とホワイトハウスが貧困の原因と解決法をどのように見ているかを、余すところなく表現している。

当初、この新法は、経済の好況と相まって、生活保護の取扱件数を急減させた。州は、期間制限と労働要件の運用に関して柔軟な取り扱いを認められることになったので、一部の州は、政府と産業界と慈善団体の今までにない連合体をつくって、効果的な職業訓練と雇用の促進に取り組んだ。しかし、もっとも就きやすい仕事には、三つの悲しい特徴があった。すなわち、低賃金である、諸手当がない、つまらない。「仕事を見つける人の多くは、彼らを助けることを意図した食料切符や医療保険といったもう一方の支援を失い、働いていなかったときに比べて暮らし向きがよくなることはけっしてない――ときには悪くなることすらある――」と、アーバン・インスティテュート〔公共政策のシンクタンク〕は二〇〇二年の報告のなかで結論づけている。(1)

クリスティは、自分がそのような事例だと考えている。彼女の財布のなかにある、クレジットカードに似た唯一のものは、"Ohio"〔オハイオ〕と印刷され、暗闇を照らし出す灯台のスケッチで飾られた青緑色のプラスチックのカードであった。"O"の字の内側は、金色の正方形――コンピュータ・チップ――である。毎月の第二就業日には、彼女は、ウォルグリーンズ〔コンビニ・チェーン〕、セーブ・ア・ロット〔食品チェーン〕、アップル〔コンピュータ販売店〕などで専用機にそのカードを通し、自分のＩＤ番号を打ち込む。一三六ドルの給付金が、彼女のチップに読み込まれる。これが彼女の「食料切符」の現在の発行形式である――盗むのも売るのも容易ではなく、順番待ちの列に並んでもそれほど目立たず、あまり体面を傷つけられない。

そのカードには、毎月の最初の収入が入っていて、その月の彼女の最初の出費を可能にする。それは食料にのみ使用可能で、調理済み食品やペットフードにはつかえない。その出費は、一〇月を例に彼女が私のためにつけていた家計簿の第一行目にあった。

「二日　一三六ドルの食料切符を支出」と彼女は書いている。つまり、その給付金は、彼女が受け取ったその日のうちにすべてつかわれたのである。三日後、彼女は食料雑貨類のために二五ドルの現金を工面しなければならなかった。一〇月一〇日にはさらに五四ドル、そして一二日には一五ドル以上が必要だった。貧困世帯は、通例、食料切符が食料費の二分の一から四分の三しかカバーしないことに気づく。

そのカードの繰越残高ですら、クリスティの給与が少しずつ上がるにつれ、徐々に削られていった。それは、この給付金が収入に基づいているということを意味する。必要性が低いほど、受給額も低くなる。それが経済的側面である。しかし、心理的側面では、それは受給者に不快きわまる思いをさせる。クリスティは、三か月毎に、半日の休みをとって（半日分の賃金を失って）、給与の控えや公共料金の請求書、家賃の領収書を詰め込んだ封筒を持って行き、彼女を担当する怒りっぽいケースワーカーから細々《こまごま》とチェックを受ける。そのケースワーカーは、州が定める計算式を適用して、彼女の食料切符の割当額と医療保険に対する彼女の子どもの資格適性を算定する。クリスティが訓練課程を修了して、時給が一〇セント上がったら、彼女の食料切符の額は月に一〇ドル下がった。

彼女の手に残ったのは月に六ドルであった。それは、ただ不快に感じられただけではなかった。以前に生活保護を受けていて今は働いている人の多くは、食料切符、医療費補助、住宅などを支給する官僚機構とおさらばできてせいせいした、と言う。なかには、いったん生活保護を離れると、受給資格がなくなると誤解している者もいる。煩わしさや屈辱感に耐えるくらいなら権利を失ったほうがましだと考える者もいる。しかし、何も言わずにあきらめるのは、彼女の気性には合わない。官僚制度を通して自分で交渉しようとする人なら誰もがそうだろうが、彼女は抜け目なく粘り強かった。そして、ひるまずに上位の関係機関へ訴えた。あるとき彼女が書類の束のなかに公共料金の請求書を入れ忘れ、担当のケースワーカーが彼女の食料切符の支給を保留したことがあった。「私は翌日それを彼女に郵送しました」とクリスティは言った。二週間が過ぎてもカードは空のままだった。クリスティはそのケースワーカーに電話した。「彼女は本当に失礼でした」とクリスティは回想した。「あれ、書類を送るように言いましたよね」。

「私は言ったんです。「郵便物は確認しましたか」」。答えはノーだった。そのケースワーカーの郵便物は、積み重ねられたまま、読まれていなかった。

「彼女の言い分はこうです。「そうね、食料切符については、最長二、三か月は待ってもらってます」。それなのに連絡をよこしませんでした。私は、彼女の監督者のもとに行きました」。その結果、食料切符の支給は再開された。

片足を恐る恐る労働の世界に踏み入れ、もう片方の足は依然としてお役所流の複雑なやり方に足を取られている人は、ちょっとしたことで平静さを失いかねない。上司との関係をなんとかうまくやって、信頼できる保育所を見つけ、未払いの請求書のもめごとに対処するのは、そのような経験がほとんどないシングルマザーにとってはまったく骨の折れることである。供給者というよりは検察官のように見える官僚機構による監督がこれに加われば、クリスティのように高血圧を患うことにもなるだろう。

彼女は、当然受け取るべきものを受け取るために、その制度の規定に訴える一方で、ごまかしもした——あるいは、ごまかしをしたと考えた。彼女は、ボーイフレンドで息子の父親でもあるケビンと、内密に同居していた。もし公営住宅当局がそれを知れば、彼が重罪犯の判決(暴行罪で懲役二年)を受けているという理由か、たとえわずかであれ彼の稼得能力のために、入居資格がなくなるという理由で、彼女は公営住宅からきっと退去させられるだろうと思っていた。政府の援助と完全な貧困とのあいだの差はごくわずかなので、生きるうえでは小さな嘘も大きな重要性を持っている。

ケビンは、人なつっこい仁王のようだった——二八〇ポンド〔約一二七キロ〕のがっしりとした体軀、剃り上げた頭、右耳の小さなイヤリング。彼の収入は不安定だった。天気が悪くないときは、彼はある庭師のもとで時給七・四〇ドルで働いていた。その庭師は、感謝祭〔一一月の第四木曜日〕に仕事納めをし、七面鳥を彼に報奨として無償で与えた——そして冬のあいだは、失業させられた。彼は、トラックの運転か、肉処理の仕事をやりたかった。懲役中に、訓練過程を修了して肉屋の免許状を得ていたが、彼が刑務所からの書類を見せると、雇用主は、彼にナイフを持たせようとはしなかった。

クリスティの生活のやり繰りは結局逼迫し、彼女の出費のリストから娯楽や贅沢を見つけだすには、よくよく目を凝らさなければならなかった。五日、彼女はケビンから、三七・六八ドルという週ごとの養育費の小切手を受け取っている(彼女は、娘の父親からは一切何ももらっていなかった。娘の父親は、暴行罪のために長期の懲役に服していた)。同じ日、彼女は五ドル相当のガソリンを車に入れ、翌日には、彼女自身のお金から六ドルを出して、保育所の子どもたちを動物園に連れて行った。八日は給料日で、三三〇ドルの小切手は、全額たちまち消えた。まず、彼女が三ドルの「税金」と呼ぶものがあった。それは小切手を現金化するための、郵便為替などに対するいくつかの手数料の一つ――当座預金口座を持っていないためのペナルティ――だった。一七二ドルは、即座に家賃に費やされた。それは一〇ドルの延滞料を含んでいた。彼女は、月初めまでに払えるほどお金があったことは一度もなかったために、いつも延滞料を課されていた。次に、一〇月だったので、クリスマスの計画を立てはじめたところで、取り置きしてもらっているプレゼントのために店に三一・四七ドルを支払った。さらに一〇ドルがガソリン代に費やされ、四〇ドルで二人の子どもに靴を買い、五ドルが古着屋でコーデュロイのパンツに、さらに五ドルがシャツに、一〇ドルがワイドパンツに、四七ドルが隔週の車の保険代に支払われた。これで三三〇ドル〔正確には三三三・四七ドル〕となる。テレビや衣服、家具などには保険はかけていなかった。

公共料金や他の請求書は、月末近くの彼女の二番目の小切手から支払われた。電話代はたいてい月に四三ドルくらいで、アパートのガス代は三四ドル、電気代は四六ドル、処方薬代は八ドルから一五ドルだった。月々の車の支払いは一五〇ドル、医療保険は七二ドル、ケーブルテレビの視聴料は四三ドルだった。ケーブルテレビは、視聴料を支払うために生活を切り詰めて犠牲を払う低所得世帯にとって、もはや贅沢品とは考えられない。現代のアメリカ文化は今やあまりにもテレビに頼っているので、ケーブルテレビの提供する幅広い情報アクセス手段がなければ、貧しい人々はますます社会から取り残されるだろう。それに加え、ケーブルテレビは比較的安価な娯楽である。「基本契約にしか入っていません」とクリスティは説明した。「アンテナはありますが、それだけでは何も見られませんし、何も受信できません」。また、彼女とケビンはレスリングを観るのが好きなので、よく映ってほしかった。

クリスティの家計が苦しい理由の一つは、忙しく働く母親のために――あるいはあり合わせの材料から料理することをまったく習ってこなかった人のために――簡単で予備的な食事を提供してくれる、高価で盛んに宣伝されるスナックや、ジャンクフードや、調理済み食品を多用するためである。主食のハンバーガーとチキンに加え、「ソーセージを買います」とクリスティは言った。「TVディナー〔解凍してすぐに食べられる冷凍食品〕を買います。なぜなら、何日かは疲れ果てて、それをオーブンに放り込むこともありますから――ソールズベリー・ステーキとか、七面鳥とか。子どもたちはピザが大好きです。冷凍のピザも買います。……子どもたちに朝食もたくさん買っておきます。なぜって、私たちは早く起きて出かけてしまいますから。こういうシリアルバー〔シリアルを固めてかじられるようにしたもの〕などは高いでしょう。ご存じでしょうか。シリアルバーのポップ・タルト〔トースターで加熱して食べる子どものおやつ〕やグラノーラ〔穀物・ナッツなどを混ぜた朝食用シリアル〕〕。ホット・シリアルのような、より安価な朝食は、彼女に時間がある週末にのみ登場する。「子どもたちはホット・シリアルを食べますが、平日は忙しくしています。だから子どもたちの弁当にシリアルを持たせます。息子はドライ・シリアルを食べるのが好きで、息子の弁当にはシリアルを入れます。ココア・パフ〔チョコレートの香りがする朝食用シリアル〕。子どもたちはココア・ドット〔ココア味の朝食用コーン・シリアル〕も食べてますよ」。彼女は笑った。「ラッキー・チャーム〔朝食用シリアルの人気ブランド〕も。息子は好き嫌いがありません。娘は偏食です」。これらのお菓子のようなシリアルは、お金を吸い上げる。私の地元のスーパーマーケットでは、ラッキー・チャームはとても高くつく。すなわち、一箱たった一四オンス〔約四〇〇グラム〕で四・三九ドルもする。その三倍量のオートミールは、ほぼ同じ価格の四・二九ドルである。

クリスティとケビンにとっての気晴らしは、飲食が中心であった。一一歳の娘がよい成績表を家に持ち帰ると、彼らはご褒美として、わずかな現金をかき集めて、質素なレストランで夕食をとった。メキシコ料理か、水曜日の場合はその通りを下ったところにあるライアンズ〔ステーキハウス〕のいずれかだった。ライアンズは、水曜がステーキのサービスの日で、彼らが住む黒人地区のはずれにあり、大きく、賑やかで、食べ放題の、家族向けの店だった。ビュッフェのカウンターは、湯気の立つポテト、さやいんげん、厚切りビーフが盛られ、祖父母や両親や子どもらの、多様な人種の陽気な人々に取り囲まれていた。彼らは、押し合いへし合いしては、気さくに謝り合いながら、一人たった九ドルのボリュームたっぷりの食物を運んでいた。

クリスティとケビンは、自分たちへの折々のプレゼントとして、友人たちを招待し、一階にある彼女の部屋の裏で、グリル用に作られたドラム缶のなかに炭火をつけて、バーベキューのチキンやリブとたくさんのミラーの缶ビールでご馳走した。彼らは、酔うほどに飲んだのだろうか。

「ううううーん」と、ケビンは長く低く口ごもって答えた。

「うーん」と、クリスティは言った。「子どもたちのいるところでは酔いません。そのためにクラブへ行きます。それから家に帰って寝ます」。彼女は嬉しそうに笑った。彼女は、ブーンズ・ファームのワイン、マニシェヴィッツ・クリーム〔ワインの銘柄〕、ポール・マッソンのブランディが好きだった。それは、彼女が私のためにつけた記録の一項目、一〇月一二日の「ボトルに一五ドル」にあたる。しかし、彼女はアルコール依存症ではなかった。しかも、彼女とケビンは、麻薬の密売人だらけの近所の人たちからの絶え間ない誘惑にもかかわらず、これまでずっと薬物には手を出していないと断言した。

「クリスティは楽しむことが好きです」と、彼女の母親は辛辣に言った。母親グラディス（仮名）は、高校を中退し、何年か生活保護を受け、彼女の三人の子どもたちを大学に送るという熱い夢を育んできた。その熱意は、子どもたちのうち二人を後押しした。クリスティの兄は会計士になり、姉は銀行の融資担当者になった。しかし、クリスティは高等教育には馴染めなかった。彼女はしぶしぶアクロン大学に入り、実家に住み、結局はお金がないことに嫌気が差した。二年生の後期には、大学に通わず働きに出た。その選択は、当時の彼女にとっては、あとで判明したほどには重大なものに思われなかった。

「彼女は、ものごとを、実際ほどには深刻に受け止めていませんでした」と、グラディスは説明した。「今では、これがどれほど重大なのか、彼女は身をもって知っています」。重大さの度合いは、彼女のやりたかったことにかかっていた。彼女は子どもたちのために働くのが大好きだったが、今では、大学の学位なしでは就学前のヘッド・スタート・プログラム〔低所得家庭の幼児と身体障害児を対象にした育児支援制度〕において、責任ある地位で雇用されるのは困難であることがわかった。ましてや、正規の学校の教師になるのはなおさら難しい。彼女には、資金の不安定なＹＷＣＡの保育所しかなかった。ＹＷＣＡの児童たちの九五％は低所得の世帯から来ていたので、保育所の主な収入源であるオハイオ州福祉サービス局によって保育料が実質上設定され、フルタイム保育に週九九～一一四ドルが支払われた。保育所の多額の経費を考慮すれば、保育料は、保育士たちに時給五・三〇～五・九〇ドル以上を支払うには不十分であった。

クリスティの以前の仕事も、ホリデイインのフロント係、Ｋマートのレジ係、バーのウェイトレス、様々なレストランでの調理師やウェイトレスやレジ係のような仕事で、彼女を最低賃金ぎりぎりのところに閉じ込めるものだった。彼女は、小売店の販売員やバスの運転手や看守に転職するための貧弱な養成プログラムの古顔となったが、それらの課程を経ても、彼女やクラスメートが試験に合格し職を見つけることはできなかった。彼女は、なぜ大学に戻ろうとしなかったのかについて、二言で説明した。「怠惰。怠惰です」。

彼女が自身のことを怠惰だと考えるのは奇妙なことである。なぜなら、彼女の仕事はへとへとに疲れるもので、彼女の低賃金では、どうにか暮らすために多大な努力を要するからである。請求書が殺到するといつも――と、彼女は説明する。「私は、この請求書を一か月分払って、こっちは払わず、そしてこっちの請求書の一か月分を払って遅れを取り戻します。私の支払いはほとんど遅れた分を取り戻すためのものです。それらをやり繰りします。電話の請求書がきます。それは毎月払わないといけない。もし払いそこなったらお手上げです。翌月には二倍、翌々月にはさらに三倍になります。その次には、電話を止められます。私はいつも通話停止通知を受け取って暮らしています。毎月料金を払っていても、毎月通話停止を受けます。というのは誰でも月初めに払ってほしいですからね。月初めには賃金は払われません。だから、一〇人の人に月初めに支払うことはできません。私のところに通話停止の通知が来て、いつも実際に通話停止寸前のところまでいきます。私は電話して、支払いの手配をします。こういうふうにです。「ねえ、勘弁してください。電話を止めないで。いくらか送りますから」と。それから車のディーラーには手持ちの一五〇ドルの全額を持っていかないとしても、いくらか持っていきます。彼らはおかしな人たちです。交渉に応じてくれるんです。ほんとにいい人たちです。で、彼はこう言いました。「おやっ、ミスV、今日は私たちに何を持ってきてくれたんですか」。その男性は、ひとことまたこう言いました。「あなたは毎月いくらか持ってきてくれるんですね」。ええそうです、支払額の半分以上は払っています。毎月。そして私は「食費を捻出しなきゃ、ねえ、みなさん」と言うんです」。

彼女は、余裕のないスケジュールのせいで、手数料と罰金を課されがちだ。そのなかには、彼女の子どもたちの夏の昼間保育を打ち切るはめになった手数料も含まれる。彼女は、ＹＷＣＡの保育所に子どもたちを定時で預けるのにかかる月一〇四ドルを賄えないので、母親が孫たちの放課後の面倒を見ることになっていた。夏には、子どもたちはボーイズ・アンド・ガールズ・クラブ〔非営利の全国的な学童保育施設〕に、それぞれ七ドルの料金を払って行く。しかし、クラブは、子どもの迎え時間に厳格な規則がある――金曜を除き午後三時、金曜は午後一時である。ある金曜、彼女の母はその早いほうの時間を忘れてしまった。クラブは、仕事場のクリスティに連絡することもなく、時間を測りはじめ、最初の五分間につき一人あたり一〇ドルで始まり、以降はより低額の割合で、最終的に一時間以上遅れて彼女の母親が行くまで加算された罰金を、彼女に課したのであった。それは子ども一人につき八〇ドルに達し、クリスティには負担できない額だったので、彼女の子どもたちはクラブを続けることができなかった。彼女の生活においては、あらゆる小さな誤りが、重大な結果をもたらすのである。

クリスティの職業がこの国の幸福にどれほど重要であろうと、彼女は、これという昇進の機会のない低賃金の職歴を運命づけられているように見えた。彼女の経済水準では、生活を楽にするには、あらゆるものが完璧に調整されていなければならないだろう。彼女は、成人期の出発点におけるつまずきを経て、今では大学教育の後押しと、適切な特定分野の職業訓練を必要としていた。単に勤勉に働くだけではうまくいかないのである。この教訓は、勤勉という尊い美徳を汚しており、私たちが身につけたい教訓ではない。しかし、雇用主がこの社会に不可欠な労働に対してもっと多くの額を支払うことができ、かつ、すすんで支払おうとしない限り、貧困の淵で懸命に働く人々は、その境遇にとどまるだろう。そして、労働に対するアメリカの熱烈な賛歌は、不協和音を奏でるだろう。

「福祉から労働へ」

デブラ・ホールにとっても、仕事はよい結果を生まなかった。労働力から余儀なく排除され、生活保護を受けている多くの母親たちと同様に、彼女は、物質的生活水準を除けば、ほとんどあらゆることが変わってしまったことに気付いた。彼女は、通勤のために車を買わねばならず、夜明け前に起き、新たな技能を習得するために苦心し、仕事における人種間の摩擦に振り回されねばならなかった。家計は複雑さを増したが、黒字はまったくなかった。彼女が主に得たものは、感情的なものであり――自分自身についてよりよく思えるようになっていた――差し引きすれば、ためらいつつも、働いていることを嬉しく思っていた。

デブラは、クリーブランドのさびれた地区で、幸いにも彼女の母親が所有する二世帯住宅の一階でどうにか暮らすことができた。自由市場に基づく彼女のわずかな賃金では、ひどい借家に閉じこめられていたにちがいない。彼女の家の前に立つと、その家は塗装する必要があり、屋根は板を張りつける必要があったものの、部屋は広々として、街路はそれほど荒廃していなかった。玄関口の向こうから、隣家のドアの階段に腰掛けた二人の若い女性が吸っているマリファナの甘い香りが漂ってきた。デブラの家の大きな正面の窓にはカーテンが引かれていた。

中に入ると、リビングルームは昼間なのに暗かった。彼女は、午前三時半から一一時半までのパン工場のシフトから戻って以来、ずっとソファで眠っていた。彼女はまだ、右側のポケットの上に縫いつけられた、「デブラ」というラベルのついた、白い制服のシャツを着ていた。黒い髪は整えられ、絶え間ない笑みが大きな顔を明るくしていた。彼女の話す困窮についての物語のあいだじゅう、彼女は痛々しくもなんとか笑おうとしていたので、その笑みはときおり、かすかな悲しみを帯びていた。

テレビがついていて、直立型の電気掃除機がリビングルームの真ん中に置かれていた。側卓を飾っているのは、彼女の二人の子どもの写真だった。年下の息子には、ダウン症のハンディキャップがあって、年上の娘は、銀行の下級のレベルのポジションで、そこそこ昇進しつつあった。「彼女が生活保護を受けるようにならなくてよかった」と、デブラは太い声できっぱりと言った。

簿外の現金で給料が支払われる家政婦やバーのホステスといった職業も含む、彼女の言うところの「闇の仕事」と、生活保護給付小切手という、二一年にわたるキャリアの出発点となったのが、彼女が一八歳のときの娘の誕生だった。生活保護を受けながら申告しない仕事に就くという広く見られる行為から考えると、〔福祉改革の求める〕「福祉から労働へ」は、〔収入が少しあれば福祉が打ち切られ〕人々の実際の収入は大幅に減ることになるのだから、「労働オンリー」と呼ばれるべきである。

「私はそれに慣れて、追加収入を得ていたのです」と、デブラは説明した。「週に、たぶん一二〇ドルくらい稼いでいたと思います。一晩で三〇ドルくらいの給料と、それにチップもありましたし……それで、それに慣れて離れられなくなってしまい、外の世界のことを忘れていました」。

彼女に現実の世界のことを思い出させる手紙が、彼女のケースワーカーからやってきた。デブラは、三九歳のときには、とりたてて言うほどの技能は何も持っていなかった。彼女は、コミュニティ・カレッジを退学していた——「私はそれにまったく身を入れていませんでした」と彼女は告白した。彼女は自分のことを「怠け者」と決めつけ、けっして手に職をつけようとはしなかった。彼女は、生活保護手当の送金小切手、不法収入、社会保障庁からの彼女の息子に対する生活保護補足給付金で暮らしていた。彼女の息子は一〇代で、養護学校教育を受けていた。その頃、福祉制度改革が、彼女の不正を見破りつつあった。期間制限と就労要件を課すことを州に許可する一九九六年の法律によって、オハイオ州は、デブラに職に就くか職業訓練を受けるよう求める権利を得た。

彼女は、苦労したあげくクリーブランド雇用訓練センターに行き着いた。そこの役員は、機械工、溶接工などの労働者を必要とする地元産業の重役たちであった。彼女はフォーマルな服装よりカジュアルな服装が好きだったので、倉庫の仕事を選択した——業界用語で言うところの「発送と荷受け」である。その実地の訓練の一部として、センターは、UPS宅配便の小包を小さな工業団地の会社のために発送しており、デブラは、タイプの仕方、コンピュータ化されたUPSのシステムの操作法、物品目録のつけ方、フォークリフトの運転法を学んだ。このコースにより、「私は身を落ち着けて、職に就く限りは何かを学んで何かをしたいと思うようになりました」と、彼女は言う。彼女がやる気になったのは人生で初めてのことで、それにより、生活保護から抜けて働くのも悪くない考えだと思うようになった。「人々はもっと求めるのでしょう」と彼女は予見した。「そして成長している子どもたちにもっと求めるよう教えることができるでしょう……またもし、私たちがこのような訓練センターに入って、やればできるんだということを見せれば、子どもたちのお手本になれます」。

これは、デブラがまだ訓練生であったときの様子である。彼女がいったん就職すると、状況は、それほど明るくは見えなかった。第一に、通勤で長距離バスを利用しないかわりに彼女が買わなければならなかった車は、安価ではなく、また信頼できるものでもなかった。次に、UPSには仕事の空きがなかったので、彼女は、フォークリフトの認定証と、慎重に準備した履歴書と、新たに身につけた面接の技能をもって、オーランド・ベーカリーに行った。彼女は、すべての質問に立派に答えようと身構えていたが、まったく喋る機会はなかった。ある男性が、足早に工場のあちこちを彼女に案内し、そして尋ねた。「朝七時から働けますか」。

彼女は当惑した。「喋ることをこんなに繰り返し練習したりしたのに、彼は私に、七時から働けるかどうか尋ねただけでした」。彼女は気まずい笑みを浮かべた。「私は、フォークリフトの運転手として雇われるだろうと思ってました」と、彼女は続けた。「フォークリフトの運転がしたかったのです、その工場にはフォークリフトがありましたから。工場は、それを、発送と荷受けで使ってました。トラックが荷積みするドックのエリアです。トラックに荷物を詰め込んでその他いろいろしなければなりません。しかし、全部男性なのです！」彼女は悲鳴を上げるように言った。最初の日に仕事場に着いたとき、彼女は流れ作業工程に配属された。「ちょっとすみません」と、彼女は監督者に言った。「あなたはフォークリフトを運転できる女性を雇っているんですよ」。「ああ、フォークリフトの運転手は空きが全然ないんだ」。

オン・ザ・ジョブ・トレーニングは、たった一つの指令に要約できるかもしれない――すなわち、隣の従業員のすることをそっくり真似せよ。デブラはしっかりと観察して、ひどく嫌なガーリックの工程で、パンをひっくり返すことから始めた。そのコンベアでは、従業員は七時始業で、その日の全部の製品が包装されるまで居残らねばならず、それはたいてい午後五時頃、ときには六時という遅い時刻になった。「そこの誰も我慢できませんでした」と彼女は言う。「ガーリック・ローフ、ガーリック・スティック、ガーリック・ロール――会社は、ことあるたびに違った種類のパンを持ってきて、そのパンをガーリック風味にすることができるかどうかを確かめました」。パンがスライサーを通過したのち、「それをばらばらにして、平に寝かさないといけません。それから、パンをばらばらにした人の隣の二人が、パンがちゃんとたいらに寝かされて、二枚重ねになっていないかどうかを確認します。それからバターにいきます。香水のようなバターがあるんですよ。それから次は、冷凍庫に行って、そこではパンを積み重ねる人が四人います。そこにいる一人が、ちゃんとできていることを確認して、それから彼らが包装します」。

労働者は労働組合に組織されているが、労働条件は、労働協約にあるまじきものである。給料は、有給の昼休みおよび九時間労働の後にある一五分の休憩も含めて、時給七ドルである。諸手当は、その従業員が六か月間勤めた後でなければ支給されない。それは重労働ではなかったが、デブラの精神的、肉体的強さに挑むようなものだった。「最初の日、そこで働いて、こうなるつもりじゃなかった、という感じでした。それはひどいものでした」。彼女はまた笑った。「そうね、うーん、身体全体がズキズキ痛むような感じでした。それで、ただコンベアを見てるだけでした。だって、材料が絶えず動いているでしょう、動きが速くて、やって来ては私の前を通り過ぎていく。……ほとんど泣きそうでした。私にはできない、みたいな」。

しばらくして、彼女は、ガーリックラインから離れるありがたい機会を提示された。それはシフトの関係で午前二時に起床しなければならないことを意味したが、彼女は、パンを袋とボール箱に詰めるという、よりストレスの少ない仕事をできることになった。しかし、緊張の中断は長続きしなかった。デブラが包装の仕事を学ぶやいなや、監督者から出し抜けに、操作法の訓練を受けていない機械を割り当てられ、またパニックに引き込まれた。「私はその機械の名前すら知りませんでした」と彼女は言った。「ただ、たまたま彼らがこう言ってるのを聞いただけです。『きみはナンバー2だな』。私は、『いったい何について話しているのですか』と尋ねました」。ナンバー2は、実際はその機械の名前だった。デブラの説明によると、「スイッチをひねる」人が必要な巨大な装置だった。「そこに袋を供給して、パンを詰めるジッパー付きの袋が開いていることを確認し、機械を特定の方法で調整しなければなりません――違う種類のパン、ハンバーガー用のパン、ホットドッグ用のパンに応じて。その工程の別の場所では、スライサーをセットして、パンを切ります。どれほど難しいか心得ておくべきです」。

彼女は悪夢を見ていた。「私は考えることができなくて、まだ混乱しています。私がやり続けていることはすべて、地に足が着いていないような気がするだけです。この機械のせいで。……私は、自分がちゃんとしなかったため、監督者が大騒ぎする夢を見ました。言ってることがわかるでしょう。仕事が家までついてくるんです。……このわずか七ドルに対して、こんなことでは道理に合いません」。数か月後、彼女の賃金は時給七・九〇ドルに上がった。

黒人であることで、デブラは、自分が微妙な人種的重圧で不利益を受けている気がした。「会社がヒスパニックには寛大なように見えたのです」と彼女は主張した。「あるヒスパニックの人の隣にいたのですが、彼女は作業についていけませんでした。パンが全部積み重なって、彼女はそれらを箱に入れて、平らに押し潰していました。そして上司がやってきて、怒鳴りつけました」。彼女は、英語が喋れないふりをしたために、デブラが苦情の標的となった。「ちょっと待ってください」と彼女は反論した。「彼女は私と同じくらい英語がわかるんです。彼女が作業についてこられないからって、ここへ来て私を責めないでください。私は彼女が一箱作る隣で三箱を作りました。けれど彼女は例のスペイン語をしきりに話し、一人のスペイン語仲間をつかまえ、長々としゃべり続けています。わかるでしょう。なんてことでしょう。そんなことばっかりです。もうたくさんです」。

デブラは、自分の昇進と昇給の可能性があるという確信は持てなかった。彼女が監督者たちに、彼らの地位での給与について尋ねると、彼らはいつも曖昧に「それは様々だ」と答えた。彼女は明確な数字を知ることができなかったので、目指す賃金がどのようなものかわからなかった。彼女には、自分の家族が低賃金からいつも脱却できないでいることが、宿命のように思えた。彼女は父親のことをほとんど知らず、彼がどんな仕事をしていたのかを思い出せなかった。彼女の母親は清掃作業員で、生活保護の小切手に頼っていた。兄弟のうち二人は射殺された。一人はバーのけんかで、もう一人は車のなかで。

兄弟の三番目は、強盗で刑務所に入り、四番目は、トラック運転手として働き、五番目は、退職者福祉センターで保守作業を行っていた。一人の姉妹は工場で、もう一人はバーで働き、三番目は、孫の面倒を見ていた。デブラの娘は、銀行の出納係から販促の仕事へ、ささやかな一歩を踏み出していたが、デブラが主に喜んだのは、彼女が避妊していたことだった。「私は幸運でした。私は彼女にたくさん説教をしたのですが、若くしておばあちゃんにならずに済みましたよ」と、デブラは言った。

デブラの資金繰りは、彼女の出費に比して窮していて、そのため銀行の預金残高はほとんどなかった。彼女の賃金はパン工場から直接に振り込まれていたが、それは入金されるやいなや、すぐにつかい果たされてしまった。「たぶん、口座には毎週八ドルくらいあります」と彼女は言った。「現金自動支払機は一〇ドル以下は引き出せません。ですから、もし私の口座に五ドルあっても、五ドルを手にすることはできないのです」。彼女が窓口に行けば、銀行は三ドルの手数料を取る。ある一月、彼女はあまりにお金がなかったので、オンライン店舗の給料日ローンを利用して、一〇〇ドルの二週間の前借りを受けるために、一五ドルの手数料を支払った。

パン工場の同僚の労働者たちはふさぎ込んでいた。そこでは彼女を励ます人は誰もいなかった。その仕事を始めたとき、従業員が次々に彼女にこう警告した。「あなた、ここで働きたくはないんでしょう」。彼女はその警告を、高校の級友だったある監督補佐からさえ聞いた。「デブラ、ここで働きたくないことはわかってるよ」とその級友が言ったのを彼女は覚えていた。

「どれくらいここにいるの?」とデブラは聞き返した。

「ここには一二年」と友人は答えた。

「それで、何も言えませんでした」とデブラは私に言った。「でも、心のなかでこう言ってました。『なんてことだ、ここでそんなにも長くやってるなんて』と」。

繁栄のなかで忘れ去られた物語

新たなミレニアムの到来とともにアメリカの金持ちは絶頂に達した。この国は贅沢に溺れ、マイクロチップで溢れ、放蕩に消費し、世界中で威張り散らしていた。あらゆるものがより大きく成長していた。家、車、株式資産、平均寿命。人類の歴史のなかで、これほど多くの人がこれほどどすっかり浮かれたことは、かつてなかった。

だが、キャロライン・ペインは、そのなかの一人ではなかった。元日から数週間後、彼女はキッチンのテーブルの前に座り、自分自身の過去を回顧していた。彼女の三つの目標のうち二つは達成された。彼女は二年だけの準学士ではあるが、大学の卒業証書を手にした。そして、ホームレス施設を出て自分の家を持った。もっとも、それはほとんど銀行によって所有されてはいるが。三つ目の目標、彼女の言う「給料のよい仕事」は、まだ達成できていない。一九七〇年代半ばにさかのぼると、彼女は、プラスチック製のタバコ用ライターとジレットのカミソリ刃のケースを作るバーモントのある工場で、時給六ドルを取っていた。二〇〇〇年、彼女はニューハンプシャーの大型スーパーのウォルマートで、商品の棚入れとレジ係をして時給六・八〇ドルを稼いでいた。

「悲しいことです」と彼女ははっきり言った。「先日、それについて考えました。私は、二〇年前よりも八〇セント多く稼いでいるだけです」。あるいは、生活費の上昇を考慮に入れると、減少である。そして、彼女はそのとき、それがどれほどもっと悲しいことになるのか、知らなかった。

キャロラインの物語は、アメリカの繁栄のなかで忘れ去られた物語である。世紀の替わり目の好況は、彼女を冷たく素通りしていった。その理由は明白ではないが、陰湿ではある。彼女は白人であって、人種差別の被害者ではない。彼女は怠惰な同僚や親類に辛辣であって、怠け者ではない。彼女は時間に几帳面で、滅多に病気で仕事を休まず、夜のシフトも厭わず引き受け、仕事の態度において勤勉である。そのウォルマートのマネージャーのマーク・ブラウンは、熱意を込めて、彼女を「ナイス・レディ」と呼んだ。「彼女は自主独立の人です」と彼は観察する。「彼女はいつも進んで学び、自分を向上させます。彼女には潜在力がありますよ。間違いなく昇進できます」。

しかし、彼女は昇進しなかった。彼女はまったく昇進したことがなかった。そして、それでも彼女は驚かなくなった。仕事に次ぐ仕事のなかで、そういう状況があまりにも長く続いたからである。しかし、彼女は、唯一、マーク・ブラウンの賞賛にはひどく驚いた。彼女は、「驚きです」と、私が彼の言ったことを伝えたときに言った。彼女は、商品棚に新品のビデオテープを積み重ねていた。「ここの人たちが私を好きだとは思っていませんでした。私のことをたいてはいいように言いません」。

こういうどうにもならない人生の途中で、多くの善良なアメリカ人は夢をあきらめる。彼らはまた生活保護へと沈みこむか、作業長や部門長やオフィス・マネージャーになる自分を想像するのをやめてしまう。キャロラインは五〇歳で、とても長い年月、失望を抱いてきたので、彼女の絶望の一瞬はまったく無理からぬことに思われた。彼女は、ときおりうつ病の治療を受けており、一度、アスピリンの過剰摂取で自殺しようとしたことがあった。それでもなお、奮闘し続けている。彼女は、Eメールアドレス上で、自身のことを「ラッキー・レディ」と呼んでいる。彼女は、留守番電話の応答で、「素晴らしい一日をお過ごしください」と言う。彼女は、企業の利益について大した考えや、社会の不公平に対する暗い意見は持っていなかった。ただ、基本的な金銭上の安定を得ようとしているだけだった。彼女の粘り強さは状況に不釣り合いだったので、ずっと同じ仕事でいることに対して不協和音を奏でているように見えた。何度も何度も、彼女はその店のいろいろな販売部門の管理の仕事を志願したが、何度も何度も、男性が優先されて――あるいは彼女が顔をしかめて観察するところでは、より若くてスリムな女性が優先されて――彼女は除外されたのだった。

「私はめちゃくちゃ働きました。言葉づかいが荒くてすみません。ほとんどの期間、このポジションだったのです」と、彼女ははっきりと言った。「でも、彼らにとってはそれは大した問題ではありませんでした」。彼女は、夜間のシフトで、時給で一ドル以上余分に支払われていた。二四時間営業の店にとって、彼女のフレキシビリティは非常に価値があるのに、その額は到底釣り合っていない。彼女は昇進したくて、いつも、時間の変更や代理の人員補充に対応できるようにしていた。彼女が一四歳の娘のアンバーを家に一人にしておかなくてはならない午後の時間帯でもである。キャロラインには車がなく、片道を徒歩二〇分かけて通勤し、どんな天候のなかでも、夜のどんな時間でも、往来した。ある寒い金曜日、彼女は、悪化しやすい腰痛の背中を守るために、凍結した道をとても慎重に歩いていた。彼女は、午前一〇時の通常の時間に家から仕事場へトボトボ歩いたが、結局、店からは、かわりに午前一時開始のシフトに来るように言われた。そこで、家路につき、それからまた店に戻ったのだった。彼女は、その日のわずかな金を稼ぐ前に、三回の行き来で一時間を費やした。これを彼女は厭わずにやったのである――店が彼女の知り合いの男性を、彼女より高い賃金で雇ったあとですら。「彼は、夜の電気製品売り場で働いていましたが、見ると、突っ立ってテレビを観ているか、他のことをしていました」と、彼女は静かな哀れっぽい声で言った。「彼はせっせと仕事をすることも、何をするということもありませんでしたが、会社は何も言いませんでした。それで、私がそれについて苦情を言うと、実際、大きなお世話だと言われたんです」。

彼女は、アシスタント・マネージャーから色目で見られている、すらっとした女性にも敵わなかった。「そんな若い女の子がたくさん、こうした仕事に就いています」とキャロラインは打ち明けた。「年齢よりも私の外見はずっと悪く見えます。人々は、私をアンバーのおばあさんだと思ってます。私はそんなにひどい生活を送っているのです」。

昇進した人たちは、キャロラインの持っていない何かを持っていることが多かった。彼らには歯があった。キャロラインには歯がない。もしあれば、彼女が実際よりも一〇歳も老けて見られることはなかっただろう。しかし、彼女の歯は、貧困、すなわち彼女が歯医者に診てもらうことのできなかった一〇年間のために、なくなってしまった。ほとんどの歯が虫歯か膿瘍になり、彼女は、フロリダで生活保護を受けて暮らしていたとき、彼女をへこんで打ちしおれた容貌にした二時間にわたるとてもつらい手術で、それらすべてを引き抜かれた。彼女の理解していたように、同州のメディケイド〔生活困窮者のための連邦政府と州政府による公的医療扶助制度〕の規則では、総入れ歯には、歯がまったくない場合のみ、保険が適用されることになっていた。歯の一部が残っている間は、一部の歯の治療もできなかったのである。最後は、不幸にも、メディケイドによって費用が支払われたその総入れ歯は、彼女に合っておらず、入れると喋れなくなった。そのため、彼女はその入れ歯を装用できない。調整にはおよそ二五〇ドルかかることになっており、彼女にそんなお金はなかった。

アメリカ人が投票権と同じくらい大切にするよう教えられてきた、揃った歯の輝く笑顔を彼女が失ったからという理由で、彼女を外したことを認める雇用者は、誰もいないだろう。キャロラインは、歯ぐきを見せないやさしい顔つきで、顔全体で笑うことを会得したが、それは、せつないというか、アメリカの文化が求める愛想のいい喜びの明るい笑顔ではけっしてないような印象を与えた。歯を見せることが、明文化はされていないが職務内容の一部分であるような職種では、彼女は他の人たちに負けていた。彼女は、クレアモント貯蓄銀行の窓口係の職には採用されず、奥の部屋でのファイル綴じとして雇われて、最終的にはその職からも解雇された。ウォルマートが、彼女を顧客サービス・マネージャーの候補として検討しても、結果は、誰か他の、歯のある者が昇進した。

キャロラインの顔は、貧困によって生じるハンディキャップを特徴とする、ワーキング・プアの顔である。そのハンディキャップは、たいていの欠陥よりも明白であるが、実際には、貧困を反映し、強める、見えにくい不利と何ら異なるところはない。もし彼女がこれまでずっと貧しくなかったら、歯を失うことはなかっただろうし、もし歯を失わなければ、もしかしたら貧しいままでいることもなかったかもしれない。貧困は、奇妙で油断のならないものである。すなわち、貧困においては、一つの原因の結果が次にはその元の原因の原因ともなり、あるいは一つの結果の原因がその結果によってもたらされる。ことはそのサイクルのどこから分析を始めるかに依存している。大部分の忘れられているアメリカと同様に、キャロラインは因果の連鎖を体現している。

長年キャロラインを援助しているケースワーカーで家庭訪問員のブレンダ・セント・ロレンスによれば、しばしば貧困につきものであるうつ病は、自暴自棄という麻痺性の発作で、キャロラインを苦しめていた。「彼女は、本当は必要なのに、しばしばデオドラント〔体臭防止剤〕をつけていません。シャワーも浴びず、彼女の髪は本当にぼさぼさでしょうね」とブレンダは言った。「彼女はヘビースモーカーです。ときどき彼女の服はタバコのにおいがしています」。私は、彼女をインタビューした五年間、彼女がそういう状態でいるのを一度も目にしなかったが、ブレンダは、彼女のクライアントたちと同じ世界の出身であり、容易に彼らの生活に入り込んだ。ブレンダは、豊かな育ちの大学院卒の専門家ではなかった。彼女は高卒で、労働者階級の育ちである。恩着せがましい態度をとることはないが、彼女が判断を下し、援助しようとしている人々から暖かく受け取られている十分な愛情を備えていた。キャロラインに対して、彼女は、非難よりも理解を持とうとした。「うつ病の人なら、やる気を出すことができないものです」と、ブレンダは言った。

下層の打ちひしがれた多くの労働者と同様に、キャロラインは多くの要因の犠牲者である。そう、外見だけでなく、子ども時代の大きな負担、結婚生活、読み書きの不自由も含む教育のハンディキャップなど。彼女に足りないもののすべてが、自由市場の不公平や無慈悲さと絡み合っている。ときには、個人的な試練が、彼女の心を仕事に集中できないほどに激しくかき乱す。そして、この国の経済力が拡大しているときも、彼女の賃金は上がらず、先が見えない逆流に呑まれていた。好況のあとに景気後退が起きても、彼女の低い地位には影響しなかった。彼女は、商店から工場へ、工場から商店へ、地味な仕事の水平移動を続けた。彼女の例は、雇用率と時給が不況期にもほとんど変化しない点で、全国の低賃金の片親家庭の広範な経験を反映していた(2)。

キャロラインの父親は学校の用務員で、母親はときどき工場で働いていた。「私たちは子どもに必要な十分な愛情と安心を与えてもらえませんでした」と彼女は回想した。また、物質的にも豊かではなかった。「子どもの頃はけっして物持ちではありませんでした」。幼少期のなにもない状態のずっとあとも、窮乏は依然として続いた。「私はいつも物を欲しがっています」と彼女は認めた。「ときどき、お金をつかいすぎて度を超すことがあります」。

彼女は、四〇代後半になってもなお、つかの間の満足を求める一〇代のようだ、とブレンダが言った。ブレンダは、家計の管理についてキャロラインと協力し、彼女の出費を抑えようとしていた。「彼女はクレジットカードが好きです」とブレンダは言った。「彼女はこれらのものを手に入れて当然だと言います。懸命に働いたし、死ぬ前にいいものがほしいと言うのです」。ブレンダはこう付け加えた。「もちろん、私は、必需品だけを買っていた八人家族の育ちです。食料はもっとも大切で、家賃の支払いは二の次です。電気とガスも維持しなければなりません」。

キャロラインが自宅を買ってから、ブレンダは彼女がしっかりしたのがわかった。しかし、子ども時代のパターンを打破するのは困難で、過去の負債は容易にはなくならなかった。キャロラインの家族は、引っ越しを繰り返し、彼女の教育を中断させてきた。彼女は、第一学年と第二学年を、ニューハンプシャー州メリデンにある教室が四つだけの校舎で送り、読む能力に問題があって、そこで第二学年を留年した。「読むのが遅かったのです」と彼女は告白した。「しかも、落ち着いて読まねばなりませんでした。一語一語読みました。人前で読むのは苦手でした」。彼女には、母親や父親が読み聞かせをしてくれた記憶がない。「子どもの私たちがいながら、母は実際には母親ではありませんでした」。第三学年では、彼女と家族は、サイレンが鳴り響き、交通量が多く、遊ぶ場所のない、マサチューセッツ州レミンスターの商業地区にある靴屋に住んだ。翌年、彼女らは、ニューハンプシャー州キーンにあるトレーラー・パークに引っ越した。そこで彼女は第四、第五、第六学年を過ごした。

第六学年のある日、遊び場から家に歩いて帰っていると、恐ろしいことを突然知らされた。姉の気の合った友人が、キャロラインの父親が家を出ようとしていると聞いて、とても気の毒に思うと言ったのである。何だって。キャロラインには、そのそぶりも示されていなかった。「それから、残りの道を走って帰りました」と彼女は回想した。「トレーラーのドアを開けたのを覚えてます。そして、父を見ました――私たちのトレーラーは二階建てでした――私は梯子をのぼって泣きじゃくりました」。そして、不信の種が植え付けられた。

「家族にはまったく会話がありませんでした。それはとてもつらいことでした。父が上がってきて、私たちに話しかけようとしました。父は、それが私をこんなにも困らせるなんて、本当に驚きだった、と言いました。だって、私が快活な子どもだったものだから。けど、実をいうと、けっして本当は幸せではありませんでしたが、いつも笑顔でいました。見栄を張って、実際の自分とは違ったように周りの人に思わせていたのだと思います」。

彼女が大学の作文に書いているところによれば、そのとき以来ずっと、彼女は「四方八方に押しやられる家具にすぎない」ような気がしていた。居住が定まらないため、友人関係は長続きしなかった。彼女は叔母とともにメリデンに戻って第八、第九学年を過ごした。その間、弟と妹は他の家庭に預けられていた。母は再婚した。「彼は、私なんかに馴れ馴れしくしようとしました。私は怖くて、母にはけっして言わなかったんですよ。そして、私は彼をぶつまでになりました」。

「義父はよく飲む人でした」と彼女は言った。

それから、キャロラインは義父といっしょに暮らしたくなかったので、高校生活はどの年も異なる場所で送った。一年生のときは、彼女はニューハンプシャー州レバノンで、ある女性のもとで過ごした。かつて彼女はその女性のためにベビーシッターをしたことがあった。二年生の大半の時期はキーンに戻った。それから、彼女は実の父と暮らすため、当初、三年生のときはバーモント州ウッドストック、四年生のときはマサチューセッツ州ノースフィールドで過ごした。そこで彼女はみごとに卒業した。「三人のきょうだいのなかで、高校を卒業したのは私だけだったんです」と彼女は自慢した。「弟は軍隊に入り、妹は一五で結婚しました。別に自慢するつもりはありませんが、満足しています。私の母も父も高校は卒業していないんですから」。

一九六九年の卒業式の二か月後、キャロラインは結婚した。「それでいまでは結婚しなければよかったと思うときがあります」と彼女ははっきり言った。「若かったし、結婚したのは、安定を欲していて、その男のことを、もしかしたら当時だけかもしれませんが、好きだと思っていたからだと思います。結婚したらうまくいくはずだという強い信念を持っていました。本当に古くさい強い信念を持っていたのです。私は人にすがりつきがちだったと思います。というのは、私には十分な愛情や安定やコミュニケーションなどはなかったからです。もしある男が私に愛情を示したら、ほとんど最初と言ってもよいその現れた人に、すがりついてしまったのでしょう。それはよくないことです。長年かかって、それはよくないと学びました」。

結婚して三人の子どもを産み、一四年間耐えて、結局、夫の浮気により生じた疑惑の沼に沈んでいった。彼女は工場で夜のシフトで働き、夫を工業学校に通わせ、子どもたちを世話し、彼女たちの飼っていた動物の面倒を見た。結局、夫は一晩中別の女性といたのがばれてしまった。それから二人の関係は、不信で破局に至るまでむしばまれていった。

彼女は弁護士費用を賄えず、しかも結婚生活からただもう抜け出したかったので、結局彼女が手にしたのは子どもの養育費として月々わずか四〇〇ドルだけで、住宅は分け合わなかった。「いい家でした」と彼女は悲しそうに言った。「それは、私が妊娠していたときに建てたログハウスでした。私たちは自分たちの橋を取り付けなければと思い、ずっと丸太作りの屋根付きの橋を欲しがってました。とうとう手に入ることはありませんでした。もっとも、当時、私は税金でも何でも払う経済力はありませんでした」。彼女は、思い出に浸って、静かにすすり泣いていた。

キャロラインは、誇らしくも、また愚かしくも、前夫の両親から提案のあった、彼らの土地に彼女と子どもたちのためにトレーラーを置くという申し出を拒絶した。彼女の世話をすることは彼らの義務ではない、と彼女は感じた。そこで、小さなアパートを借りて、生活保護と将来のない仕事とのあいだを行き来し、空き缶拾いをして収入を補った。「私たちは学校に野球を見に行き、私が袋をハンドバッグに押し込んで持っていっていました」と彼女は回想した。「試合が終わると、私は歩き回ってゴミの缶をくまなく調べ、五セントの缶を選り抜いてました」。彼女の年上の娘は、母親とのつながりを一切隠すため、できる限り母親より遠くへ自転車に乗っていったものだった。「私は計算してみたんです。この数セントでミルクを買って、パンを買って、いろんな要るものを買って。わかるでしょう。そんなことがすべて助けになっていたのです。しかし、娘には気まずい思いをさせました。彼女は、成長するにつれ、嫌がるようになりました」。

一人でいて怯えていたキャロラインは再婚したが、今度はいっそう酷かった。バーノン・ペインは、彼女を侮辱し、殴り、嫉妬で癇癪を起こした――かつて、彼が、彼女の働いていた養護施設の外で彼女が若い男性と話をしているのを見たときに。その「男性」は、実は、ショートヘアの女性だった。この結婚生活は二年続いた。「当時、男を憎んでいました」と彼女は言った。「男は役立たずで、嘘をつくだけです。あなたは自分も変わらないとは言わないでしょうけど」。彼女は選挙でごくまれに投票することがあるとしたら、あえて女性だけに投票することにしていた。

それでも、彼女は依然として、人生において男性を求めていて、男性によって負わされた心の傷を抱えるシングルマザーのあいだでしばしば見られるパターンを繰返した。愛情関係を渇望しながらそれを作り出せない収入の乏しい女性は、貧困層において顕著に見られる。というのは、彼女たちは、単にシングルマザーであるだけではない。独身の賃金労働者でもあるからである。

キャロラインの四番目の子どものアンバーは、問題の多い二番目の結婚で生まれた。内反足であることを除けば、その小柄な黒髪の少女は健康に見えた。ただ次第に隠し通せない問題の兆候が現れた。彼女はキャロラインの他の子たちと比べて歩くのが遅く、おむつがとれるのも少し遅かった。それは、子どもたちのあいだの普通のばらつきにすぎないものと、母親には思えた。「彼女は、テレビを見て、多くのことを覚えることができました」

と彼女は回想した。その後、学齢前プログラムのテストで、学習上の「遅れ」がいくつか見つかった。

　離婚の後、アンバーは、隔週の週末と、夏に一、二週間、父のバーノンと過ごした。一度、彼女が指に火傷して帰宅し、何者かがバーモントの児童保護課に通報したことがあった。「保護課の人たちがすぐにやって来て、仕事中の私をただちにある部屋に連れ出し、私が仕事から家に帰る前にもアンバーを私から連れ去るつもりだ、と脅しました」と、キャロラインは言った。あとで判明したように、当局は、犯罪と犯人のどちらに関しても間違っていたが、執拗な匿名の通報により、疑念を持ち続けた。キャロラインは、彼女自身の母親、彼女の言葉を借りれば「陰の人物」を、疑っていた。「私がこんなふうに彼女の腕などをつかんだときでさえ、母はこう言ったものです。「ああ、その子を傷つけないで!」」。州はこの案件を追跡し、キャロラインはいつのまにか娘の親権争いをする状況になった。「アンバーと暮らし続けるために、私は裁判を起こし、育児教室に行かねばなりませんでした」。

　家族のごたごたが、職場に影響を与えないことはめったにない。望ましい技能や強力な地位のある従業員は、困難な時期も大目に見てもらうだけの価値が十分にあるかもしれない。しかし、キャロラインには、その種の資本はあまりに乏しかったので、彼女は、自分の個人的な試練に対する雇用主の辛抱を獲得することができなかった。彼女の家庭生活のストレスが強まると、彼女の職場生活は危なくなった。そのことは、業績は最低限で、昇進はなく、年功も積めず、仕事を次々と変わることを意味する。

「みんないらいらして、ストレスを抱えていて、隣で誰かが苦労しているのを知らないのです」と彼女は言った。真夜中の工場でさえも、「まわりの人たちは事態がおかしいのを知っていたでしょうに」と彼女は語気を強めた。

　その苦闘のまっただ中、キャロラインは、どうにかして事務職の技能の訓練プログラムをやり遂げ、生活保護から離れ、ある保険会社の受付係としてそこそこの仕事を手に入れた(彼女にはまだ歯があった)。彼女は、電話の応対をし、郵便物を保管し、保険証書の最初の書類をタイプで清書した。「それはほんとによい経験でした」と彼女は言った。もしアンバーに関するプレッシャーが彼女の仕事を害さなければ、彼女はその仕事を続けていたことだろう。「会社から私に業績がよくないという注意がいくつかありました」と彼女は言った。「いろんなごたごたで取り乱していたのだと私は思います」。彼女は明らかに解雇されそうだったので、辞職した──彼女の言うには「仕事を終わらせた」。

彼女は一心に、よい事務の仕事を探し、次々と応募したが、音沙汰はなかった。彼女は、理由を知るために電話したものだった。繰り返し、別の応募者が大卒だったことを告げられた。そこで、学位を取ろうと決意し、バーモント州のジョンソン州立大学に入学した。奨学金を得て、経営と会計の授業をとり始めた。

その後、彼女は、五歳になろうとするアンバーが、マスターベーションをしているのに気付いた。「子どもはどのみち経験するものですが、彼女はやりすぎでした」とキャロラインは言った。「それはいよいよ明らかになりました。風呂に入れると、彼女は自分を触っていました。こういった小さな兆候はありましたが、彼女が真実を私に打ち明けるほどの年齢になっていなかったので、何であれ明らかにするのは難しいことでしたし、まあそれは彼女のしていることに対する私の言い分でした。ともかく私はこんな嫌な気持ちだったのです」。彼女が、父親およびその妻と過ごす週末の終わりには、しばしば、「すぐに私のところに来たものですよ。そして私は言いました。「パパにキスしなさい」って。すると彼女はちょっと後ずさりしたものでした」。

それで、ある日、アンバーの父親が彼女をキャロラインの家に連れてきたとき、キャロラインは彼女を風呂に入れた。「私は、彼女が、前から後ろまで、赤くなっているのに気づきました。これはおかしなことでした」。不安になったキャロラインは、大学の友人のティナに、アンバーと二人きりで話して、何かわかることを見てほしいと頼んだ。「それで、ティナはこう言いました。「彼女が私に言ったことをあなたは信じようとしないでしょう」」。キャロラインとティナはその幼い少女を病院に連れて行き、そこで医師は、彼女がすでに性的に犯されていることを認めた。警察が呼ばれ、キャロラインの生活保護のケースワーカーが呼び出された。ティナとケースワーカーがアンバーに質問するあいだ、キャロラインと一人の警官がマジックミラーの裏から観察し、聞き耳を立てた。その少女は、ティナに話したことを繰り返し、父親のバーノン・ペインに対して接近禁止命令が出された。キャロラインは、彼から逃れるため、アンバーとともにフロリダに引っ越し、何年か落ち着かない日々を過ごした。それはキャロラインの教育にも、アンバーの教育にも、妨げとなった。

約一〇年後、キャロラインがアンバーに、彼女の父親が死んだことを告げると、そのとき一四歳だったアンバーは、安堵の気持ちを突然に爆発させて、「よかった、よかった」と言った。

アンバーの「遅れ」は、フロリダでさらに顕著になった。彼女が第一学年になったときの追試では、彼女のIQは五九という結果になったが、それは軽度の知的障害にあたる範囲の低い値であった。それは低所得世帯でより広く見られるハンディキャップである。しかし、彼女は、援助になるかもしれない一貫制の養護学校教育を受けていなかった。なぜなら、キャロラインは、あちこちを転々と引っ越すという彼女の両親の行動様式を繰り返したからである。ちっぽけなアパート、女友だちと同居のトレーラー、彼女自身の持つ汚れたトレーラー、男友だちとの同居、また別のトレーラー——すべてフロリダ州のニューポートリッチー——、それからウィンター・ヘブンの従兄弟のトレーラーに移り、そしてニューポートリッチーに戻った。三年間で、アンバーは三つか四つの異なる学校に通った。それからキャロラインは北進してニューハンプシャーに行き、そこで一つの校区から別の校区へ何度か引っ越した。彼女が概算したところ、全部で、アンバーは七つか八つの学校に通った。「彼女は、もしかしたら、まあどこにでも持ち運ばれる小さな縫いぐるみ人形のようなものだったかもしれません」と、彼女のケースワーカーのブレンダは言った。ブレンダは、キャロラインに居を定め、引っ越し衝動をこらえるよう強く言った。定住しなければ、教師とカウンセラーがアンバーのことをよく知ることができず、実りある援助も提供できないと、ブレンダは彼女に言った。この主張は、キャロラインが家を持ったのち、その成果が不運と計算違いによって台無しになってしまうまでのあいだ、実を結んだ。「彼女はアンバーにとてもよくしてあげました」とブレンダは言った。「私はたくさんの家族と接する仕事をしています。ときどき、またキャロラインのような人に出会えればなぁと思います」。

教育の安定がどの程度、アンバーの助けになっているのか、明確な証拠は何もなかった。彼女の中学校の校長は、彼女の状態を、「言語に基づく学習障害」とみなした。彼女はかろうじて読み書きができるが、手につけた時計から時間を容易に読むことができず、彼女が四ドルのものを買うのに店主に一〇ドルを渡す場合、お金は十分足りていることを理解できなかった。それでも、彼女は、母が楽譜の各音符に文字を書いた場合は、フルートを演奏することができた。彼女はダンス・スクールで体操のレッスンを受けて、母はその学校のスタジオを週に一度清掃することで、その学費を支払った。また、アンバーは、たとえばモントリオールへの修学旅行について、言葉ではっきりと説明することができた。もし彼女の話を聞けば、知的障害を持っているとは思わないだろう。彼女は、感じのいい作法で、母の家事手伝いをし、電子レンジを使い自分で料理することもできた。しかし、彼女には癲癇の症状もあり、発作の危険性のため、医師は彼女を一人にしないよう忠告していた。たえず仕事の時間を変更しながらなんとかアンバーの面倒をみるという後方支援の混乱から、キャロラインは不安に陥った。

社会保障は、アンバーに、月ごとの障害手当の支払いである生活保護補足給付金を支給したが、しかしそのことは、裕福な親であれば費用のかかる個人教師と治療という武器をかき集めなければならないものだという意味を、キャロラインに与えることはなかった。学校関係者が強く要請したところで、キャロラインは、家で彼女の子どもを幅広く手助けするための技能も高度な知識も持ち合わせていなかった。「彼らは、あるミーティングで、娘に読むのを教えるのは私の仕事だと、私に正面切って言いました」と、キャロラインは不平を言った。「私は言いました、「少し待ってください。私はシングルマザーです。娘を養っていますし……仕事をしています……税金も全部払っています。あなたたちこそ、あなたたちの仕事をしてください」と。彼らは嫌な顔をしましたが、何も言いませんでした」。

彼女のケースワーカーのブレンダも、同じ壁に突き当たった。「私はキャロラインにこう言ったものでした。「夜には、座って、彼女に本を読み聞かせてちょうだい。たとえ、一〇分や一五分でも」。彼女はこう言いました。「それは私の仕事じゃないです。それは教師の仕事です」と」。

そのため、アンバーは、クレアモントの公立学校で、わずかな資金しか投じられていない養護教育の授業を受けただけであった。町は財政的にあまりに窮迫していた。それが発端となって、ある地域グループが、ニューハンプシャー州最高裁で困窮した学区への州政府の助成金を獲得するという、よく知られた勝利を収めることになった。しかし、その裁判の判決は、効果的には実行されず、クレアモント――一人当たりの収入においてニューハンプシャー州の二五九の自治体のなかで二三六位にランクされる――は、教師に対し依然として不当に低い賃金しか支払っていなかった。アンバーは自分が低迷している気がして、猛烈に欲求不満を感じた。彼女が高等学校に入学し、料理、小切手の書き方、自立した生活の基礎的な技能などを教える技術科――読むことはほとんど、あるいはまったく教えない――に預けられた後はとくにそうであった。

お金で買えるような訓練によって彼女の能力が伸びるかどうかは、議論の余地のある問題だった。裕福さがアンバーに何か違いをもたらすだろうか。彼女を九歳の時から診察している小児科医のスティーブン・ブレアは、長い間をおいて、回答を熟慮した。「細かな違いでしょう」と答え、最後に言った。「本質的な違いにはなりません」。一方では、知的障害の専門家たちは、全般的に、ジャック・P・ションコフが基礎的な小児科の教科書で述べているように、「子どもに対する個々人に合わせた治療と教育サービスと、それに連動する家族に対する柔軟な支援サービス」に賛意を示す。「そのようなサービスが最善の形で供給されるのは、それらのサービスが活動的な組織としての家族に焦点をあて、子どもと家族の適合を、相互依存的かつ、彼らの生活する環境によって相互に影響し合うものとして捉えたときである」[3]。それは、キャロラインの事例においては、パリでの長期休暇を提案するのと同じくらいの現実味しかない。

アンバーとともにバーモントから逃げ出すために、キャロラインは勉強を中断しなければならなかった。後に彼女はフロリダのウェブスター・カレッジで勉強を再開し、オフィス技術と情報処理で二年間の準学士を修了した。彼女は同時に、一万七〇〇〇ドルの学資ローンを抱え込み、彼女が延滞してきた支払いの総額は二万ドルに達した。教育はよき投資であるという従来からの通念とは対照的に、キャロラインの学位は途方もないお金の浪費だったことがわかった。彼女は、教育を受けた分野ではまったく仕事を得られなかったし、高校卒業以上の何かを必要とするような仕事にはまったく就けなかったのである。もちろん、学士号であれば彼女は恩恵を被ったであろうが、しかし準学士は資格としては無益であることがわかった。

キャロラインがフロリダから北のニューハンプシャーへ戻ったとき、二週間、生活保護を受けている叔母と暮らし、行政機関の不合理とのよくあるもめごとを解決した。彼女は、当局から、福祉給付と政府助成住宅を得る最善の方法は、ホームレス施設に移ることだと言われ、そのとおりにした。そうすることで、彼女の問題は緊急処理案件となった。たった三週間のうちに――彼女がアメリカの主要都市に住んでいる場合よりも百倍も早く――彼女は、個人所有住宅の家賃の大半を支払ってくれるセクション8〔住宅都市開発省による低所得者の家賃補助プロジェクト〕の証明書を手にした。それから彼女は、彼女の夢に向かって努力し始めた。夢は自分の家を持つことである。

週に七日、彼女は二つのパートの仕事をした――一つは商店で時給五・二五ドル、もう一つは、時給「四ドルかそこら」で、彼女もそこのメンバーであるローヤル・オーダー・オブ・ムース〔家族のレクリエーションのための社交クラブ〕のローカル・ロッジで、電話番とその他の雑用をした。二年のうちに、キャロラインは、滞納していた請求書の大半を支払い、購入する家を探すことについて真剣に考え始める立場となった。

当時、まったく気づいていなかったが、彼女は住宅ローンに不可欠な条件を基本的に備えていた。それらは、仕事の勤勉さの記録や、信望のある人々とのつながりを含んでいた――両者とも、働いていることによる無形の利益である。さらに、彼女には、アンバーの社会保障給付という形で、信頼性のある月々の小切手があった。低賃金労働者のうちごく少数の者だけが、政府または有益な個人的つながりから、確実な収入があると主張することができる。

キャロラインにとってキーポイントとなる人物は、彼女の店の上司であることがわかった。彼は、不動産業者でもある。彼の親友の一人が、たまたま、シュガー・リバー貯蓄銀行の理事長となった。その銀行家はキャロラインに会い感心した。「彼女は自分は食べなくても請求書は支払うタイプの女性に見えるね」と、彼は彼女の上司に言った。しかし、そうでもなかった。彼女は、自分の信用調査をよく見せるために処理すべき二つか三つの請求書があり、彼女が欲しい家がまだ売れ残っているあいだ、彼女はそれらの支払いに一年を費やした。価格が下がり、ついに、住宅ローンに対する銀行の承認を得た。

月に五一四ドルのアンバーの社会保障給付がシュガ

ー・リバー貯蓄銀行の口座に直接振り込まれ、そこから住宅ローンの月々の支払いが自動的に引き落とされても、痛くはなかった（生活保護補足給付金の小切手の額面は、アンバーの父の死後、七三六ドルに上がったが、そのお金は、入ってきてはすぐに出ていって、たいてい一〇〇ドル以下の残高を口座に残しただけであった）。こういった資金を住宅ローンの支払いに充当するのは正当であると、キャロラインは結論づけた。なぜなら、ゆくゆくはアンバーがこの家を相続することになるのだから――結局は、家族の貧困を切り抜けることができないという想定である。アンバーの障害がなければ住宅ローンは実現していなかったであろうということは、恐ろしい事実である。

一八九一年築の、灰色の羽目板のこぢんまりした家は、凍った街路に他の家の間に埋もれるように立っていた。羽目板を取り替え、装飾を塗り直し、中の鉛を含む塗装を除去するという連邦政府のプログラムの特別措置により、その家は改装されることになっていた――政府の援助を確保する彼女の腕前の証左である。窓は、今や外枠にホッチキスでとめられたプラスチック板で遮断され、勝手口には、「メリー・クリスマス」の垂れ幕がかかっている。別の場所や別の時期であれば、その家は、多くのお金を出す価値があるほどに、十分に趣があって魅力的であるとみなされたことだろう。しかし、ニューイングランドの置き去りにされてきた町の中心近くで、古く悲しい地区にあるその家は、キャロラインが一九九七年に見つけたとき、たった三万七〇〇〇ドルであった。所得税の還付からの一〇〇〇ドルで契約手数料を賄い、彼女は家の所有者になった――シュガー・リバー貯蓄銀行とともに。

所有と自立という彼女の満足感に値段は付けられない。彼女は誇らしげに案内をしてくれた。リビングルームには二つのベージュのカウチ、花模様の壁紙、黄色のカーテン、古いテレビとビデオデッキ、赤い首輪と鈴をつけた猫のフルフィ、キッチンの裏にある食料庫と貯蔵室、彼女の成人した息子の鹿狩り用のクロスボウ、洗濯機と乾燥機と石油炉を備えた地下室、二階には、彼女の編んだアフガン編みの肩掛けが、アンバーの先生、スクールバスの運転手、それにクリスマスにはアンバー本人に、手渡されるのを待って、折り畳んで置かれていた。

仕事から仕事へ

　キャロラインは、時給六ドルで、縫製工場で裁縫の仕事をしていた。彼女は解雇された。彼女は、自分の住んでいたホームレス施設で週に数時間働いて、燃料援助プログラムへの応募者の手助けをした。冬が終わったとき、彼女は失職したままだった。それで彼女は、タムブランズ社のタンポンを作る工場で、時給六・五〇ドルで働いた。あるとき、数時間ずっと座っていると、足に激痛を感じ始め、ついには救命救急室に行かねばならなかった。彼女の背中が痛みの原因だった。「それで医者は言いました。『あなたには、一晩仕事をやめて、できる限り休息を取ってほしいと思います。脚を休めてください。横になってください』と」。彼女は、プロクター・アンド・ギャンブル社の子会社のタムブランズ社に電話し、背中の具合のせいで日曜に仕事に入れないと伝えた。月曜の朝、電話が鳴った。彼女の勤務はもう必要ないと言われた。そこで、彼女は縫製工場に戻り、二、三度、解雇された。貧困の淵で働くのは、アメリカ産業界のもっとも冷酷な地点で働くことを意味する。

　彼女を受付係として雇うのを拒絶したクレアモント貯蓄銀行は、彼女に連絡を入れて、書類整理の仕事に応募するよう誘った。彼女は、時給一〇ドルか一一ドルになる見通しのもと、時給七ドル、週に二五時間で雇われた。さいわいにも、この仕事はさほど苦痛ではなかった。なぜなら、彼女は、書類整理箱の支払い済み小切手を、仕切り板で顧客の口座が分けられている、大きな開いた引き出しに持っていくという、主要業務に精を出すあいだ、交互に立ったり座ったりできたからである。それぞれの口座に署名カードがあって、キャロライン――および同じ仕事をしている他の人たち――は各小切手の署名を照合し、それから小切手を適切な口座にファイルすることになっていた。

　彼女はそのポジションを気に入っていた。銀行は家から歩いてすぐのところにあった。彼女は手頃な衣服を買っていた。他の業務も学ぶつもりでいた。彼女自身の銀行口座には二・〇二ドルあった。彼女の母親は死を目前にしていた。母親との責め苦のような関係は終わりを迎えようとしていた――ただし、もちろんそれはけっして終わることはなく、むしろ、長年のあいだに生み出されてきたあらゆる感情のうちに焼き付いて消えないだろう。その後、彼女の母親が亡くなって、キャロラインは知らず知らずにうつ状態に落ち込んだ。彼女はカウンセリングに行ったときに診断を受けた。「自分がうつだったとは自覚していませんでした。気づいてなかったんですよ」。

銀行の同僚たちはミスに気づき始めた。「平均して、年に三、四度、顧客から間違った小切手を受け取ったという連絡を受けることがあります」と、ある女性行員は言った。彼女は名前を明らかにすることを望んでいなかった。「八週間という期間に、三度か四度の連絡を受けました。私たちはモニタリングを始め、行員たちに二重のチェックをさせて、それを分離し、ミスがどこから生じているのかを見つけました」。

キャロラインは面談のために呼び出された。「仕事の呑み込みがよくないと言われました」と言って、彼女は自分がいくつかのミスをしたかもしれないことを認めた。しかし、他の人たちも書類の整理をしていた、と彼女は指摘した。「ミスについて責任を問われましたが、全部が自分のせいではないと感じています。わかるでしょう。そうしている間も、入退院を繰り返す死期の近い母親の面倒を見ていましたが、医者は、母に死期が近いがいつなのかはわからない、と言ったのです」。

先の行員は、小切手は色が異なるので、それを混同してしまうことはめったにないと強調した。もしかしたらキャロラインの注意力が散漫になっていたのでは、とその行員は推測した。「彼女はしなければならないことを、なかなか覚えられませんでした。彼女にやり方を学んでもらう必要のある業務が他にもあったのですが、やってもらったためしがありません。顧客に郵送される明細書を集めて、間違いがないか調べることを行員たちに始めるよう言いました。……彼女にはそれさえやってもらえませんでした。マイクロフィルムの作成。作業結果をマイクロフィルム化して整理保存するシステマティックなやり方があります。彼女は、本当になかなか覚えることができなくて、私たちは彼女にそれをさせるのをあきらめました。それで文書整理だけをやっていましたが、それもあまりうまくいきませんでした。……ミスをしているという事実を、彼女はまったく受け入れようとしません。ミスは紛れもなく彼女のせいです。正直に申しますと、私は彼女がそれをやれると思っていたので、問題があったのは驚きでした。彼女に公正を期して言うなら、私たちはちょうど、たくさん細々《こまごま》と指導しなければならない状況から抜け出たばかりでした。彼女は別の人物が去ったあとに入ってきたので、思うに、みんな消耗しきって、彼女に時間をかけるエネルギーはなかったのです」。

背中がひどく痛くなったので、彼女は社会保障庁を通じて、生活保護補足給付金の障害年金の申請をした。彼女は、決定を待つあいだ、別の仕事に就くのを避けた。彼女の申請を台無しにしないように、生活保護に逆戻りし、ひたすら待った。こうして、彼女は、背中の病状を悪化させ、生活保護補足給付金を申請し、承認を待ち望んでいるあいだ数か月間失業するという典型的な低収入労働者の一人となった。六か月後、キャロラインの申請が最終的に却下されたときに、彼女はウォルマートで仕事を見つけた。

今度は、問題は別の形をとった。メディケイドによって診療費が支払われた脊柱指圧師のおかげで、キャロラインの背中の具合はよくなった。しかし、そのとき彼女は、福祉の法律における不愉快な教訓を得た。「私は、自分がもう何の医療保険にも入っていないことに気づきました」と、ある日、彼女は捨て鉢な感じで言った。病気になって、医者に診てもらい、処方箋を出され、それを処方してもらうために薬局へ行った。そこで、自分が職に就いたためにメディケイドが失効したことを知った（アンバーの場合は彼女自身の障害のために継続していた）。「知りませんでした」とキャロラインははっきり言った。彼女は、薬代に一一ドルを支払わねばならず、翌日の目の検査の予約をキャンセルした。もっと切羽詰まったことには、「今ではもう指圧師やその他あれやこれやに通うのをあきらめなければなりません」と彼女は言った。「そのせいで働き続けないといけません。もうすでに指圧師に一五〇ドルのツケがあります。そうしないと支払えないからです」。

ウォルマートは医療保険を提供していたが、彼女は保険料が高すぎると思った。それに加え、彼女は年間二五〇ドルの自己負担をなんともすることができなかったので、四五〇〇万人の保険未加入のアメリカ人という増大しつつある隊列に加わったのであった。これらのアメリカ人には、彼らの雇用主から提供される保険を辞退する多くの低賃金労働者が含まれている。それらの人々は、巨額の医療費という長期のコストを計算することなく、短期の計算で毎週のコストが高いように思ってしまう。それはギャンブルであるが、キャロラインは幸運だった。翌年は、背中の痛みは、仕事を続けられる程度に和らいだ。彼女は保険のないままにまかせ、定期検査に一度も行かず、しかも重い病気にかかることもなかった。

一〇三号線沿いにあるウォルマートの大型店の外を一周すると、一マイル〔約一・六キロ〕は歩いたことになる、とキャロラインは言った。その敷地は巨大である。そこでは、芝刈り機から牛挽肉まであらゆるものが売られていて、町の中心地で生き残ろうともがいている小規模店よりも安売りしている。季節ごとに出入りするここの三〇〇人から三三〇人の従業員は、青の作業服に親切そうな笑顔というウォルマートの制服を身につけ、驚くほどに顧客の役に立つよう、訓練されている。

マネージャーのマーク・ブラウンは、価格を上げることなく従業員の給料を上げることができると認めた。彼はその店の軽食堂に座り、彼から見える食料雑貨コーナーの一角を監視し、レジの助けを求める店内放送の呼び出しに耳を傾け、次の災難を待ち構える学校の校長のように、管轄範囲の一角を見回していた。彼は三一歳だったが、大学生くらいの若さに見え、故郷であるミズーリ州南東部独特の鼻声で話した。彼はジョージア州の別の店からやって来て、このニューハンプシャーでスキーを学んでいた。

従業員は時給六・二五ドルから始まり、夜にはさらに時給に一ドルが加えられ、「前面に出る」、すなわち二四あるレジの一つで働く場合にはさらに二五セントを支払われる。しかし、もし彼が、従業員たちの時給を、六ドルからではなく八ドルからにすれば、この店の経済状態はどのように変化するだろうか。「うーん。それでもまったく変化しないと思いますね」。値上げをしなければならないのではないか。「いいえ。企業の価格決定構造がありますから。私たちのやり方では、毎週、店から出て競争相手の価格をチェックします。この店の各部署のマネージャーは、週に一度は外に出て競争相手をチェックして、それがこちらの価格の決め手となります。私たちには、地域ごとに設定している核となる価格決定構造があります。間違いなく、ここの基準価格は、物価の安いアーカンソー州よりも高いでしょう。ですからそこよりもここは価格が高くなりますが、その価格は依然としてこの地域では基準となるものです。そして、そうやって基準価格を決めたあと、外に出て競争相手の価格をチェックします。それでももし私たちの価格が負けていたら、値下げをします」。

だから、時給六・二五ドルから八ドルへの上昇を吸収するだけの十分な利益があるということなのか。「おそらくあるでしょう。もし私たちが賃上げをしなければならないとすれば、疑いもなく、他のどの店もそうしなければならないでしょうし、そしてもし私たちが十分な低価格を保証すれば、競争相手のお客さんも私たちのところで買い物をするでしょう」。賃金の上昇は多少なりとも何らかの影響があるのではないか。「他のことで経費を切り詰めないといけないでしょうね。すべての店にかわいいバルーンを設置することはできないかもしれません。必須でないものは節減しないといけないでしょう」。

三日後、ウォルマート社は、一九九九年の純利益が五五八〇億ドルであり、前年から二六％の増益であると公表した。

キャロラインは、部署の異動とシフトの変更を繰り返したが、給料はごく狭い範囲にとどまったままだった。時給六・二五ドルから始まって六・八〇ドルに上がり、ときどき、夜に働いたときに七・五〇ドルに達しただけである。勤務時間はあまりに予測がつかなかったので、資金繰りを助けるであろう副業をすることができなかった。より上のポジションに何度も志願したが、そのたびにもう少し経験を積む必要があると言われた。

「私が一一月の月間最優秀レジ係になったんですよ」と、彼女は嬉しそうに報告した。「ワシントンの第二次大戦退役軍人記念碑のために、一五〇〇ドル以上集めたんです。それで、月間最優秀レジ係になりました」。彼女はまた、ボストンでのブルーインズ〔ホッケー・リーグのチーム〕の試合のチケットを合計七二枚買って、彼女のレジで精算した客を説得して、クレアモントの消防署に募金させ、そのことでペプシから週末の小旅行を贈られた。彼女は、彼女自身の他に三人を、彼女の選ぶ、どこのどのマリオット・ホテルにでも連れて行き、費用負担なく滞在できることになっていた。「でも、そこまで行かなくてはなりません」と彼女は言った。それが難点であった。そのため、行き先は、誰かに車で乗せていってもらえるような、近場になるだろう。ハワイはまったく念頭になく、ニューヨークですらそうだった。彼女は、ニューハンプシャー州内のみで行き先を考えた。「レバノンのここが第一候補かなと思います」と彼女は言った。「もしマンチェスターまで連れて行ってくれる人が見つかれば……。アンバーはショッピング・センターを見るのが好きなので。私はまだ行ったことがありません。ただウィンドウ・ショッピングだけするつもりです」。結局、キャロラインとアンバー、それにキャロラインの友人とその子どもで、ニューハンプシャー州ベツレヘムのホテルに向かって北にドライブした。そこで彼らはノース・コンウェイの小さなショッピング・センターを訪れた。

「これを買いました」とアンバーが言った。「ランプです。グルグル回るバニー・ランプです。旅行に持っていくトレーナーも買いました」。

「私が着ているジャケットは、二年間で脇のところが破れました」とキャロラインは言った。「モールのお店の一つでこの冬のコートを買いました。もとは一〇〇ドルのコートだったんですよ。いいですか。それが七九・九九ドルに値下げされてましたが、店がさらに大きく値引きしたので、三一・九九ドルで買えました。お買い得です」。

ウォルマートは、非常に離職率が高いので、マーク・ブラウンはそれがどれほど高まっているのかについては口ごもった。しかし彼は、ここ何年もの繁栄の理由については明瞭だった。「その多くは、今日、われわれの経済がとても好調だという事実と関係があると思います。この町の中のどこへ行っても、町の外のどこに行っても、「従業員募集中」の貼り紙を見かけます。つまり、もし従業員が適切な待遇を受けなければ、彼らはただ今の職場を去るだけです。とてもとても競争が激しいのです」。そこで、ウォルマートは、従業員に会社の利益の分け前を与えることで、彼らを引き留めようとした。八〇%は株式、残りは現金で、口座に入れられ、従業員には一年後から与えられ始め、七年後に全額が支給される。

しかし、この誘惑はキャロラインに対しては効き目がなかった。彼女は、屋根とドア、窓の付け替えのために一万九〇〇〇ドルの第二のローンを組んでおり、即座にお金を必要としていた。「店側の組む勤務時間では、ときには〔午後〕一〇時から七時から四時だったり、ときには九時から四時だったり、七時から四時だったり、あるいは晩のもっと遅い時間だったり、それにどの日に入るのかすらわかりません。二日間の週休の曜日はいつも一定していません。たとえば、先週の日曜、アンバーのリサイタルのために休みをとりました。私が休みをとりたいと頼んだのです。それで、家に帰ると、その夜遅くに留守番電話に伝言がありました。「少しの時間、働きに来てくれませんか」。そうすることにしました。時間外労働です。私は一度も店にノーと言ったことはありません。それなのに、どうして店には、ちょっと多く給料を出すくらいの良識がないのでしょうか」。

好景気のときに、店は「社員」をこのように遇したのである。しかし、この国の景気のよくない地域や不況期においては、一部のウォルマートのマネージャーが、法律で義務づけられている時間外手当を支払うのを避けるため、始業のタイムレコーダーを押す前、あるいは終業のタイムレコーダーを押したあとに従業員に働くことを強制したとして、告訴されている。「ウォルマートの経営者は、低賃金の従業員に求めるのと同じ水準の正直さを、経営者自身には課していない」と、バーバラ・エーレンライクは著書『ニッケル・アンド・ダイムド』(曽田和子訳、東洋経済新報社、二〇〇六年)で述べている。彼女は、同書のための研究調査で、ミネソタ州のあるウォルマートで働いた。「二〇〇〇年四月、私がウォルマートのある働き口に応募したとき、次の試問で「間違い」をしたとして注意された。私は、「規則はどんなときも厳格に守らなければならない」という項目に「強く」同意すると答えた。正答は「まったく」同意するであった。明らかに、ウォルマートにおいて守らなくてもよいルールの一つは、連邦政府の公正労働基準法である。同法では、従業員が週に四〇時間以上働いた場合は、一・五倍の時間外手当が支給されねばならないと義務づけている」。労働者は、「拘束時間内に仕事以外のことを何か少しでもすること」を意味する「時間泥棒」をしないように注意されている、と彼女は語っている。「しかし、私たちの時間が盗まれても、問題にはならない」(4)。

キャロラインの働くニューハンプシャーの店では時間外労働の問題はなかったが、南部六州の従業員は、週労働時間が四〇時間に達すると、時間外のただ働きを命じられたとして、クラス・アクション(同一の被害を受けた多数のうちの一部の者が他の全員のためにする民事訴訟)を起こした。彼らの代理人は、会社の利益を見積もった。すなわち、一つの店舗における二五〇人の時間給の「社員」が、一週間にそれぞれ一時間の賃金不払残業をしたとすると、合計で二五〇時間が賃金不払いとなり、一か月では一〇〇〇時間、一年では一万二〇〇〇時間になる――テキサス州には三〇〇以上のウォルマートの店舗があり、同州だけで、本来従業員に支払われるべきであった三〇〇〇万ドル以上の節約を生み出すことになる(5)。

キャロラインは、彼女の言う限りでは、どんな法律違反に苦しむこともなかったが、どうにも出世のしようがなかった。彼女のことを気に入っていたマネージャーのマーク・ブラウンは、ペンシルベニアに異動し、昇進は実現しそうもなかった。そこで、ウォルマートに一年半いたあと、派遣会社と契約し、月曜から金曜までの昼間、壁紙のサンプル本を組み立てる、時給七・五〇ドルの仕事を見つけた。そして彼女は、ウォルマートのアシスタント・マネージャーに、より高い賃金を得るために辞めると告げることを満足に思った。

「いつか彼らが残念に思うことを願っています」とキャロラインは言った。

「彼らはどんな人がいなくなったのかわかっていないんだから」とアンバーが付け加えた。「ママはこんなに素敵で、とてもすごいんだから」。

この子のために……

一か月後、派遣会社は、タンポン工場での時給一〇ドルの仕事に彼女を派遣した。それは、これまでのなかで最高の時給だった。彼女はその仕事を引き受けたが、一つ問題があった。プロクター・アンド・ギャンブル社は交代制のシフトを敷いていた。まず一週間は家を午前五時半に出て午後二時半に帰宅し、次の週には午後一時半に家を出て、午後一〇時半に帰宅し、さらにその次の週には午後九時半に家を出て、午前六時半に家に戻った。睡眠、スタミナ、通常の生活の基本的な要件といった問題を別にしても、「スイング・シフト」と呼ばれるこのシフトは、アンバーに対するキャロラインの手はずを混乱させた。ときどき間借り人に部屋を貸したり、ホームレスの家族を泊めたりしたので、アンバーは一人にはならなかった。しかし、こうした状況はけっして長くは続かなかった。キャロラインは、出しゃばりな人や威張り散らす人、不誠実な人がいることを知った。

彼女がスイング・シフトで働いているときに家に滞在したある家族は、面倒なことになり、彼女に追い出された。「ホームレスみたいな人たちでした」と彼女は言った。「ご存じのように、私は親切なので、彼らを家に泊めました。その夫婦には三人の幼い子どももがいました。夫のほうは車の事故か何かで保護観察下にありました。……彼らは週に一〇〇ドル払っていました。最後の二週間は払いませんでした。彼らは冬のあいだ滞在したいと言いました。私は、ただ、短期の滞在のつもりで貸していました。幼い子どもたちが家の壁紙などを壊してしまいました。……その挙げ句に、夫には妊娠した別の愛人がいて、他に子どももいることが発覚しました」。そのうえ、彼らは、床張りとじゅうたん張りの本職を持ちながら、生活保護の小切手と貧困家庭のための政府の栄養補給事業からの食料切符を受け取っていた。「彼らは収入がいいんです」と、キャロラインは憤慨した様子で言った。「すべてを言ってくれればいいのに。彼らは結婚していませんでした。連中はこんな方法を企んでいながら、何の罰も受けずにいるんです」。

しかし、間借り人がいなくては、アンバーの面倒を見る人が誰もいなかったので、キャロラインは極めて不本意ながら、午後と夜のシフトのあいだはアンバーを家に独りぼっちで残した。彼女は、タンポンを箱詰めする機械を動かしているあいだ、アンバーのことが心配で、そしてそれはもっともなことだった。「今は彼女を独りにすべきではないと思います」と彼女の小児科医のスティーブン・ブレアは言った。彼は、アンバーの癲癇と認知能力の問題を考慮すれば、「彼女はかなり容易に面倒なことになる」と恐れていた。彼は、「夕方の短い時間」であれば、彼女がアンバーを独りにしても大丈夫だと思っていたが、「私なら、立て続けに長い時間、置き去りにはしないでしょう」。

アンバーが、たまたま、日が暮れたあと、家に独りでいるのがどれほど怖いか、彼女の教師に話したことがあった。その教師は警告した。「彼女は自分の身を自分で守ることができません」と、クレアモント中等学校校長のドナルド・R・ハートは言った。「まだ一四歳です、それがわれわれの懸念です。中学生の若い女の子なら、誰でも夜独りぼっちにしてはいけません。彼女は怖がっています。夜、ドアをノックする人がいるというのです。障害のない一四歳の子の場合でも、私たちは同じ反応をすることでしょう。子どもたちがいつ薬物やアルコール、セックスの問題に巻き込まれてしまうのかについて統計を見れば、放課後の家での時間なのです」。ならば、学校は援助のために何をしたのか。それは、キャロラインの過去から、恐ろしい亡霊を呼び起こした。というのは、教師は、キャロラインを養育放棄で届け出ると脅したのである。「もし養育放棄が進行中であれば、私たちにはそれを通報する法的義務があります」とハートは言った。「養育放棄、虐待、それに類することに気づいていて通報しないなら、法律違反になってしまうのです」。

二〇〇〇年一〇月の後半、大統領選挙戦は絶頂を迎え、この国は政治のことで頭がいっぱいになっているようであった。キャロラインは違った。彼女は、仕事と娘の世話を両立させる方法を必死で探し求めており、彼女の声は怒りと恐れで震えていた。有名なニューハンプシャー州の予備選は、キャロラインの意識に跡を残すことすらなく、とっくに終わっていた。彼女は、候補者たちが同州を縦横に動き回っていても、いずれの候補者もわざわざ見に行こうとはしなかった。そのうえ、過去を振り返ってみれば、投票をしたことがあるかどうかすら確かではなかった。「思い出せません」と、彼女は率直に言った。「働いていたと思います。投票はしなかったでしょうね」。それで、リビングルームのテレビでアル・ゴアとジョージ・W・ブッシュが激しく議論し、演説し、公約を述べていても、彼女には、二人の男性のいずれにも思考をめぐらす余裕はなかった。「彼らの言ってることをちゃんと聞いたことがありません」と彼女は言った。「今は、それは私にとって些細な問題です。ある面、彼らはまったくの嘘つきですよ。彼らは、これをするあれをすると人々に言っています。私はクリントンが嫌いです。というのは、あの女と浮気して、よいお手本にはなりませんでした。彼の妻がまだ彼と別れないなんてばかだと思います」。

もちろん、クリントンは立候補していない。いや、しかし、彼女はゴアにも責任があると思っていた。「彼は副大統領です。彼は進行中だった事態に対してうまい策があったはずです。ナンバー2なんですよ。どうして事態に介入して、もうちょっと何かして、事態を収拾しなかったんでしょう」。そういう理由で、ブッシュのほうが彼女にとっては好ましい印象だったが、彼女は明らかに、彼が金持ちであることを知らなかった。「私のように、こういう状況を経験したことがあり、そこから抜け出すということがどういうものなのかを知っている、やる気のある人物がほしいですね。そんな人物が現れることはないでしょう。投票するなら、誠実な女性です。女性の大統領を見てみたいものです。金持ちが大統領になるのは見たくありません。援助を必要とするような人たちに手をさしのべるだけの常識がある人が見たいのです。わかるでしょう。この体制を正さなければいけません。自助の努力をしている人たちを援助する人材が必要です」。彼女は投票せず、一一月七日が過ぎ去った。

キャロラインは、州の児童保護局に報告するという脅しを受け、仕事に行くのをやめて、電話とインターネットでアンバーの介護者を見つけようとした。アメリカの低賃金労働者の大半とは違って、キャロラインはコンピュータを持っていた。シアーズ〔デパート〕のクレジットカードの分割払いで購入したものである。たいてい、ゲームで遊ぶのとEメールを送るのが好きで、またオンラインでいい男性を探すこともあったが、今やこのマシンは、仕事のための死に物狂いの道具となった。次々とエージェンシーのホームページを見つけては電話したが、まったく成果はなかった。ガバナーズ・オフィス・オブ・ディサビリティ、ペアレント・トゥ・ペアレント、ソーシャル・セキュリティー、ヘルス・アンド・ヒューマン・サービス、ファミリー・アシスタンス、ペアレント・インフォメーション・センター。「これらはすべて支援を問い合わせた団体ですが、支援を得られそうにはありませんでした」と彼女は言った。アンバーは、生活保護の保育支援の適用には年長すぎて、社会保障の保育支援の適用には幼すぎると、キャロラインは告げられた。

彼女が実際に要したのは一か月であった。なぜなら、知り合いであるマサチューセッツの若い夫婦が、引っ越しして、彼らが働くあいだ、彼女の家に住み込むという計画を立てた――そして彼らは夕方と夜はアンバーといっしょに家にいることができた。しかし、キャロラインが工場の上司に電話すると、上司は、彼女のポジションを一か月も空席にしておけなかったので、派遣会社に別の人の派遣を頼んだと言った。上司は人手を必要としていたのである。

学校では、校長のドナルド・ハートが、学校の心理学専門医、地域のカウンセリング機関の代表者、青少年保護運動家、生活指導員から構成される、彼の「取り巻きチーム」に対し、問題を提起した。「私は彼らに、母親が働いているあいだ、アンバーへの奉仕として何ができるかを尋ねました」と彼は語った。「しかし、できることは何もありませんでした」。

「人に払える余分のお金などありません」と言って、キャロラインは付け加えた。「それでいて、わずかな請求書だけでも遅れずに支払えるように最善を尽くしています。今、私は失業中で、生活保護を申請しなければならないでしょう。立ちあがったと思ったら、次には誰かに殴り倒されるのです。もし私が働かなければ、それは（それも）養育放棄と言われます。子どもに、食べさせることも服を着せることもできないのですから」。

この入り組んだパズルにおいて、もっとも奇妙かつ厄介な面は、おそらく、もっとも明白な解決法を誰も追求していないということだろう。工場がキャロラインを昼間のシフトで働かせるだけで、彼女の問題はなくなるであろう。彼女はそれを求め、拒絶されたが、他の誰も──校長、医者、彼女が連絡をとった無数の機関──が、すなわち援助を専門職としている人の誰もが、受話器を手にとって、工場長や現場主任、彼女の職場で権限を持つ人などに訴えかけようとはしなかったのである。

実際のところ、アメリカの貧困追放の取り組みには、雇用主に対し、法律違反ではない限り、触れることのできない、立入禁止の、説得の対象外の存在として敬遠する文化が、少数の例外を除き、広く染み渡っているように思える。栄養失調の子どもたちを治療する、もっとも社会性のある医師や心理学者でも、たとえば、政府機関が食料切符、医療保険、住宅などを供給することを熱心に提唱している。しかし、そういった子どもの親たちが栄養のある食品を買えるだけ賃金を上げるよう、雇用主を説得したことがあるかと尋ねると、その医師たちは、その考えに驚きを表す。第一に、そんなことは頭に浮かんだこともなく、第二に、それは見込みがないように見える。この提案には、彼らは肩をすくめる。賃金は市場によって設定されているもので、市場に寛大さを期待することはできない。市場は上訴のできない最終審判者というわけである。

もしかしたら、それは当たっているかもしれない。キャロラインの許可を得て、私は彼女の工場の監督に電話し、なぜスイング・シフトをとるのかということだけを尋ねてみた。私は、夜または深夜にだけ働くのを厭わない人を見つけるのが難しいので、交代制によって労働供給を拡大するのだろうと推測していた。その監督からの返事の電話はついぞなかった。会社の留守電に多くの伝言を残して、ようやく、デボラ・ギャリティという名前の人事課のマネージャーから、そっけない返事を受けた。キャロラインは派遣会社を通じて雇われた派遣労働者なので、工場は彼女に対して責任がなく、彼女の勤務時間について、あるいはスイング・シフトの理由についても、何もコメントできない、とギャリティは言った。いずれにせよ翌週はキャロラインが昼間のシフトになる番で、派遣会社はまだ交代要員を見つけていなかったので、彼女は仕事に戻った。学校はまだ養育放棄の報告をしていなかったが、その可能性は彼女を脅かした。

のちに、私が、ニューハンプシャー州とメイン州のタムブランズの工場の人事責任者であるケビン・パラダイスに教えてもらったところでは、その会社は、輪番制のシフトに関してある論拠を持っていた。「ローテーションによって、従業員を業務全般に触れさせることが可能になります」と彼は説明した。ずっと夜のシフトでいる人たちは、全体像を見失いがちになり、工場の使命をあまり意識しなくなって、そして後続のシフトの人たちに問題を残してしまう傾向がある。彼は、これを、「文化的見地からの分離」と呼んだ。また、夜間の労働者は、昇進しにくい傾向もあった。なぜなら、夜は経営幹部と接触することがないからだ。これらの理論的な主張もキャロラインには役に立たなかった。

その後、小さな奇跡が起きた。キャロラインとともにホームレス施設で働いていた女性が、たまたま彼女の教会のある人物と知り合いで、その女性は、必要なときにはいつでも、アンバーを町の外にある彼女の農場に連れて行くと申し出た。そうして、仕事を失わずにすんだ。最終的には、若夫婦が早くマサチューセッツから引っ越してきて、アンバーが農場に行くという選択肢は必要なくなった。そして、その夫婦は結局キャロラインに追放された。彼らがあらゆることを詮索しているように感じたからである。彼女は、近所に、週に五〇ドルでアンバーの面倒を見てくれる人を見つけた。それは、事実上、キャロラインの時給を一・二五ドル削ることになったが、それでも財政的にはまだしも前進であった。

「神様の不思議な力ですね」と彼女ははっきりと言った。「私には天使の助けがあります」。しかし、天使の助けがあったとしても、彼女はお金が転がり込んでくることを望んでいなかった。「そうなってほしくはありません」と彼女は答えた。「私は普通になりたいんです。お金持ちには問題も多いと思います。普通の生活を送りたいのです」。

しかし、ここにあるのは、世間から忘れ去られたアメリカにおける普通の生活であり、そういった生活では、小さな神の祝福もかすかに輝くだけでつかまえにくく、そして消え去ってしまう。数か月のあいだ、キャロラインは、タンポン工場で常用の仕事に就くのを待ち望んでいた。最初、彼女は、派遣労働者として五〇〇時間働いたのちに応募できると言われ、その次には一〇〇〇時間と言われ、さらには、ある若い男性が派遣労働者としてたった一か月働いただけで常用として雇われていたことを突き止めた。彼女が手続きについて尋ねると、監督は、「われわれは欲しい人を雇うんだ」と怒鳴った。その上、応募には、筆記試験を受ける必要があり、それに彼女が費やすであろう時間に対しお金が支払われることもなかった。そして、数人の人が固定時間制になっているにもかかわらず、昼間のシフトで働きたいという彼女の嘆願は却下された。

そこで、彼女はプロクター・アンド・ギャンブルを去り、壁紙のサンプル本を作っている工場に戻って、月曜から金曜まで、午前七時半から午後四時まで働き、時給は一〇ドルから七・五〇ドルに落ちた。彼女は、つとめて物事の明るい面を見ようとした。子どもの世話の費用として毎週払っていた五〇ドルを節約できるし、娘もいっそう満足に思うし、燃料の援助、すなわち暖房用の灯油の費用を助成する政府のプログラムに対して、応募資格が生じる程度に、彼女の収入が減少するという見込みもあった。どのみち、二月であった。

景気後退が始まると、プロクター・アンド・ギャンブルはそのタムブランズの工場を閉鎖したので、キャロラインは自分の辞職が賢明であったと感じた。同時に、彼女は景気の落ち込みに気づかなかった。「私には大した違いがあるようには見えません」と彼女は言った。「常にもがいてきましたし、今でもそうです」。仕事から仕事への水平移動を繰り返した。ある小競り合いののち、すっきり壁紙工場を辞めて、写真アルバムの製造工場に時給七ドルで雇われ、その次には、カンバーランド・ファームズのコンビニエンス・ストアのレジ係とガソリンスタンドで時給七・五〇ドルで働いた。「ドライブ・オフだけは嫌いです」と彼女は言った——ドライバーが、ガソリンを満タンにして、代金を支払わずに走り去ることである。「もしそれが五ドル以上で、あまりにそういうことがあれば、クビになることもあります」。しかし、どれくらいの額があまりに多額とされるのか、彼女は知らなかった。上司は、それをけっして言わないことで、従業員たちを動揺させていたのである。

彼女は依然として崖っぷちで生活しており、もしかしたら一度でもドライブ・オフに遭えば、失職するかもしれず、負債の支払いを続けることもできない。暮らしは過酷で危険に思えた。入ってくるドルはすべて出てゆき、彼女にはまだ、クレジットカードで一万二〇〇〇ドル、学資ローンで二万ドル、家の二つのローンで五万四〇〇〇ドルあまりの負債があった。彼女の仕事の見通しからは、これらすべての負債の重みに対して何らかの進展を見せる可能性はまったく見えてこなかった。彼女は、脱出不可能な労働地獄に陥った。そして、この停滞という過酷な事実が次第にわかってきたとき、また、昇進はありそうにもないということをついに受け入れたときに、まったく考えもしていなかったことについて考え始めた。破産である。法律では、破産しても、彼女の奨学金の返済は免除されず、住宅ローンも彼女が家を手放さない限り放棄できなかった。しかし、クレジットカードの負債は消滅し、負担は軽くなるだろう。

問題は、キャロラインが、その手段をとるのは道徳的に正しくないと思っていたということである。彼女は最近、地元の店から新品の家電製品を分割払いで購入したところであった。また、ブレンダは、破産宣告は一種の泥棒であると彼女に言っていた。「彼女が来てそう言ったとき、私は傷つきました」とキャロラインは認めたが、思い当たるふしもあった。ましになってきたとは思うものの、彼女の出費は無節操であるとわかっていた。彼女には、再出発が必要だった。彼女は、申請と弁護士費用に必要な八〇〇ドルを貯めるまで苦労して貯蓄した。「とてもつらくて、ほんとに憂鬱になりました」と彼女は言った。「それが私の自尊心ですし、他の人にはこのことを知ってほしいとは思いません」。

アンバーは、学校教育の限界に苛立った。彼女はしきりに読みたがったが、高校は、週に一時間の個別指導を提供したのみだった。彼女は、自身の能力以上に算数をやりたがった。また、生徒たちが頭が悪いという烙印を押され、多くの生徒が彼女よりもかなり学力が劣るように思える、職業訓練と技術科という周辺部門ではなく、学校の主要部門に属したいと強く望んだ。あるコミュニティ・センターのカウンセラーのベス（仮名）は、学校との面談のあと、こう結論した。「学校は、この地区において、アンバーが必要として心底から欲しているものを、提供していません。彼女が必要とし欲しているのは、もっと普通学級で過ごすことですが、それは実際には許可されませんでした。また残念なことです。なぜなら彼女にはそれだけ十分な能力があるからです」。アンバーはまた、「継続的で集中的な読解の指導」を必要としていることをベスは認めた。それどころか、アンバーは、料理、買い物、洗濯など、彼女がすでに知っていることを教えられていた。以前には近くの町で情緒面に障害のある子どもたちの準専門家として働いていたカウンセラーであるベスからの嘆願を、学校関係者が受け取ったとき、「彼らは私のことを笑いました」と、ベスは驚いた様子で言った。金持ちがしばしばそうしているように、言い分を述べて圧力をかけるために、心理学者や弁護士を雇えるほどにキャロラインが裕福であったなら、おそらく笑わなかっただろう。

普通学級に入る能力がアンバーにあるかどうかは、議論の余地があった。学校所属の心理学者は、前年、一連のテストをして、アンバーが軽度から中程度の知能障害であることを確認した。ＩＱのスコアは、数値の演算から文章表現にいたる様々な分野で、四三から五七の範囲であった。「アンバーは自分の誕生日を知らない」とその報告書は述べている。「彼女は言葉を見つけるのが困難である。アンバーの計算能力は、足し引きのために指を使うことに頼っている」。

最善の進路がどのようなものであれ、キャロラインは次第に、それを提供するクレアモントのシステムの教育力に確信を持てなくなった。キャロラインには私学の学費は出せなかったが、インディアナ州マンシーに義理の娘がいて、彼女は、夫が兵役に服しているあいだ、一時的にアンバーの世話を見てくれた。そこの公立学校は、見込みがあるように思われた。「私は指導監督室の人と話をしました」とベスは言った。「彼らは私に、学校がどのような感じか話しました。私はそこの特殊教育の教師に話をしました。彼女はとても親身で、私はアンバーが必要としていることをきっちりと説明しました。「当校にはプログラムがあります。彼女はみんなといっしょに高校生活をして、できるだけのことをするのを期待できるでしょう」(とその教師は言った)」。

九月まで、アンバーはインディアナにいた。学校に無上の喜びを感じ、成人識字能力の授業をとり、読みと算数に関して一週間に三つの個人授業を受けることになっていた。すぐにより高いレベルの特殊教育学級に移り、春にはテストを受ける予定で、自分が進歩しているように感じた。電話越しの彼女の明るい雰囲気は、彼女の母親の精神を鼓舞した。しかし、この進歩には高い学費がかかっていた。

キャロラインは、マンシーには仕事がたくさんあると聞いて、娘のあとを追う準備をした。しかし、今いるところを去るには、大切な家を売却しなければならなかった。というのは、その家を遠くの場所から安易に賃貸する気にならなかったからである。借家人が傷をつけるかもしれないし、修理を監督するために往来するお金もなかった。この低迷した町にお金を出そうという買い手が見つかるまで数か月かかり、キャロラインは損得なしの七万九〇〇〇ドルでの売却をしぶしぶ受け入れなければならなかった。それは、彼女の払った三万七〇〇〇ドルを上回る結構な利益を彼女にもたらしたはずの額である。しかし、彼女は一セントたりとも儲けなかった。実際、彼女は悲しそうに、「安く売りました」と言った。

彼女が住宅所有者として示した責任は、家の価値を上げ、そして皮肉なことに、彼女の資産の価値をかすめとった。彼女は、長期にわたり、かなり家の維持と改装をしてきた。彼女には、まだ最初の住宅ローンでおよそ三万四〇〇〇ドルの負債があった。第二の一万九〇〇〇ドルの住宅ローンには、前払いペナルティがかかったので、返済には二万ドル以上支払わねばならなかった。鉛を含む塗装の除去と羽目板を取り替えるための連邦政府の助成金一万七〇〇〇ドルは、前者に関しては一〇年以内、後者に関しては五年以内に、家が売却された場合には、比例配分による弁済が必要であり、そのため一万六〇〇〇ドル近くを払い戻さねばならなかった。合計で、およそ七万ドルの借金があった。不動産の仲介手数料、税金、その他の費用を加えると、三〇〇ドルの不足が出たが、不動産業者は、親切に、手数料の減額により不足分を吸収した。五年半の住宅ローンと金利の支払いは何の利益ももたらさず、彼女の夢の一つがなくなった。

一二月初旬にニューハンプシャーの冬がやってくると、キャロラインの財布はほとんど空になった。彼女は、Uホール社〔北米を拠点とする、引っ越し用トラックなどの最大手レンタル企業〕のトラック〔引っ越し用トレーラー〕をレンタルする余裕すらなかった。ベライゾン社〔通信最大手〕のいい仕事に就いているキャロラインの年長の娘から七〇〇ドルを借り、二人の友人が、休日を返上して、ニューヨーク北部地方の猛烈な吹雪の中、トラックを運転してキャロラインをインディアナに乗せて行ってくれた。子ども時代からそうであったように、またも道中、彼女は、小さな田舎を見て幸せだった。

しかしマンシーは優しい町ではなかった。「家を失って、友だちと別れて、寂しく思います」とキャロラインは悲しんだ。「でも、費用がかかりすぎていましたし、その状況から抜け出せたのは嬉しく思います」。義理の娘のもとで六週間過ごしたのち、彼女は、町の荒廃地区で、公営住宅の小さなアパートを見つけた。「ここは最良の地区ではありません」と彼女は穏やかに言った。麻薬の売人と売春婦があふれ、彼女の働いていたコンビニエンス・ストアから二ブロック離れたところで、発砲事件が起きたところだった。「このあたりでは仕事は一文にもならない」ことに、彼女は気づいた。時給は五・四五ドルで、諸手当はなく、四半世紀以上前のバーモントのプラスチック工場での時給六ドルと比較してもなお、下落していた。「全然給料が上がりません」と彼女は言った。

六か月後、彼女は政府の援助を探し求める能力のおかげで、いくつかの重要な資金を得た。第一に、安全な地区の公営住宅に入居を認められた。「本当によかった」と彼女は言った。第二に、新しい義歯のために四〇〇ドル以上が支給されるメディケイドをなんとかして手にした。治療費の残額の三二二ドルを彼女が工面するのが条件である。彼女の金欠の銀行口座にはそんな金はなかったので、年長の娘が金を貸してくれた。歯は、彼女に自信を与えた。「口にぴったり合いますし、さらに慣れてきました」と、キャロラインは嬉しげに述べた。義歯が快適に感じられるようになったので、いくつかの仕事の面接で、義歯をはめて臨むつもりになった。コンビニエンス・ストアで仕事を見つけ、時給七ドルに上がり、アシスタント・マネージャーになるために訓練を受けることになっている。それが、彼女のバランスシートの楽観的な側面である。

しかし負債の側面は厳しい。マンシーへの引っ越しの利益は、疑わしく思え始めた。「ここで友だちを作るのは難しいように思います」と彼女は言った。「あまり本心も言えません」。家計もいっそう厳しい。彼女は、インディアナの所得税に愕然とし(ニューハンプシャーでは所得税は払わずにすんだ)、さらに市の税金と国の税金がかかった。彼女の低賃金ではその出費を賄いきれなかった。「私は無一文です」と、彼女は事もなげに言った。その上、引っ越しの理由——アンバーの人生の見通し——も、今やそれほど確かなものではないようだった。彼女はもっと勉強しようとしていたが、キャロラインには、もはや、アンバーの読解の個人指導に月一四〇ドルを支払うことはできなかった。それに加え、彼女はこう言った。「学校から、私はお金を無駄遣いしていると言われました」。アンバーは、もう読書の勉強はできないだろう。

貨幣は、常に解決策というわけではないが、しばしば、ある問題を他の問題から切り離すことを可能にする。資力のある親であれば、引っ越しをして資産を処分しなくても、アンバーの問題に対処できるだろう。そういった親なら、サービスを買うことができるだろう。自分自身の能力を発揮できるだろう。そして、彼らの家、仕事、ライフスタイルは、困窮の侵入を防ぐ壁になっている。しかし貧しい人々の家では、壁は薄っぺらで壊れやすく、問題が、内外から相互に染み入り、また染み出すのである。

＊ユウェナリスはローマ帝国の政治・社会を風刺した詩人。

第3章　第三世界を輸入する　*Importing the Third World*

我にゆだねよ
汝の疲れたる貧しい人びとを
自由の空気を吸わんものと
身をすり寄せ汝の岸辺に押し寄せる
うちひしがれた群集を

——エマ・ラザラス*(田原正三訳)

ロサンゼルスのスウェットショップ

贅沢は貧しい労働者の手によって生み出される。「発展途上」国の惨めな工場だけでなく、このアメリカの地でも、富と貧困は隣り合わせのものである。豊かな生活を求めてやって来た移民とともに貧困も持ち込まれ、押し寄せる繁栄の波間に、困窮の島が生まれる。移民たちは、わずかな賃金を得るために——たとえ、それが、祖国での稼ぎより、はるかにましな額であれ——自分たちがあこがれるアメリカ人に、食べ物を用意し、衣服を作り、快適な生活を供する。

　そうした人々は、ジャガイモ畑や縫製工場、クリーニング店、レストラン、郊外に住む富裕層の手入れのゆき届いた庭園で働いている。たとえば、ロサンゼルスの五番街やウィルシャー大通りで売られている高価な服は、スプリング通りや八番通り界隈のさびれた一角で、貧しいメキシコ人やタイ人、ホンジュラス人、韓国人が縫ったものである。美しいドレスや上品なブラウスがプレスされ、輝くショーウィンドウに飾られるころには、彼らの苦しみは、跡形もなく消え去っている。

ニューヨーカーが、ロサンゼルスの果てしない空間に都市を見つけ出そうとしても、無駄である。そこには、延々と並ぶ低層住宅や倉庫、幅広い高速道路、散在する工場が、太平洋から東に向かって、あたかも大地が無限に続いているかのように広がっているからである。とはいえ、ガーメント・ディストリクト〔衣料地区〕だけは別で、都市のピンと張りつめた雰囲気が漂っている。そこでは、林立する高層ビル群が道路に影を落とし、通りには多様な肌の色の人々が行き交い、さまざまな言語が飛び交う。この界隈を訪れるニューヨーカーは、マンハッタンの、雑然とした活気があふれるガーメント・ディストリクトに行かずとも、故郷にいるような気分になる。老朽化したビルの谷間では、衣類を吊した手押しの台車がトラックの間を縫うように通り抜けている。昼時ともなると、一〇階、一二階、一三階建てのビルから軋《きし》みながら降りてくるエレベーターが、勤勉な人や如才ない人、高潔な人、堕落した人など、多様な人々をどっと吐き出す。その大半は、アジア系と中南米系で、黒人と白人はごく少数である。二台のタコス販売車が、通りと駐車場でそれぞれ待ち構えており、労働者も、彼らの上司たちも、そこで素速く昼食を済ませ、ミシンや生地の束であふれる仕事場へと戻っていく。

九年前にメキシコから移住して以来、カンダラリアは、風に吹かれる汗のしずくのように現れては消える小さな縫製工場を転々としながら、この界隈で働いてきた。彼女は仕事が速い。支払いは出来高制で、ミシンでジーンズ一着に前チャックを縫い合わせるごとに〇・七五セントもらえるため、手早いほうが得であった。賃金計算は、冷酷なほど単純明快だった。「七五セント稼ぐには、チャックを一〇〇個付けなければなりません」と、彼女は言う。カリフォルニア州の法定最低賃金である時給五・七五ドル〔二〇〇七年一月から七・五〇ドル、二〇〇八年一月から八ドルとなることが決まっている〕を稼ぐには、一時間に七六七個のチャックを付けなければならないので、一つに五秒以上はかけられない。「私は、とても手早いんです」。カンダラリアはそう言いながら、新入りよりずっと仕事が速いことを自慢する。「前チャック一二〇〇個から一六〇〇個分を一山とすれば、日に四山分はこなせます」。一日八時間働くとすれば、最高で、時給約六ドルは稼げることになる。

しかし、これには落とし穴があった。彼女の上司である、アンという名のベトナム人女性は、出来高制によるカンダラリアの稼ぎと最低賃金との差額を記録していた。そして、カンダラリアが、最低賃金に相当するだけの個数を一日にこなせなかった場合、アンは、とりあえず最低賃金分を支払い、差額分をカンダラリアの借りとした。最低賃金分を超える働きをした場合、その超過額が借りの相殺に充てられる。このように、カンダラリアの賃金には上限が定められていたものの、多くの衣料産業労働者が最低賃金を下回る支払いしか受けていないのに比べれば、悪くない待遇である。最低賃金分に見合う働きができない者は解雇された。

カンダラリアは朝七時に働き始めるのだが、アンは、記録上の労働時間を少なくするために、九時まではタイムカードを押させない。カンダラリアは、手先が非常に速く器用だったので、仕事量を表す伝票を細工して、過大申告しているのではないかと、アンが追及することもあった。ある時、それが口論へと発展し、カンダラリアは、自分の労働時間を記したメモを取り出すことになった。「アンは、私からメモを取り上げようとしました」と、カンダラリアは当時を思い起こす。「そして、伝票の偽造を認める書類にサインさせようとしたんです」。

その縫製工場は、常に不正を働いているため、市場で不安定な立場に置かれており、価格はあってないようなもので、取引先との交渉力にも欠ける。移民として必要な書類がないことから、カンダラリアは、アメリカに滞在する法的権利を持たず、アメリカ経済にとって必要な労働力を売る法的資格もなかった。結局は、生産システムの底辺にいる安価な労働力にすぎなかった。それゆえ、カンダラリアは、一年八か月間、そのスウェットショップで耐え続けた。もっとましな仕事を見つけるチャンスはなかったのか――彼女と、隣りに座っていた数人の男性は、私の愚問を一笑した。その男たちも、あちこちの縫製会社で働いていたのだった。

「ズボン一着にラベルを付けて四セントもらいます」と、ファンは言う。ガーメント・ディストリクトでの九年間の経験をもってしても、この金額である。「ズボンを一着作るのに必要な何人もの労働者の総賃金が二ドルなんです」。

「私は留め金を作ります」と、ヘススは言う。「ズボン一着につき九セント。工場の大半は、最低賃金など払いません。でも、ファンのような人たちは、最低賃金くらいにはこぎ着けます。新人はそれほど稼げませんね」。ミシンを使い慣れていない未経験者は時給三ドルにしかならないと、ヘススは話す。

ごくわずかな賃金で済めば、上司はホクホク顔だろうと思われるかもしれないが、彼らが手放しで喜んでいるとは限らない。労働者の稼ぎの少なさは生産性の低さを表し、工場には、守らねばならない納期がある。だから、ファンの雇用主は、「最低賃金に見合うだけ作り出すことを彼らに求める」と、彼は説明する。「そして、恒常的にノルマをこなせない従業員を、クビにする」。労働者擁護団体によれば、州が最低賃金を引き上げると、雇用主側は、たいてい労働者に作業速度のアップを求めるので、単価が据え置かれる。要するに、法律——言うまでもなく、政府が制定する法律——には、こうした抜け道がある。労働者の賃金にさらに大きな影響を与えているのが、経済法則である。グローバル化した生産のせいで、ロサンゼルスにある五〇〇〇の縫製工場は、ホンジュラスやカンボジアなど、生活水準や労働賃金が非常に低い第三世界の国々との厳しい競争を強いられている。たとえば、メキシコでは、工場労働者の日給は約四ドルである。また、教師の月給が一五〜二五ドルのカンボジアでは、縫製労働者の月給は三〇〜四五ドル、つまり、時給一六〜二三セントになる。こうした事情により、第三世界の特徴の一部がアメリカに輸入されることになった。

グローバリゼーションや世界貿易機関（ＷＴＯ）に反対して、アメリカ人がデモに参加している。彼らのなかで、スウェットショップに抗議するには、貧しい国々で行われている搾取に目を向けるよりも、ロサンゼルスの八番通り沿いを歩くほうが、もっと手っ取り早く標的が見つかることに気づいている者は少ない。悪い評判を広めれば、状況改善が早まることは間違いない。グローバリゼーションに抗するのは、モンスーンの季節に逆らうのに似ている。何が言いたいか。雨は、いずれにしろ降るのである。そして、困難も利益も、もたらす。激しい洪水は、米を育てる水も運んでくる。モンスーンに対処する最善の方法は、水路を掘って洪水を制御し、身を守る手立てのない人々が犠牲になるのを防ぐことである。

この方法を結成当初から行っているのが、「スウェットショップ・ウォッチ」という連合体である。[1] この団体は、衣料産業労働者のためにロビー活動を行い、訴訟を提起することを目的として、カリフォルニアのいくつかの団体によって結成された。同連合体では、一部の労働者に対し、国外退去への恐怖に屈せず、直接の雇用主——小規模縫製工場——のみならず、工場のクライアントである、大規模な有名ブランドのデザイナーや製造業者とも向き合うよう説得してきた。こうしたブランド企業は、人づかいの荒い請負業者を雇い、縫製など、誰もやりたがらない仕事を低賃金で労働者にやらせることが多い。二〇〇〇年には、わずか三ドルの時給しかもらっていなかったヒスパニックの夫婦と、その娘が、ジョン・ポール・リチャードやフランシン・ブラウナー、BCBGマックス・アズリアの三ブランドを相手取り、計一三万四〇〇〇ドルの和解金を勝ち取っている。これらのブランド企業は、ある民間会社と契約し、縫製請負業者の実態を監視していた。しかし、この会社が問題を報告したにもかかわらず、何の措置も講じなかった。

業界史上最も悪名高いケースは、一九八〇年代後半にタイの農村部で起こったものである。タイの詐欺師たちは、貧しい若者を勧誘し、アメリカの縫製工場で働けば金になると約束した。犠牲者の大半は女性である。渡米するやいなや、労働者たちは、ロサンゼルス東部のエルモンテ市の二階建て共同住宅に、事実上、奴隷として閉じ込められた。鉄条網と、合板で覆われた窓の向こうで寝食させられ、働かされたのである。彼らは、日に一七〜一八時間、アメリカの大手製造業者——トマト、クリオ、BUM、ハイ・シエラ、アクスル、チーター、アンコール・ブルー、エアタイム——のために、衣服の縫製・仕上げを強制されたのだった。これらの洋服は、シアーズやターゲット、メーシーズ、ノードストローム、マービンズ、ミラーズ、モンゴメリー・ウォードといったデパートなどで売られた。[2] タイの仲介業者は、時給一ドルにも満たない労働者の賃金から、食料雑貨代を四〜五倍に水増ししてピンハネした。医療保険がないため、労働者たちは、多種多様な病気に悩まされた。歯周病を治療しなかったせいで、八本歯を抜くことになった男性もいる。

「抵抗や逃亡を図ろうものなら、タイの彼らの実家に放火して家族を殺し、彼ら自身を痛めつけると言われていた」と、彼らの弁護士の一人、ジュリー・スーは書いている。[3] 逃げ損ねたあげくに激しく虐待された男の写真を見せられたり、文句でも言おうものなら、恐ろしい移民帰化局(ＩＮＳ)に通報すると脅されたりもしていた。この脅しは、ある意味で現実のものとなった。彼らの強制労働が始まってから七年が経過した一九九五年――ＩＮＳが、この問題に関する第一報を受けてから三年後――連邦政府と州政府の係官が、ついに現場に立ち入り、七一人の無力な労働者を「解放」したのである。しかし、結局、労働者たちは、連邦国外退去待機収容所に収監されたにすぎなかった。ＩＮＳは、不法移民を拘置し国外追放するという法に縛られるあまり、労働者を黙らせるために雇用主たちがよく使う脅しをエスカレートさせたのである。当局の強硬な態度は、「労働者が労働法や市民権、人権などの侵害を通報する気をくじくだけであり、エルモンテのような状況をより見えにくくしかねない」と、スーは論じている。「ＩＮＳは搾取的な雇用主と共謀すべきではないと、私たちは主張したんです」。スウェットショップ・ウォッチのメンバーは激しく抗議し、まる一週間かけて、苦しんでいたタイの労働者たちを移民局から解放した。

最終的に、彼らをアメリカへ送り込んだ詐欺師たちは、二～七年間投獄され、労働者たちは、民事訴訟で四〇〇万ドルを勝ち取った。最も特筆すべきは、エルモンテの工場とは二段階離れた製造業者も、責任を免れなかったことである。これは、評判を落とすまいとする高級ブランドに対する運動の画期的な成功例となった。

通常、衣料業界では、製造業者かデザイナーが型を作り、手動かコンピュータ制御の大型糸鋸で、厚手の布地を型に合わせて裁断する。服のパーツごとに裁断された布地は請負業者に運ばれ、しばしば流れ作業で、労働者が各パーツを縫い合わせる。搾取の大部分は、この縫製の段階で起こる。請負業者は、製造業者に対し、洋服の単価をもとに請負料を請求する。そのため、人件費をなるべく抑えようという動機が働くのである。請負業者とその労働者との関係について、製造業者は「何も知らないから、どうしようもない」という態度を決め込む。しかし、エルモンテのケースでは、労働者側弁護団の次のような主張が、裁判で幸いにも認められた。つまり、製造業者は、裁断したパーツをガーメント・ディストリクトの零細請負業者二社に委託し、完成品をすぐに納めるよう要求したのだから、エルモンテで実際行われていたように、その仕事が、大掛かりな規模で外注に出されていた事実について知っていたはずであり、知らなかったという主張は通らないというものである。この訴訟には、同じ請負業者からひどい低賃金で雇われていたヒスパニックの労働者も加わった。カリフォルニア南部では、通常、労働者の権利運動が、韓国人やヒスパニック、カンボジア人などに分かれて組織されるが、この裁判は、人種間の協力がなされた珍しい例であった。

搾取の実態が明るみに出たことで、衣料製造業者や小売業者に対し、最低賃金や残業代を定めた法律を縫製請負業者に順守させる責任を課すカリフォルニア州法が、一九九九年に誕生した。とはいえ、この法律がきちんと守られているわけではない。法律制定から一年後に州と連邦政府が調査したところによると、労働法を順守しているロサンゼルスの縫製請負業者は約三分の一にすぎず、その前年の三九%から逆に減少していることが判明した(4)。

衣料産業の経済状態は、多くのアメリカ企業を支配している市場原理と同じく、底辺の労働者がまともな賃金を得ることを阻んでいる。というのも、競争が激しいため、利幅が非常に薄く、多くの企業が潰れやすいからである。経営者は、不法移民なしにビジネスは成り立たないとわかっているものの、彼らを雇用することで、訴訟や在庫品没収の危険にさらされる。多くの零細請負業者は、自分たちも、近年、移民してきた身である。イギリスの植民地だった香港が中国に返還された際、多数の移民がアメリカに流入した。韓国人や中国人、メキシコ人の労働者を使って、紛れもなく一財産築いた人たちもいるが、富と言うには明らかに少なすぎる財しか築けない人もいた。「多くの請負業者は、自分たちが食べていくだけで精一杯なんです」と、カリフォルニア南部の衣料請負業者協会会長で、業界のスポークスマンであるジョー・ロドリゲスは言う。「自分の年収が三万六〇〇〇ドルという男性経営者もいます。医療保険のようなものは、夢のまた夢の話なんです」。

ジョー・ザブニアンの年収は、平均すると、その倍額までいくこともあるが、四半世紀にわたって会社経営をしてきた彼にすれば、高額とはいえない。彼と妻は、ビルの八階で、エイドリアンという社名の小さな縫製工場を経営し、月五〇〇〇~六〇〇〇ドルを自分たちの取り分としていた。そこでは、約一五人(好景気のときには二二人いたが)の労働者が、古い機械を使って、彼らの誰一人として買えないようなイブニングドレスなどの裾や継ぎ目を縫い合わせる。ジョーは、悲しげなまなざしの、憂いに包まれた男性で、灰色っぽい陰鬱な雰囲気

――白髪頭を角切りにし、灰色がかった青色の半そでシャツにジーンズというでたち――を漂わせている。数十年前、彼は、家族が小売業を営むベイルート〔レバノンの首都〕から移住してきた。「実は、家族の店は紳士服を扱っていて、婦人服ではありませんでした」と、彼は説明する。「だから、まだ今の仕事には慣れていません。どのように縫製すればいいかわからないんです。でも、何かが間違っているとか、何か問題がある場合、どうすべきかはわかります」。

どのように縫製すればいいかわかっている人たち――全員女性――は、長年勤める熟練労働者であり、少なくとも最低賃金は稼いでいる。しかし、ジョーによれば、その賃金は、通常、時給七～七・五〇ドルを超えることはないという。「女性を雇い始めて二〇年になります」と、彼は言う。「平均勤続年数は、一〇年といったところでしょうか」。つまり、彼女たちに昇給の可能性はなく、諸手当も与えられない。仕事が少なくなると、ジョーは、彼女らに電話をかけ、二週間は来なくていいと言わなければならない。

時給ではなく出来高制による支払いならば、賃金計算は、もっと簡単だったろう。ジョーには、一着の縫製にかかる正確なコストがわかっているからである。しかし、デザイナーから委託される質の高い仕事は「複雑すぎる」ため、出来高では計算できないと、彼は言う。「複雑すぎて時間がかかってしまう。縫製にどれだけ時間をかけるべきか検討する時間がないんです。たいてい概算ですね」。それゆえ、彼は、六～七割もの従業員を時給で雇っている。出来高払いで雇われた労働者は、予想以上に仕事に時間がかかった場合、割増賃金を要求することもある。ジョーは、時折、それに応じることもあるという。「請負先から、どれだけもらっているかによります。利幅がとても薄い場合、帳尻を合わせようとはしますが、そんなにうまくいきません。五〇セント損をして、彼らに五〇セントやる……そんなこともあります」。その場合、デザイナーに一着当たりの支払いを増やしてもらうよう頼むことはできるのか。「めったにできません。基本的に、価格に縛られます。あの娘たちに仕事を与えるためだけに契約を取ってくることもあります。儲けはゼロですが、あの娘たちを働かせておけます。そんなことを何度もしてきました」。

大規模大量生産の縫製作業の大部分は、南はメキシコから、西はアジアにまで広がっている。その一方で、素速くきれいに仕上げなければならないニッチ〔市場の隙間〕の高級デザイナーズ・ブランドの仕事もあるため、ジョーは、この仕事を続けることができるのだった。縫い目が比較的ふぞろいでもよく、製造業者が、完成品を何か月も待てる場合は、低熟練の外国へ一部の業務を出す価値がある。しかし、ファッションの流行は変わりやすく、数週間で需要を充足しなければならない場合は、ジョーのような近隣の請負業者の出番となる。

製造業者は、そうした急ぎの仕事に対して割増金を支払うが、ミシンの陰で働く女性たちまでには行き渡らない。たとえば、作業部屋のラックに掛かった、肩ヒモなしの黒いドレスは、ジョーの見積もりによると、最終的に二〇〇ドルか三〇〇ドルで売られるという。しかし、彼は、縫製代として、わずか二〇ドルしか請求しない。これは、原価に一五〜二〇%ほどを上乗せした額である。二〇ドルのうち人件費が七〇%強を占めるので、競争力か利潤を度外視しない限り、賃上げに応じることはできない。その仕事を一〇ドルで請ける業者もいるかもしれないが、仕事の質は低いだろうと、彼は言う。

ジョーは、労働者をだますスウェットショップにうんざりしていた。というのも、彼自身は、従業員に多めに支払っていて、加工した衣料品に高めの代金を請求しなければならなかったからである。ジョーは、単純に価格では対抗できなかったので、品質で勝負していた。「彼らは、ほんの半年か一年間、店を開けます」と、ジョーは、スウェットショップの経営者について語る。「彼らはそこで事業を営みます。それから、すぐに店をたたんで、他の場所に移動するんです。この角の土地でも、三年間で、おそらく三、四回店が変わりました。半年営業して店仕舞いし、また半年開けて閉じるんです。まったく別の社名と経営者の名で。給与の支払いを求めて労働者が来たって、閉鎖していて誰もいない。取りっぱぐれるってわけです」。「給料を二週間分支払わなかったら、たぶん二〜三万ドルせしめることができます。こんなことが行われているんですよ」。

ジョーが不法移民を雇っていたときには、彼らの雇用を禁ずる法について、それほど考えたことはなかった。現在は、在留資格を持つ移民だけを雇っているので、法律が自分を守ってくれていると、彼は考える。しかし、それはばかげたことだと感じていた。「絶対に需要があるんです」と、ジョーは話す。「時給七ドルや八ドル、六ドルで働くアメリカ人がいるとは思えません。いるはずがありません。となると、この産業が、成り立たなくなってしまいます」。しかし、ジョーの推測は、半分しか正しくない。アメリカ経済に参入する労働者の半数は移民であるが、多くの産業で、多くのアメリカ人が、移民と同レベルの低賃金で働いているのである。衣料製造業は、国際競争で苦戦を強いられている一業界として、経済的正義を一般大衆に適用することの難しさを露呈したケーススタディである。無情な市場原理を屈服させるのは、より厳しい政府の規制や、一定度の良心のみであろう。

何にコストがかかるのか

ファッション業界でも、ニコール(仮名)のような高級ブランド・デザイナーの中には、賃金や労働条件について罪の意識や気遣いを覚え、請負業者を入念にチェックする者もいる。そうするだけの余力があると思われる。

ニコールは、スラッとした体型で、服をきっちりと着こなし、乱雑な仕事場でも、身だしなみに気をつかう女性である。黒髪をきれいにカールし、真っ赤な口紅をつけている。彼女は、ビジネスと倫理のどちらにも、はっきりとした考えを持っていた。彼女の概算によると、違法な縫製工場を使えば、洋服を半額で加工することもできるという。「ぞっとするような会社が、本当にたくさんあるんです」と、彼女は言う。「そうした工場の経営者になど、顔を合わせるのもご免です。スラムの悪徳家主のようなものですから。本当に嫌なので、足を運ぼうとも思いません。それだけの価値もないんです。ああいう会社は、実に悪質で、いかがわしいものだと思いますが、多くの産業に存在しているのではないでしょうか」。ラジオや部品の製造現場で行われている搾取が声高に語られることはないようだが、こと贅沢品や豪華な服がスウェットショップで作られているとなると、その矛盾が強烈すぎるため無視できないのだと、ニコールは辛辣に語る。

彼女は、「手製の」布地の使用を避けることで、正しい行いをしようと努めていた。手製の布は、彼女にとって、中国やインドで児童労働という搾取によって作られたものであることを意味するからである。「手製という触れ込みの物は買いません」と、彼女は言い切る。「手製品とは、文字どおり、バケツ一杯の魚の頭を報酬として、汚い床の上で、子どもたちを働かせて作ったような物、と言ってもいいですね」。ニコールは、従業員には最低八ドル、最も腕のいいサンプル製造者たちには、最高一三〜一四ドル支払う。「卸値が、あと二〇％安ければ、もっと買うのにと、小売店は言いますが……」と、彼女は言う。「従業員たちには、それだけの価値があるから、高めの賃金を払うんです。本当によくやってくれています。彼女たちがやっていることは職人技だと理解して、尊敬しています。最少の金で最高の物を量産させようとしているわけではありません。最高額に近い賃金を払うことで、従業員にプロ意識や誠実さを期待しているんです。そして、彼らは、毎日、その期待に応えてくれています」。

しかしながら、そうした立派な意見も、企業をうまく経営するという経済的至上命令の前では、力を持たない。そして、株の売買をしたことのある者なら誰もが知っているように、経済行動は、非常に心理的なものである。マリア・ウォイチェホフスキのように無一文から事業を興した人は、経済的成功が実にはかないものであり得るということ、そして、それが、従業員にいくら支払えるのかという不安な気持ちへと転化することを、本能的に感じ取る。マリアは、長身でブロンドの元モデルで、今もスラッとした体型を保っている。彼女は、仕事で成功していた。半端でない成功ぶりである。自らがデザイン・製造を手掛けるマリア・ビアンカ・ネロという婦人服ブランドを展開し、ブルーミングデールズやサックス・フィフス・アベニューなどのデパートをはじめ、一〇〇軒を超える小売店で、年商五〇万ドルの利益を挙げている。それでも、起業当初に苦労したため、賃上げには慎重で(景気が悪い年はカットできるので、ボーナスを支払うほうがいいと考えている)、銀行融資も受けようとしなかった(材料調達や給与支払い用に、現金準備を確保していた)。彼女のオフィスは広い作業スペースも兼ねていたが、二つの黒のファイリング・キャビネットの上に古いドアを載せ、机代わりに使うなど、大学を出たばかりの若者が住むアパートのような様相である。彼女の思考は、その成功に追いついていなかった。

マリアは、初めに基本的なミスを犯した。小さな店を開き、型を作って布地を買い、自宅で小さな工場を経営している女性にそれらを持ち込み、黒のSサイズを一〇着、Mサイズを三着というように注文を出した。それから、完成品を引き取っては自分の店で売った。何に金がかかるかについて、彼女は、漠然とした考えしか持っていなかったのである。マリアは、その女性の家賃に加え、時給二〇～二五ドルの賃金を支払った。これは、衣料産業にしては高給である。三年が経過したとき、彼女は、二〇〇ドルで売っている服を作るのに二五〇ドルかかっているのではないかと気づいた。そのうえ、泥棒に二度押し入られ、在庫品の大半を盗まれてしまった。二度めは、幸運にも、新作を自宅アパートに置いていたので、難を免れたものの、マリアは、小売から手を引き、卸業を始める決心を固める。そして、夫のヤニスの力も借りながら、一〇％の手数料を条件に、販売代理店と契約を結んだ。「小さな品目をまとめて販売代理店の女性に任せました」と、マリアは思い起こす。「彼女は、売ってくれましたよ。初めはわずかだったけれど、少しずつ注文が増えていきました」。彼ら二人の暮らし向きは不安定で、医療保険にすら加入していなかった。しかし、彼らには、マリアのほどほどに斬新的だが派手ではない衣服デザインに対する、独創的でいくぶん地味な眼力があった。そして、マリアのデザインは、徐々に客に受け入れられていった。

振り返ってみると、マリアは、起業家としてのイロハから、基本的な教訓を学んだようである。「ビジネスを維持する鍵は、必要経費にあります」と、彼女は言う。「そして、その大部分は人件費である。「スタート時には、経費なんてかかりませんでした。私とヤニスだけだったので。給料制にはせず、食費とか、必要な額を好きなだけつかいました。誰も雇っていなかったから、月二五〇ドルの家賃だけが、わずかにかかる経費でした。月々の経費はこれだけだったので、それほど売れなくても、何とかやっていけることはわかっていました。これが重要なんです。会社が大きくなっても、景気が悪いときにやり繰りできるよう、経費を、払える範囲に抑えておくこと。社員を全員お払い箱にして、また一から始めるなんてご免でしょう。大丈夫、儲かってはいないけれど、誰も解雇する必要はない、と言えるようにしておきたいでしょう」。

もちろん、どの会社も、製造・販売過程における全段階で、経費節減を試みている。このように、衣料産業は食物連鎖に似て、下層の労働者は上層の労働者よりも立場が弱い。最も力のない人々は、最低賃金か、それ以下で高級服を縫製している最下層の労働者である。

この弱肉強食の世界にあって、マリアは、さまざまな事態を想定し、利幅を十分に取った商品価格を設定せざるをえない。小売店は、契約価格を支払わずにすむよう、あらゆる手立てを考え出す。たとえば、製品を値引きした場合、マリアへの支払いも割り引く。一定期間内に売れないと、「値下げ品にしたがる」と、マリアは説明する。「そして、私への支払いも、ちょっと減らすんです」。服に欠陥があれば、賠償額を請求される。「二〇〇着分のチャックが壊れていたから、修理費に三〇〇ドルかかった。その分、支払いから差し引く」など、何かにつけて、少しずつ払わせるんです。「販促用の特別商品をくれ」「店長が特別セールを行った」「ビアンカ・ネロの上得意客に無料ギフトを付けることになり、一〇個配ったから、もう五〇〇ドル差し引く」というふうに。彼らとやり合うこともできるし、仕方ないと腹をくくることもできますが……いずれにせよ、損が出なければラッキー。だから、卸値を高めに設定する必要があるんです」。

価格設定に当たっては、マリアが、まず布地の費用を計算する。その後、ヤニスが、コンピュータで、布地の無駄を省くよう、ジグソーパズルよろしく、服のパーツとパーツをつなぎ合わせる。そして、請負業者に払う縫製代を見積もる。「たとえば、そうですね、前にも似たような服を作って一〇ドルかかったから、今回も、経費は一〇ドルかかる、と。それから、チャック一つにボタン三つを付けて……その小物分のコストを足すわけです」。

この「原価計算」には、家賃や、燃料代などの公共料金、保険料、人件費などが含まれておらず、縫製請負業者が犯すかもしれないミスも計算に入っていない。「下請けが、間違った布地の色や種類を選んで裁断するときもあります。縫い方を間違えることもありますし。そうしたら、やり直さなくてはなりません。間違ったら使い物にならないんです。すごく無駄が出ますね」と、彼女は話す。「だから、そうした費用も見越さなくてはなりません」。彼女が目指すのは、要した生産費の倍の値で小売に卸すことである。ゆえに、業界の不思議な計算方法に基づき、コストの倍ではなく、二・五倍の卸値をつけることになる。その割増分によって、下請けのミスや代理店の手数料、あの手この手で値引きしようとする小売店から出るマイナス分をカバーするわけである。

「たとえば、服の原価が一五ドルだとすると、三七・五〇ドルの値を付けます」と、マリアは説明する。「儲けを一五ドルとしましょう。原価として一五ドル払い、一五ドルの儲けを挙げるとすると、さらに七・五〇ドルの上乗せ分が、リスクに対応するためのクッションとなります。売り上げの一〇％相当の三・七五ドルを代理店に支払うので、基本的に、小売店からの値下げ分とクッションとして残るのは、わずか三ドル強です」。そして、小売店は、マリアの卸値に二・一倍か二・二倍を掛けた値段を最終販売価格として設定する。高級店では、三倍掛けにすることもある。こうして、六〇ドルで作られた服は一五〇ドルで卸され、消費者の手元に届くときには三〇〇ドルを超える。

さらに、ビジネスには、時間との闘いもついて回る。「出荷四〜六週間前に、服を作り始めなければなりません」と、マリアは説明する。「そして、出荷後、支払いを受けるまで、さらに四〜一〇週間以上待つことになります。つまり、作り始めてから実際にお金を手にするまで、三か月はかかるでしょう。だから、通常の倍の仕事量が来月入ってくるとしたら、お金も倍用意しなければなりません。今月がまさにそうでした。三か月間は入金がないから、自分の取り分を確保し、従業員の給料と会社の経費を払い、余分のお金を用意して、支払いがあるまで三か月間持ちこたえなくてはなりません」。多くの製造業者は「売掛金を担保に融資を受ける」と、彼女は言う。すなわち、銀行に肩代わりしてもらい、利益の四〜五％を利子として支払うのである。しかし、彼女はこの方法を避けてきた。

予想以上に作業に時間がかかったため、儲けが出ないと、通常使っている三〜四社の請負業者から苦情を言われ、契約価格より多めに支払うこともある。しかし、そうした経費は極めて重要なものであり、人件費は、常にチェックしていなければならない出費なので、情にほだされても、賃金を業界水準より高く上げるのは軽率だと、マリアは考えている。「いつも、もっと払ってあげたいと思います」と、彼女は話す。「でも、そんなとき、私には子どもが二人いることを思い出すんです。事業がうまくいかなくなったら、全財産を投げ出すことになります。子どもたちの生活も変わってしまいます。不便ですよ。車を持てず、バスに乗ることになるでしょう。今は事業が好調ですが、本当にうまく行き始めてから、まだ二年です。焦りは禁物。たとえば、時給二〇ドル支払って、経営がうまくいかなくなったら、賃金をカットしなければならない？」と、マリアは尋ねる。「それとも、給料をこんなにたくさん払っているけれど、商品が売れないから、あなた方はクビだ、と言わなければならないとか？」賃金を上げれば、彼女のリスクも高まる。

「初めて雇ったのは、サンプルを製造する従業員だったと思います」と、マリアは言う。一九九三年のことである。時給一二ドルで、当時としては、やや高めであった。「彼女の給料は据え置きだが」、別途、ボーナスが支給される。年に二度、六月と一二月に、「その年によっては、八〇〇ドル、一〇〇〇ドル払うこともあります」。こうすれば、経営が厳しいときには、ボーナスを減らせば、賃下げや解雇の必要がない。

「適正」な賃金?

民主主義ほどひどい政治体制はないが、これまで試みられてきた他のすべての政治体制よりはましであると、かつてウィンストン・チャーチルは語った。資本主義の自由企業体制についても、同じことが言えるかもしれない。つまり、最悪とはいえ、他の諸制度よりはましである、と。それは、およそ無慈悲で適者生存や弱者の困窮を促進させるような冷酷な競争意識を伴っている。しかし、自由企業体制の下では、共産主義や社会主義など、これまで試みられてきた種々の体制には存在しえなかった機会が開かれている。不公平感が生まれるのは、平等主義が欠如していることに起因する。とはいえ、その平等主義とは、他の諸制度も同じく実行しえなかった高遠な理想なのである。アメリカの理想は、万人に対する結果の平等ではなく、機会の平等を志向している。実際、自由な企業活動は、格差によって成長する——その格差とは、経営者と労働者、教育のある者とない者、熟練した者と未熟な者、大胆な者と臆病な者、そして、究極的には、金持ちと貧乏人の格差である。こうした格差化に伴う、とりわけ特に比較的安価で労働者を雇う自由は、活力ある分権的な経済にとって不可欠な、リスク覚悟の起業家精神の推進力となってきた。この経済は、法律や契約によって労働力の乱用を制限する、高度に規制された経済である。しかし、健康や環境や従業員の福利を保護するための規制は、アメリカの政界で、常に議論の的になってきた。そこでは、規制によって私企業を抑圧し、競争・発明・成長のための余地を奪ってはならないとされているからである。

大半の雇用主と同じように、マリアは、さまざまな地位の労働者の扱いに格差を設けること以外に方策を見出すことができず、その格差を守ろうとした。「輸送や単純な手作業をしている人に、多額の給料を払おうとはしないでしょう」と、彼女は言い切る。「そんなの不公平って言ってもいいですよ。大学で勉強し卒業して、何かを成し遂げようとしている人は報われるべきであって、より多く稼げて当然です。高校中退者も同様に扱われたらナンセンスです。誰も大学に行かなくなってしまいますよ。世の中は、そういうふうにできているんです。学校に行って、いい教育を受ければ、収入のいい仕事に就けるのです」。

カンザスシティの、ある派遣会社社長にとって、派遣社員に時給六〜七ドル以上支払うのは、身震いするような考えだった。「分け前が減ってしまいます」と、彼女は話す。そして、分け前が減れば、心穏やかでないという。「賃金体系が崩れてしまいます。しかるべき時給を三、四、五ドルと上回ってしまいますよ。通常時給七ドル支払っている事務員に一〇ドル払えば、会計士には時給一三ドル、一五ドル、一七ドル払わねばなりません。すべての給与基準が引き上げられてしまうのです」。

「しかるべき」という語には重要な意味がある。カンザスシティの別の会社社長、ポール・リリグも、郵便物封入機を操作できる数人の労働者の時給が六ドルから九ドルへ上がったことについて、同様の言葉で嘆く。「そのうち、本来払われるべき額より多くもらうことになる労働者も出てくるでしょう」と、彼は言い切る。他の雇用主たちも、仕事には「適正な」賃金というものがあり、単純労働者の賃金を引き上げたら、実質的な給与格差を維持するために、作業長や会計士、管理職の給料も上げなければならないという確信を、繰り返し口にする。言い換えるならば、アメリカの倫理観は矛盾している。(一部のCEOたちが、最も賃金の低い労働者の五〇〇倍もの収入を得ていると)賃金格差を非難する一方で、その格差を美徳として信奉する。会計士に秘書より安い給料を支払うのは、どこか倫理的に誤ったことだというわけである。

そうした収入力格差は、二〇〇一年九月一一日の同時多発テロ後、犠牲者への補償金額の計算においても、しっかり維持された。たとえば、二児の父親である三〇歳の男性が世界貿易センタービルで命を落としたとして、年に二万五〇〇〇ドル稼いでいたなら一〇六万六〇五八ドル、一五万ドル稼いでいたなら三八五万六六九四ドルの補償金が支払われた。命には、それぞれ値段がついているのである。

最下層の労働者の賃金を引き上げると、彼らの購買物の価格に直接影響するので、賃金格差をなくすのは問題だと論じる雇用主すらいる。文房具の通信販売会社、ビクトリアン・ペーパー社の社長ランディ・ロールストンは、こう述べる。「最低賃金を引き上げたら——彼らは、その賃金に見合った消費生活を送っているから、いいレストランに行く余裕などないので、ウェンディーズやマクドナルドに夕食を食べにいくのですが——その飲食代も上がってしまいます。食料品店で食べ物を買うとすれば、それも値上がりします。賃金が上がると、必然的に物価も上がらざるをえないのです。経営者は、倒産するか値上げをするか、どちらかの道をとるしかないのですから。賃上げが招くインフレは、低価格品のインフレなのです。労働者が普段ひいきにしている物が値上がりする、というわけです」。

賃金格差の拡大の上に成り立つ経済は、市場のニーズや需要、革新への衝動に速やかにこたえてきた。不運にも、そのせいで、富める者と貧しい者の格差も拡大してきた。そして、困難な将来を暗示する不吉な前兆として、労働者が生涯のうちに上層へと移動する機会の増大も見られなくなった。とりわけ、低学歴や貧弱な技能というハンディを抱える、第三世界からの移民にとっては、そうである。好景気時には、実際、働きたければ、彼らの誰もが職を得られるが、通常、それは、昇進の可能性があまりない低賃金の職種である。離職率が高く、一日二四時間さまざまな技能に対して需要がある医療などの特定業種を除き、入社時の仕事は、退社するまで変わらないことが多い。

アメリカは機会に満ちた国だという世界的な評価を生み出したのは、アメリカ社会の流動性である。アメリカ社会は、他の国より開かれた、階層格差が少ない社会だという一般的見解が生まれたのは、そうした機会に満ちた国であるという認識からであった。二〇世紀初頭、あるポーランド移民の息子は八年生で学校を中退し、時給八セントでニュージャージー州ジャージーシティの造船所で働き、ベツレヘム鉄鋼社の蒸気船ラインの社長にまで昇進した。これは私の祖父が成しえたことで、今の時代の話ではない。今日のアメリカの流動性の大きな源泉となっているのは、経済成長であって、民族や階級に境界が存在しないということではない。第二次世界大戦後、経済の急成長は多くの人に道を開いたが、一九七〇年代以降、そのスピードは減速し、多くの労働者、とりわけ高卒以上の学歴を持たない男女を置き去りにしている。流動性の高さとは、同世代内よりも、異なる世代間で多く見られるものである。限られた技術や教育しかない若者がアメリカに上陸し――あるいは、貧困を背景にして労働力となり――最下層からスタートして、しょせん、それ以上の地位にはとても手が届かないことを知るのは、悲しい真実である。

移民たちの夢は……

アメリカ経済に奉仕する民族集団ほど、はっきりと重苦しい挫折感で満ちているものはどこにもない。韓国人や中国人、ベトナム人、メキシコ人、ホンジュラス人、エチオピア人など、低賃金労働者の多い少数民族の人たちは、強大な壁に取り囲まれている。英語を流暢に話せず、移民に必要な書類がなく、あるいは、高度な技能もない人々は、そうした壁を容易に乗り越えることができない。彼らは、この国の利益を促進する低賃金労働に囚われている。彼らは、アメリカ人ではない。しかし、アメリカの重要な要素を形成し、衣料産業だけでなく、レストランや農場、駐車場、造園、塗装請負業、建設業など、アメリカの豊かな生活を支えるための主要な貢献者なのである。

「アメリカ人からゴミ扱いされます」と、ワシントンの駐車場管理労働者組合の創立者で責任者であり、細身で早口のロクシー・ハーベキアンは言う。彼女は、ワシントンやバージニア州北部、メリーランド州郊外の駐車場ビルで働く労働者の代表である。労働者のほとんどはエチオピア系移民だが、西アフリカから来た人々やヒスパニック、アフリカ系アメリカ人もいる。「さしたる理由もないのに、次から次へと解雇されるんです」と、彼女は主張する。「それに、仕事上で、ひどい人種差別があります。有色人種が駐車場の仕事から、監督・経営・会計といった上位の仕事に移ることは至難の業です」。多くの労働者が、「こうした侮蔑の壁によって隔離されていると感じています」と、彼女は言う。「移民、特にエチオピア移民には、専門職の人も大勢います。弁護士や薬剤師など、高度に訓練された人々も多いのです。でも、そうした人たちが、こんな仕事をしているのです。監督役の白人の若造が、彼ら移民をまるで何も知らないかのように扱うんです」。

駐車場の受付係が手にするのは、最低賃金である。ワシントンでは、連邦政府が定める最低賃金より一ドル高いが、多くの時間は労働時間として換算されないと、ハーベキアンは不満を口にする。レジ係が、退社時にタイムカードを押した後、必要な全書類に記入して銀行に売上金を預けるまでに二〇分はかかるが、その時間は不払いである。「休憩を強制」する大手企業もあると、彼女は言う。「一時間一五分の休憩時間が、自動的に差し引かれるんです。でも、みんな休んだりしません」。実際、労働者は、働き続けなければならない。個人的な人脈も、ものを言う。ダウンタウンにある駐車場での、午後遅くか夕方のシフトの仕事を友人から紹介してもらえれば、客が車を取って帰る際、週二〇〇ドルのチップをもらえるだろう。しかし、それにはコネが必要であるし、男性でなければならない。女性の仕事は、たいていチップとは無縁のレジ係に限られている。

黒い肌に疲労と落胆が刻み込まれた、レティという名のがっしりした女性は、ワシントンの駐車場のレジ係として、日に一二時間働いている。彼女は流暢に英語を話すことができるが、エチオピアで高校を卒業することができなかった。さらに、アメリカでは長時間労働と二人の子どもの育児のせいで、学位を取る時間がなかった。彼女は一七年前に観光ビザでアメリカに入国し、その二年後、ようやくグリーンカードを手にし、移民としての法的資格を得た。しかしながら、グリーンカードも英語力も長年の在米経験も、彼女にドアを開くことはなかった。「まるで去年アメリカに来たような気がします」と、彼女は言う。「何も変わっていないのです」。

ロサンゼルスでは、ナラ(仮名)と、その夫が、同様に、行き詰まった状態に陥っていた。ナラの刺すような視線からは怒りの閃光《せんこう》が放たれ、その言葉にはトゲがあった。彼女は、週に六日、日に一二時間、韓国料理店で、調理師の助手として働いている。客のチップは、熱気が立ち込める厨房で働くスタッフにまでは回ってこない。夫は自分で料理をしないため、ナラは、夕方帰宅後、夫と息子のために夕食を用意しなければならない。「一日中料理をして、家に帰ってからも料理をするなんて、地獄のようです」と、彼女は腹立たしげに言う。夫とは何度も言い争いをしたが、ある日、ナラは夫にこう叫んだ。「何で私をここに連れてきたの」。夫は、家を出て、一〇日間、帰ってこなかった。

一九九一年、彼女の夫は、韓国から二万ドルを携えて移住してきた。ナラは、六か月後に一万五〇〇〇ドルを持ってやって来た。二人の蓄えが五〇〇〇ドルにまで減ったため、こぢんまりとした安アパートに引っ越したが、そこでは、一三歳の息子を寝室で寝かせるために、自分たちはリビングルームで眠らなければならなかった。ソウルでは、夫は、主にサングラスを取り扱う輸出入業を営んでいた。しかし、ロサンゼルスでは、臨時の溶接工の仕事しかなかった。ナラは、服飾デザイナーだったが、英語がうまく話せないため、アメリカでは、そうした仕事に就くのは無理だった。そのため、彼女は、ロサンゼルスの「コリアタウン」にある、韓国料理店という狭い世界に閉じ込められているように感じていた。「三か月間、英語学校にも通いました。でも、習ったことはすぐに忘れてしまいます。年をとりすぎていたんです」と、彼女は通訳を介して話す。ナラは四五歳であった。「コリアタウンに住んでいるので、英語なしでもやっていけます」。確かにやっていくことはできたが、抜け出すことはできなかった。

夫婦で仕事をしていれば、書類上で見る限り、まずまずの額の年収になる。ナラは、月に一七〇〇〜一八〇〇ドル稼いでいるが、長時間働かされるので、残業分を除いても、時給六・七五ドルというカリフォルニア州の法定最低賃金をかろうじてクリアする程度であった。夫は、門やフェンスを溶接して月一〇〇〇〜二〇〇〇ドル稼いでいるので、二人で年に四万ドル近くの年収になる。これは共稼ぎの長所だが、一人になったときの危険も示している。この低賃金では、一人で子どもを育てることになったとき、貧困世帯となる。

それだけの年収があっても、彼らは、切り詰めた暮らしをしていると感じていた。ロサンゼルスは、生活するには金のかかる街である。公共輸送機関が発達していないので、夫妻は、トラックと乗用車を持たなければならない。雇用主は医療保険に加入させてくれないため、韓国人の医者や歯医者にかかるのに、大金が要る。不法移民として、事実上、政府からは何の手当も得られない(どっちみち受給を拒むと、ナラは主張するが)。そのうえ、精神的な閉塞感から絶望感に陥っていた。ナラは、社会から取り残され、隔絶されて停滞感に襲われ、ひたすら韓国に帰りたいと望んだが、夫はアメリカに残りたがった。

ユン・ヒ・リーも罠にかかったように感じている。一九弱々しいほほえみを浮かべ、やせて小柄な彼女は、一九九五年、夫とともに韓国から渡米してきた。夫は、カリフォルニア大学ロサンゼルス校でコンピュータ科学を勉強しようと、学生ビザで入国した。「家を売ってきました。韓国では家を売ればかなりのお金になるので、アメリカで三年間、快適な暮らしをしようと計画していました。夫も私も勉強するつもりでした。働くことになるなんて思いもよりませんでした。そんなことは計画になかったのです。でも、アメリカに来てみたら、一年間で、あっという間にお金が底をついてしまったんです」。夫妻は、アメリカの生活費の高さに驚いた。韓国では、寝室が三つ、バスルームが二つある家に住んでいたが、ロサンゼルスでは、寝室が一つしかない住居に格下げせざるを得なかった。子どもたち二人がベッドで寝るので、夫妻は床で寝た。

ユンは、祖国では、銀行の窓口で働いていた。しかし、ロサンゼルスでは、ウェイトレスとして、最低賃金を下回る金で、レストランの厨房の滑りやすいタイル張りの床を行き来しながら、細心の注意を払って、何時間も料理を運ぶ仕事をしている。ある日、彼女は、トレイを運ぶ途中足を滑らせて転倒した。そして、陶器が床に落ちて割れるとともに、彼女の夢も砕け散った。ユンは、背中をひどく痛め、一年間、働くことができなかった。金が足りなくなったため、夫は学校を中退するはめになり、働き始めた。そして、学位を取るという彼の目標は、はるかかなたの希望へと遠のいていった。雇用主のレストランが労災補償を拒んだため、彼女は、裁判に勝訴した場合のみ成功報酬を払えばいいという弁護士を見つけた。しかし、裁判手続きには、最低でも五年かかる見込みだった。

彼らもまた、家族の収入はそれなりに十分あったが、アメリカに来るときに抱いていた野望は消えていた。現在、夫は、縫製請負業者のマネージャーとして、月に約二〇〇〇ドル稼いでおり、その額は、大半の縫製労働者の給料を大きく上回る。ユンは、韓国料理店のウェイトレスとして週六日働き、月八〇〇ドルの給料にチップ分を加えると、事実上、給料の倍額もの稼ぎになることが多い。それにもかかわらず、夫妻の収入はすべてつかい切り、貯蓄に回す金は残らない。医療保険に加入していないので、多額の医療費がかかる。生活がギスギスしているのは、精神的なものが原因となっていた。祖国に帰ることもできるが、挫折して舞い戻るのは恥だと感じているのである。

「稼いでいる額を見たら、そんなに悪くないと思うでしょう」と、ユンは言う。「でも、問題は、長時間働かなければならないことなのです。一日の大部分を働いていたら、誰が子どもの面倒を見るのですか。結局、保育所に月五〇〇ドルほど支払うことになるんです。家族や夫と一緒に過ごす時間も大してありません。仕事に行って、帰宅して寝て、また仕事に行く、それで終わりなのです。料理する時間もないので、夫や子どもは、いつも外食しなければなりません」と、ユンは、夫や子どもについて話す。外食は高くつくうえに、食生活や健康にも悪影響が出る。

「夫はサラリーマンですが、社交の時間はありません。友だちはいますが、一緒に出歩くことができないんです。家に帰って子どもの面倒を見なければなりませんから。だから、夫と私は多くの悩みをかかえています。口論もします。夫には休みがないのです。韓国では、夫婦げんかなどしませんでした。移住後五年間はけんかするものだが、それ以降はうまくやっていけると、他の移民たちから聞いたことがあります」。

しかし、本当に「うまくやって」いるかどうかについては、解釈が分かれるところである。夫は午前七時三〇分か八時に家を出て、家には午後八時三〇分ごろに帰宅する。そのころ、彼女は、まだ勤務時間中である。「夜中の一二時か一時ごろにそっと帰宅し、ドアを開けると、夫はいびきをかいていて、みんな寝静まっています。何で生きているんだろう、という気持ちになりますね。すごく落ち込みます。韓国では、少なくとも夕方一緒に時間を過ごして、話すことがありました。今は、お互いに話す時間も話題もありません」。ある意味で、韓国系移民は、アメリカに同化しつつある。離婚率が、約五〇％に及ぶからである。

アメリカに渡ってくる移民たちの救済は、必ずといっていいほど次世代まで持ち越されてきた。親たちは英語を話せなくても、子どもたちは話せる。親たちが低賃金で長時間労働を強いられたら、子どもたちは、より高い技能や教育を受けるための道を見出す。昔の時代と比べることは難しいが、今日の民族集団においては、こうした前提が、そのまま通用するわけではなく、次世代が成功して進出し、この国の繁栄の光を分かち合うという確信は、必ずしも揺るぎないものとは言えない。

事実、子どもたちの将来をどう考えているのかとユンに尋ねたところ、奇妙な答えが返ってきた。それは、韓国レストランでの労働環境を改善するために、韓国移民労働者擁護連合を通じて、いかに熱心に運動してきたかという話だった。この闘いに勝てば、子どもたちの生活はずっとよくなると、彼女は考えている。では、子どもたちがレストランで働くことを望んでいるのかと私が尋ねると、ユンは、悲しげにこう言った。「レストランで働かないという保証はありません」。「もちろん、子どもたちには、エール大学やハーバード大学、コロンビア大学、ニューヨーク大学に行って医者や弁護士になってもらいたいと願っています。ただ、今のところ、息子の夢は警察官になること、娘の夢は小学校の先生になることなんです。将来、あの子たちが何になるかなんて、わかりません。結局、レストランで働くことになる可能性もありますね」。

＊ニューヨークにある自由の女神像の台座に刻まれている、アメリカの詩人、エマ・ラザラス（1849–1887）の詩の一部。詩の中で自由の女神は“Mother of Exiles”（追放者〔移民〕たちの母）と呼ばれている。

第4章　恥辱の収穫　*Harvest of Shame*

これらの人々は、十分な保護も教育も受けず、衣服や食料にも事欠く、忘れ去られた人々である。

——エドワード・R・マロー*、『恥辱の収穫』、一九六〇年

奇妙な怒りの欠如

そのシンダーブロック〔中が空洞化しているブロック〕造りのバラックが移民労働者たちで一杯だったならば、それほど痛烈な印象を受けることもなかったろう。そこに住む男女と語らい、冗談を言い合い、彼らの話に耳を傾けただろう。彼らの笑い声や革のように茶色く日焼けした顔、疲れきった眼《まなこ》に気を取られ、むきだしの暗い部屋部屋や、さびついた寝台のフレーム、シミが付いて悪臭を放つマットレス、べっとりと汚れたキッチンの流し、破れた網戸、そして仕切りもなしに並べられた便器の列に目を凝らさなくても済んだことだろう。そこで暮らす人々の姿が見えたならば、その殺伐とした状況も、多少は和らげられたことだろう。しかし、時は一二月であり、ノースカロライナでは、畑を水浸しにし、作物をだいなしにしたハリケーンのせいで、その年は例年より早めに農期が終わっていたのだった。最後の収穫の残りだろうか、ホコリにまみれたサツマイモの小さな山が、バラックの外壁に寄せて積まれていた。ある晴れた水曜の午後

遅く、その「キャンプ」は空っぽだった。そして、その空虚さのなかで、困窮があたりを覆っていた。

この手のキャンプのほとんどがそうであるように、ここも、人里から遠く離れた見つけにくい場所にある。トニー・ロハス牧師が、〔ノースカロライナの小さな町〕ニューートン・グローブから私たちを乗せてくれたバンは大型だったので、深い轍《わだち》や水たまりの間を縫って続く、すさまじい砂利道をなんとか通り抜け、広大な農場の端にたどり着くことができた。そして、感謝祭用のサツマイモが栽培されていた畑からわずか二〇フィート〔約六メートル〕しか離れていない雑草の生い茂る土地に、その建物は、野ざらしにされた納屋のような陰惨な姿で建っていた。とんがり屋根の細長い平屋にはいくつものドアが付いており、各ドアの向こうには、ペンキも塗られていないシンダーブロックむきだしの、独房にも似た部屋が続いていた。どの部屋もカビ臭く、天井からぶら下がった裸電球一つで照らされ、二、三の寝台が置かれていたが、すし詰めの労働者たち全員が寝るのに足りるだけの数はなかった。その牧師は、労働者たちに清潔なシーツを与えていた。そのことを彼は、スペイン語から英語への通訳を行っていた私の息子、マイケルを通じて教えてくれた。

トニー神父として知られる、この牧師の事務所の壁には、その建物から撮った惨めな情景が、苦悩のイコンでもあるかのように架けられていた。それは大判のカラー写真で、汚れたマットレスを敷いた寝場所の床に座り込む一人の若い男が写っていた。ある日、その事務所を訪ねた男は、そんな環境のなかに身を置いている自分自身の姿を見て、愕然としたという。家族がこの写真を見たら、二度と自分をここへ来させはしないだろうと、彼は牧師に言った。「マットレスを見ると、吐き気がします」と、トニー神父は私たちが実際にそれを見る前に言って聞かせた。「べたついて、ひどいにおいです。その上で寝るなんて、ぞっとしますよ。彼らは、むしろ床に寝たがりました。マットレスなんかに寝たら病気になるんじゃないかと、恐れていたのです」。

トニー神父はコロンビア出身で、歳のころは五〇代、カトリック司祭からエピスコパリアン〔プロテスタントの一派である監督派の教会員〕へと改宗していた。褐色の大きな顔には、「監督派の教会派による農場労働者のための聖職者会議」〔ノースカロライナ北部の農場で働く移民労働者を支援するための、監督教会派が運営する団体〕を通じて支援活動をするなかで、移民労働者たちによって持ち込まれたあらゆる苦痛や喜び、憤激、そして感動が刻まれていた。彼らは無防備にして強靭であり、さ迷いつつも怯《ひる》まなかった。収穫の最盛期には、一二×一五フィート〔約三・六×四・六メートル〕の各部屋に一二〜一四人の男たちが押し込まれ、どの部屋にも女性は少なかったと、トニー神父は言う。夏は強烈な暑さだったが、エアコンはおろか、労働者の一人がたまたま持参でもしないかぎり、扇風機もなかった。しかし、移民労働者というのは身軽に旅をするもので、携行品といえば、せいぜい一足の靴と二、三本のズボンぐらいであった。男も女もバンかピックアップ〔無蓋小型トラック〕に積み込まれ、農期を追ってフロリダのオレンジ畑から、綿花、タバコ、緑黄色野菜、イチゴやサツマイモを産するノースカロライナの農場、時にはペンシルベニアやニューヨークのリンゴ園にまで足を伸ばし、再び南へと帰っていく。晩秋には、クリスマスツリーの伐採に従事する者もいた。私たちは、祭日を祝うことはおろか、一日の生活においてすら、彼らの労働の産物なしで済ませることなど不可能なのである。

農場主は通常、移民労働者のために宿舎を提供するが、それは、トニー神父が見せてくれたようなバラックか、くずれかかったトレーラーか、傾いた地平線に座礁した難破船のような朽ち果てた農家であった。私たちは主要道路を外れ、クリスマスに向けて飾りつけられた、こぎれいなレンガ造りの分譲住宅を通り過ぎ、轍の付いた砂利道をたどって、見るからに打ち捨てられ腐朽しつつある二軒の家へとたどり着いた。網戸は引き裂かれ、扉の蝶つがいは途中から外れ、ペンキはもう何十年も塗り替えられていない様子だった。内部はガランとして汚く、陰鬱に見え、暗かった。寝泊りする労働者の数が多すぎたせいで、廊下で眠る者もいたと、トニー神父は語った。その昔、ある労働者が、屋根のてっぺんによじ登り、「モーテル・シックス」〔廉価なアメリカのモーテル・チェーン〕と書かれた看板を取り付けたという。

「彼らは、毎日、笑顔を見せていました」と、トニー神父は語った。農場の反対側には、手入れの行き届いた白い柵がめぐらされ、真っ白いペンキに輝く広々とした家の前で、赤褐色の馬たちがはね回る姿が、彼らにも見えたであろう。

シンダーブロックのキャンプがそうであるように、農場主は時として、宿舎を「コントラティスタ」に賃貸することがある。コントラティスタとは、農場労働者の作業チームを募集し、移送し、組織する請負業者のことである。農場主のなかには、移民労働者たちから家賃を取る者もいれば、取らない者もいる。人並の賃金を払い、車やトレーラーの連帯保証人になってやる者もいれば、そうしない者もいる。また、冷酷で世話焼き、無慈悲にして情け深い、という顔を併せ持つ者もいる。

老朽化しきった二軒の木造家屋とは異なり、バラック造りの宿舎が、そもそも一つの機能を果たす目的のもとに作られたのは明らかだった。所有者が誰であろうと――トニー神父は、所有者の名前を知らなかった――この殺伐とした建物を設計したとき、その人物には自分のしていることがわかっていたにちがいない。なぜならそこには、その構成からして、労働者を収容し、彼らの尊厳を踏みにじる以外の目的はありえなかったからである。それは古い建物ではなかったが、ただ背筋が凍るほど効率的な造りになっていた。キッチンにはガスコンロ一台が据えられており、繁忙期に請負業者が持ち込む、もう五台分用のホースの差込が付いていた。食堂兼共同部屋には二台のピクニック用テーブルが置かれ、壁には掲示板が掛けられていた。掲示板には、法定最低賃金と移民労働者の権利がスペイン語と英語で告示されていた。なかには、英語のみで書かれた次のような警告もあった。

男子へ――女子用バスルームに入らぬこと。
女子へ――男子用バスルームに入らぬこと。
見つかった者には罰金三〇ドルを科する。
各自そこにトイレがあるのだから、そこで用を足すこと。

男用のバスルームには洗面台が一つ、戸も仕切りもなしに便器が四つ、そして一区画には四つのシャワーヘッドが取り付けてあったが、それは四人の男が同時にシャワーを浴びるには狭すぎるスペースだった。女用のバスルームも、便器が二つとシャワーが二つしかないことを除いては同様だった。清掃や修理が一度でも行われた形跡は皆無で、プライバシーや快適さはおろか、未開の村落などで見られるような、貧しさゆえの簡潔さが醸し出す静寂でさえ、そこにはなかった。未開の村落では、少なくとも人間が生活している。だが、ここでは、労働者たちが、種や肥料よろしくキープされ、収納され、保管されていたのである。

トニー神父は、私たちにこうした部屋部屋を沈黙のうちに回らせる術を心得ていた。それは、あたかも、犯行現場に建てられた記念碑を訪れているようなものだった。後で互いのノートを見比べていてわかったことなのだが、マイケルと私はその時、それぞれの胸の中で、ある回想をめぐらせていた。それは史上最悪の犯罪が行われた別種のキャンプのことだった。もちろん、それとこれとでは〔残虐性の点で〕まったく比較にならないので、二人とも、そんな対比をする気を起こした自分自身に謝罪したのだが。ここで行われたいかなる不正も、あそこで起きたことには及ばない。それでもなお、何か恐ろしいことが起きた場所にいま自分は立っているのだという感覚には、それほど違いはなかった。このガランとした部屋の中でさえ、ここで起こったことが、何となく実感できたのである。

クラウディオと彼の一八歳の妻も、そこに住んでいた。クラウディオは二四歳の愛想のない男で、セーターと迷彩服ズボンに身を包んでいた。口ひげと薄いあごひげに縁取られた彼の細面の顔は、一二月の青白い光に照らされ、青ざめて見えた。前年の夏、この若いカップルは、アメリカでの新生活を目指し、故郷を旅立ったのである。彼らは、人間の密輸業者であるコヨーテに金を払う約束をし、テキサス州ラレード近くの国境を越えて、アメリカへ密入国することにしたのだった。その費用は、クラウディオが一三〇〇ドル、妻が一四〇〇ドルであり、この一〇年間で倍に値上がりしていた。「女のほうが高く取られる。男より手がかかるから」と、クラウディオは説明する。

彼らには現金の持ち合わせがなかったので、その費用はローンとして前貸しされた。そして、賃金から割賦金を天引きし、三か月で返済することになった。クラウディオの父親は、息子とその妻を現代の奴隷制度に差し出すに当たって、メキシコにある自分の家と七・五エーカー〔約三ヘクタール〕の土地を担保に入れなければならなかった。クラウディオたちは、働かないわけにはいかなかった。なぜなら、金がなかったからである。また、借金を返済しないわけにはいかなかった。彼の父親が財産を失ってしまうからである。不法入国については、これが典型的な取り決めであった。

旅には困難や危険が伴うこともあり、アメリカの国境警備隊が国境の監視を強化するにつれ、特に都市部においては、その傾向は強くなっている。そうした状況が移民たちを辺境の砂漠地帯へと追いやり、衣類や水もほとんど持たずに、旅の途中で、寒さや暑さといった厳しい天候に倒れる者たちの数は、増加の一途をたどるばかりだった。国境監視のために、新たな情報通信技術が導入され、人員も増強された一九九三年からの五年間に、無防備さから命を落とした者は、六人から八四人へと激増した。二〇〇一年一〇月から二〇〇二年一〇月までの一年間だけでも、三二三人が死亡している(1)。ほんの小さな慰めにしかならないが、盗賊に殺されたり、路上の事故で死んだりした者の数は減少していた(2)。

クラウディオと妻は、比較的楽な旅をしたという点では幸運だった。テキサスでは、昼間は国境警備隊員の視線を逃れて隠れ、夜の闇のなかを歩いたのだが、それはほんの三晩だけで、距離も短くて済んだ。あらかじめ決められた場所では、「コントラティスタ」が彼らと落ち合い、バンでサウスカロライナの農場まで運ばれた(追加料金なしだったと、クラウディオはうれしそうに言う)。その農場では、一か月間、トマト畑から、支柱とビニールカバーを除去する作業に従事する予定だった。クラウディオには、自分の賃金の計算方法が定かでなかった。「どんなふうに賃金が決まっているのか、まったくわからなかった」と、彼は認める。「教えてもらえなかったから」。時給ではなく、畑の何列分の作業をするかで計算されると、彼は思っていた。わかっていたのは、メキシコの賃金よりはるかに高いということだけだったが、アメリカの基準からすると微々たるものだということも、だんだんとわかっていったのだった。彼と妻は、同じ列で一緒に作業し、二人で週に約二五〇ドルをもらったが、実際に彼らが賃金を手にするのは隔週だった。コヨーテへの返済分として、請負業者が、賃金の半分を天引きしていたからである。「小切手の一枚は私たちの分、もう一枚は彼の分」とクラウディオは言った。

その後、彼らは、ノースカロライナにあるシンダーブロックのキャンプへと移送された。そこでは、毎朝五時に起こされ、バンに乗せられて、二時間離れた遠くの農場(彼は農場主の名を知らなかった)へと連れていかれた。その農場で、彼らは、毎日八〜九時間、トラクターのあとを歩いてサツマイモを収穫するのだった。トラクターが掘り起こしたサツマイモを手で拾い集め、一ブッシェル〔約三五リットル〕のバケツをいっぱいにすると、四〇セントの賃金が支払われた。彼らは、できるだけ多く稼ぐべく、可能なかぎりの速さで作業をした。一時間にバケツ三〇個はいけたと、クラウディオは言う。「畑の状態がよければ、たくさん採れましたよ」。「ということは、時給一二ドルになるね」と私が言うと、「いいや」と彼は答え、困惑した表情を見せた。「いや、それより少なかったな。だって、日に五〇ドル稼ぐには、一日中、猛烈に一生懸命働かなきゃならなかったから」。クラウディオが計算に疎いのか、請負業者の計算がイカサマなのか。クラウディオも妻も、六年生までしか教育を受けていないのだった。一方の請負業者は、給与明細に羅列《られつ》する天引き事項を考え出し、一日当たり約四〇ドルの賃金で彼らを働かせる術を心得ていた。それでも、メキシコでは一週間の農作業に相当する金額だったので、彼は、不満のかけらも見せなかった。「給料からは、たくさんの金が差し引かれた」と、クラウディオは淡々と話す。「たとえば掃除代。それに、家賃とか電気代とか、なんでもかんでも差し引かれたな」。だが、それがいくらだったか、彼には思い出せないのだった。

掃除代。家賃。クラウディオと妻は、不本意にも、そのむさくるしいシンダーブロックのキャンプに家賃を払って住んでいたのだが、もう一組の夫婦と同室になり、幸運にも四人だけで部屋を使えたのだった。後からやって来た多くの労働者たちは、小さな部屋に押し込まれ、床で寝たり、時には、むきだしのコンクリートの上に、つぶしたダンボール箱を敷いて寝たりしたと、クラウディオは言う。「私たちの稼ぎじゃ、食べ物を買うにも事足りなかった」。その後、ハリケーンによる豪雨のせいで、周囲一体は水浸しとなり、キャンプは、泥水の海に取り残された孤島と化したのだった。仕事はストップし、移民たちはトランプをして待った。クラウディオと妻には、コヨーテにまだ二三〇〇ドルの借金があった。

一か月後、彼らはメキシコに電話をかけた際に、生後一四か月の娘が病気だということを知った。娘は、クラウディオの両親に預けられていたのである。彼らは、治療費として五〇ドルを送金する必要があった。そこで、二人は仕事を待つのをやめ、徒歩でシンダーブロックのキャンプをあとにした。そのキャンプで働く移民のなかで、車を持っている者はまれだった。ほとんどの者が、僻地に閉じ込められ、町の食料品店やローンドロマット〔コインランドリーの商標名〕へも、請負業者に定期的に連れていってもらうしかなかった。だが、その時、クラウディオたちの請負業者は現れなかったので、その若い夫婦は、ニュートン・グローブの町まで何マイルもの道のりを歩いたのだった。ガソリンスタンドで、彼らは、あるメキシコ人の男に出会い、嵐のせいで足止めを食った不運な移民たちの間の交通網が機能し始めるまで、その男の家に居候させてもらうことになった。その後、別のメキシコ人の男二人が、さびれた町、ウェードにある小さなオンボロ家の家賃を折半しようと彼らを誘い、今、クラウディオは、その家の中で、一二月の光を青白い顔に受けて座っているのだった。彼には、仕事がなかった。しばらくの間、屋根職人に週二五〇ドルで雇われた後、きこりに雇われたが、そのきこりも、トラックの故障で廃業したのだった。一週間前、クラウディオの妻は食肉処理工場で働き始めたものの、彼女がいくらもらえるのか、彼には定かでなかった。妻はメキシコに帰りたがった。コヨーテは、彼らからの借金の返済を待っていたが、ハリケーンのために期限は延期された。

前日にバラックを訪ねたばかりの私は、今、そのキャンプをクラウディオの目を通して見直そうと試みた。彼は寡黙な男で、内省したり物事を言葉豊かに表現したりするタイプではなかったため、質問は具体的である必要があったが、誘導的であってはならなかった。彼がこう感じたに違いないとの私の考えをほのめかすことなく、彼自身がそこでの生活についてどう感じたかを知りたかった。クラウディオは、キャンプそのものよりも、仕事がないことのほうがもっと惨めだとの認識を示唆した。というのも、そもそも彼がここに来たのは、仕事をするためにほかならなかったからである。キャンプの住み心地は、最初に来たときに予想したとおりだったか、予想より悪かったか。「私にとっては、よくなかった。仕事がなかったから」と、彼は答えた。仕事がないという事実を除いて、キャンプやその環境について不満はなかったのか。「たとえば?」と、クラウディオは尋ねる。そうだね、思いついたことなら何でも。何か気に入らなかったことはある?「ただ一つ、仕事がなかったということだけです」。

翌年四月、私たちは、またも奇妙な、怒りの欠如に遭遇することになった。二五歳のペドロは、八×一〇フィート〔約二・四×三メートル〕の部屋に置かれた寝台の上に腰掛けていた。これは、クラウディオが住んでいたのとは別のシンダーブロック造りのキャンプで、ノースカロライナ州の町、マウント・オリーブとフェゾンの間に位置していた。建物の内部は、コマドリの卵色のような薄汚れた青色、外壁は色あせたピンクっぽいクリーム色に、それぞれ塗られている。一三号室のドアには、「サツマイモをもっと食べよ」というバンパーステッカーが、何者かの手によって貼られていた。畑では、初物の春レタスやケール〔葉の硬い、レタスのような菜っ葉〕、カブの緑の葉がビニールシートを突き抜けて顔を出しており、その畝《うね》の列は、陽光にきらめく洗濯板のように見えるのだった。

　ペドロは左耳に小さな金の十字架のピアスを付け、「クリーブランド・インディアンズ」〔アメリカン・リーグの球団の一つ〕の汚い野球帽をかぶっていた。彼は、「エル・インファーノ」〔スペイン語で「地獄」の意〕と呼ばれる別のキャンプからここに逃げてきたばかりだった。エル・インファーノには、酒に酔ってはナイフを振り回してケンカを繰り返す荒くれ男たちがいたのである。ペドロにはベッドがなく、床で寝起きしていた。一五歳のいとこが刺されて傷を負った後、ペドロは請負業者に頼み、よりおとなしい名前の「ザ・キャンプ」と呼ばれる、この場所へ移してもらったのだった。そこも不快ではあるものの、とりあえずは平穏だった。その部屋にある二台のベッドには、マットレスが載せてあった。実のところ、うち一台は、シンダーブロックの上にマットレスが載せてあるだけのものだったのだが。壁面には、イエス・キリストのカラーの絵が、灰色のガムテープで貼られていた。部屋の一角には、壁に打ち付けられた二本の釘に、もはや電化製品にはつながっていない黒の電気コードが巻かれ、そこにタオルやジーンズが掛かっていた。彼のその他の所持品はすべて、二つの黒いミルク・クレート〔牛乳を持ち運ぶための、仕切りのあるプラスチック製ケース〕とアイスボックス、そして、何枚かのビニール袋の中に収められていた。ミルク・クレートの上には、かなり新しい野球用のミットと、「ペドロ・テ・アモ」〔スペイン語で、「愛するペドロ」の意〕と大書されたボールが置かれている。それは、メキシコに残してきたガールフレンドから贈られたものだったが、彼女にはもう一年も会っていなかった。

　折から国勢調査の時期だったが、ペドロは存在していなかった。彼は、国勢調査票を受け取っていなかったし、調査員にも会っていなかったのである。彼にとって幸いなことに、移民帰化局も彼の存在を知らなかったが、国税庁と社会保障庁は知っていた。というのも、彼に最低賃金である時給五・一五ドルを支払っていた雇用主が、その給料の一部を毎週きっちりと源泉徴収し、それらの機関に支払っていたからである。もちろん、ペドロが社会保障制度の恩恵を受けることなどまずないであろうし、彼自身、あえて納税申告もしようとはしなかった。申告すれば、税金が還付されたかもしれないのだが――。国税庁は移民局に情報を流さないことになっているものの、信用などできるはずもない。

ハリケーンの後、ペドロは冬場もそこにとどまることに決め、洪水を免れたサツマイモやラディッシュの箱詰め作業に従事した。彼は週に六〇時間働いて、メキシコの食肉解体処理場で受け取っていた賃金の九倍を稼ぎ、毎月、どうにか三〇〇ドルから五〇〇ドルをメキシコの両親に仕送りすることができた。その金で、彼の両親は彼のために家を建てているのだった。「神のおぼし召しがあれば、二年後にはメキシコに戻って新築の家に住み、家族の農場でトウモロコシやマメを収穫したい」と、彼は希望を語る。ペドロの漏らしたことでは、これが最も不満に近いといえるものだった。

ここではモノとカネがすべて

一方、農場主は農場主で、このキャンプに不満を持っていた。ジミー・バーチは、私たちをピックアップ・トラックに乗せ、彼の二人の兄弟と共同で所有する広大な農場を案内してくれたのだが、このキャンプを通り過ぎながら愚痴をまくし立てた。「ほら、ビールの缶やら何やらが庭に散らばってるでしょう?」と、彼は、南部なまり独特の鼻にかかった口調で話す。「一〇年前、このキャンプを建てるのに六万ドルかかったが、今までに、おそらく二万五〇〇〇ドル分の罰金は払った。庭のビール缶も破れた網戸も、「彼らがやった、私じゃない」と言ったところで、相手にされない。罰金を払うのは私です」。罰金は州の労働局が徴収するのだが、当局はこの宿舎を認可したものの、まずまず標準の環境基準を保たせる強制力まではないと見えた。ジミーは、むしろこの建物を誰かにくれてやりたいと思っていた。「週末がくるたびに、ただボロボロになっていくだけです。金をドブに捨てるのは、もうたくさん。最低の基準だけ守っておいて、あとはほっときゃいいんです。祖母が私にくれたガスレンジは四〇年もった。ここのキャンプのガスレンジは一年ももたない」。

ジミーは、やや太めの男で、背は高くないが、「私が責任者だ」と言わんばかりに、キビキビ振る舞っていた。薄茶色の髪はボサボサで、顔は赤らんでいた。赤レタス畑のきらめく畝の列を絶えずなめ回すように見渡す、用心深げな青い目で、目に見えない物事でさえ鋭く見抜き、知ることができるのだった。ジミーは、泥のはねたシボレーの黒いピックアップを運転する間中、しゃべり続けた。しかし突然、舗装路を旋回して砂利道にそれ、畑に突っ込み、緑黄色野菜の畝をまたぎながら、まっすぐに進んだ。ついでガタガタ道を斜めに行ったり来たりしながら直進したあと、トラクターと、灌漑用パイプを積んだトレーラーを動かしていた二人の男の前で、ブレーキを踏んだ。ジミーは、年上のほうの労働者に話しかけたが、彼のお粗末なスペイン語はノースカロライナなまりが激しすぎて、マイケルには一言もわからなかった。若いほうの男は恐怖におののいて後ずさりし、黙りこくっている。ジミーは、住み慣れた環境のなかで、自然体かつ超然とした様子で居心地よさそうに振る舞いながらも、用心深さを失わないのだった。

ジミーが私たちに降りるよう言った場所は、近くに一台のトレーラーが止まっている未舗装の囲い地だった。彼は、そこでトラックを止めた。「ここが、私たちの出発点です」と、彼は言った。ヘリコプターの操縦士だった兄のデイヴィッドがベトナム戦争のテト攻勢〔一九六八年一月に始まった、北ベトナム人民軍と南ベトナム解放民族戦線による南ベトナムへの大攻勢〕で撃墜され、戦死したのは一九六八年、ジミーが一四歳のときである。家族は、その保険金で、一四エーカー〔約五・六ヘクタール〕の土地を購入した。それが後に、三五エーカー〔約一四ヘクタール〕の土地にまで拡大され、五人の息子を大学まで通わせるのに足るだけの野菜を生産することができたのだった。「私たちは、自分たちを金持ちだと思っていた」と、ジミーは、足元の土を見下ろしながら言う。「両親は、私たちのために有り金全部をはたいたんだ。後には一文も残らなかった」。

今では、二〇〇〇エーカー〔約八〇〇ヘクタール〕にまでになったこの農場で、彼と二人の兄弟はキュウリやピーマン、スカッシュ〔キュウリに似ているウリ科の野菜〕、ナス、各種の緑黄色野菜やサツマイモを育て、北はボストンから南はマイアミまで、それらを市場に送り込んでいた。彼らは年間一五〇〇万ドルを売り上げ、通常、税引き前の純利益として一ドル当たり三〜四セントを計上するのだった。この利益は一般のビジネスでは典型的な数字だが、当然のことながら、農業においては天候の影響を受けやすい数字といえる。彼が計算するところ、前年は洪水で一〇〇万ドルの損失が出たが、災害救済金を含めても、連邦補助金は、わずか一万七五八三ドルしか支給されなかった[3]。「ひどいもんです。秋物の緑黄色野菜も、キュウリもスカッシュも、全部流されてしまった……。サツマイモのほとんどは無事だったけれど。私たちは運がよかったんです」と、彼は、最後に逆説的な言葉を付け加えた。「それが母なる自然なんだ。恵んでおいて奪うのです」。それは石油会社も同じである。ジミーはその年、前年よりも週に三〇〇〇ドル増の金を燃料費に費やしていた。種子、肥料、殺虫剤とも、そのコストは、過去一〇年間で二倍にはね上がっていたのだった。

さらに、現代の農業というのは、南から北へと刻々と移動していく栽培時期を追いかけながら、しかるべき時期にしかるべき野菜を市場に投じるための正確なタイミングを要する、実に油断のならないビジネスである。「種まきのできる時期は決まっています」と、ジミーは説明した。「その間に種をまかなきゃならない。でなけりゃ、何も収穫できやしない。フロリダにはフロリダの、ジョージアにはジョージアの、私たちには私たちの時期があるんだ。そのあとはニュージャージー、それからミシガンってわけです。この商売には、誰にも自分の出番ってもんがあるんです。重なったりしたら、市場でメッタギリに合うのは必至だ。価格が急落しちまうんだ」。生き残る唯一の方法は、豊作の年と凶作の年を平準化することである。「アトランティックシティ〔ニュージャージー州にあるカジノ街〕に行くのと同じです。ほとんど変わらない。同じようなもんですよ。誤解しないでほしいが、私たちはうまいことやってきたんです……長年働いていれば、いい市場に当たって、ごっそり儲かる年もある。そしたら借金を返して出直せるってわけです。幸運にも、私は長年、何度も豊作の年に当たってきたから、借金を返して、また出直せます」。ローン貸付業者の担当係は、ときどきトウモロコシ畑を見にくるだけの関心を持っていた。「私と銀行屋とはファーストネームで呼び合ってますよ」と、ジミーは笑いながら言う。「よく知った仲だが、支払いを滞らせたことはない。だから、彼も、私にはいつも金を貸してくれます」。

ジミーはトラックでカラシナ畑を走り抜け、ケールなどの緑黄色野菜が豊かに実った、整然と並ぶ畝々のいちばん端で止まった。一組の男たちが、新鮮な作物を手で刈り取りながら木箱に詰めていた。賃金は一箱につき一ドルで、ほとんどの者は一時間に約一〇箱、作業が速い者は一五箱詰めることができると、彼は言った。緑黄色野菜の売値は一箱五ドルだが、「そんなに儲かってるわけじゃありません。箱代が一・一〇ドル、箱詰めにかかる人件費が一ドル、氷代が二五セント、栽培費が一・五〇ドルです。一箱につき五〇セント儲けが出れば、まあ御の字ってとこです」と、彼は慌てて付け加えた。これらの数字を計算すると、利益は、彼の言う数字の倍以上になることがわかる。こうした世界では、数学は、あいまいな科学にすぎないようだった。「一箱一〇ドルで売りたいが、市場がうんと言わないでしょう」。労働者たちの賃金を一箱一ドル未満に抑えることはできなかったのか。「うーん、たぶんできたでしょう。できたはずです。時にはね。けど、私はこの連中に一年中ここで働いてもらいたい。安定した労働力が欲しいのです」。それゆえ、彼は、作物を絶やすことはなかった。中核となる良質の労働者たちを暇にしないように、労働力に対する需要を安定させておく必要があったからである。それは、他の農場主たちがタバコを栽培する理由でもあった。タバコは、たとえばキュウリの栽培の前に植え付け、栽培後に収穫することができるのである。

バーチ農場では、年間を通じて一一五～一二〇人の労働者を雇用しており、五月から一一月にかけてはさらに一〇〇人程度を追加した。人件費は全支出の約二五％を占めていたから、賃金を抑えたいという気持ちがあるのは明らかだった。しかし一方で、年間を通じて滞在するか、あるいは毎年帰ってきてくれる、頼りになる労働者を切望していると、ジミーは強い口調で言うのだった。「連中がここで働くのは、私を金持ちにするためじゃない。自分たちの生活費を稼ぐためです。それが現実なんです。彼らにも夢がありますから」。そのため、工場労働者に劣らないだけの賃金を払おうと、彼は努めた。つまり、農場労働者は、出来高制で平均時給一〇ドルは稼げるようにしてやり（「それにはうんと頑張らなきゃならないが、彼らはやる」と、ジミーは言う）、箱詰め作業員は法定最低賃金からスタートするが、六～七ドルまで上がるということであった。彼は、フルタイムの労働者たちを医療保険に加入させてやる計画も持っていた。「彼らを雇っておきたければ、もっと払わなきゃなりませんね。最低賃金じゃあ、誰もここに居着きゃしない。最低賃金なんかじゃあ暮らせませんよ」。事実、最低賃金は、それより高い賃金に影響を与えるものだ。最低賃金が一ドル上がれば、それ以上の賃金で働く者は五〇セント以上上げてやる必要があると、彼は見積もる。理由は簡単である。「誰も私のことが好きで働いてるわけじゃないから」と、ジミーは言い切った。

よい働き手を雇っておくには、彼らが家を購入して定住するのを助けてやるのも一手だと、リトル・メキシコと呼ばれるトレーラーの集落を走り抜けながら、彼は述べた。「この辺のトレーラーに住んでる連中は、みんな私が保証人になっている」と、ジミー。そして、古いが立派な一戸建てを指差し、「あの家は私が与えました」と言った。土地の権利書は彼が持っているが、家賃は取っていない。彼は、多くのメキシコ系移民は、いい仕事が見つかれば定着するということを学んだ。そこで、彼らに住む場所を提供し、金銭的な相談にのり、ローンの保証人になってやることによって、重宝している従業員たちが放浪生活にピリオドを打ち、彼の農場に根を下ろし、彼のもとで働く義務を負うようにした。ジミーは、約二〇人にこうしたことをしてやったと自慢したが、それは双方にとって得になっているように思われた。彼は、あるシフトの作業長とその妻が住む別の家を指差した。「私は裁判所に行って、あの家を彼にやりました。権利書は彼が持っています。そうすりゃ、政府にとやかく言われずにすみます。ビールの缶が庭に落ちてると、「あいつがこの家の持ち主だ」と言ってやります。ほら、もう庭にビールの缶なんてないでしょう？　所有権ひとつで、ガラッと変わるもんです」。

ジミーにとって、保証人となるリスクはわずかだった。「トレーラーは、新品で買えばだいたい二万ドルです」と、彼は、メキシコ・レーンに連なるトレーラーを次々と指しながら言う。「これは中古。あいつはたぶん一万ドルくらい払っただろう。こっちの新品は、確か一万八〇〇〇ドルだったはず。この連中は結婚してて奥さんや子どもがいる。だから、バラックにはもう住みたくないんですよ。プライバシーが必要なんです。週末に酒に酔って大騒ぎする男どもの周りで、子育てをしたいとは思いません」。ジミーは、トレーラーのことで、労働者からだまされたことは一度もなかった。「車ではありました。もう車の保証人にはなりません。やつらは、トランスミッションかモーターがいかれたら、それで支払いもストップするもんだと勘違いしている。なんでそんなふうに思うのかわかりません。車のローンの保証人は、もうご免です。二、三回はやられました。でも、トレーラーでひどい目に遭ったことはない。一度も」。彼は、〔労働者に対する扱いについて〕そのつど選択的であり、自己犠牲を払ってまで利他的に行動するわけではなかった。「しばらくここで働いてくれた者たちとは、親しくなります。来たばっかりのやつに「助けてもらえませんか」と頼まれて、おいそれと助けてやるわけじゃない。そんなことはしません」。

デルガド一家の石油ストーブが爆発し、トレーラーが焼けたとき、ジミーは一家を救済してやった。彼らは保険に入っていなかった。「彼は、車を買う金を貸してくれたし、キャンプの部屋も貸してくれたし、このトレーラーの保証人にもなってくれました」と、年若い母親であるマリベルは顔を輝かせながら語る。彼女は夫のヘクターとともに、長いトレーラーの端にあるキッチンのイスに腰掛けていた。キッチンの反対側には、寝室が二つある。トレーラーの中央は、広いリビングルームになっていた。この「移動住宅」が動くことは、ほとんどなかった。それは、ジミー・バーチとその兄弟たちが今も権利書を持つ土地内に、シンダーブロックに支えられて置かれていた。デルガド夫婦は、できることならその土地を買いたいと願っていたが、整地して井戸を掘らねばならないため、トレーラー代四〇〇〇ドルに加え、二五〇〇ドルが必要だった。

ジミーは、この一家に肩入れしていた。彼らの長年にわたる忠誠は、ジミーにとって資産ともいえるものだったのである。マリベルの父親は、長いこと、この農場で働いており、彼女も箱詰め作業で時給六・二五ドルを稼いでいた。ヘクターの仕事は、例の一箱一ドルの緑黄色野菜採りだったが、ジミーが自慢していた時給一〇ドルには届かなかった。せいぜい時給六ドルといったところだと、ヘクターは概算する。収穫の最盛期には、週七〇時間働くのだった。「野菜がないときや雪が降っているときは、全然仕事がない」と、彼は言う。それでも彼らは、二週間に一度、メキシコの親戚に一〇〇ドルを送金しようと努めた。

デルガド一家には医療保険がなかったが、三人の子どもたちの分はメディケイドによってカバーされた。子どもたちはアメリカで生まれたので、米国市民権があったからである。一家の収入は、おそらく食料切符の受給資格を得るに足るほど少なかったはずだが、横柄な係員たちによって、その請求は繰り返し却下されていた。彼らはマリベルに、今日は支給日ではないとか、「本当の」米国居住者ではない（実際、彼女も米国市民だったが）などと、再三にわたって言うのだった。このような手当は不法移民には支給されないことになっている。合法移民の場合は、未成年者か高齢者、もしくは身体障害者、あるいは社会福祉法の改正が施行された一九九六年八月二二日以前に入国した者のみに限られる。受給資格の否定は移民の不法入国を抑制するためのものだが、効果は上がっていない。

マリベルは、いかなる障害も、彼女たちに越境をとどまらせる十分な抑止力にはならないという話を披露した。彼女は一〇代のころ、移民労働者だった父親とともに、数回、リオ・グランデ川を渡って国境を越え、メキシコからアメリカへと入国したことがある。彼女の一行は、武装強盗に襲われた後、夜中に国境警備隊員のサーチライトで見つけられ、強制送還させられたこともあった。その後、彼女は再び国境越えに挑んだが、水かさが増し、うなりを立てて流れる川にのまれ、強烈な勢いで下流まで押し流され、おぼれ死ぬような思いをしたという。そして、やっとのことでメキシコ側の川岸まではい上がったとたん、一行は再び賊に襲われ、うち男一人がナイフで刺されたのだった。三度目は、「麻薬の運び屋がうろつく、とても奇妙な場所を通過した」と、彼女は言う。「おそらく、私をここに連れてきてくれた人が、あの連中と顔見知りだったから、私たちは彼と一緒に国境を越えられたんだと思います」。その後、彼女はテキサス州ブラウンズビル市に母親と二人で住んだが、一九八六年には、一定数の不法移民に合法的身分を与える大赦をもらうべく申請した。彼女は、アメリカに居住する権利が保証されるグリーンカード〔永住権〕を受け取り、その七年後には、米国市民権を獲得した。その結果、夫ヘクターも合法滞在者となったのである。

これらの人々は、苦難を乗り越え、よりよい生活を求めて汗水たらして働く、最も尊敬すべき善良な人々の代表であるかのようだった。キーワードは、向上である。が、もし彼らの例が、貧窮から富裕へと移っていく従来の移民物語の始まりであるとすれば、そこに向上を見出すのは困難であった。マリベルと夫は、彼女の父親と同じ仕事をしていたのだから、世代によるランクアップは見られない。もっとも、アメリカに移住したこと自体が前進といえるなら、話は別だが。彼女は子どもたちが通う地元の学校に満足していたが、それが、子どもたちを大学進学への軌道に乗せることにつながるかどうかは疑問だった。リトル・メキシコのみすぼらしい路地の一角に立つトレーラーからは、成功の機会という地平線は、目の前に広がっているだけの、あくまでも限られたものであるかのように見えた。彼らには、可能性という広大な遠景を見渡すことなどできないのである。

これら大半の労働者にとって、達成可能な前進とは、農場労働という限られた世界でのみ起こるものであった。つまり、農場労働者からトラクターの運転手へ、摘み手から監督者へ、移民から「コントラティスタ」へ、といった具合である。セベリーノ・サンティバネツは、この、移民から請負業者への上昇を実現した一人だった。彼には、成功のオーラが漂っていた。実際は、自分の部下よりわずかに多くのものを所有しているにすぎなかったのだが。この男はやや太り気味で、ヘソのすぐ上までボタンを外した白いシャツの下に、ちょっとしたビール腹を抱えていた。午後遅く日が陰っていくなかで、彼はトラックのドアを開け放ち、運転席に半ば寄りかかるように座っていた。しょっちゅう笑顔を浮かべては、金歯をキラリと光らせるのだった。

そのトラックは、彼が一九八九年当時住んでいた宿舎の外に止まっていた。彼は今、自分の監督下にある九人の男たちをその家に住まわせていた。全員が、メキシコ・ベラクルス州の同じ町から来ていた。「この家が気に入ってます」と、セベリーノは言う。「水が冷たくて、飲むのにうってつけです。頑丈な家ですよ」。その証拠に、その家は長いこと放置されていたように見えるが、いまも見事にこうして建っていると、彼は言った。セベリーノによると、何年か前には竜巻にも遭ったが、ビクともしなかったという。

だが、その家も火災のときには危険なところにあった。最寄りの消防署からは、半日もかかりそうに感じられた。その人里離れた場所に敷かれたアスファルトの細い道は、際限なく続く平坦な原野を横切り、密集した住宅地を過ぎたところで、砂利道へと変わるのだった。そこから、私たちは、タバコが植え付けられたばかりの畑の間を曲がりくねりながら進んでいった。その家は平屋建てで、外壁はかつて白色だった。残ったペンキははげかかり、その下からは風化した材木が露出している。窓の一つにはガラスが入っておらず、段ボールでふさがれていた。家の前の電柱には、色あせた緑色のベニヤ板が釘で打ちつけられ、そこには、さびたバスケットボールのゴールが取りつけられていた。しかし、男たちはボールを持っていなかった。破れた網戸の向こうには、かつて食堂だったと思われる空間が広がっており、四台のベッドと、スプリングがゆるんだマットレス、そして、さびついた冷蔵庫が置かれていた。元リビングルームだった部屋には、板でふさがれた暖炉とベッドが四台あった。クローゼットはどこにも見当たらなかった。壁には何本かの釘が打ちつけられ、何枚ものシャツやズボンの掛かった針金製のハンガーがぶら下がっていた。

セベリーノは、居住費をいっさい払っていなかった。農場主は寛大にも彼にこの家の使用権を与え、家賃を払い、セベリーノの管理下にある労働者一人につき一時間五〇セントを、監督費として彼に払っていた。繁忙期には、その一団は二七人にまで達したため、彼は、時給一三・五〇ドル稼いでいたことになる。これはアメリカにおける平均賃金とほぼ同等であり、小学校一年までの教育しか受けておらず、ほとんど読み書きができない男にしては悪くない額だった。「この仕事に就いてから、前より勉強するようになった。名前を書かなきゃならないからね」とセベリーノは言い、現在、ジミー・バーチの下で働いている彼のチームのリストを見せてくれた。彼がこのランクにまで上がれたのは、まったくの運だった。彼はフロリダからノースカロライナまでの農場を一〇年以上も移動し続けた後、彼は監督者へと昇格した。そして、ある日、農場主はセベリーノにもっと農場労働者を連れてくるよう頼んだ。彼はそれを実行し、新しいキャリアを手にすることになったというわけである。

ここで働くセベリーノの部下たちの間には、陰鬱な雰囲気が漂っていた。彼らはみな家族を恋しがり、それぞれ周到に計画された各自別々の日程――翌年の一月、一年後、または二年後という具合――に沿ってメキシコに帰りたいと切に訴えるのだった。彼らは稼ぎの約七〇％を故郷に送っていたが、優先事項をどこに置くかには、自らの体験が反映されていた。「私は、家族を大事にすることを学んだ」と、一人の若い男は断言する。「ここではモノとカネがすべてだが、そんなのは人生じゃない。それは生きる手段です。ここでは食うものと着るものが一番大事みたいだが、精神的なものとか家族ってものは、金では買えないんです。でも、それが一番大きいことなんですよ」。

最寄りの町から何マイルも離れたところに住み、交通手段もセベリーノに頼るしかない状況のもとで、男たちは、独立心を放棄したかのように感じていた。「ここでは、あらゆる面で、皆に頼っている」と、一人が言う。

「自分の家に帰れば、自由があるが」と彼は言い足した。「どこへでも行けるし、町から一〇キロも一五キロも離れた場所に住まなくてもいい。ここでは金を稼がなきゃならないって、プレッシャーを感じる。家の中に閉じこもって、壁だけ眺めているようなものです。外に出ても、壁に囲まれて、刑務所にいるような気がします。正直言って、ここは刑務所みたいです。遊びにいったり、気晴らししたりできるわけじゃなし。仲間と一緒に店へ行けば移民帰化局に連行されるから、それもできやしない」。

友人や親類にもアメリカに来て働くよう勧めると言う者は、一人もいなかった。「弟も来たがったが、来るなと言った」と、一人が話す。

「私の家族について言えば、誰も来るべきじゃない」と、別の一人が言う。「メキシコで仕事があるなら、その仕事をキープして、ここへは来ないほうがいい」。

彼らは、また神経過敏でもあった。というのも、二週間ほど前の日曜日、セベリーノは、当時、別のトレーラーに住んでいた彼らをゴールドボロにあるローンドロマットへ連れていったのだが、帰ってみると、そのトレーラーが原因不明の火事ですっかり焼失していたからだった。着ていた服と、持っていた洗濯袋に入っていた衣類を除き、彼らの持ち物すべては、くすぶる灰と化していた。彼らがフロリダのウォルマートで二八八・八六ドルを出して購入した唯一のテレビも、その一つである。一人のひょろりとした男がレシートを取り出して、こう言った。「私には、モノなんか重要じゃない。少なくとも、私たちが寝ている間に火事になったわけじゃないんですから」。

その一件のせいで、彼らは神経質になっていたのである。セベリーノは、一団を現在のトレーラーへと移したが、いったん出火すれば、このむき出しの木の壁と床がまたたく間に炎に包まれるであろうことを、彼らは知っていた。夜になると、移民たちは火事にならないかと気を揉むのだった。彼らには、電話も車もない。最寄りの隣家からは何マイルも離れており、トレーラーから見渡せる範囲には一軒の民家も建っていないのである。私は、私たちをここに連れてきてくれた女性に、彼らのために煙検知器を二つか三つ付けてやることはできないのかと尋ねた。この女性は、ＦＬＯＣ（農場労働者組織委員会）〔全米労働組合のナショナルセンター、ＡＦＬ－ＣＩＯ（米労働総同盟・産業別組合会議）傘下の、主に中西部およびノースカロライナの移民農場労働者を対象にした社会運動組織にして労働組合〕と呼ばれる新生組合の職員だったが、私の質問に対して、それは農場のオーナーの責任だと、毅然とした調子で答えた。私は、オーナーがそれを怠っているのだと告げ、一個一〇ドルの検知器を二〜三個買ってきて、セベリーノに渡してはどうかと提案した。だが、そんなことをすれば、オーナーが責任を果たすべきだという倫理に反することになるだろうから、彼女にそんな意図など毛頭ないことは明らかだった。セベリーノに尋ねると、どこかに一つぐらいあったかもしれないという答えが返ってきた。

たそがれのなか、私たちがこの家を後にすると、男たちは外に立って別れを告げた。集団でいるときでさえ、彼らは孤独に見えた。

トップダウン式のアプローチ

ラミロ・サラビアは小柄でがっちりとした体格で、黒い口ひげを生やしていた。ビル・ブライアンは、引き締まった端整な体つきの男で、白のテニス・シャツとグレーのスラックスに身を包んだその姿は、一九五〇年代に放映された『オジーとハリエットの冒険』〔テレビの人気ホームコメディ・ドラマ〕の登場人物そっくりだった。ラミロの使い古された事務所は、かつては、町の貯水塔の最下部近くに建つグレーの家のリビングルームとして使われていたものだった。ビルのオフィスはマウント・オリーブ・ピックル・カンパニー加工工場の中心に位置し、こぎれいで立派であり、広い床の端から端までカーペットが敷き詰められていた。なかでも目を引くのはダークウッドの会議用テーブルで、その上には、同社の製品である、さまざまなピクルスやレリッシュ〔ニンジンやピクルスなどが刻んで甘酢に漬けられているもの〕の瓶がぎっしりと並んでいた。

一九九八年以来、この二人の男は、ある珍しい労使間争議をめぐり、真っ向から対立していた。ノースカロライナのFLOCで農場の組織化に取り組むラミロは、従来とは異なる方法で、農場労働者たちを組合に取り込もうとしていた。従来のやり方とは、不満を抱える労働者たちを結集させ、雇用主の認識を問い詰めるというボトムアップ式アプローチである。だが、移民労働者たちは長期滞在しないうえに、ストや解雇も辞さずといったリスクを冒すことができず、そのほとんどは強制送還を恐れているため、彼らをまとめることは困難だった。そこで、ラミロは、彼が集めたいと思った六〇〇〇人の労働者の約半数を組合に加入させる一方で、トップダウン式のアプローチを強力に進めていた。すなわち、直接の雇用主である農場主だけでなく、彼らが生産するキュウリを買い付けるビル・ブライアンとの交渉を始めようとしたのである。ビルは、ノースカロライナの小さな町、マウント・オリーブにある大企業の社長だった。ビルにキュウリを供給する農場主たちは組合との契約を維持できるほど裕福ではないため、マウント・オリーブ社がもっと高値でキュウリを買い付けてやるべきだというのがFLOCの見解だった。また、農場主の数は多く、広大な地域に点在しているうえ、労働条件の悪さという世間への恥に対しても無感覚だった。それゆえ、ラミロは、FLOCと農場主に加え、ビルの会社も、三者間契約の当事者にしたいと考えたのである。そうすれば賃金は上がり、福利厚生も改善され、農場やバラックでの生活が少しはましになるだろう、と。

これに対し、ビルは、とんでもないと言った。雨漏りのするテントに寝るのは誰かを決めるのがなぜ年長の少年たちなのか、その理由を説明するボーイスカウトの隊長のような優しい誠実さを込めて。「他の雇用主と従業員との関係に介入すべきとは思わない、というのが我が社の見解です」と、彼は説明した。「あなたが農場へ出かけていって、組合の言うことを聞くのが身のためだということを農場主と労働者に納得させるならば、我々もそれを尊重します。我々が取り引きしている他の人々に対してそうするのと同様にね。農場主の中には、組合化されているところもあれば、されていないところもあります。農業関係の方面で、唯一組合化されている、我が社の仕入れ先は、オハイオにある業者です。オハイオは、FLOCの本拠地なんですよ。そのオハイオのケースについては、その農場主が……数年前に訪ねてきましてね。いくつかの理由で、FLOCと契約締結に向けて交渉することになるだろうと言うのです。そのほうが身のためだと思った、と。我々がどう思ったかって？　「そうですね、あなた方のビジネスにとって何が得になるか、何が最もベストなのかを決める必要があるでしょうね。あなた方がこれまでどおりの品質とサービス、および競争力を提供してくれるかぎり、問題はありませんし、今後もあなた方と取り引きさせていただきます」と、答えました。今も、その取引先とは良好な関係にあります」。しかし、ビルは、農場主たちに労働者たちを組合化するよう迫るつもりはない、と言った。

ＦＬＯＣでは、農業もまた衣料品業界と同じで、悪評にことさら敏感なのはブランド品のメーカーであり、彼らが仕入先を改善してくれるはずだと考えた。さらにラミロによれば、マウント・オリーブ社は、見かけよりも農場主と近い関係にあるという。同社は、キュウリの種がまかれてもいないうちから、一定量のキュウリを一定価格で購入するという契約を農場主との間でしばしば交わしており、農場主らをほとんど下請け業者扱いにしているというのである。マウント・オリーブ社は「農場主や労働者たちの状況を一様に支配している」と、ＦＬＯＣ寄りの新聞は報じた。それに対し、ビルは、仕入先業者たちはキュウリ以外にもタバコからサツマイモまで数多くの作物を栽培しており、同社からは完全に独立している、と反駁した。

ＦＬＯＣの本拠地があるトリード〔オハイオ州の都市〕に近いミシガン州やオハイオ州の一部では、加工業者を雇用主同様に取り扱うという型破りの労働力組織化戦術が功を奏した。キャンベルはボイコットされた後、組合との契約に署名したものの、その地域におけるトマトの買い付けを取りやめることで、その契約内容を回避している。ハインツ、ブラシック〔ピクルスやレリッシュの製造販売会社〕、ディーンフーズ〔最大手の乳業メーカー〕の三社は、その地域において、ＦＬＯＣと、キュウリを扱う農場主たちとの三者間契約に合意した。だが、ＦＬＯＣは、マウント・オリーブ社との契約交渉には何の成果も挙げていなかった。〔保守的な土地柄である〕ノースカロライナ東部と労働組合は、開拓時代の西部と弦楽四重奏曲よろしく、呉越同舟的関係にあるため、ラミロは、小さな町の政治・経済的利害という波に翻弄され、厳しい試練を受けることになった。一年にわたってミーティングが重ねられたものの、ビルの態度は変わらず、何の実りも得られなかったため、ＦＬＯＣは、マウント・オリーブ・ピックル・カンパニー製品のボイコットを決行した。ラミロと彼の同僚らは過激なビラを配布したり、公開書簡を回覧したりして、教会や地域の大学にボイコットへの協力を求めて歩いた。それに対し、ビルは、めぼしい諸機関への寄付金戦略で対抗したと、ラミロは語気を強める。事実、ビルは、その町の名士であり、寛大で重要な人物で、人々の評判も上々なのだった。それが証拠に、毎年、ピックル・フェスティバルなるものが町で開かれるほどである。だが最終的に、ボイコットは成功に終わった。二〇〇四年、マウント・オリーブ社は、

ＦＬＯＣと仕入先業者組合との間で三者間契約を結び、キュウリの買い値を引き上げ、労働者の労災保険に資金を出し、苦情処理制度を作ることに合意した。

ＦＬＯＣと他の農場労働者組合は、その活動目的を賃金の引き上げや契約の獲得に限っていたわけではなかった。彼らは、アメリカの大地の恵みを収穫する男たちや女たち、そして、その子どもたちに害を与える農薬や除草剤にも焦点を当ててきた。ジミー・バーチが「危ない代物」と呼ぶ、最も有害な化学薬品の多くが、政府によって市場からどんどん排除されていくなかでさえ、認可された化合物を無責任に使用する農場主もいるという（自分は違うと、ジミーは強調するが）。多くの農場主たちは、風の吹くなかで農薬を散布した後、十分な時間を置かずに労働者たちを畑に送り出し、洗面台やシャワー、ランドリー施設を提供しないことで、従業員とその子どもたちを、彼らが知らないうちに、健康上のリスクにさらしてきたのである。特に心配なのは、農場周辺のキャンプで生活する子どもたちだった。彼らは、戸外では、〔農薬が散布された〕雑草や地面に触りながら遊び、その手を口に入れ、家の中では、親たちが外から持ち込んだ有害物質の付着した床をはい回るのである。脳や身体の発育期にある幼い子どもたちは、ことさら影響を受けやすい。

カリフォルニア州の事例研究によれば、農薬中毒の最も顕著な症状には、気管支炎や喘息のほかに、「嘔吐、吐き気、めまい、頭痛、疲労感、眠気、皮疹《ひしん》」などがあるという。より目に見えにくいながら、いっそう深刻な問題としては、「小児脳腫瘍、白血病、非ホジキンリンパ腫、肉腫」のほか、免疫や内分泌、神経系統へのダメージなどが挙げられるが、これらが「農薬に触れたせいだと明確に言うのは非常に困難である」と、同報告書は結論づけている。というのも、こうした症状は、おそらく長年にわたって農薬に触れてきた結果、起こるであろうものであり、かなり時間をおいてから発病するからであった。農場労働者の間で、先天性欠損症児の出生率が一般のアメリカ人に比べて三～一四倍高いのは、こうした農薬のせいかもしれない(4)。しかしながら、多くの症状は未報告のまま放置されるため、これらの統計は不完全なものといえる。大半の農場労働者は医療保険に加入しておらず、無料で診察してくれる最寄りの医院も、住居からかなり離れている可能性がある。よほどの病気でない限り、彼らは、日当を稼ぎ損なったり、クビになったりするのはご免だと考えることが多い。

シーザー・チャベスが創設した組合である全米農業労働者連合〔本部カリフォルニア〕が訴えるところによると、カリフォルニア州は、州法を厳しく適用していないという。たとえば、農場主たちが農薬の散布された畑に警告を表示しなかったり、農薬散布後、手作業での収穫を再開する前に一定期間を置くという義務を無視したりしても、罰金はわずか二〇〇～三〇〇ドルである。その結果、明白な疾患が引き起こされた場合にのみ二〇〇〇ドルまでの罰金が科されると、組合は報告している。[5] とどのつまり、被害者は目に入らないのである。

移民労働者の子どもたちは数か月ごとに学校を変わる可能性があるため、そこでもまた見えない存在となりかねない。こうした子どもたちの大部分がアメリカに残り、成長して、働く米国市民となるため、その教育はアメリカにとっての重大な関心事である。彼らの学校教育の深刻な中断は、社会の健全さの観点から見ても好ましくない。それでも、たとえば、子どもたちがインターネットで学習できるようノートパソコンを提供するとか、親たちが農作業期を追って南から北へ、また北から南へと移動するのに合わせて〔学習を補助する〕巡回メンターやインストラクターを派遣するといった教育問題対策プログラムはわずかにすぎず、そのほとんどは、教育省によって費用がまかなわれている。フロリダやイリノイ、ケンタッキー、ノースカロライナ、オレゴンなどの州においては、これらのプログラムを通じて、ティーンエイジャーたちが高校を卒業するにいたっている。しかし、プログラムに参加する生徒の数が少なすぎるため、圧倒的多数の子どもたちは、教育がないゆえ、すでに定められたレールを進むしかないのである。

あらゆるものから切り離されて

こうしたノースカロライナの農場では、その昔、黒人たちが働いていたのだった。最初は奴隷として、後には、経済という揺るぎない法則に束縛された自由市民として。「彼らは、ひどい扱いを受けていた」と、ジミー・バーチは言う。彼は、同業者の農場主たちが黒人労働者たちを酷使するのを目の当たりにしていた。「一週間働き通しでしたが、彼らが手にするものといえば、ワインとメシか、マリファナとメシ、のどちらかでした。どっちになるかは、その週のお楽しみってとこだったが、とにかくそれしかもらえなかったんです」と、彼は回想した。

「『この男は彼らを利用している』と世間は言うでしょう。確かにそのとおりです。けど、逆の見方をすれば、彼らにはほかに行くところがありますか。どこへ行くんですか。いったい何をするんですか。何か技術があるってわけじゃなし。仮にも屋根の下で生活できるんです。上等な屋根じゃないかもしれないが、屋根は屋根です。夜は暖かいし、毎日、メシが食えるんです。私だったら、そんなのひどい生活だって思うが、こうした連中のなかには、それで十分ってやつもいるんです。ある意味で悲しい話ですが。ニューヨークやワシントンでホームレスになって、五〇セントとか一ドル恵んでもらうのを待つよりはマシってもんでしょう」。

黒人たちが農場から都市へ、南から北への大移動を遂げた今日では、農場労働者の大部分はメキシコ人か中米人であり、その多くは不法滞在者である。H2Aという限定されたビザを取得して入国する者は二％以下で、その手続きには相当な手間がかかる。雇用主に対して不平など言おうものなら、次の年には雇ってもらえず、ビザの発給が受けられないというリスクがつきまとう。残りの九八％は、ビザなしで入国する。彼らの雇用を禁止する法律がきちんと機能したとしたら、ノースカロライナをはじめとする、アメリカの一定の地域では農業が立ち行かなくなってしまうと、農場主たちは考えている。傷みやすい農作物は手で収穫せねばならず、機械化は不可能である。米国政府は、ビデオゲームのソフトを作る外国人たちには気前よくビザを出しているのだから、食物を収穫する外国人も同様に扱うべきだというのが、ジミーの持論だった。

不法滞在は不安定である。賃金や労働条件の改善を求めたくても、強制送還を恐れて二の足を踏む。学校で出る無料の朝食や昼食、メディケイドによる救急医療、予防注射、伝染病の治療を除き、政府による福祉手当てとも無縁だ。また、たとえば銀行口座を持つことができないために送金手数料がかかるなど、数々の小さな不便も強いられることになる。つまり、アメリカの政府や企業は、これらの人々がこの国での存在を合法化できないでいることにより、金銭的な利益を享受しているのだった。

移民帰化局の推定によれば、アメリカには約四八〇万人のメキシコ人不法滞在者がいるという。また、全米の農場労働者一六〇万人の五二％ほどが不法滞在者であると、米会計検査院は見積もっている(6)。彼らは、メキシコにいる家族たちの食料や衣類、医薬品や住居費を補うべく、年間、計九〇億ドル以上をメキシコに送金していることになる。これは、メキシコの、いくつかの地方政府の年間予算を合わせた額よりも多い。ほとんどのメキシコ人労働者は、手に入れにくい出世の階段よりも、今日何ドル稼げるかといった目先の問題に焦点を絞っているようである。アベルという名の若い男性が、その典型だった。彼は、農場の機械類の修理法を知っていたが、その技能を売り込むわけでもなく、農場にとどまることを選んだのである。修理工になったら、「他の連中と同じ賃金しかもらえないのに、もっとこき使われて難しい仕事をしなければならなくなるだろう」と、彼は想像するのだった。

アベルにしても、他の多くの者たちにしても、目的は一つだった。それは、アメリカに足場を築くことでも、社会のメインストリームに入り込むことでもなく、ただ単に、故郷の貧窮した家族たちが生き残れるだけの金を稼ぐことなのだった。アメリカでの標準的な生活は、彼らが住む、日の当たらない隅っこの場所からは遠く隔たりすぎているように見える。

アベルと二人のいとこたちは、綿畑で法定最低賃金で働きながら、植付期には朝七時から夜七時まで、一〇月から一二月にかけての収穫期には朝七時から真夜中まで、一週間休みなしで働いた。労働が最も過酷になる収穫期に突入すると、綿畑やタバコ畑に囲まれた薄汚いトレーラーは、九人もの兄弟やいとこたちで、すし詰め状態になるのである。ここでは、農場主は法律に従い、週四〇時間以上働いた労働者には、残業手当てとして、時給七・五〇ドルを支払っていた。この農場主は、ガス代や電気代、あるいは彼らの薄汚い宿舎の家賃などを請求しなかった。これは、冬場の出稼ぎ先であるフロリダでのオレンジ収穫よりはましな条件である。フロリダでは、週に四〇〜五〇ドルの家賃が徴収されていたのだった。

最繁忙期には、彼らは稼ぎの約半分を、メキシコに住む親たちが貧困の淵に引きずり込まれないようにする命綱として送金した。閑散期には、彼らは、事実上ほぼ全額を実家に送金した。手元に残す分は、ひとり週三〇ドルほどの食費と、アベルら三人がそれぞれ何とか購入できた古い車の月額ローン分である二〇〇ドルのみであった。それらのオンボロ車は、贅沢品と呼ぶにはほど遠い代物だったが、彼らが農作業の合間に塗装や建設現場での仕事に奔走するには十分だった。しかしながら、これほどの重労働をもってしても、彼らが手にする成果は、ほんのささやかなものでしかない。アベルより先にアメリカに来た、いとこのローランドは、メキシコで家を建てるために五〇〇〇ドルが必要だったが、三年間で貯めた額は、わずか二〇〇〇ドルである。「私に三〇〇〇ドルくれるなら……」と、彼は笑いながら言った。「今すぐメキシコに帰ります」。

彼らが出稼ぎで払った代償は、孤独や別離、そして、コミュニティと呼べる類のものから切り離されたこと、といえる。南から北、そしてまた北から南へと、慌しく移動を繰り返す移民たちの流れのなかで、コミュニティに相当するものはいっさい見当たらなかった。アベルはこの点について、「私たちは独身で、恋人を探している」と、端的に表現した。

ウエスタン・ユニオン〔国内外への送金サービスを中心とする米大手金融機関〕や銀行、そして、アメリカとメキシコの薬局は、メキシコへのドル送金時に不利な為替レートや法外な手数料を課し、送金額の一〇〜二五％を吸い上げている。銀行口座を持たない人々には、最も高額な手数料が課されるのである。「テキサス信用組合連盟」〔テキサス州の六〇〇以上の信用組合を代表する州の公式事業者団体〕によれば、彼らの一回の平均送金額、三〇〇ドルは、アメリカからメキシコへ電子送金される際に八〇〜九〇ドル目減りするという(7)。

通常、銀行口座を開設するには、ソーシャル・セキュリティ番号〔納税や社会保障を受給する際に用いる、個人の社会保障番号のこと〕が必要になる。移民が有効な番号を取得するには、この国の合法的な滞在者でなければならないわけであり、不法移民は、有効なソーシャル・セキュリティ番号を取得することができないのである。アベルは、「大丈夫さ」と言いながら、ソーシャル・セキュリティ・カードを取り出した。彼と二人のいとこたちは、トレーラーの中に置かれた傷だらけの丸テーブルに座っていた。三人はいずれも米国政府の許可なしに滞米し、この国の経済に欠くことのできない仕事に従事しているのである。そして、全員が銀行口座を持っていた。ソーシャル・セキュリティ・カードというものはもともと精巧に作られているものではないので、アベルのカードは、私の素人目には本物に見えた。彼が持っている、もっと手の込んだグリーンカードもそうである。こちらは、移民帰化局の証印が押され、ラミネートされていた。この二枚の偽造カードは、合わせて一〇〇ドルしたという。そして、もっと金を出せば、もっと質のいいカードを注文することもできたと、アベルは言った。「仕事をもらうときに見せるだけ。それだけです」と、彼は説明する。「その後、持ち歩くことはありません」。

こうした書類を作成することは、見え透いたゲームの一環といえる。労働者たちは、農場主が往々にしてこれらのカードが偽物であることに気づいているということをわかっているし、農場主は農場主で、労働者たちがそう思っていることなど先刻承知なのである。だが、ちょっとしたトリックを伴う、こうしたゲームのおかげで、雇用主らは、連邦法の定める罰金を免れているようである。とどのつまり、彼らは移民を雇い入れるに当たって、忠実に書類をチェックしてきたのだから。移民帰化局は通常、労働者を強制送還することだけで満足し、雇用主にまでは手を出さない。例外としてよく知られるのは、タイソン・フーズ社〔米最大手の食肉製品製造・加工・販売メーカー〕とその六人の従業員が、不法移民の密入国と書類偽造を手配した罪で連邦大陪審の告発を受けたケースである。しかしながら、この例も薄っぺらなもので、数人の従業員が罪を認める証言をしたにもかかわらず、連邦陪審は、同社および公判に引き出された三人の管理職社員に対し、無罪評決を下している[8]。

不法移民が取得できる唯一本物の身分証明書は運転免許証であるが、これも二〇〇一年九月一一日の同時多発テロ以降、より困難になっている。車も持たず、農機具を操作することもない新参者たちにとっては運転免許証は必要ないが、列車での移動にピリオドを打って、当分は一か所に滞在したいという者や、農場労働者からトラクターの運転手へとキャリアアップしたいと考える者たちにとっては欠くことのできないものである。一部の州では、〔運転免許証の取得に〕ソーシャル・セキュリティ番号が必要だが、運転免許証申請時に偽造が発覚した場合、その場で逮捕されることもある。九・一一以来厳しくなった規則の一つとして、ペンシルベニア州では、移民の免許証に「非米国市民」のスタンプを押すことにし、ビザと同時に免許証も失効するようになった点が挙げられる[9]。この措置のせいで、一部には無免許運転をする移民も出てきた。また、警察による民族プロファイリング〔人種・民族による選別・差別的行為〕を奨励する結果ともなっており、警察は、トレーラー・キャンプの外に車を止めて待ち伏せし、ヒスパニックらしい運転手を停止させるのである。司法省は警察に入国管理法の適用強化を要請しており、特にイスラム圏出身の人々が、そのターゲットとされている。

こうした締め付けは、移動のなかでの移動――オハイオ、テネシー、サウスカロライナなど、規則が厳しい州から、たとえばノースカロライナなどの州への移動――という現象も一部引き起こしている。ノースカロライナ州では、かつて州を相手取って訴訟を起こす際、ソーシャル・セキュリティ番号を持たない者は、誰でも空欄をゼロで埋めていいことが保証されていた。とはいえ、この場合でさえ、二種類の身分証明書が必要とされ、それが厄介を招く場合もあった。メキシコにおける有権者身分証明書は、有効なものの一つであり、メキシコの出生証明書もそうだった。それ以外では、有権者証明書とともに車の権利書を提示してもよかったが、これには車の保険証が必要であり、保険証を取るには身分証明書が必要となり……という具合に、迷路に入り込んでしまうのである。九・一一以降、移民に対する恐怖感が高まるなか、ノースカロライナ州では、免許証申請の新たな要件として、州での居住証明に加え、有効なソーシャル・セキュリティ番号か、ちょっと面倒だが国税庁から取得できる個人納税者番号の提示を義務づけている。

ポール神父の闘い

ポール・ブラント神父は、自前の老朽化しつつあるバンの走行距離計の数字を週一五〇〇マイル〔約二四〇〇キロ〕ほど増やしながら、こうした人々のために、ノースカロライナ東部の田舎を奔走した。ある時はミサを唱え、ある時はカウンセリングを行い、ある時は医療の手配をしながら。そして、州の陸運局には、〔差別などをせずに〕本来の規則を順守するよう嘆願・力説・要求することによって、移民労働者が運転免許証を取得できるよう助力した。彼は、その昔、ブロンクス〔ニューヨーク市五区のうちの一つ〕の貧困層を助けることから仕え始めたイエズス会の司祭である。背の高いがっちりした体格で、顔は赤らみ、むくんでおり、青い目には常に笑みが浮かんでいた。細い縁のメガネの奥では、快活な慈悲深さをたたえた目を愛想よく細め、あごには、ほんのうっすらと白い無精ひげを生やし、「中南米系住民フェスティバル、ウィルミントン98」と書かれたTシャツを着ていた。そして彼の口からは、流暢ながらも、非常に強いアメリカなまりのスペイン語が、立て板に水のごとく発せられるのだった。

ポール神父は、つい最近、パティとグロリアという二人の女性のために、官僚たちと一戦交えたばかりだった。二人は英語が話せないため、ノースカロライナの州法で認められているように、運転免許試験をスペイン語で受ける必要があった。だが二年前、州陸運局ケナンスビル事務所の試験官は、机の上にスペイン語訳つきのカードが置いてあったにもかかわらず、道路標識テストをスペイン語で行うことをにべもなく拒否したのだった。現在、その事務所では、ポール神父が職を世話した、もっと従順な女性が試験官を務めていた。しかし、神父は、念のため事前に電話を入れることにした。その際、彼は、身元をいっさい明かさないようにした。この事務所が、活動家として知られる司祭に対してだけでなく、一般の人々にどのような対応をしているかを知りたかったからである。そして、彼はその実態をつかんだ。その女性試験官は、声の主が誰かわからないまま、筆記試験はスペイン語で受けられるが、標識のテストは金曜日にしか来ない通訳者を待たなければならないと答えたのだった。当惑したポール神父は、ローリー〔ノースカロライナ州の州都〕の州政府事務所に電話をかけ、〈標識のテストについても、いつでもスペイン語で受けられるはずなのに〉規則が変わったのかと尋ねた。規則は変わっていなかった。ある監督者が、この不運な女性試験官に連絡し、なぜ受験させることを拒んだのか問いただした。その後、神父がパティとグロリアを伴って事務所に姿を現した時、彼女は憤慨していたという。そして、どうか上司に電話をして自分を救ってほしいと、その女性試験管は神父に頼んだのである。「そうするつもりです」と、神父は言った。「でも、私が事務所に足を運んだときに彼女が言ったことは、私であることを知らずに電話で対応したときの、一本調子の応答とは違いました」。

ポール神父を悩ませたもう一つの官僚主義とは、ローマ・カトリック教会であった。おせっかいな教区司祭や融通の利かない司教管区、ヒスパニックの渡り鳥的信者たちの特別な要求などお構いなしといった様子の、教会の階層構造である。一方、教会側は教会側で、教区を持たぬ根無し草的司祭で、波風を立てながら、社会の淵から淵を旅して回るポール神父に堪忍袋の緒が切れかかっていたようである。

「私が何より好きなのは、人々に力を与えることです」と、彼は高らかに言った。「組織をいくつも作って、満たされていない要求や、カトリック教会で必要とされる多くのことに取り組むのを助けていきたいですね。というのも、叶えられていない要求がたくさんあるからです。でも、だからこそ、いつも上の者たちと摩擦が生じるのですよ。イエズス会ではなく、もう一つのほう〔カトリック教会〕を言っているのです。彼らは、波風が立つのを嫌います。変化も好みません。本当に驚くべきことです。官僚主義というのは、どこへ行っても同じ。革新や変化には、どんなものであれ、抵抗するものなのです」。

たとえば、結婚を希望する移民たちは、まずは六か月の待機期間をおき、しばし立ち止まってよく考えるようにと、司教管区から言い渡される。賢明なことのように聞こえるが、六か月といえば一農期であり、その終わりには、花婿と花嫁、あるいは彼らの家族は、おそらくとっくに次の場所へ移動してしまっていることだろう。長続きしない結婚の大部分は一五、六歳での見合い結婚であると、ポール神父は反論する。そして、信心深いヒスパニックの成人たちは十分な厳粛さをもって結婚に臨むので、強制的な内省期間などは必要ないと、彼は考える。「ヒスパニックのカップルがやって来て、教会で結婚式を挙げたいと言ったら、彼らには、その相手と生涯を共にする準備ができていると確信できます」と、彼は主張した。「でも、ヒスパニックの人たちとあまりかかわりを持たない牧師たちは、「うーん、まず私はスペイン語が話せません。次に、規則がありますから。ここで挙式させるわけにはいきませんね」となるのです」。神父はこう言うと、腹立ちまぎれに笑った。「ヒスパニックの人々とかかわらない、この辺の司祭はたいていが教本どおりでね。どんなことにも例外を認めません。そして、質問もしない。ただ、ノーと言うだけです。そうやって、多くの人々を追い払ってしまうのです」。

教会が離婚に反対しているという事実を考えると、失敗に終わった未成年者間の結婚は、時として問題となることがある。一度目の婚姻が解消されないかぎり、カトリック教会で、再婚のための挙式をすることはできない。そして、婚姻の解消は、各自が在住する司教管区によって行われなければならないが、たとえば、妻がメキシコやホンジュラスに戻った場合、事はそう簡単には運ばないのである。「我々の司教管区では、夫婦がどちらも、その司教管区に住んでいないかぎり、婚姻取消を取り扱うことはできなかった」と、ポール神父は言う。「それに、管轄区を変更するには、バチカンへの特別な要請を行い、本来なら別の司教管区が行うべき婚姻取消をこの司教管区で行うようにしなければなりません。だから、私はこの二年間、これは不公平な状況であると、教会の審判委員会のメンバーたちに訴えてきたんです。というのも、仮に中南米の司教管区と連絡が取れたとしても、これらの司教管区の大半には審判委員会がないんですよ。一つの事務所に二人も三人も司祭を置いて、婚姻関係の処理に当たらせるような余裕がないのです。つまり、埒《らち》が明かないということです。だから基本的には、カップルがその婚姻の束縛から解放されて再婚することは不可能になってしまう。そこで、ようやく私にそれを行う許可が与えられたのですが、「総本山へ行って司教管区の変更を申請し、その許可が降りてから「婚姻解消の」手続きを始めなければならないため、一年余計にかかるということを、そのカップルに間違いなく伝えるように」と言われています」。

　ポール神父の時間の大半は世俗的な問題で占められ、そうした問題には、農場労働者のあらゆる困難が見て取れた。その一つが、コミュニティや親交、そして信頼の欠如であり、とりわけ家族を持たずに旅する若い男たちの間で顕著だった。「深刻化する問題というのは、長老、つまり祖父母たちが周りにいたなら解決できるようなものなのです」と、彼は述べた。「何か深甚なことを彼らが話してくれた後で、私は彼らにこう尋ねます。「他に誰か……あなたに対して責任を持ってくれるようなパートナーとか、今話してくれた内容と同じことを気楽に話せるような相手がいますか。秘密を打ち明けられるような相手がいますか」。すると、彼らはノーと言うんです」。

　そこで、ポール神父は、好ましい助言をしたり、散らかった彼の黄色い家にあるコンピュータで作成した、しおりサイズの細長いカードを渡したりすることで、彼らの心のすき間を埋めようと努めた。移民たちは、聖母マリアとスペイン語の祈りの言葉が刷られた、そのカードを持ち歩くことができた。その祈りの言葉とは、アルコールやドラッグを絶てるよう、神に助けを求めるものであった。ポール神父が見るところによると、アルコール依存症の蔓延ぶりは、かなりのものだという。コカインとマリファナは若い労働者たちとともに流入したが、彼らの多くは、アメリカに来る前からすでに常用者だったと、彼は言う。なかには、アメリカに来てからドラッグをやめた者もいるが、家族やコミュニティの欠如が、それをより困難にしていた。健康問題は深刻化しているものの、ドラッグやアルコール、そして医療保険に入れないことだけが理由ではなく、農場労働では事故が起きやすいからでもあった。

ポール神父は、問題を解決したり、何かを手配したり、仲介したり、交渉したりしてくれる人であった。また、月賦払いで治療をしてくれる歯医者や、無保険の労働者たちのために診療費をまけてくれたり、時にはタダにしてくれたりする医者を見つけてくれる人でもあった。彼は、また経済的な問題について相談にのるカウンセラーとして、ここアメリカでは、支払いは少しずつ定期的にするほうが、全額一括で返せるようになるまで何も払わずに待つよりもよしとされるのだということを、文化の壁を乗り越えて辛抱強く説明するのである。彼は移民たちに、彼らが奉仕するアメリカという国について教えるのだった。

アメリカにとって欠くことのできない移民労働者たちは、この国の円周を移動しながら、円の中にある豊かさには、その接線を通してかろうじて触れる程度であり、円の中には決して入り込まず、中から外を見ることもいっさいない。したがって、彼らは、人から見られているように自分たちを見ることがなく、アメリカが彼らの苦悩の度合いを測る物差しで自らの苦しみを測ることもないのである。

とはいえ、移民は移動をやめるとき、アメリカ社会の中に入り込み始める。彼は周囲を見回し、居を定めて落ち着く。おそらく彼は、ノースカロライナのどこかの交差点に面した場所に小さな店を開き、そこにぎこちなく腰をおろし、ハラペーニョ〔メキシコの極辛のトウガラシ〕などの祖国の食材をそろえて、仲間たちの来店を待つことだろう。ひょっとすると、彼もオーガスティン・バルタザーのように、一つの農場で一年中働き続けるうちに、自分自身をどう見るべきかについて思いをめぐらせるようになるかもしれない。

オーガスティンは、円周をまたいで、内側と外側を行ったり来たりしているのだった。彼と妻、そして三人の子どもたちは、点滅するライトときれいなクリスマス・ツリーで飾られた白い小さな農家に住んでいた。その家は、養鶏場を営む彼の雇用主のものだが、家賃はゼロだった。オーガスティンは三三歳のハンサムな男だが、稼いだ金は一セント残らず使ってしまい、あとには何も残っていなかった。それでも彼は、自分自身を社会階層のどこに位置づけるべきか、定かでないのだった。

「自分のことをすごく貧乏とは言えないな。車を持っているから」と、彼は説明する。「いちばん大切なのは、私には子どもたちと妻がいるということ。生活を続けていけるんだから、すごく貧乏とは言えない。金がないってこともわかっているが、食べるものはあるし、子どもたちには服も靴もあるから、よしとしなきゃ。自分が貧乏かどうかなんて、わからない。たぶん貧乏でしょう。けど、すごく貧乏だって言ったら、神様に申し訳ない。でも、金持ちだと言えば高慢すぎる。だから、自分をどこに位置づけたらいいか、わからないんです」。

＊マローは、米放送ジャーナリズム界の草分け的存在として知られたニュースキャスター、1908－1965。『恥辱の収穫』は、移動農場労働者の苦悩を描いた、マロー最後のテレビ・ドキュメンタリー作品。

第5章　やる気をくじく職場　*The Daunting Workplace*

出勤できないとき、電話をかけてこない人たちは、たぶん自分たちを周りから気にかけてもらえるほど重要な存在とは思っていないのでしょう。

――アン・ブラッシュ、貧困に陥って

自分にはできない

手ごわい一団だった。コカインとの戦いや、ホームレス生活、刑務所暮らしを乗り越えてきた彼らは、今まさに、心底恐るべき領域――仕事――という見知らぬ世界に挑戦しようとしていた。彼らは怖気づいていた。

一六人の男たちは、かたくなな麻薬・アルコール常用者や元服役者であり、ワシントンで、過酷な路上生活を送った者ばかりだった。全員が黒人である。彼らは、水曜日の夜、米国連邦議会議事堂の、まばゆいばかりのドームが見渡せる更生訓練施設で、サポートグループ主催による週一度の会合に出席していた。男たちは、部屋の壁沿いに並べられたイスに腰掛けたり、床に座ったり、壁にもたれかかったりしながら、自分たちの気持ちを次々と告白し始めた。

これまで、彼らの人生では、怖がることはタブーとされていた。「悪」がよしとされ、最良の防御は、相手を攻撃的な態度で威嚇することだった。自らの安全を守るためには、意地悪に振る舞い、ワルを演じ、恐れている様子を絶対に見せないようにする必要があった。その教訓は、母親が息子に、兄が弟に教え込んだものである。だが今夜、この男たちは、安全な集団の中に身を置いていた。そこでは、彼らは、率直さが癒しになりうることを見いだし、心地よく話し合えるのだった。このカリキュラムのもとでは、求職活動をし、一か月以内に仕事を得て、アパートを見つけ、自力で生活をスタートしなければならなかった。彼らは、こうしたすべての課題を厄介に思い、神経質になっていた。

大学卒で、人物も学業も折り紙付き、職場でもうまくやっていけるという自覚を持っている中産階級の白人にとってさえ、職探しは、決して楽しいものではない。ましてや、この男たちにとって、職場は異文化と同じ類のものだった。彼らは、数々の失敗——学校を中退した、麻薬の誘惑に負けた、人との関係をうまく維持できない、仕事をキープできないなど——から成る過去の重荷を背負って、その新世界へと入っていくのである。彼らの履歴には成功を予測させるものは何もなく、自信のなさを払拭してくれる明るい展望もない。彼らが身につけている無作法な処世術のよろいは、ベニヤ板のごとく薄っぺらいものだった。だが、そのよろいに覆い隠された中身は、赤ん坊のように未熟で、ひどく脆弱だった。彼らは、電話をかけること、返事をもらえないこと、応募用紙に記入すること、面接に行くことなどに怖気づいていることを素直に認めた。真実を告げること、うそをつくことを恐れ、自らの犯罪歴に関する避けがたい質問を、ピリピリしながら待ち受けていた。「前科があるかどうか、書かなきゃならない。私はいつも、ここじゃ雇われないって思うんです。イスに座って面接官の顔を見てると、それがわかります」と、ウェインは、足元に視線を落としながら言う。「だから、マクドナルドとかで、ちょっとした仕事をぼちぼちやってるんです。拒否されるのが怖い。怖いから、尻込みしてしまう」。

「一つ一つのステップが障害に思える」と、長身で筋骨たくましい男が告白する。「まず面接。拒否されると、不安になるっていうか……。何か問題があるってのは、自分でもわかってる。逃げ出すか、それと向き合うか。採用されたと思って、あとで思い違いだとわかった時の、あの気持ちがまだ心にくすぶってる。まだ落ち込んでいます。自分の気持ちと物事の受け取り方に、この手の不安を感じるんです。何とかしなきゃ。私の話を聞いてくれて、ありがとう」。

「話してくれて、ありがとう」と、皆が一斉に答える。

グループの中には、うまくやっている者もわずかながらいた。ある男は、「プリンス警備保障会社」と書かれた、三角形の赤い肩章が付いた紺色のユニフォームを着ている。別の男は、時給六・五〇ドルで、オフィス用家具を移動させる仕事を見つけた。しかし、三番目の男性は、空港での荷物係の仕事に応募したが、犯罪歴を理由に断られた。

更生訓練施設の男たちの中には、雇われても、不安を解消できない者もいる。そのうちの二人は、職探しに成功したことに怖気づいていた。仕事の内容はどうであれ、自分がついていけるかどうか、自信がないのである。だが、少なくとも一方の男にとっては、仕事をすること自体が癒しになった。「出勤したときは怖かった。ああ、自分にはできないって」と、彼は認める。「でも、一日一日と、少しずつ自信が戻ってきた。自分の中に、こんな自信があったなんて、忘れていたんです。それがわかって、気分がよくなりました」。

自らの恐れについて語るには、かなりの勇気がいる。

所変わって西海岸――カメリア・ウッドラフは、考えた末に、メーシーズ・デパートの宝石売り場の販売員向けオリエンテーションに欠席した。彼女は、しなやかな雰囲気が漂う二六歳の黒人女性で、自分が住んでいるロサンゼルスの公営住宅、インペリアル・コートの中庭を、自意識過剰のダンサーのように動き回っていた。スタイリッシュに見せようと、指で髪を伸ばしたり、一つに丸めたり、なでつけてみたり、後ろで一束にまとめて、前髪を額に斜めにかかるようにぴったり張り付けたりとせわしなく、耳には、金色のイヤリングをぶら下げている。彼女は、男たちの注意をかわそうと努めていた。その四肢からは不安と怒りがビンビンと伝わってきて、その場を休みなく行ったり来たりしていた。「私の目の前から消えうせて！」とでも言いたげに、男たちを悠然と威嚇している。声には、カミソリの刃のような冷たさがにじんでいた。

カメリアは、自宅のリビングルームで、明るめの色の木製のテレビ台――それ以外の家具といえば、白いプラスチックでできた屋外用のイスだけである――にわずかな間、腰掛けたものの、片時もじっとしていられなかった。彼女は、話している間も、モップをかけたり、床を掃いたり、歩き回ったり、身振り手振りをつけたりと、せわしなかった。がっちりした体つきの男が彼女の部屋を訪ねてくると、キッとなって男に向き合い、侮蔑を込めて、こう言い放った。「今、大事な話の途中なんです」。男は、あたふたと立ち去っていった。

カメリアは、高校を二年で中退し、「路上生活に入った」後、恋人から虐待を受けるような関係になり、母親が麻薬の過剰摂取で死ぬのを目の当たりにした。結婚歴はなく、子どももいなかったが、友人の幼い子どもたちの面倒を見るのは好きだし、時々、低賃金の仕事には就いていた。彼女の定義によれば、仕事に就くたびに、しばらくの間は働き続けたという。「長いこと働いてきました」と、彼女は胸を張る。「そのつど、四か月、五か月、六か月、七か月、八か月」。あまり先のことは考えていなかった。一〇年後にどうなっていたいかなど、考えたこともなかったのである。「毎朝、起きて働きに行くなんて大変そう」と、カメリアは言う。理想とする仕事は？「子ども相手に働けたらいいですね。教師のアシスタントとか、保育関係の仕事とか」。

カメリアのように、公営住宅で孤立した生活を送っている多くの人たちは、勇気もコネもないため、まともな仕事を見つけられない。誰かが援助の手を差し伸べ、後ろから一押しするか、便宜を図るまでは。カメリアに救いの手を差し伸べたのは、グレンダ・テイラーという女性だった。彼女は、連邦政府出資による「ジョブズ・プラス」プログラムのケースワーカーであり、職探しにおける一連の壁を克服させることが、そのプログラムの目的だった。外部の人間には理解されにくい、こうした障害も、カメリアの住む公営住宅からわずか数ブロックしか離れていないワッツ近辺で子ども時代を過ごしたグレンダには、よく理解できた。当時、サンディエゴ州立大学に入学した彼女は、大家族の中で、高校からストレートで大学に進学した唯一の少女だった。その後、グレンダはワッツから脱出したが、人々に救いの手を差し伸べるため、また戻ってきたのだった。眼光鋭い警察犬のごとく、彼女は、このあたりの若者たちが機能障害に陥っていることを示す兆候――前に一歩を踏み出せない不安――を読み取ることができる。それは「恐れ」であり、克服すべき障害の筆頭に挙げられるものだった。「彼らは、往々にして現状から抜け出したがらないんです。怖いんですよ。怖気づいているんです」。グレンダはそう言った後、率直な調子で、こう付け加えた。「もう一つの問題点は、彼らが単なる怠け者ってことですね」。

もしくは、家族の誰かが働く姿を見てこなかったのが問題だと、彼女は言う。「同じことの繰り返しなんです。子どもは、自分が目にするものを手本にします。家庭の中で、初めて見たものを。私の父は、毎朝、四時とか五時に起きていました。工事現場の建設労働者だったんです」。

多くの若者たちが力不足と怒りを感じている、とグレンダは付け加えた。「彼らはひたすら、自分の中に怒りや低い自己評価の気持ちを募らせているのです。だから、前に進みたいと思わないんですよ。自分にはできないと考えるからです。君ならできる、とは誰も言いません。それどころか、「まあ、君にできるはずないよ。どうせやらないだろう」と、いつも言われるのです。絶えずそういう言葉を聞かされるんです。学校でもね。彼らが反発すると、教師は、「まあ、君は成功しないね。お荷物になるのがオチさ」と言うだけ。教師は、それで何かをした気になっているんですよ。そして、実際、それが現実になってしまうのです」。

グレンダは、自分のコネを使って、カメリアの悪循環を断ち切ろうとした。メーシーズでパートタイムの仕事をした経験から、マネージャーと知り合いになったので、自分がカメリアの保証人となり、彼女に宝石売り場の販売員の仕事——昇進の可能性もいくらかあるポジション——を世話したのである。

カメリアは不安だった。オリエンテーションの二日前、彼女は、行かないとグレンダに告げた。万引き歴があって恥ずかしいし、そんな人間を採用するはずがないという言い分だった。「だけど、とりあえず行くことが、とても有益だと思いますよ。万引き歴については、彼らの判断に任せればいいんだから」と、グレンダはカメリアに助言した。「こちらが誠実で率直に振る舞えば、時として相手も同じように接してくれるものです」。だが、実際に万引きした人間を雇うだろうか。「そうは思わない」と、グレンダは、のちに私に語った。「個人的には、雇うとは思いません。でも、過去を隠し通せるとも思わない。どこかの時点でそれをさらけ出して、何か新しいことを始めなければ」。しかも、ドアは、完全に閉ざされているわけではなかった。マネージャーは、自分の上司が承諾すれば、喜んで話を先に進めるつもりだったし、メーシーズは、デパート内のハイテクの防犯システムを新人従業員たちに見せて威嚇し、自己防衛していたのだ。「高級な宝石が置いてありますから、四方にカメラがついています。どの角度からも、どの側からも、映されているんですよ」と、グレンダは言う。「レジもね。従業員が疑わしいことをすれば、コンピュータ・ルームで、その会計処理は抹消されます。適切なレジ処理をしていないと思われるのです」。

オリエンテーションに出るようにと再三せっつかれてバスに乗ったが、実際は出なかったと、カメリアは言う。「着いたけど、何もやっていなかったんです」。彼女は、電話したのだろうか。「しませんでした。わからない……。私のやりたい仕事だとは思えないんです。私は、屋外が好きなタイプだから。歩合制だって聞いたし、宝石を売るのがうまいとは思えないんです」。その仕事に就けば、基本給のうえに歩合給がもらえたのである。

彼女は、オリエンテーションに出席しないための口実を四つ考えついたのだった。万引きをしたことに対する恥、室内に閉じこめられることへの嫌悪、販売スキルに対する自信のなさ、そして、道に迷ったこと――。カメリアは、絡み合った不安と言い訳にがんじがらめになり、自らの道を見失ってしまったのである。その後、彼女は、グレンダに電話して事後報告したり、感謝の言葉をかけたり、謝ったりといったことをまったくしなかった。グレンダが、カメリアのオリエンテーション欠席の件をマネージャーから聞いたのは、数日たってからのことである。その結果、彼女をどうやって救うかという明確な問題が、あとに残された。そして、それに対するグレンダの答えは、「カメリアを抱擁し続けること」だった。

それから数か月後、グレンダは別の公営住宅担当になり、カメリアの生活からも手を引くことになった。

必要なのは「ソフトスキル」

インペリアル・コートの敷地内には、みすぼらしい小さなアパートの建物と建物の間に、雑草だらけの芝地があり、そこでは子どもたちが走り回ったり、大勢の若い男たちがうろうろしたり、カッコつけながらたむろしたり、にらみをきかせたりしている。外観から言うと、この公営住宅は、シカゴやニューヨークにある古い刑務所のような、殺伐とした高層レンガ・ジャングルより陰鬱感が少ない。とはいえ、ここは社会的にも経済的にも、病んだコミュニティである。家庭内暴力がはびこり、一四六二人の住人(三分の二が黒人で、残りが中南米系)のうち、五四人のみが正社員で、一一人がパートタイム労働者だった。しかも、これは、二〇〇一年に(アメリカの)景気後退が始まる前のバブル期の話である。

　こうした状況にもかかわらず、インペリアル・コートなどの低所得者用公営住宅に住み、仕事を探している大人たちには、ある種の共通するパターン——自分たちの住宅を離れたがらないという傾向——があった。グレンダをはじめとするケースワーカーたちによれば、彼らにとっては、未知の規則や身の縮むような挑戦を伴う、外部世界の文化が、ひどく厄介に思え、その住宅団地の内部、特に公共住宅機関で働くことを好むという。ボロボロの建物、荒《すさ》みきった住人たち、ギャング、麻薬密売人、夕暮れになってからの撃ち合いなどにもかかわらず、彼らにとって、こうした公営住宅は、ほっとできる空間だった。「盾のようなもので、その中にいると、ものすごく守られていると感じるんです」と、ベトナムからロサンゼルスに移民し、現在は、自分が育った場所に働きにいっているトロング・カムは話す。彼が育ったのは、ウイリアム・ミード・ハウスという、その団地の住民を雇い入れることはない工場に囲まれた公営住宅だった。「住宅の敷地内がすべてだった。小さな町、小さな都市みたいっていうか。みんな顔見知りだった」と、彼は言う。「外に仕事があったとしても、それが、わずか四、五マイル〔約六～八キロ〕しか離れていない場所でも、彼らはやりたがらない。新しい人たちに出会ったり、それまでとは違う経験をしたりすることに怖気づいている。応募用紙を請求することさえ怖いんです。自己評価が低いんですね。『まあ、どうせ雇われないさ。こんな公営住宅に住んでいるし……』って。連中の多くが、そういうふうに考えてるんです」。

　雇用主側はといえば、彼らが抱く、こうした自分自身の無価値さを危惧する自暴自棄の思いなどに目を向けることはまれである。雇うほうは、表面に現れる態度を観察しているのである。遅刻、欠勤、「勤労意欲」のなさ、時間を守ることや勤勉さ、やってみせますという態度などの「ソフトスキル」、つまり簡単なスキルを持っていないという事実を見ているのである。そして、時には、自発的にしない、同僚とうまくつき合えない、カッとなる、怒りを見せることなしに上司の命令に従うことができない、などの点もチェックする。仮に雇用主が、採用すべき低賃金労働者を選ばなければならないとしたら、彼らの多くが、読み書きや計算といった「ハードスキル」よりも、「ソフトスキル」を持つ労働者を選ぶだろう(1)。単純労働の多くは、ライティングや計算などの能力を必要としないものの、どんな仕事でも、時間どおりに出勤することが求められる。「基本的に、必要なスキルは勤労意欲だけです。そして、それを従業員に教えなければならないこともあるのです」と、メリーランド州のバーガー・キングのマネージャー、ブライアン・ヘイゲンは言う。

ソフトスキルは家庭で教えられるべきものだが、多くの場合、家庭はその役割を学校に任せてきた。そして、学校は、次にその役割を雇用主に転嫁している。雇用主は、単にどうしたらいいのかわからないのである。たとえば、ブライアンは、バーガー・キングの新店舗を開く際、何百人もの従業員を、頼りになる戦力にまで育て上げるのに半年以上の歳月をかける。新しい従業員の中には、歯を磨くことさえしない者もいる。彼らは、「今、ベッドから抜け出し、ユニフォームを着て出勤してきた」かのように見える、と、ブライアンは嘆く。「だから、そういった連中には、こうしたスキルを教え込まなければならないんです。「いいか、聞けよ。私に雇われて、ここに働きにきているってことを忘れないように。髪を洗って、ちゃんととかしてこなきゃダメだぞ。男なら、ヒゲも剃ってこいよ」と」。ブライアンは、時給六・五〇ドルで従業員を雇ったが、年間を通して必要となる要員一人につき、三人を雇い入れなければならなかった。その結果、従業員の離職率は、ほぼ三〇〇％に達したのである。

C・ミッチェル・ボールは、ジャクソン郡リハビリテーション・インダストリーズを引き継いだ際、職場での行いに関する、こうした基本的なことを大人たちに教え込まなければならないという事実にがく然とした。ここは、ケンタッキー州東部にある、実地訓練を伴う職業訓練所で、近隣の企業と契約を結んでいた。「これまで、こんなにばかげた話は聞いたことがありません」と、ボールは言う。彼のもとで訓練を受けている人たち――全員が、アパラチア地方出身の貧しい白人――が、彼にとっては常識と思えることを学ぶ必要があるという事実を、ボールは長いこと信じようとしなかった。「何時に出勤すればいいのか、私にはわかっています」と、ボールは言い切った。「どんな理由があろうと行かなければならないことくらい、私は知っていますよ。仮に車が故障したら、職場の誰かに直接電話したり、少なくとも職場に電話して誰かに伝言を頼んだり、あるいは車を直したりすることくらい承知しています。病気になったら、職場に電話するなんてこと、わかっていますよ。普段子どももを預けるところが都合がつかなければ、別の方法にするでしょう。彼らの事情をのみ込むのにちょっと時間がかかりました。私自身は、これまでずっと働いてきましたから。働ける年齢に達する前からです。農業など、重労働もたくさんしました。だから、本当に納得できなかったんです。まったくね。朝、起きるなんてこと、わかりきったことでしょ。髪をとかすなんてことも。体を洗うことだって。何も、粗探ししているのではありません。真実を言っているんです。ソフトスキル、つまり、仕事に就くために必要な、簡単なスキルを教える必要があるということを認めるのに、しばらく時間がかかりました」。

こうしたスキルに欠けている人たちの脱落率は高い。たとえば――。ポール・リリグは、ドキュソート社を運営するに当たり、二〇〇人ほどが必要だった。同社は、彼がミズーリ州カンザスシティに創設した会社で、法人顧客が発送する〔返信用〕料金別納郵便封筒に、〔郵便局が郵便物仕分けのために用いる、郵便番号別〕バーコードをつけ、そのコードごとに分類することを事業内容としていた。彼は、まず二五〇人を雇った。そのほとんどが、貧しい黒人とベトナム系移民だった。ポールは彼らに最低賃金を支払い、通常いつでも、一日の業務に最低不可欠な二〇〇人の労働者が働いていた。だが、「年末には、従業員用に、三〇〇〇〜四〇〇〇人分の年収・税金明細書を発行しなければならなかった」と、彼は不平を漏らす。「連中は、今日は働いたけど明日は働かない、って具合なんです」。彼らは人種がらみのあつれきを起こしやすく、自分のミスを他人のせいにしがちで、「非常に脆く、非常に危うい」と、ポールは見る。結局、ポールはほとんどの仕事を機械化したが、そのほうが、バランスシート上も精神的にも楽だった。

取材のためにカンザスシティでアレンジしてもらった三つのフォーカスグループ〔一定の調査目的に従ってインタビュアーが聴き取りを行う少人数のグループ〕の雇用主たちは、従業員の遅刻や無断欠勤、自主性のなさ、殴り合いや麻薬使用、退職率の高さに不満を述べた。数人の雇用主は参加すると同意したにもかかわらず、ミーティングに来なかったので、彼らの不平は聞けなかった。遅刻してきた雇用主が二人いた。一方、グループ討論会に出席した元生活保護受給者全員が、時間どおりに現われた。こうした皮肉にダメ押しを加えるかのように、遅れてきた雇用主の一人で、ドキュメント・イメージング

〔紙ベース・ドキュメントの電子フォーマットによる保存管理〕の会社を経営するブラッド・ケーシーが、生活保護を受けていた労働者たちを公然と非難した。「毎日出勤するということが、君たちの新しい規範にほかならないんだぞ」と、彼は言った。「しかも、時間どおりに！」と、ブラッドは、愛想笑いの一つも浮かべることなく、真顔で言い足した。

従業員がらみの「問題」のなかには、マイノリティや女性、生活保護受給者に対して偏見を持っているマネージャーたちが生み出した、幻想と誇張した話にすぎないと言えるものもある。アメリカでまかり通っている固定観念といえば、黒人は怠け者で無能、女性は家族に執着しすぎて生産的な従業員とはなりえない、生活保護受給者はいやいや働いている、などである。それゆえ、そうしたことが実際に起こると、長年、人々が抱いてきた期待に呼応し、固定観念はますます定着する。雇用主を問いただしてみると、彼らは時として、少数の極端な例を一般化しているのが見て取れる。

一方、真の問題も確かに存在する。「七人の子持ちの女性を雇ったが、彼女は、ひっきりなしに子どもたちと電話していました」と、カンザスシティで建設資材メーカー、シスコを経営するK・B・ウィンタロードはこぼす。「彼女の上司だった従業員は、「子どもたちからの電話は休憩時間に受けるように」と彼女に教えるのに苦労していました。実のところ、彼女は、就業時間の半分を使って、電話で自分の悩みや問題を話し合っていたんです。この辺の従業員の多くがそうです」。「この辺」とは、彼が雇っている生活保護受給者層を指していた。彼らを雇ったのは、道徳的理由に加え、雇用奨励金として、時給三ドルの補助金がミズーリ州から会社に支払われるからだった。だが、彼らの仕事ぶりがひどくお粗末で、監督するのに非常にコストがかかることがわかったため、ウィンタロードは、彼らが政府から生活保護を受けていることに不満を覚えると同時に、自分が補助金をもらうのは当然であると思わざるをえなかった。「従業員六人につき、正社員の監督係一人分の給料を払ってくれるなら……」と、彼は州政府に話すかのように、きっぱりと言う。「それから、彼ら六人分の年収も耳をそろえて払ってくれるなら、社会のために、彼らの面倒を見てもいいですよ」。

こうした悲惨な話は多く、とりわけホームレス用のシエルターに住む人たちを使う雇用主から数多く聞かされる。カンザスシティの退職者ホーム、ジョン・ノックス・ヴィレッジの人事部長であるシャロン・イーバイによれば、これまで、そこで成功した看護師の補佐として雇った従業員は一人もいなかった。看護師の補佐としてシェルター出身者の女性について、「ただ単に、本当におかしなことをしていました」と、彼女は言った。「ある日、その女性は、看護師詰め所に座り、靴に続きソックスを脱ぎ、足のつま先を突っついていたのです。次々とその手のことをやっていました。「［職場で］こんなことをしてはいけませんよ」と教える意味で、あの手この手で更生を試みましたが、何の助けにもならなかったようです。ある日のこと、彼女は、どこにも行くところがない、シェルターにさえ行かれないと、どこか出先の車の中から電話してきました。そして、どこかに泊めてくれないかと、部長に頼んでいました。結局、ジョン・ノックス・ヴィレッジのどこかに彼女を泊めることになったのです。そうしたら、なんと、彼女は部屋でパーティを開いたんですよ。次から次へと常軌を逸したことばかりでした」。

精神的に病んでいるせいなのか、その他の問題が絡まり合っているせいなのかはわからないが、「雇用主に対してどんな奨励金を与えようと、どんな手段で脅かそうと、まったく雇用できない」人たちがいると断言するのは、ビクトリアン・ペーパー社社長のランディ・ロールストンである。とはいえ、彼の結論は、文房具やカードのカタログ販売を手掛ける同社で、時給三ドルの補助金をもらいながら、生活保護受給者の従業員を成功裏に使っていた彼自身の体験に相反していた。「私たちは、本当に恵まれていました」と、彼は認める。「約二年間、わが社で働いている女性がいますが、彼女は素晴らしい。最も優秀な社員の一人です」。その女性は昇進し、バスケット詰めギフト用製品をアレンジするというクリエイティブな仕事を任されるようになった。にもかかわらず、彼の脳裏には、当然のことのように、限りなく無能な労働者の亡霊の姿が思い浮かぶのだった。「彼らの祖母たちは、生活保護の受給者でした。母親たちも生活保護を受けていたし、彼らも受けていました」と、ロールストンは言い切った。「まるで私たちが彼らを外国へでも連れ出すかのような事態になってしまうんですよ。彼らは、こうやって大人になり、こうした人生を歩んできた。彼らをそこから引っ張り出して責任のようなものを与えることは、彼らにはまったくなじみのないことで、うまくいくはずがないんです。これまでに手本となる人がいなかったんですから。そして、彼らは、雇用主、つまり仕事を与える側が、自分たちの手本となってくれればいいと思っているのです」。

雇用主にいら立ち以外のものを期待するのは、期待のしすぎと言えるかもしれない。底辺の労働者たちは、往々にして消耗品と見なされる。貧困層出身の従業員たちが、抱えている個人的な問題から職場を切り離すための支援ネットワークを持ち、対処法を身に付け、支援機構の助けを受けていることはまれである。企業が人材獲得に躍起になっている労働力不足の市場においてのみ、会社側は、下層労働者たちを訓練し、確保しておくために投資するようである。グローバリゼーションが、こうした傾向に拍車をかけている。アメリカでの人並の生活水準を大きく下回る水準で、カンボジア人やフィリピン人が同じ低い技能の仕事を低賃金でやる世界では、能力のないアメリカ人はたち打ちできない。

仕事をする態勢が整っていないグループ

なぜ従業員たちが欠勤するのにつまらない言い訳をするのか、あるいは電話さえしてこないのかについて深く考察する監督者は少数である。それは、多くの上司が思っているように、職務に対する無関心さそのものかもしれないし、職場で習慣化している無知からくるものかもしれない。しかし、アン・ブラッシュが見るように、もっと深遠な何かが起こっているのかもしれない。中産階級の快適さの中で育ち、貧困へと落ちていくなかで、彼女は、重たいマントのようにまとわりつく、自分が無価値だという息苦しい感覚に捕らわれた。「出勤できないとき、電話をかけてこない人たちは、たぶん自分たちを周りから気にかけてもらえるほど重要な存在とは思っていないのでしょう」と、彼女は単純明快に説明する。「自己評価の低さ以前の問題です。自分たちは、いないに等しい存在、ということですね」。

私がアンの考えを雇用主たちに伝えると、天啓がひらめいたかのように、「そうだったのか！」と、雇用主たちの何人かが言った。彼らは、突如として何かを悟ったのである。人が気にかけてくれない、透明人間のような存在である、店や工場の経営にとって何の価値もないと感じれば、いともたやすく欠勤できる。自分がそこにいようがいまいが、おそらく上司は気にも留めないだろうと考えるからだ。〔オハイオ州〕クリーブランドにあるサマーズ・ラバー・カンパニー社社長、マイケル・サマーズが父親から学んだように、このような自愛の欠如には、思い切った方法で対処するしかない。欠勤した従業員には電話をかける。彼の車が故障しているなら、マイケルは誰かを迎えに行かせる。朝九時に医者に予約を入れているということであれば、「わかった。じゃあ、診療が済んだら、一〇時に出勤するね」と言います。誰かが、彼らに待ったをかけるんです。「ここにいてもらいたい。君に毎日来てほしいと思っていなかったら、君はここで働いていないんだよ……。でも実際、私たちは君を当てにしている。頼りにしているんだ。君がここにいないと困るし、コストもかかる。だから、ここにいてほしい。来られない事情があるんだったら、説明してくれないか」と。彼らは、責任を持つことに慣れていないので、こうしたことを頭の中にたたき込まなければダメなんです。それが、そのグループの問題ですね」。

サマーズの会社は従業員六〇名の小企業で、父親と祖父が設立したものだった。同社は、重工業機器に使用される油圧・化学・燃料パイプ用のホースや各備品を製造している。仕事台の前で立って作業している、あるいは、机に向かって仕事をしている、またはフォークリフトを運転している男女従業員の一人一人が、積み荷を組み立て、梱包し、それを時間どおりに出荷するために欠くことのできない存在だった。つまり、一人でも欠けたら、その工程に大穴が開いてしまう。そうなれば、別の仕事をしている人に穴埋めしてもらうか、工程が遅れるかのいずれかの状況に陥る。「長年この仕事をしていた父は、私が初めてこの会社を訪れたとき、こう言って私に釘をさしました。「おまえも地元の聖職者のようになるだろう」ってね」と、彼は回想する。「聖職者のように、腰を据えて問題と向き合わねばならないのです。彼らは、作業を停滞させますから。父は、ある従業員の技能を必要としていたので、彼が拘置所に入った時、保釈金を支払いました。彼が、出勤して金属ホースを溶接できるように」。

ＣＥＯとして、マイケルは徹頭徹尾、気取りがなかった。彼の質素なオフィスの窓から見える駐車場の眺めは、壮観だった。一方、応接室は貧弱だった。黒いビニール製と木製のイスが計四脚置かれ、床には赤紫色のカーペットが敷き詰められ、小さな青と黒の粒々模様が付いた安っぽい白壁が周りを覆っていた。受付窓口には、スライド式のガラスが使われており、受付台には、その昔、ホテルで使われていたベルのように、てっぺんに〔たたいて音を出すための〕プランジャーが付いた小さな銀の呼び鈴が置いてあった。窓の向こう側には、赤毛の受付係の女性が座っており、退屈そうにしていた。壁には、一九四九年一〇月一日付「クリーブランド・プレイン・ディーラー」紙〔オハイオ州最大の日刊紙〕の一面のコピーが額に入れられ、掛かっている。その日は会社が創立された日であり、一面トップの大見出しには、「鉄鋼ストライキで五〇万人が職場放棄」という文字が躍っていた。

当時、少年たちは高い工具やコンピュータ、複雑な訓練もなしに、車をいじりながら学ぶことができた。こうして機械に強くなった多くの少年たちが、父親にならって、うれしそうに工場で働き始めるのだった。彼らは、そこで経済的な安定を得るとともに専門家としての勘を養い、成功への道を見いだした。マイケル・サマーズは若いながらも、そうした歴史を肌で感じ取ったものだった。そして、それを懐かしく感じていた。「最近の若者は、機械いじりが苦手です」と、彼は言う。「私たちは、使い捨て社会に生きています。芝刈り機が壊れたら、その小さな二サイクル・エンジンをばらしたりはしません。ポンと捨てて、新品を買うだけです。子どもたちは――まあ、父親がいればの話ですが――そうした父親の姿を見ています。何でもかんでも捨てて、新しいものを買う姿を。そして、子どもたちの発想はといえば、モノを作るってどういうこと？　モノをばらして修理するってどういう意味？　となるわけですよ。工具・金型製作者や流体動力機械工、つまり、基本的にモノをネジで留め合わせたり、機械装置を作り上げたりする働き手が不足しているんです。そうしたことが得意な人たちは、そういうことが好きで、適性があって、いつもいじっているからこそ、上手なんですよ。機械いじりの得意な子どもたちはたくさんいるのに、彼らは、機械に興味を持っていることに全然気づいていないんです」。

こうしたことに加え、家庭崩壊や、路上生活でも生きていけるというサバイバル本能、職場に足を踏み入れることへのカルチャーショックのせいで、適正な労働力になるべき人材が不足してしまう。「彼らは家族の問題に打ちのめされて、仕事は二の次なんです」と、マイケルは語る。「だから、みんな一か月働いて、突然、会社に来なくなるのです。そして、二日後に出勤してくるので、「どこにいたんだ？」と聞くと、「実は、車が故障して直さなきゃいけなかった」とか「家族が病気で、家にいて面倒を見なきゃならなかった」などと言うんですよ。だから、その事柄について話し合ったり、説明を試みたりします。「君にはわかってないな。確かに大切な家族の問題かもしれないが、出勤しなきゃいけないんだよ。職場に姿を見せないわけにはいかないんだ。電話の一本もなしなんて、なおさらだ」と」。

こうした例が主に当てはまるのが、「仕事をする態勢が整っていないグループ」とマイケルが呼ぶ人々である。彼によれば、彼らは熱意を持って仕事を始め、通常一、二か月は続くという。「その後、他の同僚や、自分たちにつらく当たったり、自分たちへの理解を欠いたりする上司との間に摩擦が生じ、彼らは、どう対処したらいいのかわからなくなるのです。そして、「ここを辞める」となるわけです。雇用主として、これらの、ひどく脆弱な労働者グループを相手にするうえでの難問は、そうした感情面での危機を彼らに乗り越えさせるよう指導する方法を体得することだと思います。このような事態は必ずやってくるのですから。「最初の六か月以内のどこかの時点で、職場で起こることに、ひどく動揺を覚える時がくる。そのことを率直に理解しようじゃないか。さてと、どうやってそれに処理するか。君はここにやって来て、何が起こっているかを私に話すんだ。でも、仕事に来ないというわけにはいかないよ。そんな選択肢はありえないんだ」と、言います」。

サマーズ社の監督者のなかに黒人は一人もいないと、マイケルは認める。そうした状況は、上手な人材管理に必要とされるカウンセリングの足枷となっていた。「私たちの監督者、トップレベルの監督者たちは、そのようなやり方で問題に対処するための訓練を受けていないし、その手の感覚も持ち合わせていない。彼らは、未熟な仕事ぶりを上からたたかれ、この手の問題にはいともたやすく寛容さを失い、部下にこう言うでしょう。「クビだ」と。そして、両者の間に文化的な差があれば——中産階級の白人男性と若い黒人男性の場合など——コミュニケーション上でも文化的にも、大きな問題が生じます。低レベルの仕事ぶりに対する監督者側の忍耐力不足。それに、〔問題の〕把握と理解の欠如。若い黒人の従業員は、こう言うでしょうね。「ここは私にとって居づらいところだ」と」。

はたして、従業員に、自分たちが重要な存在だと感じさせることは役に立ったのか。「雇用主との関係を良好に保とうとしない連中は去っていく」と、マイケルは言う。野心を持つ他の従業員にとって、「自分たちの重要性を感じることは、世界観を新たにすることである」。

低賃金を支払われると、労働者は自らがおとしめられたと感じること。そして、経営陣にとって、より高い賃金を支払うことは、製造あるいはサービス業務に従事する人たちの必要性を訴える最も確実な方法であること。この二点は、これまでにも論じられてきた。サマーズ社でも、他の多くの小企業同様、利益幅は、経営の調整要素としてほとんど役に立たないとはいえ。未経験の新人、たとえば、新人の倉庫係が時給八ドルか八・五〇ドルでスタートすると、約二年後には時給一二ドルになることもあると、マイケルは言う。彼は帳簿を取り出し、年商一〇〇〇万ドルを計上する彼の会社の収益と支出を見せてくれた。「売上一ドル分を例にとると」と、彼は説明する。「そのうちの六〇セントが材料費で、人件費が二五セント。それだけで、基本的に八五％になります」。そして、その残りのほとんどが「設備費、電話代、通信費、維持費、修理費、社員教育費」として消えていく、と付け加えた。それからマイケルは、帳簿のいちばん右下にある、利潤三％という数字を指差した。「この業界では、まあまあの数字です」と、マイケルは言う。「よくも悪くもありません。税引き後の三％という取り分は、かなりいいほうだと思います。この三％が、我が社の成長を高めているのです」。

創業者の息子であり孫であり、この成功している企業のCEOであるマイケル・サマーズの年収は、景気のいい年には八〜一〇万ドルになる。「この年収は、正直言って、かなり高いものだと思います」と、彼は言い切る。この額は、同社の新人の給料の約六倍に当たる。「もちろん、その差が五〇〇倍なんていう話が、新聞や雑誌に載っていますが」と、マイケルは顔をゆがめる。「そんなの、ちょっとした犯罪だと思ってしまいますね。個人的には、どんな企業であっても、年収一〇〇〇万ドルとか、そんな大金に値する人がいるとは思えません。ばかばかしい。でも、そうした話も、標準的な例ではありません。私たちが、平均的な例なのです」。

愛のムチと慈しみの態度

従業員に、自分たちは必要とされていると感じさせるために会社が相応の賃金を払うつもりがない場合、雇用主は、別の方法でそう思わせようとしているのかもしれない。〔オハイオ州〕アクロンのザ・ランドマーク・プラスチック・カンパニー社は、年間の従業員の離職率が一

○○％を超えたため、退職者面接を行い、会社を辞める理由を聞くことにしたが、マネージャーたちはその答えに驚いた。同社は、二〇〇人の従業員が働く広大な工場で、苗木園の植物用使い捨てプラスチック植木鉢や植木皿を製造する会社である。筒型の段ボール箱に詰められて到着した小さなプラスチック片は、熱せられて小球状になり、再び加熱された後、水力で型押しされ、さまざまな大きさから成る、プラスチック製の黒・白・緑色の植木鉢へと変身する。ホースや厚いピストンが迷路のごとく内蔵された巨大な機械が、雷のような轟音《ごうおん》やシューという爆音を立てており、そこで働いている人たちは、ほとんどがなり立てるような大声でないと、話ができないのだった。工場内の空気は、工場安全係のケン・スローンが「灰色」と呼ぶ、プラスチックの粉塵で煙っていた。だが、それは、〔米労働省の〕職業安全衛生管理局によって、慎ましく「迷惑粉塵」と認定されたので、危険物質として規制されることはなかった。労働者にはマスクがあてがわれていたが、誰も使用していなかった。全員が、着用を義務づけられていた安全メガネをかけており、少数の人が、緑やオレンジ色の、小さなゴム製の耳栓をしていた。六秒ごとに、「ハスキー」と呼ばれる二〇万ドル相当の機械が、四つのプラスチック製植木鉢を短いベルト・コンベアの上に吐き出していた。植木鉢は、ベルト・コンベアで、女性従業員の目の高さにまで上げられ、彼女の前に置かれた幅広のトレイの上にドサッと落とされる。その女性は、ひっくり返った植木鉢をざっとチェックして積み重ね、後ろに置かれた段ボール箱に詰め込んでいく。彼女は、二時間ごとに一五分間の休憩を取っていた。

辞めていく労働者たちが不満に思っていたのは、それが退屈でつまらない仕事だからではなかった。騒音でもなく、プラスチックの粉塵でもなかった。最初の時給七ドルという、低賃金さえ、彼らの退職理由ではなかった。もっと漠然とした何かだったのである。「自分が必要とされている、また不可欠の存在だ、求められている、と感じなかったからです」と、無愛想で頑固そうな、製造サービス部門のマネージャー、デイヴィッド・ボクミラーが言った。「そして、それは、ほとんどの人たちが人生で望んでいるものなのですよ」と、彼は言葉を続けた。「彼らは無視されていました。単なる肉体としか見られていなかったのです。監督者たちは、自分のしなければならないことに忙しくしていたため、肝心なことをしていませんでした。だから、私たちは事態を見直し、問題全体を見据え、こう言いました。ＯＫ、いったい何が監督者を狂わせたのか。なぜ監督者は、本来なすべき人間本位のことができなかったのか。それは、彼が技術的な仕事にかかりきりになっていたからなのです」。会社側が出した解決策は、新入社員一人につき、「スポンサー」と呼ばれる同僚一人を割り当て、「友人として、話し相手になったり、九〇日に及ぶ見習い期間中の案内役をさせたりする」というものだったと、デイヴィッドは言う。「新人たちが居心地よく感じることができるように配慮しました。また、友人を作り、他の人たちと交わることができるようにも。一人取り残されたり、まごついたりすることなく、仲間と一緒に昼食を食べたり、休憩を取ったりして、なるべく社交できるように、あるいはそうトライできるようにしました。とにかく、彼らが、皆とつながっている、自分が求められている、必要とされていると感じるようにしたんです。そして、彼らが規則や社則を理解する手助けもしました。退職者面接でわかったのですが、一〇〇日間働いたのに一度も監督者と会ったことがない、という従業員がいました。もう、これはおぞましい事態と言っても過言ではありません。私たちは確かにそうした報告を受けましたし、実際、それは本当の話なんです」。新人が九〇日間以上働き続けたら、「その保証人には一〇〇ドルの報奨金が出る」という。

福利厚生の改善や昇給という「特別優遇措置」で社員を縛りつけようとしても効果はないと、デイヴィッドは主張した。「時給七ドルの従業員のもとへ行き、「君の時給にあと二ドル上乗せしよう」と言ったとします。信じてもらえないかもしれませんが、そんなことは何の役にも立たないんですよ。ただ、人件費がかさむだけです」と、彼は言う。「時間ごとのコストが増加しても、お客さんがそれを払ってくれるわけではありませんから。コスト増を埋め合わせる方法を見つけなければならなくなるんです」。それから、彼は言葉を選んで続けた。「いくら人件費を払うかが問題ではないのです。従業員によって、いくらコストがかかるか、が問題なのです。従業員〔が会社にもたらす価値〕に見合うだけの賃金を払えば、余分なコストはかかりません。人件費をケチろうとすれば、とてつもないツケを払うことになります」。

失業率が下がると、〔労働者の〕質も下がる。これは、自由市場経済の容赦ない原則の一つだ。景気がよければよいほど、特に低賃金の仕事では、質のいい労働者を探すことがより難しくなる。だから、雇用主は、昇給させるつもりがないのなら、少なくとも懇切丁寧な指導をしなければならない。だが実際、「カンザスシティ完全雇用諮問委員会」のカーラ・ティルモンによれば、そうしたことに関心を示す人はほとんどおらず、元生活保護受給者をいかに監督するかという勉強会に参加するマネージャーは少数だという。「時給六ドルで、地球に月、それに星まで手に入れたがるような強欲な雇用主たちがいると思うと、実に腹が立ちます」と、彼女は言い切る。「彼らは、高卒の資格や職務経験、秀でた職歴、失業期間がないことなどを労働者に求めます。でも、何かに目をつむって、雇うべきなんですよ」。

カンザスシティでは、連邦の福祉改革の追い風を受け、企業側が、積極的に職業訓練プログラムに協力するようになり、生活保護を非難する経営者たちは、自分たちの意見を実行に移さざるをえない状況にしばしば陥るようになった。「彼らには、こう言います。わかりました。では、行動で示してほしい、ってね」と〔第１章既出の〕H＆Rブロック社の会長補佐、テレンス・R・ウォードは断言した。「典型的な生活保護受給者は高校中退のシングルマザーで、小学校二、三年あたりの学力レベルで勝負しています。それなのに、彼女は仕事を持つべきだと言う。どうすれば、それが可能になるというのでしょう？」ウォードが経営者たちから得た答えは、つかみどころのないものだった。「企業が、「生活保護受給者を雇うことはできない」と言うとすると、私はこう言い返します。「では、彼らに生活保護を与え続けたいのですね？」と。そして、「いや、違う」、「じゃあ、〔雇うか生活保護を支持するか〕どちらかに決めてください。道は、二つに一つしかないんですよ。ただ一つ欠けているものは、彼女たちが働ける職場であって、それを提供できるのはあなた方なんです」というやり取りになるんです」。

雇用主はまた、ウォードが「愛のムチと慈しみの態度」と呼ぶものを提供しなければならない。それは、しつけと思いやりの組み合わせで、上手な子育て同様、優れた人材管理に役立つものである。景気が上向くにつれて、〔カンザスシティ郊外に本社を置く大手通信企業〕スプリント社は、そうした人材管理法を求められるようになった。時給七・四五ドルでは、郊外にある同社コールセンターのオペレーターを集めることはもはやできなかった。その界隈では、失業率が一％にまで下がり、従業員の離職率は、年率八〇％に達していた。それゆえ、住人のほとんどが黒人で、失業率が二ケタに上る、市中心部の低所得者密集地域から労働者を引き寄せるべく、スプリント社は、カンザスシティの歴史的エリアであるジャズ街のど真ん中に、鳴り物入りでコールセンターをオープンした。そこは、一八丁目とバイン地区が交差する地域で、同社は、そこに建つ古いレンガ造りの建物の三階に、パーテションで区切ったオフィスを設け、各パーテションにコンピュータ装置を備え付けた。そして、募集人員の学歴要件を、高卒、あるいは、一般教育修了検定証書(GED)取得済みから、GED取得見込みの段階にまで引き下げたのである。新人従業員の時給も八・二五ドルに引き上げ、二人のまじめな黒人女性を、〔コールセンターの〕従業員四五人の監督者に任命した。実際のところ、その従業員たちも、また黒人の女性だった。

「彼女たちは、誰のことも信用しません」と、業務マネージャーであるヘイゼル・バークレーは言う。バークレーは、教会に行くような服装でオフィスに出勤した。在学中は怖い存在だったが何年もたった後で懐かしく思い出される教師に見られるような、思いやりあふれる毅然とした雰囲気を漂わせて。彼女は、生活保護受給者層出身の母親たちの間に浸透している二つの問題を見つけた。まずは、他人をまったく信用していないこと、つまり根深い不信感である。二つ目は、一歩引き下がることは弱いことだ、と信じ込んでいることだった。この二つの弱点のせいで、彼女の部下たちは、怒りを管理し、職場で人とうまくやっていくことができないのだった。ヘイゼルは、彼女たちに諭した。叫んだり、どなったりする代わりに、「もっと大人になって、一歩下がりなさい」と、言葉で説いた。「そうしたことで彼女たちを手っ取り早く助けられるなら、従業員の離職率などという問題もなくなるでしょう」。〔コールセンターの〕従業員の離職率は年率四八%で、郊外に比べればましとはいえ、まだ高すぎる数字だった。

キレやすい人物を雇わないために、せっかちな雇用主たちは、その糸口を探すが、たいていはステレオタイプ化されたイメージに行き着く。暴力は、多くの白人の間に長年定着している黒人のイメージだ。だから、黒人で、しかも男性で、大柄で強かったら、あるいは、前科があったら、短気で、すぐにキレる性格の人間だと受け取られる可能性が高い。

ケビン・フィールズは、このすべてのステレオタイプにぴったり当てはまる。彼はテレビでレスリングを観るのが大好きだったし、彼自身、レスラーのような体格をしていた。長身で体重が二八〇ポンド〔約一二七キロ〕もあり、頭をツルツルにまるめ、右の耳には、小さな金のリングをつけていた。彼の雇用主になるかもしれない人物が、これまでに、重罪で有罪判決を受けたことがあるかどうかを彼に尋ねたところ、彼は正直に二年間刑務所に入っていたことを告白した。その理由を尋ねられた際も、真実を語った。

「暴行を働いたんです」と、彼は言う。「相手は五人。私は野球のバットを持っていた。やつらが、私の車にガラス瓶を投げつけたんです。その瓶が割れて、一緒にいた女の子に、散ったガラスの破片がはね返ったりしました。まったくふざけた話でしょ？　で、「あそこを蹴飛ばされない前に、さっさと車の中に戻れ」って、やつらは言ったんです。上等じゃないか、と私は答えて、車の後ろのシートからバットを取り出しました。それで、あんなことになってしまったっていうか。私がそこを立ち去る時には、みんな、地べたにころがってたってわけです。でもって、警察に追われる羽目になりました。母親から言われました。「自首しろ」って」。

たいていの場合、雇用主たちは、事件に関連した質問をしてくるのだった。「いつだって、こうくるんです。「それで、もしも、ここで何かが起こったら、君はどうする？」って」と、ケビンは、再び誠実に私の質問に答えた。「自分は男だから闘うって、いつでも連中に言います」と、彼は言った。「わかりますよね？　誰にもなめたまねはさせません」。彼は、一度もうそをつこうと考えたことはなかったのだろうか。ほんの少しだけでも。あやり過ごす、とか、平常心でいる、とか。「まさか。あの事件に関して黙ったまま、誰かに何かをしてもらうわけにはいかない」と、彼はきっぱり言う。ケビンが仕事を手に入れる機会は皆無に近かった。彼にできる最高のことは、芝を刈ることだった。

企業によっては、服役歴を持つ応募者を自動的に落とすところもあるが、なかには、そうしない企業もある。「私たちの業界で働くには、それなりの要件を備えていなければならないのです」と、カンザスシティの人材派遣会社の代表は言う。「それなりの要件とは、小切手や現金、企業の機密情報を扱うことができるという意味です。もちろん、犯罪を働いて有罪判決を受けたことがある場合、彼らにその理由を聞きます。通常、犯罪歴があると、即時に要注意人物となりますね。特に、窃盗関係、また、理由にかかわらず有罪判決を受けたことがある場合、それに、債務がらみの問題を起こしている場合も」。ジョン・ノックス・ヴィレッジ退職者ホームなどのヘルスケア施設は、ミズーリ州法の禁止令が適用されていた。「AあるいはBという重罪——対人・対物犯罪、または性犯罪——で有罪判決を受けた重罪犯を働かせることはできない」と、〔同退職者ホームの人事部長〕シャロン・イーバイは話す。そうした法令があっても、ビクトリアン・ペーパー社のランディ・ロールストンが、犯罪歴を持つ者の雇用をやめることはなかったが、「避けられるものなら、その方がいい」と、彼は言った。「五〇ドルで、彼らの犯罪歴を売ってくれる会社があります」。

不景気になり、テロの脅威が高まるにつれ、雇用主は、応募者の経歴チェックを、より厳しく行うようになった。たとえば、ワシントンでは、麻薬に手を染めたり、暴行を働いたりしたことがある者が、公認看護師補佐として採用されることはない。この職は、職業訓練所の人気コースであるにもかかわらず、そうなのである。また、法的責任に対する懸念から、ビルの所有者たちは、ビル管理の仕事に応募してくる人たちの犯罪歴に、より敏感になってきた。この仕事も、職業訓練所の人気コースの一つである。刑務所暮らしの過去を持つ者は、日中に限って、運搬係や床のワックスがけ係として働けるが、オフィスやアパートに自由に出入りできる職には就けない(2)。企業によっては、元雇用主を人種差別やセクハラで訴えた人たちさえ門前払いにしている。

しかし、バーガー・キングのブライアン・ヘイゲンは、異なるアプローチで、従業員募集に臨んだ。「更生訓練施設出身者と、出獄してきたばかりの人たちを雇いました」と、ブライアンは言う。「彼らは、〔仮釈放され、保護観察下にある犯罪者の居場所を確認するための〕ブレスレット式探知機を足首につけて、仕事場にやって来ます。『君の監視役は誰だ？』と、彼らに尋ねます。市内には、そうした監視を代行する会社が二つあるんです。『いつ自宅を出ることになってる？　帰宅すべき時間は？』それがわかれば、彼らの手助けができますからね。感謝する者もいますが、たいていはされません」。

彼は、もともとは従業員の一人から頼まれて行った採用が成功例につながった話を披露した。その従業員には、コカイン依存症で、リハビリ施設に入っている若い女性の友人がいた。「聞いてください。彼女は、刑務所から出てきたばかりなんです」と、従業員はブライアンに言った。「彼女には仕事が必要なんです。助けてもらえませんか」。

「その女性と面接したところ、まあまあ大丈夫そうでした」と、ブライアンは回想する。「すばらしい、とか何とかいうわけではありませんでしたけれど」。だが、彼は、従業員の顔を立てて、その女性を雇った。職場で、彼女と個人的な話をする機会を持ったブライアンは、彼女が行っていた苦闘に敬意を払うようになった。「その女性は、自分が仕事を必要としているのと同じくらい、私が彼女を必要としていることをわかってくれました。私が彼女を当てにしているということを。彼女はそれを知って、能力的にグングン成長し始めました。それは本当に……誰かを路上生活から引っ張り上げることができたというのは、本当にいい気分ですよ。リハビリ施設の卒業式には、私を招待してくれました。彼女は、自分を心から誇りに思っていましたね。当然です。彼女にとっては実につらい状況でしたが、見事に立ち直ったんです。バーガー・キングで働いたおかげ、とは言いません。でも、その勤務経験が、彼女に大きな自尊心を植え付けたのだと思います。だから彼女は、どん底からはい上がり、身を持ち直すことができたのでしょう」。

「今は別の会社で、別の職に就いています。今も時々、彼女と話しますよ。不動産会社で受付をやっていますが、ホテルでも別の仕事をしています。いい暮らしぶりですね。贅沢、という意味ではないですよ。シリコンバレーで働いているわけではありませんから。でも、以前と比べたら、いい暮らしをしています」。

人づかいの荒い市場では、低技能の労働者たちは、ほんの数分の注意と教えといった低コストの出費によって、救われることが多い。「遅刻ばかりしている若い女性従業員を解雇しようとしていたときのことです」と、スプリント社のヘイゼル・バークレーは言う。「彼女は、一度もバスに乗ったことがなかったのです」。その女性は、単にバスの乗り方を知らなかったのだった。そこで、監督者がバスの乗り方を教えた。「今では時刻表も読めるし、バスに乗れます。ちゃんと働いていますよ」。

別の言い方をすれば、ノドから手が出るほど仕事を必要としている労働者と、人手を欲しがっていて情け深い雇用主がタイミングよく出会えば、双方にとって好都合である。不況時には、カンザスシティにあるジョン・ノックス・ヴィレッジ退職者ホームが不便な場所にあり、公共交通機関によるアクセスがないことも、何の問題にもならない。就職難の時代には、同退職者ホームの運営に必要な一〇〇〇人の雇用は、自家用車を持っている人たちで占められる。だが、経済が上向くと、同ホームは、市内の低所得者密集地域に住む労働者たちに目を向けなければならず、深刻な人手不足に陥るのである。「労働市場が枯渇し、失業率が五％以下に落ち込んだときは……」と、人事部長のシャロン・イーバイは語る。「まったく人集めができませんでした。いつまでも空ポストが埋まらず、毎週毎週、一〇〇人ずつ募集していました」。最終的に、彼女は、交通機関が大きな障害であることに気づき、かつて退職者たちを運んでいた同施設所有のバンやバスを利用することで、解決法を見いだした。低所得者密集地域と同施設間の往復に、バンやバスを利用したのである。

一企業による、こうした場当たり的な処置は、一時しのぎの対症療法であって、問題の根治にはつながらない。それは、アメリカの自動車優先文化によって引き起こされる経済的な不安定さを緩和することにはならない。足として頼れる自家用車を所有できないほど貧しい労働者たちが長期にわたって被る不利益を、解決することにもならない。税金の使い道を、高速道路建設から公共交通機関の充実へとシフトすることにもならないのである。こうした話は、私的セクターが社会問題に対処する能力の限界を示す好例にほかならない。こうした解決法では、好況期〔の人材難〕を乗り切れないのである。

アメリカで労働者でいるということ

バーガー・キングのブライアン・ヘイゲンは、従業員に要求するのは勤労意欲だけだと語り、彼が雇っている従業員の可能性の限界について、不用意にも明確な定義を下した。無遅刻であるうえに、大学の卒業証書と大いなる才覚がないかぎり、バーガーをひっくり返す仕事から経営陣へと出世することはない。貧困からはい上がる道は、適切な経歴なしには、ほとんど切り抜けられない険しいものである。

ブライアンの見解では、卒業証書を見ただけでは、実際の知識はわからないが、その人がどれだけ努力したかはわかるという。「大卒の人に会ったとき……」と、彼は語る。「まず頭に浮かぶのは、この人は根気強い、ということです。大学に入ることはすごいことです。そして、卒業できるとしたら、たとえ政治学学士の学位であっても、少なくとも大学を出たということになるわけですから。成功した、ということです。つまり、どこに行っても成功できるということですよ」。

根気強さという「ソフトスキル」は、〔仕事に必要なしかるべき技能である〕「ハードスキル」によって生み出されるものであり、ハードスキルは、学校と職業訓練で学べるはずのものである。自分自身を無能と考える人に根気強い人はおらず、そうした人たちが、時間を守り、前向きで、自らの進歩に対して現実的な希望を抱くこともいっさいない。雇用主側は、応募用紙にきちんと記入できない人たちや、「高校」という文字も書けない高卒者について不満を述べるものの、それでも、昇進の可能性があまりない、そうした人たちを採用している。シャロン・イーバイは、家政婦や、食事サービスに携わる労働者たちが字を書けなくても気にしなかった。「彼らは、カルテを書き込まなければならないわけではありませんし」と、彼女は言う。「注文の変更とかが読めれば、それでいいんです。それができるかどうかで、大きな違いが出てきますね」。そうした職の行き着く先は、出口のない袋小路にほかならないのである。

「今、あるレジ係のことで頭を悩ませています」と、ブライアンは言う。「人柄はすばらしいんです。彼は驚くほどいい人で、お客さんの人気者なんですよ。でも、相手に返す金額がレジに表示されないと、お手上げになってしまうんです。ただ単に、暗算ができないんですね」。時には、レジに金額が表示されないときがある。「たとえば、こんなふうにレジで働いているとしますよね。『おい、ブライアン。五ドル札が何枚か必要なんだ』と言います。そして、彼は、レジをポーンと開けて、〔両替分に相当する〕額を取り出すことになります。五ドル札でね。レジを開けるには、キャッシュ・キーを押すわけです。すると、両替する総額は表示されますが、渡すべき五ドル札の枚数は表示されないので、何枚五ドル札を返したらいいのかわからなくなるんです。そして、途方に暮れてしまう。だから、それを教えてやるわけです。二年生の算数を彼に教えるんですよ。問題を説明し、『いくらになるか計算してみて』ってね」。ブライアンは顧客からは愛されるかもしれないが、マネージャーにはなれない。

だからといって、彼がとりわけ変わっているわけではない。アメリカの成人の三七％は、計算器を使用しても、値段の一〇％引きの計算の仕方がわからない。同じ割合の人たちが、バスの時刻表を読めないか、クレジットカードの請求額の誤りに関するクレームの手紙一本も書けないのである。一九九二年に教育省が実行した「全米成人読み書き調査」によると、一四％が、預貯金入金票に記入した額を総計することができず、地図上で交差点の位置を探し当てることも、家電製品の保証書を理解することも、薬の正しい服用量を判断することもできないという。ゆえに、グローバリゼーションの状況下において、彼らは、〔人件費の安い国の労働者に〕たち打ちできないのである。アメリカでの生活費が高いため、スキルを必要としない仕事をしているアメリカの労働者たちは、たとえば、スリランカのような国で同じ仕事をしている労働者より高い賃金をもらう必要がある。その仕事が米国内で行われなければならないという地理的な条件がないかぎり、川の流れが海にそそぐのと同じくらい必然的に、その仕事は、アメリカから低賃金の国へとドッと流出するだろう。ニュージャージー州に住んでいる食料切符の受給者が、質問をするためにフリーダイヤルに電話すると、インドの誰かが電話口に出るのは、そうした理由からだ。ポール・リリグのドキュソート社で、〔返信用料金別納郵便〕封筒の画像をミズーリ州からメキシコへ電送し、そこで、労働者たちがコンピュータのスクリーンに向かい、返信先の郵便番号を入力してバーコードを封筒に印刷するのも、同じ理由からである。技能労働者に対するアメリカ経済の需要が増えれば増えるほど、技能を持たない労働者は、昇進の機会をますます失うことになる。

いくつかの調査によれば、雇用主による、授業料補助などの教育奨励策の恩恵に被る労働者は、往々にしてすでに最高教育を受けた労働者たちだという。あたかも、教育は資本と同じであるかのようだ。つまり、持っているものが多ければ多いほど、さらに多くのものが手に入る、ということである。貧困から抜け出たばかりの、あるいは、貧困ギリギリのレベルをさまよっている従業員たちは、将来の青写真を引いたり、医療保険や生命保険、退職用プランといった、繰り延べ的な恩恵を伴う福利厚生の利点を計算したりする余裕もほとんどない。「やけっぱちで、あるいは仕方なく働いている下積みレベルの人たちは、キャリア・ゴールを持っていない」と、〔前出の〕デイヴィッド・ボクミラーは語る。「キャリア・ゴールの意味がわかっていないんです。最低賃金を稼いで、カツカツの生活をしたり、悪い習慣を維持したり――。働かないとすると、刑務所に逆戻りするだけ……。仕事に身を入れていないんです。今日は働きに行かないと、いとも簡単に決めてしまう。彼らの生活はボロボロです」。彼のもとで働く賃金の低い従業員に、個人的、あるいは家族の問題がしばしば襲いかかる様子を見ながら、ポール・リリグは、こうも言う。「仕事は、彼らにとって一番大切なことではないのですよ」。

ブライアン・ヘイゲンは、面接で、たいていの場合、相手がどのような人物かをすぐに読み取れる。「的を射た質問をするよう努めます」と、彼は言う。「直感というか、雰囲気を感じ取るというか……。尋ねるのに適した質問は、「今日は火曜日ですが、通常、どんなふうに過ごしますか。何をやりますか」というものです。彼らが、立て続けに六つも七つも八つもベラベラしゃべって、そのうちの一つが、保護観察員に会いに行くことだったら、対処の仕方が決まります。でも、「祖母の家に立ち寄ってから、近くの食堂へ行って朝食か何かを取ります――それか、〔人材派遣会社の〕マンパワー社へ出向いて、応募用紙に書き込み、仕事を探します」などと言うと、彼らの状況や何をやりたいのかが、だいたいつかめますね」。

また、ブライアンは、自分の目で見たものを理解すべく努めるのだった。「目に見えるもの、つまり、ボディ・ランゲージなどから手がかりをつかみます。それが何を意味するのかを読み取ろうとするんです。幾度となく、面接中ずっと下を向きっぱなしの人に出くわします。それは、いったいどういう意味なのか。心がやましいのか。ひどく照れ屋なのか」。あるいは、自分の無力さを怖がっている、ということか。

第6章　父親たちの罪* *Sins of the Fathers*

私に近寄らないで。あまり近づかれると、危ない目に遭いますよ。物を盗まれたり、金を奪われたりする危険もあります。辛い思いをする危険もあります。

——ピーチズ(仮名)、ホームレスの働く女性

幼年期の性的虐待

ブランコに座っている一〇歳の少女が、傍らにいるケースワーカーと話をしている。「何回、レイプされたの?」と尋ねる少女。

その質問は、ただ自然に会話の中へと滑り込むかのごとく、彼女の口から何気なく飛び出したのだった。ケースワーカーのバーバラ(仮名)は、平静さを保とうと努めた。

「レイプされたことがないと言ったら、少女は驚いていました」と、バーバラは回想する。

「みんなレイプされたことがあると思った」と少女が口にしたのを、彼女は覚えていた。

「その子の友人たちが、学校でレイプの話をしていたんですよ」と、バーバラは言う。「よくあることです」。

これをきっかけに、彼女は、アメリカのおびただしい数の家庭にはびこっている性的虐待という病にかかわることになったのである。その少女は、バーバラが、危機に瀕する子どもたちを救う個人指導プログラムで、初め

て手掛けたケースだった。そして、その子どもたちは、学校生活において問題を抱えているという歴然とした兆候を、教師たちによって指摘された生徒たちばかりであった。バーバラによれば、ニューイングランド地方〔米国東北部〕のある町で指導しようとした少年少女一三人のうち、一二人が性的虐待を受けた経験があるという。彼らは、バーバラが自分たちの話にどのような反応を見せるか、その表情を見ずにすむよう、たいていブランコの上や車の中で、バーバラと隣り合わせで座っているときに自らの経験を語るのだった。その一〇歳の少女は、父親にレイプされた過去を持っていた。父は六七歳であった。

この少女はどんな大人になるのだろうと、バーバラは思いをめぐらせた。少女には、母親がアルコール依存症に冒されていたとき、いくつかの里親の家をたらい回しにされた過去がある。「かわいい盛りの幼年期に……」と、バーバラは言う。「骨の髄までぼろぼろにされてしまったんです。二〇代までもちこたえたら、サバイバーと呼べるでしょうね」。

サバイバー。それは、彼女の最も希望に満ちた観測であり、その予測は、ほぼ当たっていた。その少女は一八歳で妊娠し、三人の男のうち、誰がお腹の子の父親なのか不明なのであった。

貧困のがけっぷちに立っている驚くべき数の女性たちが、性的虐待のサバイバーであることが判明している。そのトラウマは、巨額の負債のように、のちのちまで彼女たちの足枷となるのだった。だが、それは借金と違い、破産宣告では帳消しにできないものである。こうした女性たちの未来は、その過去によってだいなしになる。そして、その過去が彼女らのセルフイメージに影を落とす。その様子は、一回目のインタビューであからさまに露呈されることもあれば、四、五回目になって婉曲に伝わってくる場合もある。私のほうから尋ねることは決してなかったものの、インタビューを試みた、貧困にあえぐ女性たちのほとんどが、子ども時代に性的虐待を受けたことがあると、遅かれ早かれ告白するのだった。

カーラ・キングという若い母親は、初めてインタビューした際、話を始めてからわずか三〇分で、打ち明け話を吐露した。私は、彼女の家族について質問しただけであったが、「子どものころ、父親から性的虐待を受けました」と、カーラはさらっと言ってのけた。「夫は、そのことを知りません。私が一二歳のときでした。父は、それから一年以上も私の体を触り続けたんです。父は、酔っぱらっていました。私は、部屋の鍵をかけていましたが、父が私の体の上に乗っているのに気づき、目が覚めたんです。はねのけると、「父親と娘は、こうするものだ」と言いました」。

「正しいことではないとわかっています」と、カーラは言葉を続ける。「でも、誰に言えばいいのか、わからなかったんです。その後、友だちの家に泊まっていました。母に父のことを話しましたが、「大丈夫よ。私のお父さんも、酔っぱらうと同じことをしたわ。でも、あんたのお父さんは、もう二度としないよ」と言われました」。

女性が、そうした一身上の恥辱を見ず知らずの人間に告白するという事実は、彼女がどれだけ大きな重荷を背負っているかを浮き彫りにする。そうした女性は、自らの障害の多くが、幼年時代に暴行者から負わされた恥辱と自己嫌悪の産物にほかならないと考える。そのような無力さは、彼女らの人生までも変えかねず、男選びの悪さや根深い猜疑心、無感情、愛情を抱けないこと、といった結果をもたらす。虐待された経験は、あまりにも重大すぎて、隠し通すことは不可能である。

性的虐待は、あらゆる階級・人種をむしばんでいる。現代という、より開かれた時代における、より開かれた社会においては、以前よりも率直にこの問題が議論される傾向にある。その結果、アメリカ人は、こうした事柄に以前よりも注意を払い、警戒するようになってきた。被害者たちは、人に言えない恥辱という観念を克服し、聖職者や叔父、家族の知人や父親を告発してきた。とはいえ、真実の多くの部分は明るみに出ないため、疑問の多くは解決されないままである。貧困家庭の子どもは、裕福な家庭の子どもよりも被害を受けやすいのだろうか。物質的に満たされていない家庭は、生涯消し去ることのできない、そうした危害から子どもを守る手段にも事欠くのか。崩壊した家庭——シングルマザー、長続きしない母親の男関係、アルコール、ドラッグ、深夜の長時間勤務による親の不在など——のほうが、性的虐待は起こりやすいのだろうか。

よく知られているように、トラウマも、貧しい人々の間でしばしば見られる種々のハンディキャップと同様に、子どもたちを虚弱にしている。性的虐待を受けた子どもは、無力感にさいなまれる。多くの被害者が証言しているように、大人になってもその感覚が続くと、人生は自分でコントロールできるものだという信念など持つことは不可能かもしれない。物事は実際に自分で選択でき、今行った決断が将来に影響しかねないという観念そのものが失われているのである。立ちすくむような無力感に襲われ、他の災難がそれに加わって精神をむしばむことで、貧困者や貧困のボーダーラインにいる人たちは、自己変革を遂げる能力を奪い取られてしまう。

そうした人たちは、子ども時代に受けた性的虐待が原因で、成人してからも他者と親密な関係を結べないため、経済的にもダメージを被る。子どものいる全貧困家庭の半分の世帯主は独身女性、九%が独身男性である。つまり五九%の家庭では、世帯主が唯一の稼ぎ手であり、それが低所得者である場合は、非常に大きなハンディキャップとなってしまう。通常、女性が子どもの面倒を見ることになるが、子どもの父親からしかるべき養育費をもらう場合もあるし、もらわない場合もある。

人と健全な協力関係を築けない背景にはさまざまな理由があるが、性的虐待もその一つといえよう。虐待を受けた子どもの無力感は、卑屈で追従的な性質をつくりかねず、精神科医が「解離」と呼ぶ、逃避の一方法になりうる。解離が起きた場合、被害者は、虐待を受けている間、距離を置いたところから客観的に自分を眺めることになる。同様の現象は、戦争をはじめとする、他のトラウマの被害者の間でも確認されている。この身体離脱の経験とは、現実に起こっていることに対して関心を示さず、感情をシャットアウトすることで、自分が守られている気分になるというものである。そうした現象は、その出来事から何年にもわたって、場合によっては、生涯、続く恐れもある。子どもたちは、とりわけ脆弱なものである。「成人してから繰り返しトラウマにさいなまれると、すでに形成されている人格がむしばまれる」と、ハーバード大学医学大学院の精神科医、ジュディス・ルイス・ハーマン博士は記す。「だが、子ども時代に繰り返されたトラウマは、人格を形作り、ゆがめてしまう」。

サバイバー〔児童虐待経験者〕の親密関係〔性的関係を含む個人間の関係〕は保護とケアに対する強い要求によって駆り立てられており、見捨てられるのではないか、利己的に利用されるのではないかという恐怖につきまとわれてもいる。救済を求めて特別なケア関係を約束してくれる強力な権威的人物(長所)を探し求めるかもしれない。この人物を理想化し、この人に恋着することによって昂然と肩をそびやかし、支配されるのではないか、裏切られるのではないかという絶えることのない恐怖を払い除けようとする。

しかし、この選ばれた人物が被虐待者の幻想的な期待のレベルを現実に満たしてやることには成功しないのは必定である。失望して、つい先ごろまで崇拝していた同じ人物を怒り狂ってけなすことになるだろう。個人間にありがちな衝突が二人の間に起こると強烈な不安、抑鬱さもなくば怒りが起こるかもしれない。うっかり忘れでもすれば、サバイバーの心の中では、ごく些細なことが過去のしこりとなっている無視され軽視された過去の体験を蘇らせる。またちょっとした心ない言動が過去の意図的な残虐行為の体験を蘇らせる。このようにして児童虐待経験者の対人関係のパターンは張りつめた不安定なものとなり、救済されては、不当な仕打ちを受け、裏切られるというドラマが繰り返される。[1]

どのような形であれ、幼少時の虐待経験は、性体験を早めかねない。ある研究によれば、「とりわけ幼少時に感情的な喪失感があると、青春期に性行動に走ったり親になったりすることを通して、感情面での親近感を求める可能性がある」という。[2] また、メンフィス〔テネシー州〕に住む若いアフリカ系アメリカ人の女性一〇二六人を対象にした別の研究によれば、性がらみでない身体的虐待は早期妊娠につながらない反面、性的虐待は、早期妊娠と相関関係にあるという。幼いころに性的虐待を受けた女性は、若干早い時期に合意的な性交を経験する傾向があり（性的虐待経験者の平均初体験年齢は一四・九歳、非性的虐待経験者は一五・六歳）、妊娠するのも早い（前者の平均妊娠年齢は一六・七歳、後者一七・四歳）。「臨床医たちは、一〇代の若者から、子ども時代に性的虐待を受けたという話を聞いたら、早期性行動に関する赤信号と受け止めるべきである」と、同研究は結論づけている。また、「こうした若者については、適切な家族計画のためのカウンセリングやメンタルヘルス・カウンセリングを受けさせることで、早期妊娠の危険性を減らさねばならない」。[3] 正論であるが、とりわけ貧困層においては、ほとんどそうなっていないのが現状である。

そして、低所得世帯においては、貧困が次世代へと持ち越される原因の一つとして、性的虐待が挙げられよう。虐待は、富裕層の間でも起こる。しかし、子どもたちの心の中に巣くう精神的苦悩にもかかわらず、裕福な家庭には、子どもたちを前へ前へと駆り立てるための他のメカニズムが働いている。親の向上心と大きな期待、成功に対するプレッシャー、教育への開かれた道、専門的な業績達成を目指す意欲などが相まって、権利とチャンスを目指す感覚を形作っていく。サバイバーたちは、人を喜ばせることに躍起になりがちだが、一部の裕福な家庭においては、そのおかげで、彼らが目覚ましい学問的成功を収めることがある。

そうした力学は、低所得層の家庭では大きく異なる可能性がある。低所得世帯においては、虐待という要素が、多重のストレスに加重される。全般的に見て、性的虐待を受ける少女は四、五人に一人と言われているが、研究者たちが世論調査から推定するところによれば、低所得のシングルマザーたちの間では、その率はもっと高くなるかもしれないという。福祉改革を取材しているジャーナリストたちは、性的虐待の過去を告白し、母親に保護を求めても相手にされず、身の安全の感覚も砕け散り、家庭という避難所を持たない、多くの貧しい女性たちに出くわす。このテーマで記事を書いた、ある白人記者にニューイングランドの少女の話をしたところ、その記者は、困惑の表情を見せた。そして、少女は白人だったのかと、私に尋ねた。そうだと、私は答えた。実際のところ、そこは白人一色の町だった。カーラ・キングをはじめとする、自らの虐待経験を語ってくれた多くの女性たちは、白人である。「なるほど、こうした問題は黒人文化と関係があるとばかり思っていた」と、その記者は告白した。彼は、自分自身の偏見に動揺を覚えているようであった。

過去から抜け出ることができない

次は、最近、生活保護から抜け出た、ワシントン在住のウェンディ・ワクスラーの例である。彼女は、二度目のインタビューで、自分の厳しい生活について口を開き、子ども時代の思い出として、脳裏にまざまざと刻まれている、約三〇年前に受けた強姦の経験について話し始めた。彼女は今、失敗から立ち直り、懸命に働き、心の底から笑い、障害を持つ娘の手本となることを自分自身に課しながら、その傷跡を覆い隠そうと決心しているのだった。

ウェンディは、産みの母親については何一つ聞かされていない。彼女が知っているのは、生後四年間を過ごした二つの里親家庭のことだけである。「あの人たちは、どんな小さなことについても、私たち子どもにお仕置きをすればいいと思っていたんです」と、彼女は、最初の里親について話す。「その家には、私のほかに二歳の子がいました。その子も里子でした。ある日のことです……。その光景は、まるで繰り返し出てくる夢のように、私の脳裏に焼きついています。ある時、(養母が)その小さな女の子を地下室に引っ張っていって、たたいていました。確か、その子が、お漏らしをしたか何かだったと思います。養母は、後始末をしなければならないからと、カンカンでした。すると突然、その子の悲鳴が止まったんです。養母は上に上がってきましたが、その子の姿はありませんでした。ぞっとしました。養母は、私の表情を読み取ったのか、「何だっていうの？ もうここには居たくないんでしょ？」と、言いました。私は、うん、って答えたように記憶しています。それから、彼女に言われて、あの人たちが私を迎えに来て、別の里親家庭に預けられることになったんです」。その小さな女の子がまだ生きているのか死んだのか、ウェンディには知るよしもない。

二番目の家庭も、安住の地とはほど遠かった。その家には、ポーラという、もう一人の里子のほかに、一〇代の放蕩息子が二人いた。「その息子たちは、私とポーラを地下室に連れていってはパンツを脱がして……」と、ウェンディは言葉に詰まった。「決して忘れられないようなことをされました。あれから何年の月日がたったかなんて関係ありません。絶対に忘れられない。死ぬまで絶対に……」。

彼女は再びその家庭から救い出され、子どものいない、離婚歴のある女性に養子として引き取られた。「彼女からは、最初、拒食症みたいだと言われました」と、ウェンディは回想する。「髪はグシャグシャ、服は汚れていて、歯は緑色だと言われたんです。そんな汚い歯が、まだ抜けずに残っているのが不思議だって。そして、「私が救ってあげたのよ」ってね」。

しかし、結果的には、すべてのことから救われたわけではなかった。養母はいつも彼女をベビーシッターの家に預けていたが、そこでも、ベビーシッターの息子たちと一緒に、しょっちゅうほったらかしにされていたのである。「彼らも、私に同じことをしました」と、ウェンディは当時を思い出しながら話す。「バスルームかどこかに私を連れていっては、変なことをしました……。アナルセックスをしたのは、あれが最初で最後です。小学校二年生のときだったと思います。養母は、私の話をどうしても信じませんでした。私のことを信用していなかったんですね。養母がベビーシッターに尋ねても、その女性自身、何も知らなかったので、養母は私がウソをついていると思ったんです」。

虐待経験を持つ多くの女性同様、ウェンディも、男性との肉体関係や信頼関係、愛をめぐって、問題を起こしてきた。彼女の養母は、ウェンディが貧困へと転がり落ちるのを必死になって食い止めようとしていた。一〇代の若者たちは、妊娠したり、シングルマザーになったり、学校を中退したり、自分を虐待する男と付き合ったり、時折、生活保護に頼ったり、低賃金の仕事を次々と渡り歩いたりすることで、貧困生活に陥ることが多い。養母はウェンディの大学進学を望み、彼女はハワード大学〔ワシントンにある黒人の比率が高い名門カレッジ〕に入学が決まっていた。しかし、高校の卒業式の日に、自分が妊娠していることに気づいた。母親に妊娠の事実を告白することを恐れながらも、ウェンディがいざ報告すると、母親は中絶を強く勧めたのだった。

ウェンディは抵抗したが、最終的には、嫌々ながら中絶することになった。彼女は、胎児が双子だったことをのちに知った。「手術後、振り返ると、肉片の入ったガラス瓶が置いてありました」と、彼女は、当時の記憶をよみがえらせる。「本当に残酷だと思いました。中絶なんてことを私にさせるのなら、あんな物は見せてほしくなかった」。そして、互いへの深い蔑《さげす》みの念によって、ウェンディと母親の間に大きな亀裂が生まれた。

男との関係同様、妊娠も、そのつど悪い結果に終わり、どちらも実を結ぶことは決してなかった。何年にもわたって、ウェンディは、赤ん坊をその手に抱くことも、結婚することもなかったのである。妊娠がハッピーエンドに終わることも、愛情に満ちた恋愛関係を持つこともなかった。ようやく生まれた子どもは死産だった。男がウェンディに手を上げたことで、婚約も彼女のほうから破談にした。また死産かもしれないし、援助なしでは、子育てに失敗し苦しむだけだと恐れ、さらに二度子どもを堕ろした。養母からも離れ、経済的にも心細い状態で、ハワード大学の授業料を払うことができずに、ワシントンの別の大学に籍を移したものの、学位を取る前に中退した。その後、結婚したいと思う別の男性に出会ったが、彼の欠点を知ったとたん、結婚式を取り止めてしまった。

「式の一週間くらい前だったと思います」と、ウェンディは言う。「彼がドラッグをやっていたということがわかったから、どうしても一緒になれませんでした。でも、お腹の中には子どもがいたんです。けっきょく、その子も失いました。死んでしまったんです。息をしていたのは、産声を上げてから八時間だけでした」。

ウェンディは、USエアウェイズやケンタッキー・フライド・チキンなどで雑役係をしていたが、家賃を払うに足るだけの稼ぎはなかった。男たちの家を点々としては、時折、ホームレスになったり、シェルター〔一時的な宿泊施設〕暮らしをしたりする日々を送っていた。そして再び妊娠し、今度ばかりは、父親となる男からの助けがなくても産もうと決心した。「その子を堕ろしてしまったら、もう一生自分を許せないだろうと、自分自身に言い聞かせました。また中絶などしてしまったら……。そんなことは二度と繰り返すまいと、自分自身に約束しました。そして、自分自身をこう説得する必要があったんです――逃げるのはやめよう、恐怖心にもピリオドを打つべきだ、現実と向き合わなければ、って。妊娠中ずっと、何が起ころうとも、この子を愛して、面倒を見ていこうと」。

ウェンディがシェルター暮らしをしていたとき、ワシントン総合病院で生まれた女の子はキアラと名づけられたが、三か月早産の未熟児で、体重は二ポンド一オンス〔約九三〇グラム〕しかなかった。「ホームレスだったから、病院ではゴミのように扱われました」と、彼女は言った。「看護師たちからは、まるで無知であるかのように見なされました。愚かなホームレスかなんかだって」。ウェンディは、自分を大切にしてほしいと主張したが、相手にされなかった。

彼女にとって、娘の誕生は幸せな出来事とは言えなかった。「あまりにも早くこの世に出てきてしまったんです。お産の際、病院では、まだ陣痛は起きていないと言われ続けました。でも、三日間、陣痛があったんです。彼らは、私が何を言っているか、自分でもわかっていないと言い張りました。おまけに、腹痛は感染症のせいだと。これが感染症なら、三日間、もらった薬を飲んでいるのに、どうしてまだお腹が痛いの？　って、聞いたんです。そしたら、みんなで寄ってたかって私をモニター機器に縛り付けて、行ってしまいました。看護師を呼ぼうにも、ベルを押すこともできませんでした。モニターが壊れていたから、誰かを呼ぼうとしたんです。彼らは、私が大丈夫かどうかなんて、確認しに来ませんでした。だから、私はモニターを二つ抱えて、廊下に出なければなりませんでした。毛布にくるまりながら、こう言ったんです。廊下をずっと歩いて看護師の詰め所まで行き、

「すみません。三時間、ずっと呼んでいたんですけれど……。胎児の心拍数計測モニターをお腹にくっつけるための潤滑油をもっともらえませんか。モニターのビーッという音で、頭がおかしくなりそうです。陣痛が始まっています。万事順調かどうかチェックしてほしいんですけれど」ってね。

「なのに、「なぜ廊下になんか出ているの？」と、言われました」。

「「なぜって、誰かに気づいてもらいたかったからです」と、私は答えました。「ずっと叫んでいたんですよ。そんなことしたくなかったけれど……。お金を払っている患者と同じように扱ってください」って頼みました。出産まで、ずっとこんな感じだったんです。ねっ、お金を持っていない患者への扱いなんて、こんなものですよ」。

　その後、不安なニュースが彼女の耳に入ってきた。ホームレス・シェルターは新生児を受け入れないというのである。ウェンディの未熟児の娘は、退院後、彼女が家を見つけるまで、里親が預かるということだった。「「絶対にイヤ」と言ったんです」と、ウェンディは、きつい口調で言う。「「この子の面倒を見るのは私だけ。私自身が里親の家で育てられたから、それがどんなところか、骨身にしみているんです」と」。そして、たった一つ取るべき道が見つかった。「ぐっと唇をかみしめて、言いたいことをのみこみ、養母に電話したんです。「聞いて！　子どもが生まれたの。お母さんと私は、馬が合わないのはわかってるけど、この子を育てるのは私しかいないのよ」と、母に言いました。「アパートを見つけるまで、お母さんの家に住むしか道がないの。十分元気になったら、すぐにアパートを見つけるから」と。もちろん、そのあと、約束は守りましたけれど。そのとき、母はウンと言ってくれたんです。母が私を尊重してくれたのは、あれが初めてのことだったと思います」。

　だが、二度目の不幸が彼女を襲った。キアラが、生後八か月で脳性麻痺と診断されたのである。誕生時か、それ以前に被った脳の損傷が原因だった。その小さな女の子は、愛くるしく、よく笑う、よだれをたらす幼児になっても、ヨチヨチ歩きができず、その後も歩くことはな

かった。そして、車椅子の運命が彼女を待っていたのである。四歳近くになって、どうにかしゃべれるようにはなったものの、流暢に話すことは決してなかった。

こうした障害がなかったならば、最悪のパターンは避けられたかもしれない。キアラは、ウェンディが幼児のころに里親家庭で経験したトラウマとは無縁だったからである。「キアラをたたいたことはあります」と、ウェンディは認める。「でも、それは、あの子が本当に悪いことをしたからです。ささいなことでは、たたいたりしませんせん。脚を軽く引っぱたくことはあるかもしれませんが、ベルトは使いません。体罰用の棒も」。どんな形であれ、ウェンディの養母が、厳しくしたり、心配したりすることで彼女に示した献身的愛情は、ウェンディが幼年期に体験した欠乏と虐待を、ある程度埋め合わせてくれたと、彼女は信じている。

けれども、情愛あふれる母性に目覚めようといくらもがいても、ウェンディは、虐待の過去から抜け出ることができないために、男性と愛情に満ちた関係を持とうとする試みも失敗に終わることになった。ようやく結婚したものの、それも、まずい選択に終わった。夫が、うつ病と怒りにからめ取られてしまったことで、二人は、味方同士というよりも敵同士と化してしまったのである。結婚式から二か月後、夫は、惣菜屋の仕事を辞めた。ウェンディによれば、彼は「食べさせてもらいたかった」のだという。二人の間には健康な赤ちゃんが生まれたが、夫は、一日中家でぶらぶらしており、育児も拒み、彼女の料理にいちいち文句をつけた。そして、彼女の男の同僚たちに電話をかけ、彼らが妻に言い寄っていると勝手に想像しては、嫉妬に狂って脅した。「夫は、本当に自分に自信がなかったんです」と、ウェンディは言う。「『ぐずぐずしていないで、さっさと仕事を見つけてきて！』と私が言い続けたので、夫は、すごく腹を立てていました」。彼は、酒浸りの日々を送っていた。ウェンディを殴ろうとしたが、「私のほうが、ぶん殴ってやりました」と、彼女は、笑いながらも怒りに満ちた顔で話す。「電話機を持ち上げて、彼の目と目の間に投げつけてやりました」と、彼女は再び笑う。「顔もぶん殴ったし、ハンガーで首を締めようとしたこともあります」と、ウェンディは、はしゃいで嬉しそうに大声を上げた。「彼の頭のてっぺんをフライパンでたたいたこともあります……大きな古い鋳鉄のフライパンで」と、彼女は、お腹を抱えて笑う。そして、夫は逃げ出し、彼女は離婚届けを出すことになった。

性的虐待のサバイバーたちが、わが子に対して極端に保護的になるのは、よく知られるところである。時には過保護になりすぎ、「ダメ、ダメ、ダメ」を連発し、探検し学ぼうとする子どもたちの創造性を破壊してしまう。ウェンディにも、長女を気遣う、そういった心配性の兆候がいくらか見られたものの、どの程度、彼女自身の体験からくるもので、どの程度が子どもの病気のせいなのかを見極めるのは困難であった。子どもを溺愛し、義務感にあふれるウェンディは、遅ればせながら自分自身の可能性を最大限に伸ばそうと試みているのと同じくらい、キアラ自身の可能性――それが何であったとしても――を最大限に伸ばしてやろうと決心していた。ウェンディは、自分自身が手本となるべき理由を見つけたのである。

「誰にでも、不運とか挫折とかいったものがあると思います。それを克服するのは、本当に強い人です」と、ウェンディは果敢に言う。「私が自分自身の過去に打ち勝つ姿を見せることで、娘が、障害を乗り越えられる一助になればと願っています」。

人とうまくやっていけない

「ピーチズと呼んでください」。両目に苦悩をたたえ、左のほお骨の上に小さな傷跡を残す、ある女性が私に言った。彼女は、皮肉、またはあこがれから、そのニックネームを選んだに違いなかった〔ピーチズとは、「素晴らしい」「最高の」といった意のスラング〕。彼女は、あまりに傷ついており、向こう見ずでありながら、厚すぎるよろいを身にまとい、何かにおびえすぎている様子でもあり、また、世間ずれしているとも言えた。ホームレス・シェルターに身を寄せ、ワシントンの一流法律事務所でコピー係として働いている彼女は、その仕事がとても気に入っており、そこから、満足感への手がかりを得ていた。彼女が勤務するオフィスは、繁栄の殿堂と言ってもいい建物の中にあった。その建物のとてつもなく広い大理石のロビーは、巨大な円柱やシュロの葉の壁、空や周りの建物を一望できる透明なガラスの塔に囲まれていた。一方、彼女の住まいがある場所は危険な地域で、そこには、お互いの食べ物を盗み合うような堕落した女性たちが住んでいた。

「両親のことなど、何も知りません」と、ピーチズは言う。「養親は、私が五歳になる前に死んでしまいました」。その後彼女を受け入れた、メリーランド州のイースタン・ショア地域に住む里親家族は、彼女に対して、恐ろしく残酷な仕打ちをした。彼らも黒人だったが、どう見てもピーチズほど色が黒くなかったことから、彼女の肌の色をからかった。「家から閉め出され、お前なんかどうでもいいと言われて育ちました」と、ピーチズは言う。「母親そっくりだって。黒人で醜くて骨張っていて、何の価値もないと。ああ……私は、あの家庭の中に、単に存在していただけなんです」。

自分は、ただ家計を助けるためだけに存在していたのだと、彼女は言う。ピーチズによれば、夏がくると、「八歳のときから、工場で、焼けるように熱いトマトをバケツいっぱい詰める仕事をさせられました。トマトの皮を湯むきしてバケツに入れるんです。床を拭くモップを入れる大きさのバケツですよ。バケツいっぱい詰めて一〇セント。押して引いて……。バケツを押しては引き、鍋を押しては引きして、朝の六時から夕方まで、力仕事をしました。違法労働でしたが、働かなければならなかったんです。それが、私の夏でした」。

彼女は、養母から負わされた罰の烙印をいまだに背負っていた。「私の腕は傷跡だらけです」とピーチズは言い、研磨された金属のようにねじれた腕を見せる。「服の襟のアイロンかけがうまくできないと、きちんとやらなかったという理由で、熱いアイロンを押しつけられました。どんなささいなことでも、ムチでぶたれたんです」。思春期に入り、自覚がないまま体に変化が訪れたとき、彼女は、どうしていいかわからなかった。「養母たちは、何も教えてくれなかったんです」と、ピーチズは回想する。「私は女だから、若い女性なら誰もがそうであるように、体が変化するわけでしょう。生理がきて……。でも、私は、自分の体に何が起こっているのか、わかりませんでした。そんなこと、教えてもらわなかったし。「まったく、何てことしてくれたんだい。初潮がくるなんてこと、知ってたはずだろう」って言われました。「こうやって手当てするのよ。いい？　若い女性っていうのは、こうするものなのよ」とか言われたことは、ただの一度もなかったんです」。

彼女の子ども時代の苦悩は、その後も消え去ることはなかった。性的な虐待は受けなかったと彼女は言うが、肉体的・精神的虐待による苦悶は、なおも続くのだった。「人が変な目で私を見るんです」と、彼女は言う。「君の振る舞いを見てると、人と交際した経験がないみたいだね。おかしいよ」という目つきで。まあ、実際、人とつき合ったことがないんです。一度も映画を見たことがないし、サーカスにも行ったことがありませんでした。二〇代のとき、たしか二七歳ぐらいだったかな、女友だちがサーカスに連れていってくれたんです。それまで一度も行ったことがなかったので、泣いてしまいました。私にとっては、新しい経験だったんです。本当に、大勢の人たちと一緒に行動したことってなかったですね。家にいるしか選択の余地がなかったから」。

「自分自身について気づいたことが、まだあります。みんなが、友だちや仲間、高校時代の友だちなんかについて話をしているのを聞いて、自分にはあまりしゃべることがないって気づいたんです。人付き合いの経験がなかったから、そうした友好関係のようなものを温める機会もありませんでした。最後の二年間は、白人の生徒もいる学校に通いました。うーん、黒人と一緒にいても、自分が彼らにふさわしいとは感じなかったけれど、白人に対してもそうでしたね。だから、なおさら孤立してしまって……。自分に価値があることがわかりませんでした。だって、私には何の価値もないと、いつも言われ続けてきたんですから」。

高校卒業後、ピーチズは、里親の家庭から追い出された。「初めてのセックスで妊娠した」から、説教されたと、彼女は言う。「「あんたの母親とそっくりさ。よくないねえ……とか、くだくだと」って。ねえ、それはないでしょう、っていう感じでした。だって、私の隣に座って、私には何か価値があるんだと感じられるようなことを言ってくれた人なんかいませんでした。だから、年かさの男とセックスしたんです。嫌でした。苦痛でした」。このときもそうだが、その後妊娠したときも、子どもは産まなかった。その代わりに、彼女はジョブ・コープス〔米労働省が主催する、若年失業者を対象にした職業訓練プログラム〕に加入した。そして、そこで出会ったポン引き――彼女に売春をさせようとしていた――にレイプされ、またたく間に地獄へと転がり落ちていったのである。その過程で、彼女は、わずかでもなんとか自立のかけらを手放すまいとした。「体を売っていました」とピーチズは告白したが、ポン引きは介していない、自分でやっていたのだと強調する。「誰かに使われて売春するなんて考えられない」。

気づかってもらっているという、ほんの少しの気持ちを味わいたいがために、ピーチズは、次々とよからぬ男から男へと渡り歩いては、夢と恐怖の狭間でボロボロになるのだった。そして、その夢とは、素晴らしい家庭を持つことであり、その恐怖とは、彼女が育った里親のような家庭を持つことだった。「何度か妊娠したけれど、子どもを持たなかった理由は、ただ一つだけ。次のことが、心の中に繰り返し浮かんだからです。それは、テレビドラマで見るような理想的な男と家庭を手にできないなら、子どもをこの世に送り出したくないということ。その理想的な家庭とは、「クソったれ女」呼ばわりされる代わりに、「おーい、おまえ。今、帰ったよ」と夫から声をかけられるような家庭です」と、彼女はきっぱりと言う。「夫と妻、家庭、それにイヌとネコ、二人の子ども、車に家も……そんな模範的な家庭が欲しかった。でも、本当に一度もつかむことができませんでした。ただの一度も。縁がなかったんですね、そういうことには。闘ったり、泣いたり、苦しんだりしたけれど、単に手に入れることができなかったんです。私には、あまりにもいろいろなことが起こりすぎていたから。家庭の味など全然知りませんでした。私は単に生活していただけで、その日その日を暮らしていただけ。働いて、お酒を飲んで、日曜から土曜まで一週間、毎日、バカ騒ぎをしていただけでした。誰かが私の人生のなかに飛び込んできて、私を愛しているふりをしてくれるだけで、やっていけるのに。尽くして尽くして尽くして尽くし通して、傷ついてしまう。それで、実際に傷つきました。傷ついています」。

ピーチズは、自分自身の価値を認識しないまま、彼女をもてあそぶ男たちにひきつけられるのであった――男たちが、自分の人生において、彼女以外に支配できるものが何一つないのは明らかだった。ピーチズが、長年にわたって付き合ったり離れたりしていた一人の男は、自分は価値のない女だという、彼女自身の認識を共有していた。「壁の中に消えてしまいたいと思うほど、同居していた男から追い詰められたこともあります」と、彼女は言う。「どうか、もうこれ以上彼が何も言いませんようにって」。

ピーチズがセーターを羽織ると、「必要ないから、脱げ」と言う。また、出かけようとすると、「どこへ行くんだ？」と叫ぶ、といった具合だった。

「こっそり抜け出して、公衆電話で電話をかけなければなりませんでした」と、彼女は話した。「逃げ出そうとすると、後ろから追いかけてきました。これまでの生活を振り返ってみると、どうしてあんなふうになってしまったのかって思います。私に何ができるのか。「ここに座るな。あっちもダメだ」って言われ続けて……。次々と男を変えても、自分に何らかの価値があるとは思えませんでした。なぜだかわからないけれど。私は善良な人間です。うーん、たぶん、善良ではないかも……。何か、おかしいところがあるのかもしれませんね。まあ、どこかおかしいんでしょう。いつもそう言われ続けてきました。頭が変になりそうでした」。

ピーチズは、彼女が愛情を求めてやまない男たちから奪われ、痛めつけられた。「手元に残っている数少ない写真を見ると、私は見栄えのしない子どもではなかったと思います」と、彼女は腑に落ちない顔で言う。「容姿の悪い女ではありませんでした。人生のある時期、私は本当にきれいだったんですよ。スタイルもよかったし、背中まで髪を伸ばしていたし。でも実際、そんなふうに思われているって感じたことは一度もありません。というのも、誰かが私のルックスを考慮に入れるときは、私の体だけが目当てだったからです。セックスをさせないと、上等じゃないか、お前なんか用なしだぜ、っていう感じでした」。

雇用主たちも、彼女を使うだけ使うと、お払い箱にした。「人と全然うまくやっていけないから、しり込みしてしまうんです」と、彼女は説明する。「というのも、人とうまく付き合っていくノウハウをまったく知らないから」。最低賃金を一、二ドル上回る時給をもらいながら、彼女は、ロード＆テイラー〔大手百貨店チェーン〕などで女性服を売ってうまくいっていると、思っていた。しかし、真冬の明け方や夜のバスの待ち時間が長いことで、喘息が悪化し、欠勤を重ね、クビになってしまった。これは、互いに異なる諸問題が絡み合って大きな影響を及ぼすもう一つのケースと言えよう。つまり、貧弱な公共交通機関が原因で健康を損ない、仕事を失うという例である。

「酒浸りでした。マリファナも吸いました。不幸中の幸いか、ほかのドラッグには、まったく手を出しませんでしたが」と、ピーチズは言う。「日曜から土曜まで、バカ騒ぎの連続。ほかの予定が入る余地など、あまり残っていませんでした」。最終的に、彼女は、首都ワシントンで路上生活を送るようになるが、近所の人たちは見て見ぬふりをした。「彼らの誰一人として、一言も言葉をかけてくれませんでした。体も髪も垢まみれの姿で道をうろついている私を目にしながら、「どうしたってんだ？　サンドイッチでも食べるか」の一言もなかったんです。みんな知り合いですよ。通りすがりの人でさえ、「あの、ちょっと……」とか何とか言ってくれるのに。私など、透明人間だったんですね」。

彼女は、ビルの工事中の地下室に忍び込み、そこで寝泊まりするようになった。その後、ぞっとするほど悲惨なシェルターに入る。「ウエハースのように薄いマットレスの上にかかっているシーツは、血だらけ。そのシーツを振るうと、ネズミの糞がバラバラと出てきました。食事の際は、トレイだけで、フォークやナイフさえなかったんです。だけど、丸一日何も食べていなくて空腹だったので、テーブルに着いて、手づかみで食べました。でも、ふとわれに返って、「こんなことできない」と、自分自身に言ったんです。それで、例の小さな、半分出来上がった、ほこりだらけの地下室に戻って、夜を明かしました。寒かったので、わずかな所持金でブランケットを買いました」。ピーチズは、その後間もなく、彼女を虐待する男の元に帰った。「お風呂に入れる場所が必要だったんです。〔彼の家のベッドに横たわりながら〕壁のほうにそっとくっついて、どうか私に手を出さないでと、祈るような気持ちでした。でも、結局、また放り出され、路上をさまよい歩いては、食べられるだけの物を食べ、買えるだけの食料を買いあさりました。路上生活をしていると、あっと言う間にお金が底を尽くんです」。

彼女は、生き残るために盗みを働いたものの、自分自身がおとしめられたような気がした。それゆえ、値の張る物を盗む資格がないと感じ、低い自己評価に見合う、ほどほどの物に手を出しては盗んだ。「食べ物を万引きしました。あとは、洋服も」と、彼女は認める。「でも、面白くも何ともありませんでしたね。すてきな店には一度も行ったことがなかったから」と、ピーチズは、かすかにほほえみを浮かべて言う。「棒切れのような足をした、チビで醜い黒人だったら、高級な店に行けないのは当たり前ですよね。だから、そんな店に行ける可能性はゼロなんです。でも、ほら、マクブライドになら行けるし、Kマート〔大手スーパーマーケット・チェーン〕に行って服を盗むこともできます。ステーキは盗まないけど、ボローニャ・ソーセージなら盗めますよ」と、彼女は、心底苦々しそうな表情で自嘲するかのように話す。「私は、まあまあの品物を盗むにさえ値しなかったんです」。そして、言葉が聞き取れなくなるほど笑い転げながら言う。「盗むとしたら、ボローニャ・ソーセージじゃなくて、せめてステーキにしますよ。いくらなんでも、ボローニャを買う九九セントくらい、私だって持っています！」

ただ普通の家庭が欲しかっただけ

父親たちと母親たちの罪は、性的なものにとどまらず、さまざまな形を取る。息子や娘に対して加えられる虐待は、子どもたち自身の自虐につながる可能性がある。自分には価値があるという感覚を持つべきであるにもかかわらず、そこが空白となり、空気が真空地帯に流れ込むかのごとく速やかに、アルコールやドラッグが、そのすき間に入り込むことが多い。その結果、正常に機能している家族関係はあっと言う間に壊れてしまう。そして、子ども時代は成人後の人生に反映され、同じ感覚がどこまでも執拗に付きまとうため、見放され、残虐な仕打ちを受けた子ども時代の経験が、ついには自分自身の子育ての仕方も決めてしまうのである。虐待経験という傷は、世代から世代へと受け継がれかねない。

マルキータ・バーンズが、いかにしてそうした状況に陥ったのかは、本人にもよくわからないものの、祖父母の世代から一族がバラバラだったのを、彼女は知っていた。そして、自分の子どもたちも、同じ失敗を繰り返すのではないかと案じているのだった。

マルキータの祖父母は、父方、母方双方とも、ワシントンの、堅実なブルーカラーの居住区域に一戸建ての家を持っていた。そして、その界隈に住んでいたアフリカ系アメリカ人の多くは、安定した公務員職に就いていた。しかしながら、それから二〇年たった今、マルキータは、公営住宅に身を寄せ、そこでは、最近、別の若い母親が、通りがかった車の中から発砲され、命を落としたばかりであった。彼女は、外界と接触するのを恐れるかのように、部屋のブラインドを下ろし、窓を閉め切っていた。そこには、息が詰まるような暗闇を和ませてくれる日の光も澄んだ空気もなかった。マルキータは、折りたたみ式の金属製のイスに、居心地悪そうに腰をかけている。キッチンに置いてある自転車には服が掛かっており、リビングルームにある茶色のソファには、洗ったばかりの洗濯物がたたんで置かれていた。そして、灰色のネコが一匹おり、金魚鉢や、彼女の子どもの写真が入ったボール紙製フレームの写真立て、電話も置いてあった。絶え間なく鳴り続ける電話は、たいてい一〇代の娘にかかってくるものだった。その娘も、マルキータの人生にならい、高校を中退していた。愛想のない、その娘は、母親にも他人にもぶっきらぼうな口調で答えるのだった。

この家族は、まさにアメリカン・ドリームの逆のケースである。三世代が過ぎ、今や四世代目に突入したわけであるが、彼らは、成功や幸せに続く階段を転がり落ちる一方であり、世代が進むごとに生活がよくなるという、アメリカの楽観的な理念に背を向けてきた。「祖父母はお金持ちだと、いつも思っていました」と、マルキータは言う。「遊びにいくたびに、私たちが欲しいものは何でもありました。食べ物がいっぱいあったんです。祖母には八人の子どもがいたけれど、それでも、食べ物は十分残っていました」。もう一方の祖父母の家にも「いつも食べる物があった」と、彼女は当時を思い出す。祖父が「自分で作った」という仕事場は、彼女のお気に入りの場所の一つであった。そして、そこには、いつも「遊べる物」があふれていた。こうした思い出に笑いを誘われ、マルキータは懐かしさで気分が和んだものの、彼女のその後の人生は、そうした気分に浸れるようなものではなかった。

マルキータの記憶によると、片方の祖母は看護アシスタントで、片方の祖父は、水道局で働いていた。祖父の息子――マルキータの父親――は、祖父の後を継いだが、仕事の安定性も家も、息子の代で消え去った。マルキータの父親は、彼女の母親と一緒に住んだことはなかったし、米連邦政府印刷局で働いたり、ランドリー関係の仕事をしたりという、母親の細切れの働き方のせいで、母親と子どもたちは、時々、生活保護を受けていた。「母はアルコール依存症でした」と、マルキータは無愛想に話す。

三人きょうだいの真ん中で長女のマルキータは、彼女の年にしては重すぎる責任と、望まない経済的困難を負わされていた。母親が酒浸りになり、基本的な家事を投げ出してからというもの、マルキータは、兄と妹を連れて食料品の買い出しをするようになった。また、近所のアパートを一軒一軒ドアをたたいて回っては母親を捜し、見つけると、警察を呼ぶと脅しては、飲みつぶれてしまう前に母親を家に連れ戻すのだった。「母親のあんな姿は、友だちの誰にも見られたくありませんでした」と、マルキータは言う。大人の重荷を背負った子どもは、子ども時代をうまく乗り切れない。そして、それが、彼らの人生における最初のつまずきとなり、力不足のもとになることが多い。

「何度も家出しました」と、彼女は当時を振り返る。「何度も家を飛び出しては、父親のところに泊まったものです。そして、ひとたび父親の家に落ち着くと、そこにも居たくなくなって……祖母のうちに滞在しました。最後は、母親の元に戻りましたが。（それから）友だちの家に泊まりにいったんです。仲のいい友だちでしたが、ある晩、彼女の甥っ子が私のベッドに潜り込もうとしてきました。そのことを友だちに説明すると、「こんな子どもが、あんたのベッドに入りたいわけないじゃない」って言われました。じゃあ、わかった、出て行くしかないね、ということになって……。それはもう、葛藤がありました。私と母は、絶対にうまくやっていけないんですから。思うに、私は、ただ普通の家庭が欲しかったんですね」。

しかし、マルキータが普通の家庭を手にすることはなく、あるのは、つらい思い出と思い焦がれた計画だけであった。「帽子とか何かを持っていないという理由で、時々、恥ずかしい思いをすることがありました」と、彼女は回想した。「いつも心に誓っていました。自分の力で何かができるようになったら、兄と妹を連れて家を出て、一緒に住もうって。そうすれば、何もかもがよくなると……」。だんだんと身内の年長者が他界したり、健在の年長者とは疎遠になったりしたことで、マルキータは、彼女が言うところの「基本的に、自分の身は自分で守らなければならない」不安定な状況へと放り出された。

一人でなんとかやっていくということは、子どもに無力感を植え付ける恐るべき要求と言っていい。マルキータは、うまく自分の面倒を見ることができなかった。それどころか、堕落への道をまた一歩突き進むことになった。初体験で妊娠し、高校二年の一〇月に、出産のために学校を中退したのである。その子は、三人の男との間に生まれた四人の子どものうち、最初の子どもだった。マルキータの頭の中には、中絶という選択肢など、ついぞ浮かばなかった。一〇代で母親となった娘たちの決まり文句である、子どもを産むことは成熟と自立の証、という言葉を、マルキータも、自らの出産の理由付けとして繰り返した。「母親には、こう言ってやりました。「私はもう大人よ。やりたいことは何でもできる。これもあれも。わずかな稼ぎもあるし、少しだけど、生活力もある」って。まあ、そんな調子でしたね」。

マルキータは、生活保護の受給者となり、経済的困窮のせいで、ワシントンのブレントウッドに住むことを余儀なくされた。そこは、ドラッグまみれの、うらぶれた地域であった。その場所に閉じ込められ、夢まで奪われる結果になったという理由から、彼女は、その場所を「罠《わな》」と呼んだ。住環境というものは人に大きな影響を及ぼしかねず、どのような隣人や友人ができるか、どのような娯楽に興じるか、どのような誘惑にさらされるかが、住む地域によって決まってしまう。そして、マルキータは、同地域に住んだことにより、多大なダメージを被ることになった。彼女は、働きにいく場所もないまま、ドラッグの密売人や麻薬常用者たちの世界に朝から晩までどっぷりと浸かっていた。みすぼらしい商店が軒を連ねる小道や、彼女が住む建物の廊下には、ドラッグ絡みの隣人たちがたむろしていた。「そのころ、私は二七歳くらいだったと思いますが……」と、彼女は言う。「ドラッグに手を出す羽目になりました。はまってしまったんです。めちゃくちゃ強力なコカインやマリファナなどを吸いまくりました」。マルキータは、クラック〔高純度のコカイン〕を初めて試したとき、言いようのない強烈なハイ状態を味わったため、それ以来、その気持ちをもう一度体験しようと、ドラッグに溺れていった。「とにかく、あのハイ状態をまた体験したくて……。最初の高揚感が忘れられなかった。二度と味わえない、あのハイ状態を追い求めていました。欲しいものを手に入れるためには、手段を選びませんでしたね。子どもの物やクリスマス用品とか……持っている物なら何でも売りさばきました。そうやってお金を手に入れたんです」。

麻薬常用者によれば、クラックは、強力な母性本能さえも殺してしまうというが、マルキータの場合も、まさにそのとおりだった。彼女は、子どもの面倒を見なくなり、アパートから追い出され、路上で知り合った男の家に身を寄せることになった。当時、子どもたちは彼女と一緒に住んでいたが、マルキータの妹と女友だちは、子どもたちの状況についてとても案じていたため、「DCの子どもと家族のためのサービス機関」〔官民一体で、養子縁組の実施や、虐待されている子どもの救済などを行う政府機関〕に連絡した。「まだドラッグから抜けられずにいたんです」と、マルキータは言った。調査員らが到着したとき、彼女は、クラックを買って吸うために、一、三日家を空けているところだった。マルキータが家に戻ると、子どもたちは消えていた。一番上の子どもは叔母に引き取られ、息子は父親の元に、下の二人は里親の元に引き取られたのだった。マルキータにとってはかなりショックな出来事だったものの、ドラッグを断ち切るまでにはいたらなかった。彼女が目を覚ますまでには、まだ時を待たねばならなかったのである。そして、その時が訪れて初めて、彼女は、なぜ「自分自身、あのような日々を送り、子どもたちにもあのような思いをさせる」ことができたのか、思いをめぐらせるにいたったのである。「まったく、なぜあんなことができたのでしょう？」

どん底から更生の道へ

リハビリ中のドラッグ使用者やアルコール依存症患者が、誘惑や堕落、告白、罪の償い、救済といった宗教的な比喩をちりばめながら、自分たちの体験を道徳的な話として語ろうとするのは珍しくない。ジョシュアという長身の男性の場合も、例外ではなかった。彼は、父親と同じくアルコール依存症となり、時折、ホームレス生活を送ったあげく、ある年のクリスマス・イブに意識を失った。ホワイトハウスの向かいにあるラファイエット公園で仲間と泥酔し、意識不明に陥ったのである。靴や着ていた服のほとんどを脱がされ、翌日、クリスマス当日に、ジョシュアが病室で目覚めると、医師団が、凍傷にかかった彼の足を懸命に治療しているところであった。両足先を切断される目に遭ったおかげで、彼は、ついに再起しようと思い至った。入院中は、否が応でもアルコール抜きの生活を強いられることもあり、ジョシュアは完全にアルコール依存症を克服し、ビル清掃の仕事に就くことができた。

マルキータも、いったん落ちるところまで落ちたあげく、更生への道を上り始めた。彼女は、どん底まで落ちた後、正気に戻り、良識に目覚めた。彼女を覚醒させたのは、ある二つの出来事であった。一つ目は、麻薬依存症になったために、父親の愛を失ったことである。「ドラッグに手を出してから、父親との仲がダメになってしまったんです」と、彼女は悲しそうに話す。「ひどく傷つきました。子どものころは、ずっと父親っ子だったから。父は、私のためなら、どんなことでもやってくれたんです」。二つ目は、病院に担ぎ込まれる事態にまでいったことである。彼女は、そのおかげで、心身ともにドラッグから足を洗うことができたのだった。

「ある晩、私は男と一緒にいました」と、マルキータは話す。「彼は、私にドラッグを買い与えてくれたんです。だから、そのあと、彼の家に行って、関係を持ちました。彼が寝入った後……私は、彼の鍵束を持ち出し、彼の車を運転して、ドラッグを買いにいきました――車をちゃんと元に戻そうって、けなげに思っていたんです」。しかし、ドラッグの密売地域に到着し、車をどこかに駐車してほしいと、ある男に頼んだところ、車を乗り逃げされた。そして、男が、トランクからマルキータの友人の工具を盗んだため、彼女は逆上し、ある車の窓ガラスをこぶしでたたき割り、足で別の窓ガラスを蹴り割った。ドラッグでハイになっていたため、痛みは感じなかったという。「手足から出血していましたが、それでもドラッグを吸いたいと思っていました。病院なんかへは行きたくなかった。冗談じゃない、って」。

そこに、その車の持ち主が現れた。マルキータは、所有者の男性から殴られるものとばかり思っていたが、彼は、驚くべき親切心を示し、彼女を病院に連れていってくれたのだった。マルキータは、彼の態度に圧倒され、それをきっかけに、他人に対して心を開き、自分自身について内省するようになった。「グッときたっていうんでしょうか。だって、あんなことをされたら、たいていは、その人間をメチャメチャにたたきのめしたくなるでしょう」。そして、彼女は、自分自身にこう言い聞かせた。「もうこれで十分だ。死にたくない。そう思い至ったんです」。

病院のベッド数よりも、治療を希望する麻薬依存症患者の数がはるかに多いことから、リハビリセンターは、患者を選べる立場にある。センター側は真剣な患者を求めているので、マルキータは、自分がそうした患者であることをアピールしようとした。彼女は、優れた無料プログラムを見つけ、センター側が彼女の決心に心を動かされるまで、毎日、電話をかけ続けた。そして、ようやく空きベッドが出ると、同プログラムの週五日の解毒セッションに参加する。そのセッションの後は、二八日にわたるリハビリと、リハビリセンターへの一年間の入居が待っていた。一方、富裕層は通常、自腹を切って有料の治療法を受けることができる。

マルキータの治療センターは、かつてのドラッグ仲間がうろつく旧住居から遠く離れたところにあった。そのため、彼女は、リハビリに欠かせない、無分別な友人たちからの決別を強いられた。麻薬依存症を断ち切ろうとする者にとって、ドラッグ常用者たちと手を切ることは不可欠なステップであるものの、それには、孤立という困難が伴う。治療センター入りは、マルキータを完全に孤立させせた。家族と連絡を取ることもなく、彼女は、何年にもわたって、人工的な「家族」、つまり、毎週顔を会わせる、リハビリ中の麻薬依存症患者グループを頼ることになった。

治療が進むにつれて、彼女は、子どもたちを手元に連れ戻すという目標に焦点を絞っていった。幸運にも、里親の元に預けられた子どもたちは、ウェンディやピーチズなどが受けたようなダメージとは無縁であった。下の子ども二人は、里親の女性に主な面倒を見てもらっていた。そして、その女性は、のちにマルキータの後援者にして友人、大親友となる人物であった。「彼女との出会いは神の賜物《たまもの》です」と、マルキータは毅然とした口調で言う。「彼女は、こう言ってくれたんです。「あなたに何ができるか言いましょう。私の家で働いてください。子どもたちの面倒を見てほしいんです」って。私の子どもたちと、彼女が養子に取ろうとしていた里子たちの世話をすることが、私の仕事だったんです！」その女性は、隔週で二〇〇ドルの報酬をマルキータに支払うという、たぐいまれなる寛容さを示し、マルキータを驚かせた。「私にとって、第二の母というべき存在ですね。とても優しい心の持ち主なんです」と、彼女は、四年前の当時を思い出して話す。「どこかに行くのも何かをするのも一緒。死ぬほど彼女が好きです」。マルキータは、その里親の女性から、母性について何がしかを学んだのだった。

しかし、マルキータには金も必要だった。高校卒業証書も、それに匹敵する一般教育修了検定証(GED)もないことから、就職の見通しは暗かった。治療後、彼女は、メリーランド州ベテスダ市の高齢者養護施設で、洗濯とトイレ掃除の仕事を得た。そして、公営住宅に入居し、四人の子ども全員を手元に引き取った。再び子どもたちの面倒を見始めたものの、自家用車のない彼女には、ベテスダへの通勤が負担となった。六、七か月後、マルキータは、高齢者養護施設での仕事から、ヘクツ・デパートでの倉庫係の仕事に転職した。新しい仕事は、時給七、八ドルで、商品をチェックしてトラックから降ろすというものだった。しかし、そこでも、片道一時間かけてバスを乗り継いだあげくに、作業時間はまちまち――一日か二日呼び出しがかかったかと思うと、週末まで何もなく、その翌週は、連日仕事が入る――であった。低賃金のうえに一定していない労働時間という条件下で稼ぎ出す額はスズメの涙ほどのものであり、不規則なスケジュールの下で家を空けるという犠牲には見合わなかった。生活保護を受けるほうが賢明だと見積もったマルキータは、彼女が「PA」(パブリック・アシスタンス)と呼ぶ、公的援助を再び受けることにした。

一九九六年に制定された福祉改革法のもとで、受給者に対し、仕事を見つけることが義務づけられていなかったとしたら、彼女は、そのまま何年間も働かずにいたことだろう。さらに、勉強してGEDを取得するか、売りになる技能を身に付けるために職業訓練を受けるか、いずれかの条件が受給者に課されていたとしたら、改革法は、より大きなインパクトを持ち得たかもしれない。マルキータは、GEDを一度受けたものの、数学でしくじり、再受験に必要な二〇ドルを出し惜しんでいた。彼女が苦悩に満ち、おびえているように見えるのは、ほかでもない、その試験に落ちたことが原因であった。「要は、数学と相性が合わなかったということですね」と、彼女は話す。「数学となると、どうにもお手上げになってしまうんです。理解できる部分もありますが、分数や掛け算になると、チンプンカンプンで」。しかし、彼女は、再試験を受ける計画を立てていた。「試験料の二〇ドルくらい、何とか都合がつきますよ」と、マルキータは言う。「だから、私が再受験していないのは、試験会場に行ってテストを受けることを恐れているからにほかなりません」。いつ再試験を受けるのだろうか。「わかりません。たぶん今月、もしかしたら来月かも……。おそらく来月でしょう」。それから四年後も、彼女は、まだ試験に再挑戦していないのだった。

生活保護を受けているおかげで、当局から働くよう要請されたものの、彼女が見つけた最も割のいい仕事は、首都圏ボーイズ・アンド・ガールズ・クラブで、一日四時間、時給六・一五ドルで、ファクスやファイリング、郵便物発送、コピーなどをしたり、受付番をしたりするというものだった。そのトンネルの向こう側には、昇進と呼べる道など開かれていなかった。実のところ、そこにはトンネルすら存在せず、行き止まりの、窓一つない受付エリアしかなかったのである。

家庭生活のほうも、似たり寄ったりであった。マルキータの子どもたちを救ってくれた妹が、ドラッグ漬けとなり、ホームレス生活をしながらクラックの密売所に通う日々を送っていたのである。マルキータは、妹の一〇代の息子を救い出し、自分の小さなアパートに引き取った。そこで、彼らは、その妹が堕ちるところまで堕ち、ある時、ふと目を覚ます瞬間が訪れるのを待つことになった。

さらに悪いことに、マルキータの娘、キョンナが、母親と同じような兆候をいくつか見せ始めていた。キョンナは大の学校嫌いで、卒業まで一年を残して中退し、家の掃除をする仕事に就いた。マルキータは、自分自身の過ちが繰り返されているのを目にし、悲しみとともに怒りを覚え、キョンナに学校に戻るよう懇願した。しかし、少女は、頑として応じなかった。当時、娘は少なくとも妊娠していなかったとマルキータは言ったものの、その慰めも長くは続かなかった。キョンナは、それから二年もしないうちに、シングルマザーとして一児を産み、さらに二年後、再び出産したのである。彼女は、生活保護を受けていた。つまり、一族は、三世代にわたって、生活保護受給者という連鎖を断ち切れなかったことになる。「よくないですね」と、マルキータは悲しげに言った。「本当によくないことです」。

とはいえ、三世代目の二人は、人生の岐路で、正反対の方向に進むことになる。判断ミスと、致命的な失敗の連続が招く貧困への急な坂道の向こう側にも、賢明な選択と小さな成功のおかげで、未来に続く出口が見えることがある。キョンナが、貧困という人生の終着駅へとまっしぐらに突き進んでいるかのように見える一方で、彼女の一〇代の弟、ギャリーは、別の道を歩んでいた。それは、マルキータと、ギャリーの父親の賢明な行動のおかげであった。マルキータの四人の子どもの父親三人のうち、ギャリーの父親だけが、子どもに救いの手を差し伸べることができたのである。キョンナの父親は「死去」しており、別の子どもの父親は「収監」されていると、マルキータは、堅苦しい口調で話した。しかし、三番目の父、つまりギャリーの父親は、息子のことを案じており、メリーランド州郊外の自宅に来ないかと息子に提案した。そのため、ギャリーは、ワシントンの市内中心部のスラムを逃れ、レベルの高い高校に入学することができたのだった。マルキータは、その好機を喜んで受け入れた。それは、より良い教育の機会を息子に与えるためだけでなく、彼らが住んでいたドラッグの巣窟から息子を引っ張り出すことができるからでもあった。万事は順調に進んだ。ギャリーは、高校卒業後、ネブラスカ州の大学へと進み、教師になろうと考え始めた。

そして、マルキータ自身も出口を見出した。彼女は、商業用の運転免許資格に向けて猛勉強し、三度目のテストで合格を果たした。マルキータは郵便局で働き始めたものの、子どもたちにとって、その猛烈な残業ぶりは過酷なものであり、彼女自身も、郵便物の仕分けや運搬といった仕事を好きになれなかった。その後、彼女は、時給一五ドルという悪くない賃金に加え、福利厚生付きという待遇で、ワシントンの公立学校のスクールバスを運転する仕事に就いた。順風満帆の日々を送っていたが、ある朝、彼女は、生徒を学校まで運んだ後で、ミスを犯した。生徒全員が降車したかどうか、確認し忘れたのである。彼女は、後部座席で小さな男の子が寝入っているのを知らず、バスを操車場に戻してからようやく、穏やかな顔で寝息を立てている少年に気づいたのだった。マルキータは、すぐに少年を学校に連れて行ったが、すでに後の祭りであり、重要な規則が破られたことに変わりはないという理由から、お払い箱になった。ことによると、またしても生活保護への道を音もなく滑り落ちていたかもしれないマルキータは、それを禁ずる福祉改革法のおかげで、私立学校の運転手として働き始めた。彼女の言葉を借りれば、「三五人乗りのリムジン・バス、つまり豪華なバス」で、毎日、生徒たちの送迎をするのが仕事であった。福利厚生の保障はないとはいえ、マルキータは一三ドルの時給をもらっていた。そして、その私立学校に通う裕福な子どもたちが、彼女の姿に、その人生の傷跡を見出すことは決してなかった。

マルキータの子ども時代に決定的ともいえる空虚感をもたらした母親は、五九歳のときに、腎臓病でこの世を去った。しかしながら、母が死んでも、マルキータの過去が消えたわけではなかった。「聖書を読んでみてください」と、マルキータは言う。「あなたが私の父親だとして、恐ろしい犯罪か何かに手を染めたとしましょう。あるいは、罪業を犯すとか。家族がまっとうな暮らしをしていなかったりすると、その罪は、後世代まで続くんです。つまり、のちのちまで影響を及ぼし続けるんですよ。時として、何世代にもわたたって、影を落とし続けるんです。二世代くらい飛ぶかもしれないけれど、のちの世代に受け継がれていくんですね」と、彼女は苦笑いしながら言う。事実、そうした状況は続いている。

育児の仕方がわからない

性的・肉体的虐待に関して子どもが対処するのを助ける心理的なテクニックは、その子どもが親になったときには役に立たない。大人になったサバイバーが自身の子どもたちに対応する際には、〔虐待の過去によって生み出された〕彼らの解離性反応〔意識の解離・自我の喪失〕や感情の閉塞状態がじゃまをする。サバイバーの女性は、おそらく防御的にして過保護、無感情であり、他者への共感を持つに耐えうる準備ができていないのかもしれない。また、毎日のストレスが引き金となり、心的外傷後ストレス障害の症状が現われることもある。

そして、その力学は、社会経済レベルに合わせて変わりうる。特権的な子どもが、親の粗末なしつけによってダメージを被りかねない一方で、優れた教育や特別なサービス、セラピーなどを受ける機会に恵まれれば、貧困の、もしくは貧困の瀬戸際にいる子どもも、同じ経済環境に置かれた子どもより立ち直れる可能性が大きくなるかもしれない。家族の裕福さ、学力、向上心といった支えがなければ、子どもは危険にさらされてしまう。

これは、貧困層の親が、富裕層の両親より一も二もなく劣っているという意味ではない。貧困層においては、怠慢な子育てが、さらに大きなダメージを与えうるということである。住居と同じく、家族というものは、その構造とメンテナンスが許すかぎりの風雨にのみ耐えることができる。そして、貧困層を襲う嵐は、貧困家庭の構造がどれだけ回復力を持っているかを試す。階級にかかわらず、アメリカの離婚率の高さからも見て取れるように、家族は、実に脆弱なものでありうる。

貧困をめぐる議論において、このトピックほど、議論を白熱させるものはない。というのも、貧困層においては、家族がきちんと機能していないという烙印を押されて久しいからである。仮に父親がいたとしても、アルコール依存症か麻薬依存症のろくでなし、母親は母親で、口うるさいヒステリー女か、男に従うだけの無能者、といった図式である。そうした両親は、わが子に本を読んでやることも、教育に価値を見出すこともなく、道徳を教えもしなければ、自ら手本となることもない。貧困家庭のイメージは、ざっとこんな具合である。その光景に欠けているのは、子どもを狂おしいまでに愛する献身的な祖母と両親、限られた資力の範囲内で賢い選択をする良識ある大人たち、身内の支え合いの輪であって、これらの人々は皆、社会全体からのさらなる援助を得ることで、貧困問題を克服しうるのである。

極論を言えば、リベラル派は機能不全の家族を見たくないし、保守派は保守派で、機能不全の家庭以外には目を向けたくないのである。イデオロギーによっては、有害な子育ては、貧困の原因でないか、さもなければ唯一の原因であるといえる。しかし、この固定観念は、いずれも正しくない。私が行った貧困関連の調査でわかったのは、貧困層の成人のなかには、何の問題もなく子ども時代を送った人たちは少ないという事実である。その結果、お金や住居、学校、健康、仕事、近隣環境など、一つの問題が別の問題をさらに大きくしてしまうような、関連性のある無数の難問と絡み合うことで、そうした過去が、原因と結果のいずれにもなっていることが明らかになった。

こうした相互関係については、行動小児科医のロバート・ニードルマン博士が、オハイオ州クリーブランド市で、あらゆる社会経済レベルの子どもたちを対象に研究を実施した結果、次のように述べている。「お粗末な育児は、重大な行動上の問題を引き起こしかねない。その問題の一つとして挙げられるのが、人や物事に注意を払いにくくなるという点である。子どもたちが、学校に行き、教師の言うことに注意を向け、すべきことに関心を払い、それをやり遂げるには、多大な心理的健全さが必要となり、それができる子どもは健全と言える。ひどい子育てをすると、それが阻まれかねない」。だとすれば、お粗末な育児を防ぐには、どうすればいいのだろうか。「休息時間が十分にあり、ベビーシッターを雇う経済的余裕を有し、家を掃除する人も雇えるなら、よき親でいることは、はるかにたやすく達成できよう。よき親でいられるための、こうした心理的な余裕がある人々は、経済的にも比較的安定していられるだけの余裕を持っていることが多い」。

親のなかには、ただの一度も自分の子どもたちと一緒に遊んだことのない人たちがいる。そうした子どもが親になった場合、親に遊んでもらった経験がないために、自分の子どもたちと一緒に遊ぶことが重要な仕事とは気づかない。一部の親がそうした感覚を持っていない様子は、録画ビデオのなかでも十二分に認識できるほど、明らかである。ビデオカメラが回っているのを親が承知しているときでさえ、そうである。ボルチモア市〔メリーランド州〕の栄養失調診療所で撮ったビデオが、その一例である。同診療所では、低収入世帯の親に対し、その子育て上の誤りを示すべく、彼らが子どもたちと一緒にいるところをビデオに録画した。

あるテープには、幼い男児が、幼児用の高いイスに座って、食べ物を口にすることなく、手で遊んでいる姿が映っている。母親は息子を一瞥《いちべつ》したものの、すぐに雑誌を取り出し、読み始める。その男児は食べ物をいっさい口にしないが、母親はまったく注意を払わない。

次は二度目のセッション。その男の子が、床の上に座って、積み木をプラスチック製のバケツに入れている。母親は、それを見ながらあくびをし、頭を落として目を閉じる。息子とのやり取りは皆無である。

三度目のセッションでは、その子も母親も、同じ低めのテーブルについていたが、プラスチックの積み木で、それぞれ別々に遊んでいる。診療所のスタッフが、「息子さんと一緒に遊びましょう」と、母親に声をかける。しかし、母親が、その言葉を聞き、息子がそこにいないかのように遊ぶ、あるいは、自分自身が子どもに戻ったかのように遊ぶことだと解釈したのは明らかであった。その後、男児が、積み木の山を作り、「ママ、見て」と、誇らしげに母親に話しかける。

すると彼女は、「僕がやったことを見て、ママ」と、息子の口調をまねて皮肉っぽく言う。その後、母親は、息子と一緒に遊ぼうともせず、バケツのラベルに描かれているのと同じ形に積み木を組み立てようとする。男の子が、母親の目の前に積まれた、テーブルの上の一つの積み木に手を伸ばすと、母親はその積み木をもぎ取り、「ダメ！」と、キレる。それから母親は、息子が彼女の分から取った二個の積み木を使って完成させようとしていた積み木の山を突き崩す。その間ずっと、彼女は息子の言い方をまねて、「見てよ、ママ！　見て、ママ！」と言い続けている。

今度は四度目のセッション。男児と母親が、一つの低いテーブルの上で、それぞれパズルをやっている。母親はひざの上に自分のパズルを置いているが、息子に見られないようにと傾けている。男児は、仕上がったパズルをつかみ、引っくり返して、カタカタ音を立てながら、テーブルの上にパズル片をばらまく。

「自分で全部拾いなさい！」と、母親が、きつい口調で言う。「こんなに散らかしちゃって！」

息子は、パズル片を一つ残らず注意深く集め、行儀良く静かに遊んでいる。一方の母親はといえば、しかるとき以外は息子を無視したまま、自分のパズルを続けている。

こうした状況に対し、はたして何か打つ手はあるのだろうか。これほどまでに育児のできない親に、子育ての方法を教え込むことはできるのか。ジャッキー・カッツは、できる、と考えていた。五月のある月曜日の朝、彼女は、九時半ぎりぎりに、デラウェア州のウェッブ刑務所に大股で駆け込んだ。それは古いレンガ造りの小さな建物で、ちょうど、ニューアーク市〔ニュージャージー州〕とウィルミントン市〔デラウェア州〕の間に位置するボウリング場の角を曲がったところにあり、周囲にはジャバラ型鉄条網が張りめぐらされていた。彼女はボタンを押し、小さな待合室へと通された。その部屋で、ジャッキーは、壁のように張りめぐらされた金網と、厚さが二センチ近くもある鉄棒で補強された重厚なドアを前にした。身だしなみの整った警備員が、小窓の向こうに顔を出した。彼は、ジャッキーに気づくと、鍵を回してドアを開けてくれた。彼女はドアの向こうの部屋に入り、自分の鍵と運転免許証を手渡し、金属探知機によるチェックを受け、訪問者リストに署名した。「訪問の目的」欄には、「育児」と書き込んだ。

長身で細身、茶色い髪を背中まで伸ばしたジャッキーは、貧しい家庭で育った。というのも、父親は、彼女が一一歳のときに獄死したからである。自分自身が、十分な育児を施してもらえなかったので、彼女は、その欠落した部分から、いくつもの教訓を学んだ。そして、今、それを他の人々に伝授しているのであった。二階の大きな監房では、鉄格子の入った、いくつもの大窓から空を仰ぐことができ、真新しそうな白のつなぎを着た七人の男が立って、「ジャッキー、おはよう！　皆さん、おはようございます！」と、大声で繰り返していた。そして、彼らは、整然とした軍隊式の二段ベッドに腰を掛けた。男たちは、クラックの密売や小切手偽造、凶器所持といった非暴力的な犯罪で入獄し、その刑期を終えようとしているところだったが、わが子の話となると、その強面の態度や行動も、すべてどこかに消え去るのであった。彼らは、狂おしいまでに子どもを恋しがっており、「遊びの日」が訪れるのを待ち焦がれていた。その日がくると、ジャッキーと他の世話係たちは、率直かつ建設的な注意をどうやって子どもたちに与えたらいいか——彼ら受刑者の大半が刑務所の壁の外では無縁だったこと——を受刑者たちに教える。そして今、彼らは、子どもの姿なしに、単独でジャッキーと向き合っていた。それは、週一回行われる育児コースの一二回目であり、最後の授業となる今回は、これまでに彼らが学んだことの総ざらいをすることになっていた。

　ここにいる父親の多くは、子どものころに大人と遊んだ経験がなく、他の子どもたちとばかり遊んでいたと、ジャッキーは言う。そして、やはり彼女の指導下にある、生活保護を受けている多くの母子家庭の母親たちも同様であった。デラウェア州では、生活保護を受けるには、育児指導も受けねばならない。このような男女の多くは、見習う人もおらず、どのようにして子どもと付き合い、敬意を払い、子どもを励ましたらいいのかといった直観的な知識を体得することもないまま成人した。そして、そうしたものは、子どもが大人と遊ぶなかで形づくられていく技能である。子どもにとって、遊びは、認知的発達や問題解決能力を育成するのに不可欠であり、重要な、大人との協力関係を築く際にも欠かせない。

　ジャッキーの説明によれば、「遊びの日」がくると、彼女は、子どもたちにこう説明するという。母親と父親のいずれかが、「子どもたちが何をして遊びたいのかについて、心を砕いてくれる」と。次に、父親たちは、自分自身の願望を押しつけるのではなく、「子どもに遊びの主導権を握らせる」よう促される。遊びを通して、子どもたちは何かを理解しようとするので、そうした状況を彼らに与え、存分に励ますようにと、彼女は父親たちに言って聞かせた。「遊んでいるとき、自分が子どものどんなところを気に入っているのかを認識するよう、父親たちに言います」と、ジャッキーは話した。「子どもたちのチアリーダーでありなさい。彼らは、ホッピングで遊ぶだけかもしれないし、バスケットボールをするだけかもしれません。子どもたちと同等のレベルで遊ぶのです。ただし、彼らに花を持たせてくださいね」。親は子どもがやっていることについて、前向きなコメントを言うようにと、彼女は勧めた。「たとえば、「わあ、そんなことができるなんて、知らなかったなあ」というように」。

　また、両親は、こうもアドバイスされる。一定の時間、親に付きっきりで面倒を見てもらうことは、子どもにとって、食べ物や住居のごとく死活的な手段である、と。自宅で一五分や三〇分、時には六〇分割いて、そうした「特別な時間」を確保するのは、欠くべからざることである。「そして、その間は、カーテンを直したり、電話に出たり、子ども部屋で、おもちゃを片付けたりしてはいけません」と語ったのは、デラウェア大学教育学教授、グウェン・ブラウンである。彼女は、ジャッキーの指導コースを運営している家族支援ネットワーク「カウンセラーおよび教師としての親の会」の会長も務めている。「ひたすら子どもたちに注意を注いでください」と、グウェンは声を大にして言った。子だくさんの家庭ではなかなかそうはいかないことを認めながらも、「百パーセント子どもたちの味方をし、彼らと一緒に時間を過ごすのです。わかりますね」と、彼女は話した。親たちが不平をこぼす際に、「うーん、子どもたちは、注意を引こうとしているだけなんですよ」という声を耳にしますが、それは、子どもたちが注目を浴びようとしているからなんです。人は大人になると、自分に注目してもらいたいために、一時間に一〇〇ドルでも払うでしょう」。

監房のベッドに座っている囚人たちが、最後の講習会でさらったアドバイスを一つ残らず守ったとしたら、彼らは、おそらく模範的な父親になっていたことだろう。いや早くも、彼らは、毎日の家庭生活の喧噪の及ばない刑務所の中から、電話で妻に苦言を呈することで、すでに彼女らと一悶着起こしているのであった。小切手偽造のかどで入獄している、ギャンブル依存症のアンドルーという男も、その一人である。講習会で話したところでは、彼は、電話の向こうの妻が子どもたちの一人に、「あっちへ行きなさい！　一日中、ママにまとわりついて！」と怒鳴っているのを聞き、しかりつけた。「頭にきたよ。子どもたちに注意を払う必要があるなら、私のことなんか知らんふりをすればいいのに」。

ジャッキーは、囚人たちに対し、親というものは、幼い子どもたちにとって最初の教師にしてカウンセラーであり、厳しいしつけを行う人間であると説いた。「子どもの感情的なニーズをくみとる」には、子どもの話を聞くことが肝心だと、彼女は助言した。「時には、長いこと話を聞かされることになります」と、彼女は言った。「子どもの鬱屈した感情をあれこれ聞く羽目になりますが、けっきょく、子どもたちの身の周りで起きていることを耳にすることになるかもしれません。ロリポップ・キャンディが折れたとか、「誰かに嫌われている」とか、ささいな問題に耳を傾けてあげないと、あとで子どもたちが、もっと大きな問題を話してくれることはまずないでしょう」。彼らは父親として、出所後、子どもたちとひざを突き合わせて話を聞いてやることになる。父親と一緒の子どものほうが物事をうまくやると、彼女は囚人らに説いた。「子どもたちの母親と一緒にいる必要はありません。子どもたちのことをしっかりフォローするだけでいいのです」と、ジャッキーは彼らを説得した。

「子どもたちがきちんと学校に行っているか、たっぷり寝ているか、栄養のある食べ物をたくさん食べているかどうかを確認するのです」。

　ジャッキーの話を聞き、囚人たちは、次々と罪の意識に目覚めるのだった。「たぶん、私は、家で娘に十分本を読んでやれなかったな」と、レオンは認める。彼は、クラックの密売でつかまっていた。「すべての非を、あなた方、父親に押しつけるわけではありません」とジャッキーは言いながら、「子どもたちの宿題を手助けする際の七つの留意点」という小冊子を配る。

「女房が娘の通信簿を送ってくるんだ」と、エディが言った。「娘は電話で、私に本を読んで聞かせたくてしかたがない。まだ七歳だけど、筆記体を書くんだ。びっくりしてしまう。私の子ども時代よりすごい！」彼の声は、誇りに満ち、はずんでいた。

「子どもたちにとって、自宅は、安心して発音の練習ができる場所でなければなりません」と、彼女は言った。「人に笑われたり、答えている最中に誰かが割り込んできたりすることのない場所、ですね」。

　彼女が、そのとっておきのアドバイスを終えると、囚人たちから質問の矢が飛んできた。男たちは、子どもがいい成績を取った場合、ほうびを与えるべきかどうかについて、ジャッキーに助言を求めた――与えてもいいが、「毎週、何かを用意する必要があります。ほうびを取り上げないようにしてください」。また、子どもたちに書くことを奨励することについては――「スペルミスをいちいち正さないように。子どもたちが、そうしたことにきゅうきゅうとなると、創造性など、どこかに飛んでいってしまいますから」。そして、子どもをどうやって支えていくかについては――「親が学校と密に連絡を取り合っているならば、親から気にかけられていることが子どもにわかりますし、教師にも、親が子どもを気にかけていることが伝わります」。麻薬所持のかどで刑に服しているマイケルは、妻について、次のように話す。「二週間前、ひたすら子どもの話を聞いてやることがどんなに大切かを、女房に口をすっぱくして話したんだ。ちょうど今泣き叫んでいる四、五歳の子どもがいたとしよう。その坊主には何か魂胆があると思うかもしれないが、何か本当につらいことがあるのかもしれないだろ、って」。マイケルは、両親が一緒に講習を受けるべきだと考えた。

　刑務所という隔離された場所に身を置きながら、賢い批評家でいることはたやすい。問題は、世間の荒波にもまれながら、彼らが、その見識をどれだけ持ちこたえられるかである。数か月もしないうちに、彼ら全員が出所し、家族という複雑な環境へ放り込まれ、新しく学び取った育児のスキルを試すことになる。自らの行いをどのように改めるかを具体的に示すことができるのは、彼らのうち、わずか二人だけであるように見えた。そのうちの一人は、子どもたち一人一人にそれぞれ時間を割くと誓い、もう一人の男は、子どもたちの学校生活に注意を向けると約束した。囚人たちは誰もが、再び子どもたちの生活にかかわる道を見いだせるならば、彼らと深くコミットしたいと切望していた。

「刑務所にいると、失った時間をなつかしく思うが……」と、重大な無謀行為を犯したかなどで服役しているニックが口を開いた。「出所すると、焦点がぼやけてしまう気がする」。

親になるために

私たちの大半は、親であるとはどういうことか、明確なレッスンなど受けることはない。私たちが知っていることはすべて、自ら少しずつ学んだ結果である。たとえば、両親から無意識のうちに吸収したり、時には彼らと同じ失敗を繰り返したり、時には、両親を反面教師にして、彼らのあやまちを逆手に取ったり——しつけらしいしつけを受けなかった人が、わが子に過度のしつけを行うなど——といった具合に。「親の育児法が、自分自身の育児法のあらゆる部分に影響してくるのです」と、ジャッキーは話した。それは、社会・経済階級のレベルとはいっさい関係がない。低所得世帯だけが、誤まった行いをするわけではないのである。

にもかかわらず、最貧困層においては、子育てという仕事は、多くの困難が相まって起こる破壊的な相乗効果のダメージにさらされやすい。いくつもの貧困の要素が束になって、ひとたび人々をのみ込むと、並みの育児法では、その泥沼から子どもを引っ張り出せない。低収入の親たちを援助するプログラムが全米で崩壊の様相を呈しているのは、まさにそうした理由からである。そのプログラムが、さらに大規模なものであったなら、もっと大きな影響力があったかもしれないが。

そうしたプログラムのなかには、出生後の最も早い時期における育児がどれだけ重要なものになりうるかを示す、数十年間の研究に基づくものも見られる。たとえば、一九六〇年代後期に母親を重点的に観察した、ハーバード大学の「未就学児プロジェクト」では、育児法の差により、子どもたちが、一年生の時点で、どれだけ能力的な差を示すかが明らかになっている。[4] より最近のいくつかの研究によれば、「生後数年にわたる繊細できめ細かな育児」が、さらなる学習成果をもたらし、養護教育の必要性や行動上の問題、青春期のドラッグとアルコールの使用頻度を減らし、幼稚園時代から、仲間とうまくやっていく能力を高めるという。[5]

危機的な状況にいる母親の育児に介入することは、しかるべき効果をもたらすことがわかっている。ミルウォーキー〔ウィスコンシン州最大の都市〕で行われた、ある研究では、やや知能の低い母親を持つ新生児のトレーニングにより、子どもたちのIQが、三年以内に平均八〇から一〇〇へと上がったという。[6] ノースカロライナ州の「初心者プログラム」では、生後六～一二週間の乳児に保育所的な教育を施すことで、貧困家庭出身の子どもたちが四歳半になるまでに、IQが上昇したという。その研究の対象となった四一名中四〇人が、一般の子どもたちの平均IQを上回り、プログラムに参加していない四五人の子どもたちの対照群より八～二〇点高い得点を挙げている。[7] また、一一一人の子どもたちを対象にした、より大規模なグループを二一年にわたって追跡調査した結果、高校の中退率や落第率も抑えられ、シングルマザーになる可能性も少なくなることが判明している。四年制大学への進学率も、対照群の二倍であった。[8]

リスベス・B・ショアが、一九八八年出版の『私たちが実現できること』(*Within Our Reach*)のなかで最高のプログラムを実践していると評したのは、エール大学のセンターである。彼女によれば、そこでは、「小児科医や看護師、知能の発達を研究する専門家、幼年期を専門とする教育者やソーシャル・ワーカーが、両親や子どもたちと接し、子どもたちには、健康管理と定期的な知能の発達評価を行い、両親には、ガイダンスやカウンセリングなどのサポートを提供する。家族は、子どもたちを、センターの保育所や幼児学級へ入れることも可能である」。そこでは、スタッフが家庭訪問も行っていた。プログラム終了後一〇年たった時点で、「手を差し伸べた家族のほぼすべてが、生活保護から抜け出し、自立していた」と、ショアは、同書のなかで報告する。「一方、対照群の家族で自立したのは、わずか半数である」。このサービスを受けた母親たちは、その後、何年かにわたりさらに教育を受け、出産した子どもの数もより少なく、その子どもたちの学業成績もはるかに良かった(9)。

現在、「教師としての親」と呼ばれる民間プログラム〔早期教育や家族サポートを行う国際機関〕では、全米の多くの地域で、毎月、家庭訪問を実施し、子どもたちの脳の発達段階に合わせた遊びやおしゃべりなど、子どもとの交流の仕方を両親に指南している。同プロジェクトのもとで行われた、いくつかの研究によれば、プロジェクトに参加した〇～三歳までの子どもたちは、幼稚園教育に必要な知的準備が、より整っていたという(10)。ただし、幼児虐待の発覚を恐れる家庭には接触しにくかった点が、この研究の難点といえば難点であり、その意味で、家庭訪問を最も必要とする親たちには、手が差し伸べられなかったと言えるかもしれない。

優れた育児には、二つの側面が備わっている。第一は、特定の育児のノウハウを学びうること。二つ目は、母親、あるいは父親に、安定的な育児を可能にするだけの個人的な幸福感が伴っていることである。必要なスキルと自信を得るために、育児に問題を抱える裕福な家庭は、個別のカウンセリングや育児講習を受ける余裕があるのに対し、貧困層は、政府からの不規則な資金補助の下で、ばらばらなアドバイスとトレーニングに頼っているのが現状である。

二つ目の感情的な面については、対処するのが、より困難と言えよう。貧困層の多くは、うつ病に苦しみながら、治療を受けずにいるシングルマザーである。彼女らの多くには、自分たちが抱えている問題を話せる人がいない。内省や立ち直る能力といったものは、貧困の断崖絶壁に追い詰められた親がめったに手にすることのない、贅沢品なのである。自分自身がひどい育てられ方をしたり、最小限の教育しか受けていなかったり、家族や友人のネットワークも不完全で、長時間の夜勤のうえに貯金もなかったりしたら、自らを再充電したり、自分の子育てを再評価したりするのに必要な時間や財力、気持ちのうえでの余裕を持つことができない。「中産階級の親であれば、子どもたちの世話からも解放されやすくなるでしょう。ベビーシッターを雇って、映画を見にいったり、ヘルス・スパに通ったりできますからね」と、デラウェア大学のグウェン・ブラウンは言う。「ひと息つければ、元気になって、また頑張れるのです」。そして、さほど頻繁に危機に直面することもなくなる。「子どもたちをどこかに連れて行く途中で、車が故障することもありません」と、彼女は述べる。「中産階級の家庭が危機に陥るのは三か月に一度ですが、貧困家庭では週に一度。危機に襲われることで、子どもたちに払える注意の度合いが変わってきます」。

グウェンとジャッキーが目にしてきた親たち――囚人や生活保護受給者――は、次々と引き出せる預金口座を持っている人々と違い、頼りになる蓄えも皆無に近い。「自分自身が、人から十分な関心を向けてもらっていなければ、子どもにもさほど注意を向けられません」と、グウェンは言う。「自分自身が愛に包まれていなければ、子どもにも多くの愛を捧げられないのです。子どもたちを傷つけている親たちは、そうした状況にあります。燃え尽きているんですね。彼らは、子ども時代に燃え尽きてしまったのです。人間として、親と良好な関係を築こうとしたにもかかわらず、親からあまりかわいがってもらえなかったからです。だから、心を閉ざしてしまったのでしょう。ストレスがたまりすぎていると、思考力が働かなくなってしまうのです」。彼女によると、さらに、カネがものをいう社会では、経済的に乏しければ、人間的に乏しいと感ずる可能性があるという。だから、窮乏化した親には、「気持ちのうえでは使うことができる以上にもっと余裕がある」という図太さがしばしば必要になる。

グウェンとジャッキーは、どちらも貧困家庭で育ったので、指導中の親たちが抱えている精神的な負い目について、とりわけ大きな懸念を持っていた。それゆえ、その講習には、一種のセラピーが組み込まれているのだった。「一〇代のころ、母が私のベッドに潜り込んできて言ったんです。「すごく怖い」って」と、ジャッキーは話した。「母には、話し相手が一人もいませんでした。だから、私が教えている人たちに話し相手がいるということは、私にとって、とても大きな意味を持っているんです」と、彼女は言う。あるいは、彼女が好んで考えるように、親たちは、自らを導くべく、話し相手が必要だと感じるのであろう。「私たちは誰もが、親として、話を聞いてくれる人を求めています。自分の番が回ってきたら、ひたすら耳を傾けてくれる人を。だって、親というものは、いつもみんなの面倒を見ているばかりで、自分たちの番はめったに回ってこないのですから」。同じグループになった親たちは、相手の話にひたすら耳を傾け、自分だけが孤立しているわけではないと知ることで、互いに支え合う。

講習会は、親たちが悩みを打ち明けることができる安全な避難場所としての役割を担っていた。「各自が、経験を分かち合いたいレベルで分かち合えるのです」と、グウェンは説明した。「たぶん彼らは、子ども時代に受けた、最も深く、最も暗い傷について語りたいのでしょう。みんなが、自分の感情を解き放つことができる状態にまで到達するよう手を差し伸べることが、私たちの目指すところです。大いに涙を流し、セラピーのロールプレイを数多くこなして、虐待した親に向かって叫び返せるようになるまで、ね。ここは、そのための場所なんです。でも、子どもたちへの八つ当たりは禁物。自分が幼児期にかかわった男たちの誰もが、忌まわしく、陰湿で、敵愾《てきがい》的だったからといって、自分の小さな息子までもが、ひどいことをするわけではないのですから」。

こうしたアプローチは、八歳の息子と二歳の娘にほとんど注意を向けていなかった、ある母親の助けになったようである。「それまでは鬱屈した気分で、子どもたちと一緒に時間を過ごそうなんて考えもしませんでした」と、母親は言う。「今なら、こうして、いろいろなことを正直に話せます。以前ほどストレスも感じないし、子どもたちのために時間を使うこともできる。明日どうなるのかと、くよくよ心配する代わりに、子どもたちと一緒に時を過ごしています。たとえば、休みが取れると、子どもたちと公園へ行って、アイスクリームを買ったり……。以前は考えられなかったことですね。息子は、学校から帰ると宿題をして、すぐに外へ飛び出していったものです。でも今は、「ママ、今日は公園へ行くよね？」と、聞いてくるんですよ。こんなこと、前はありませんでした。だから、（私は）「そうよ。公園へ行こうね」と言います。そして、公園で、息子が野球をするんです。あの子の試合を見にいく回数も増えました。息子が練習に行くときには、送迎だけでなく、試合を見学するようにしています」。

セラピーを受けたからといって、必ずしも気持ちが楽になるわけではないが、何らかの形での治療的措置は、育児講習会で特定の大人たちを助けるために必要と言えるかもしれない。虐待やドラッグ、精神障害、そして、「自分の子どもたちを心から愛し、彼らを慈しみたいという思いにもかかわらず、それができない」という無力さから生じるダメージは深遠であり、なかなか癒えるものではないと、ベッキー・ジェンテスは言う。彼女は正看護師であり、危機に瀕する若い母親たちを救うための家庭訪問・集中プログラムを統率している。育児指導や密接した個人指導、さらに授乳法やしつけ、遊び、時には愛に関する手引きを受けても、母親の心の傷がまだうずいている場合は、ほとんど役に立たない。

そうした母親たちの幾人かに対して、「私たちは、影響を及ぼしていると実感しています」と、ベッキーは言った。「私たちが指導している家族のなかには、赤貧の人たちもいます。無一文ですが、その子どもたちは、きっと、親からきちんと面倒を見てもらっていますよ。果物や飲物、サンドイッチを用意してもらって、登校します。スナックでもジャンクフードでもありません。ブランドもののジーンズも持っていなければ、流行のヘアスタイルもしていませんが、ちゃんと面倒を見てもらっています。貧しくても、子どもの面倒を見ることはできるのです」。

「なかには、私たちを心底消耗させる家族もあります。たった今お話しした成功例とはまったく逆ですが。とてもやりきれない感じがします」。それら最もダメージの大きな家族については、彼女は、どれだけ問題が起こらなかったかということを通して、プログラムの成功を測らなければならなかった。「私たちがやっていることは危機管理なんです」と、ベッキーは言った。「そうした家庭の子どもたちの安全確保に努めること……。今まで、これといった恐ろしいことは何一つ起こっていません。明らかに、私たちがそこで監視していたがゆえに、何も問題が起こらなかったケースもあります。翌日、引き上げてしまったら、長期的な変化は望めないでしょう。彼らのほとんどが、一年前に指導を始めたころの生活パターンへすぐに逆戻りします」。ベッキーもその同僚も中産階級の中年女性であるが、時として絶望の淵に突き落とされた。「みんな、自分たちのやっていることに疑問を持っています」と、ある日、彼女は言った。「これは、いったい本当に何らかの目的にかなっているのだろうか。必死にやっているけれど、どんな結果が出ているというのだろう?」

ベッキーが、その若い母親たちと初めて出会ったのは、母親たちが妊娠中にニューハンプシャー州クレアモント市にあるバリー地域病院の胎児検診外来部門を訪問したときだった。ベッキーは、その外来の母子保健管理部長を務めており、そこでは、子どもたちが二歳に達するまで、家庭訪問が頻繁に行われていた。そして、母親たちのなかには、家庭訪問期間が終わる前に再び妊娠することで、その期間を実質的に延長する者も見られた。

「妊娠を繰り返すのは、引き続き私たちの関心を得るためにほかなりません」と、ベッキーは言い切った。「恐ろしい話です。生まれて初めて誰かに面倒を見てもらったのが胎児検診診療所なんて。栄養士や看護師、医者がいつでも「こんにちは」と声をかけ、母親たち全員を気持ちよく迎えて、「診察しましょう」とか「体調は?」とか話しかけるんです。彼女たちと話し、また再会して、再来させるようにするんですよ。母親たちは、会うごとにどんどん元気になります。でも、悲しむべきことですね。私たちが、正真正銘人生で初めて世話をしてくれた人間、という母親もいるんですから。だからこそ、それが誘引になって、また妊娠するのです」。

家庭訪問員は、一種の代理母として、電話で質問に答えたり、助けを求める叫びに応じたりすることで、母親たちの助けとなっていた。サラ・グッデルは、彼女の信頼のおける助言者であるブレンダ・セント・ロレンスに電話し、かつてこう尋ねたことがある。「息子が悪態をついたら、コショウを舌になすりつけてもいいですか。息子をたたいてもいいでしょうか」。彼女は、アドバイスを必死に求めている様子だったが、結局、助言を無視したのだった。彼女の家庭は、非常に危険度が高いように見えたので、訪問プログラムの下で州に通知がなされた。州は、子どもたちを家から転居させようとしたが失敗し、その一件は裁判にまで持ち込まれた。ベッキーによれば、同プログラムを受けていた四〇人の母親のうち四人が、裁判所の命令の下で子どもたちを手放し、ほかにも、手放してしかるべきだった親が二、三人いたという。他の母親たちの大半は微妙なラインに位置し、育児には劣っているものの、物理的危険は最小限であるという状況にあった。

最悪のケースとして、ある母親が初産の後、生まれたばかりの赤ん坊を病院から自宅に連れ帰った瞬間に、病院に通報が入ったことがある。ベッキーと同僚たちは、突然、小さな赤ん坊に責任を持つことになったことに対して通常抱く、驚きと興奮の感覚を母親たちのなかに探した。「でも、ちょっと聞いてください。彼女たちの家庭にはそれが見当たらないのです」と、ベッキーは報告する。「びっくりしました。彼女たちの反応と言えば、「ああ、なんてことなの。いったい何時に起きなきゃいけないの? ああ、だんなは仕事に出かけなきゃなんないし、私が、うちで赤ん坊と一緒にいなきゃいけないわけ? おしめなんて替えるもんですか」というありさま。

子どもに対して、その場の世話もできないんです」と、ベッキーは話した。そして、子どもの安全や健康を心配することもない。「初めての母子訪問で、母親が質問をしなかったり、生き生きしていなかったりしたら、まず赤信号と考えていいでしょう。心配になります」。

そうだとすれば、なぜ彼女たちは中絶しないのか。生活保護にあずかることを自立の証と勘違いしていると一部の専門家は主張するが、それは、彼女らが自立を切望する気持ちとぴったり合致する。「自分の手で人生をコントロールする、ということですね」と、ベッキーは強い口調で言った。「『神様がこの子を授けてくれた。子どもを生む資格がないなんて、誰にも言わせない』と考えるわけです。彼女たちは、ずっと思うような人生を送ってこなかったわけですから。『生涯で私を愛してくれる誰か、私を必要としてくれる誰かが欲しい』という、ゆがんだ感覚にほかなりません」。だが実際、若い母親たちの多くは、自分自身が貧窮生活を送っているため、赤ん坊の面倒を見なければならない以上に、自らが面倒を見てもらう必要に迫られているのが実状である。そして、一〇代の母親の子ども時代が育児でだいなしになるという理由から、その子どもは、母親から恨みを買う場合が多い。

「今、担当しているいくつかの家族の指導で、難しい局面を迎えています。その家庭には、幼児がいるからです」と、ブレンダは言った。「そんな小さな子を一日中ベビーベッドの中に放っておくわけにはいきません。子どもたちは、ひたすら歩き回ったり、何にでもトライしたがったりするんです。それなのに、まったくひどい話です。そうした、いたいけな幼児に向かって母親たちが言うことといったら。ある母親なんて、自分の娘を『悪魔』呼ばわりするんですから」。

「それから、こんな例も……。自分の娘の名前すら呼ばない母親がいたんですが……」と、ベッキーは続ける。「自分の娘のことを『あれは問題児だ』と言ったんです」。

家庭訪問員は、子どもたちが家庭内暴力を目の当たりにすることで被る影響について懸念していた。彼らは、頻繁に夫を殴る、ある母親にこう忠告した。「こう語りかけます。『床に座って、子どもたちの目線に合わせて物事を見るように』って」と、ブレンダは話す。「彼らの目にはどんなふうに映るでしょう？」

ベッキーが目にしたものは、いくつかの家庭における「信じがたい危険」であった。ある家庭では、最年長の子どもが、一五歳ですでに母親となっていた。「この家庭には、長年にわたって、薬物乱用者たちが出入りしています。母親は末期の肝不全で瀕死状態、娘の三六歳の義理の父親は、似たような理由で死んだばかり。汚い言葉が飛び交い、当局の言うこともおかまいなし、安全性の点から言っても危険な家です。(ペットとして)雑居するヘビやイヌ、それにネズミ、使われるかどうかわからないWIC(州政府などによる、女性・乳幼児・子ども特別栄養強化プログラム)のバウチャー、いたるところに散らばっている汚れた食器、やまない違法行為、母親が子どもにわめき散らしては起こる大騒ぎ――。その一五歳の母親は、自分にとって都合よく使える人なら、誰かれ構わず子どもを預けてしまうのです。郡刑務所から出所したばかりの人だろうが、知らない隣人だろうが、お構いなし。その家に行って一五分もたつと、感覚が麻痺してきます。一二歳の子どもは、毎日、学校から、こんな状態の家に帰ってくるんですよ。とても私の子どもを置いておけるような場所ではありません。ましてや、そこで生活するなんて」。

ベッキーやブレンダなど、こうした仕事に当たる人たちは、母親たちとの口論をめぐって燃え尽きてしまう。そして、次世代への影響を考えると、自分たちが何の役にも立っていないと感じ、敗北感にさいなまれることもしばしばである。だが、時として、最終的には何らかの違いをもたらしていることを示す一筋の明るい光が、暗闇の向こうから漏れてくることもある。

事実、ブレンダは、そうしたケースに出くわしたのだった。悲惨なまでに家庭が崩壊しきっている八年生の子どもにカウンセリングを施していたときのことである。彼女は、日に何時間も彼の話を聞き、学校をきちんと卒業するよう説得した。しかし、彼はブレンダを無視し、学校を中退して姿をくらましてしまった。だが、その後何年もたってから突然、その青年は、バージニア州から彼女に、「僕、やったよ」と電話で報告してきた。一九歳でGEDを取得した青年は、軍に入隊し、ヘリコプターの整備の仕事を無事にこなして、婚約したのであった。このように、小さな火花が炎となって燃え上がるケースはいつも存在するのである。

メリッサ(仮名)も、そうした例の一つである。彼女は、父親から殴られたうえに、性的虐待も受けた過去を持っていた。「メリッサはいつもウソをついていました」と、ブレンダは嘆いた。「彼女は、誰も信用していないのです」。メリッサは、二三歳のとき、生活保護を受けながら、散らかし放題のアパートに恋人と二歳の娘と三人で住んでいた。その恋人は、一六歳の時に性的虐待のかどで告発されたことがあったために、娘のオムツを替えることさえ恐れていた。

「あの家に足を踏み込んだら、身がすくんでしまいます」と、ブレンダは言った。「めちゃくちゃ汚いんです。私が一緒にやるようになってからは、彼女もきちんと掃除するようになりましたが。私が行く日がわかっているので、キッチンもきれいにするようになったし、掃除もしています。自分の掃除に誰かが関心を払ってくれるということで、自分自身にものすごくプライドを持っているのです。それでも、がらくたが散らばり、外にはゴミが放り出してありましたけれど。マットレスなんか見た日には生きていられません。いつ行っても、それはもうひどいありさまなんです。汚いおしめが散らかったままで……。それはもう、ひどいものでした。あまりにも悲惨だったので、（家主が）写真を撮って、裁判所に持ち込んだくらいです。廃屋同然でしたね。当初は、きれいなアパートだったでしょうに」。

しかし、メリッサは、母親であることに並々ならぬ努力を払っていた。「私がいるときでさえ、彼女は、常に娘を目の届くところに置いていました」と、ブレンダは話した。とがったナイフの刃に身をさらしているかのごとく危機感を抱きながら、メリッサは、自分に起こったことが娘の身にも降りかかるのではないかと、ひどく恐れているようだった。しかし、少なくとも、これまでのところ、そうした懸念が、彼女の幼い娘にとってはプラスになっていた。「一つだけ確かに言えることは……」と、ブレンダは認めた。「彼女は、（娘に）本を読んでは聞かせ、また読んでやるんです。なんていう違いでしょう。その小さな女の子は、いつもほとんど、アニメの『ラグラッツ』（人気テレビアニメ）に出てくる汚い格好をした子どものように見えますが、聡明な子です。メリッサは、その子を愛していて、多くの時間をともに過ごしています」。

メリッサは、福祉改革支持者たちの評価を得られない方法で、娘と過ごす時間を見いだした。塗料化学工場での時給六ドルの仕事を辞めてしまったのである。「お金がないって、何かと面倒ですね」と、彼女は皮肉っぽく言った。「外へ出て仕事を見つけることはできますが、娘の年を考えると、家であの子と一緒にいるほうが、私には、もっと意味があるんです」。彼女は、はたして娘に何を望んでいるのだろう？ 「何でもいいから、娘がなりたいものになってほしい」と、メリッサは、きっぱりと言い切った。「高校は卒業させます。私が犯した最大の間違いは、高校を卒業しなかったことですから。バレリーナになりたいのなら、なればいいんです」。あるいは医者でも、とメリッサは言い添えた。「時折、娘を見つめて、こう言います。「何でも、なりたいものになってちょうだい」って。ええ、娘は自分のなりたいものになるんです」。

＊本章の表題は旧約聖書の出エジプト記、第二〇章第五項に由来するとされる、“The sins of the fathers are visited upon the children.”（親の因果が子に報う）という諺と、性的虐待を子どもにはたらく父親の罪という意味を掛けている。

第7章　家族の結びつき　*Kinship*

私たちは無一文。でも、家族がいる。
——カーラ・キング、三児の母

私たち家族は固い絆で結ばれていた

トム・キングと妻、カーラの壊れやすい暮らしは粉々に砕け散り、残ったものはといえば、互いへの愛と忠誠だけであった。夫妻は仕事を失い、健康を損ねた。廃屋同然の借家の裏手で、深々と積もっていた、まっさらな冬の雪が二月の雪解けで徐々に解けて、濁った小川になるように、彼らのなけなしの蓄えもいつの間にかなくなった。ただひとつ手元に残った財産は愛情であり、それだけが彼らの支えになった。その支え合いの絆は、夫妻とその子どもたち、少数の親しい友人、そして、ある晩、彼らと偶然出くわした見知らぬ人までをも包み込んでいた。

何週間もかけて、トムとカーラは小銭を集め、子どもたちと一緒にレストランで食事を取るに足るだけの金額を用意した——祝い事のためではない。ただ、自分たちの不安を少しでも和らげるためであった。カーラは、骨髄移植を受ける必要があると言われていたのである。そこで、一家は、ニューハンプシャー州レバノン市にある、長距離トラック運転手用の安レストランに出かけた。そのレストランは、どの料理も大盛りだった。二人の息子たちは、どちらが多く食べられるか競い合った。一家は、大いに笑い、自分たちの苦難について話し合った。その会話を、レストランのバーで小耳にはさんだ者がいた。その男は、家族と過ごす時間がほとんどない、通りすがりのトラック運転手だった。

「ウェイトレスにお勘定を頼んだら、「お金は要らない。バーに座っている男の人が払ってくれたから」って言われたんです」と、カーラは当時を振り返る。「ひどく腹が立ちました。施しなんてごめんですと、彼女に言いそうになりましたよ」。施しほどカーラを侮辱するものはない。彼女は、貧乏と病気に激しい憤りを感じた。車を走らせ、ニューポート市〔ロードアイランド州〕の中古車修理工場の隣にある自宅へ戻る道すがら、彼女は腹立たしく思い、ふさぎ込んだ。化学療法のせいで長い栗色の髪が、歯の治療費が足りないために歯が、それぞれ抜け落ち、カーラは、スタミナと快活さも失っていた。だが、尊厳までなくすつもりはなかったので、そのレストランに電話をかけ、飲食代を払ってくれた男性の名前を尋ねた。そのお客さんはまだここにいますよとウェイトレスは言い、電話を取り次いでくれた。なぜお金を払ったのかとカーラが冷ややかに尋ねると、男は理由を告げた。「家族が、自分たちの問題をあんなにもオープンに話し合うのを、彼は耳にしたことがなかったんです」と、カーラは言う。「私たち家族は固い絆で結ばれていた。その人は、しょっちゅう家を空けているトラック運転手だったから、私たちに何かしてあげたいと思ったそうです。胸を打たれたんですね。私たちが人生をあんなふうに笑って受け止められることが、信じられなかったんです」。

カーラは、その男性が次のような言葉を口にしたのを覚えていた。「回数を数えていたんですが、お子さんたちは、あなたのことを大好きだと、二〇回は言いましたよ」。

カーラの怒りは、突然、しずまった。「その場で泣き崩れてしまいました」。

その運転手がこれほどにも感嘆した家族は、カーラが子ども時代に見てきた家族とは似ても似つかないものである。彼女は、母親からは無視され、やはりトラック運転手だった父親からは性的虐待を受けていた。「子どものころ、ドッグフードを食べたのを覚えています。まるで、ウサギの糞」と、彼女は話す。「子どもたちには、絶対あんな目に遭わせるもんですか。私の子ども時代には、登校すると、先生が私の手や顔を洗って、服を持ってきてくれたものです。両親からは、ずっと放ったらかしにされていました。父も母もアルコール依存症だったんです」。それでも、父親がガンで死の床にあったとき、キャットホール山〔コネチカット州〕の頂上から取ってきた石を墓石に使ってほしいという父親の願いを、カーラはかなえてやったのだった。その山は、父親が、シカ狩りの季節になると真っ先に銃を手にして出向いた場所である。「だから、山に行って、どでかい大理石の塊を手に入れてきたんです。この真っ白な大理石をね」と、トムは当時を思い出して話す。「この石には、一か所、平らな面がありました。だから、みんなで相談して、このブロンズの飾り板を買い、大理石にはめ込んだんです」。カーラは、あっさりと家族の絆を断つようなことはしなかったのである。

彼女は、結婚相手も、その後の再婚相手も、アルコール依存症であった点で、自ら育った家族を模倣してきた。息子のザックとマットの父親でもある最初の夫には、「よく平手打ちされて、歯を折られたものです」と、カーラは語る。再婚相手のトム・キングが彼女の人生にかかわるようになったのは、彼が前妻に放り出され、カーラと一人目の夫から部屋を借りたことがきっかけだった。ある日、カーラの夫が「泥酔して帰宅し、カーラに襲いかかったんです」と、トムは当時を振り返る。「『おい、やめろよ』と言ったんですが、気づいたら、みんなで外に立っていました。私たちが家を出るときに彼が最後に言ったのは、『そのあばずれ女が欲しいか？　くれてやらあ』という一言でした」。こうして、さまよえる二人の男女はアパートを見つけ、まったくプラトニックな関係でしたか五か月くらいは、同居を始めた。「四か月半か五か月くらいは、まったくプラトニックな関係でした。スペースを二つに区切って、カーラは家賃の半額を払い、私が残りを払ったんです。そうこうしているうちに、なんとなく恋仲になってしまいました。で、現在にいたるってわけです」。それから四年後、娘のケイトが生まれ、二人は結婚した。

トムは、ウィスキーのジャック・ダニエルが好きで、朝食のときでさえ、コーヒーと一緒に、小さなグラスで一、二杯あおるのだった。カーラは、愛情たっぷりに絶えず彼を説き伏せて、ついに「アルコール依存症患者更生会」〔アルコール依存症からの回復を助ける自主団体、通称AA〕の門をたたかせた。「仕事をサボったことは一度もない」と、トムは言い張る。しかし、「夕方になると、ひどい有様で、ある晩、二人でじっくり話し合ったときに、カーラが言ったんです。『そんなにお酒を飲んで、なんの得になるの？　考えてもみてよ。毎朝、胸がムカムカして、疲れきった気分で目を覚ますなんて、もううんざりでしょ？」って」。

トムは四六歳、カーラは三二歳だが、どちらも年より老けて見える。トムは、マルボロを吸う。彼は、時折、ドクロ印や星条旗の模様入りの黒いバンダナを、長くたらした髪が後ろの襟の下にまとまるよう固く結んで、かぶるのだった。細身の締まった両腕には、入れ墨がびっしりと彫られており、「LOVE」や「トムとカーラ」といった言葉が躍っている。トムは、穏やかなほほえみと物静かな快活さを兼ね備えていた。「調子はどう？」と尋ねられると、たとえ実際はそうでなくても、決まって「バッチリさ」と答え、心配を振り払おうとするかのように、手で顔全体をなでるのだった。とはいえ、彼は、自分がビクついていると認めることも、さらには泣くことさえも厭わなかった。彼とカーラは、互いのなかに、傷つきやすさと強さが混ざり合っている様を見て取っていた。

彼らは、どちらもUホールに勤務していた。カーラは、デスクワークで時給六ドル、トムは、機械工として時給七ドルを、それぞれ稼いでいた。「うまくいっていたんです」と、カーラは開き直ったように言う。それは、二人の手から盗み去られた、ささやかな勝利を返せと言わんばかりの態度であった。「クレジットカードは持っていなかったし、借金もありませんでした」。慎ましく暮らしながら、生活費をやり繰りし、毎月、少額だが、どうにかこうにか貯金もしていた。カーラは、自分に対して自信があったので、仕事場で、少々やりすぎといえるほど、高潔に振る舞った。「私は、とても正直者なんです」と、彼女は毅然として言う。「返却時にタイヤがおかしいトラックは別にしておくようにと、指示されていました。だから、そうしたかったんですが、（のちに）会社は、そんなトラックでも貸し出したいと思っていることがわかったんです」。あるとき、ヘッドライトがつかないトラックを「昼間に」貸し出すようマネージャーから言われたカーラは、首を振った。「会社からすごく嫌がられましたね」と、カーラは自慢げに話す。昇給はなく、マネージャーになりたいという希望も無視された。その後、息子の口蓋裂手術のために一週間の休暇を取った後、職場に戻ると、別の人が代わりに雇われていたのだった。

ほかの仕事を見つけるのは難しかった。カーラは、てんかんのため、本来は運転すべきでないのだが、時々、ハンドルを握った。運転しないと、公共交通機関が貧弱な田舎に縛りつけられているような気がしたからである。最終的に、月額四八四ドルの障害者用の生活保護受給資格をどうにか得て、古びた家の家賃五〇〇ドルをほぼ全額カバーすることができた。しかし、生活は悪化の一途をたどった。トムにとっても、Uホールでの仕事はいいものとはいえなかった。彼にとって、欠陥トラックは頭痛のタネであり、深夜、修理を求める緊急電話が鳴り響いた。マネージャー連中は、実践的な技能に欠ける二〇代の「ガキ」だと、彼は不平を漏らす。昇給なしに三年間働いた後、嫌気が差したトムは会社を辞め、ニューハンプシャー州クレアモント市の野菜農家の仕事を見つけ、同市とマサチューセッツ州をトラックで往復することになる。

そして、次の不幸が襲いかかった。カーラが、悪性リンパ腫と診断されたのである。見通しは暗かった。お金がなかったので、治療を受ける最良の道は実験に加わること、つまり、「モルモット」になることだったと、彼女は言う。カーラは、ダートマス・ヒッチコック医療センターでの臨床実験に参加し、無料の化学療法を受け始めたのだった。決意だけで病気を打ち負かせられるものなら、自分の鉄の意志が勝利を得ることを、カーラは知っていた。「最後までやり抜いてみせる」と、カーラは断固として言った。「長く険しい道になるだろうけれど。外に出て、人助けをしようと思います。赤ちゃんがいる若い母親たちに、黙って男にひどい目に遭わされている必要はないって教えてあげようと思うんです」。

彼らの借家は古び、淡い青緑色の木造の外観と外装の赤い縁取りは、年月と風雪で、色あせていた。雑然とした裏口を通って家に入ると、キッチンの床の真ん中に置かれた丸い大型の石油ストーブから、鼻をつくようなにおいが周囲に立ち込めている。カーラは、キッチンテーブルのイスに腰掛け、ターコイズ・ブルー色のスカーフで髪の抜けた頭を覆っている。息子たちは彼女のそうした外見を恥じ、彼女が学校に来るのを嫌がった。カーラ自身も、息子たち同様、自らの姿を恥ずかしく思っていた。自分を恥じる気持ちには激しい憤怒の念が入り混じり、彼女は、長くふさふさとした髪があったころの写真を額に入れて飾り続け、昔の自分を思い出すことで、自らの恥と怒りを正当なものと位置付けるのであった。その写真に写っているカーラの目には一抹の笑いが見て取れたが、現在の彼女のまなざしは、やつれた形相に反してすさまじいまでに明るく、何かを訴えかけるような誇り高さを放っている。

カーラは、偶然の出来事が思わぬ結果につながる人生の不条理さに気づき始めていた。だから、コーニッシュ・フェア〔ニューハンプシャー州コーニッシュの農業祭〕で当たった賞品が元で被った苦い経験について語りながら、皮肉なほほえみを浮かべずにはいられなかったのである。ニューイングランド地方では今でも、古風で趣きがある地方色豊かな催し物が好まれる。そうしたフェアには、誰が最高のパイを焼いたか、両手を後ろに回して手を使わずに一番早くパイを食べられるのは誰か、誰が消防署主催の福引を射止めるか、また、ボールを標的に命中させ、地元の人気者をプールに落としてずぶぬれにできるのは誰か、といったことを見に、コミュニティから大勢の人が集う。会場は、ノーマン・ロックウェル〔素朴で飾り気のない庶民の姿を描いて愛された画家、1894–1978〕の絵に描かれているような、健康そのものといった顔つきの人たちであふれる。カーラはといえば、そのコーニッシュ・フェアで、一ドルの福引券を買ったのだった。それまでの三一年間の人生で、彼女は何一つ当てたことはなかったが、そのフェアでは奇跡が起き、エマという名の丸々と太った豚を賞品としてもらった。「びっくり仰天しました！」と、カーラは話す。

だが、薄幸な家族にとっては、喜ぶべき賞品でさえ災厄になることがある。トムとカーラは、エマを友人宅の家畜用の囲いの中に入れておいたのだが、友人の飼いイヌが囲いに入り、エマを咬んだので、トムは、自宅に囲いを作る必要があると考えた。そこで、彼は、覆いのある小型トラックを持っていた母親に電話し、二人でエマを引き取りにいった。そして、トムが豚と一緒にトラックの荷台に乗ったところ、笑えない喜劇が起きた。それは、その危険性を警告する標識があちこちに立っているニューハンプシャー州では、珍しくないことであった。一頭のヘラジカが道路に飛び出してきたため、前を走っていた自動車が急ブレーキをかけ、トムの母親が運転する小型トラックがその車に追突し、トムが、荷台の上で、ポップコーンのように転がってしまったのである。彼は、地元の病院の救命救急室で検査を受けた後、医者から家に帰るよう促され、整形外科医の診療予約を一週間後に入れてもらった。診療の結果、背骨が折れていると診断された。

トム・キングは、肉体労働をしていた。それしかできなかったからである。彼が育った実家は、薪を扱う家業を営んでおり、母親は、森の中でブルドーザーを運転していた。一〇年生のときに、コネチカット川を渡ってバーモント州に移り、農家で働きながら、通学を続けた。「そのうちに、バーモントの学校が、私のことをよその州の出身だと気づいて、授業料を払わせることにしたんです」と、彼は回想する。「だから、こう言ってやりました。「どっちみち農場で働いているほうが、学校で教わるよりも、もっとたくさんのことを学べると思う」って。それで、さっさと退学して、農場で稼ぐことにしたんです」。トムは、その後、陸軍でＧＥＤを受けて高卒資格を得たが、ベトナムに派兵されることになった――アルコールに走ったのはこのせいだと、トムは信じている。

ＧＥＤにパスしたことが就職に役立ったとは、彼は考えていない。本を読むことによってではなく、自分の体を使って何かを学びたいというロマンチックな考えを持っていたからである。トムは、いずれにしろ勉強が得意ではなかった。「そばに立って、エンジン音を聞けば、どこが悪いか、よくわかるんですよ」と、彼は言う。「こうしたことの多くは、年寄り連中と付き合いながら覚えたんです。当時、農場で働いていたころは、連中の誰もが電動具なんか持っていませんでした。私がエンジンをかけて、なんでスタートしないのか、なんで動かないのかを、連中にエンジン音から判断してもらって、指南を受けたもんです。私は、そうやって、いろんなことを学んできたんですよ」。

言ってみれば、トムは、室内作業の技能は持っているものの、性格的にはアウトドアの仕事向きであり、デスクワークに向く気性ではなかった。三、四か所の工場で働いたが、「しばらくすると、どこも息苦しくなってくるんです」と、彼は話す。「落ち着きがなくなるっていうか」。だから、トムには、仕事の選択の余地はあまりなかった。絶え間なく襲ってくる背中の痛みのせいで、彼は、今やリビングルームのすすけたソファに横たわったきりで、とてつもなくくだらない昼のテレビ番組をじっと見ているのだった。背中を痛めた大勢の人々と同様、トムは、社会保障庁による障害者給付であるＳＳＩ、つまり、補足的所得保障をもらえるのではないかという、はかない望みに期待をかけていた。この保障は多くの人たちの助けとなっているものの、自分に受給資格があるのではないかという、かなわぬ期待を、少なからぬ人々に持たせる原因ともなっている。妻のカーラはこれを受給しており、今や自分も障害を負ったことから、トムは、受給の申し立てをした。「全額まるごと欲しいと言ったわけじゃありません。いくらかでももらえればよかったんです。タダ飯を食うつもりはありませんから。死ぬまで保障してくれって言ったわけでもない。生活が軌道に乗るまで助けてもらえればよかったんです」。座ってできる楽な仕事が見つかれば、仕事に就けないという自分の言い分が通らなくなるのではないかと、トムは恐れた。それでも、背中が徐々に回復するにつれて、そんな仕事がないか少々目を配ってみたが、骨折り損に終わる。まる一年たったのち、社会保障庁は、彼が、一〇ポンド〔約四・五キロ〕近い物を持ち上げられ、二〇分以上立っていられるという理由で、給付申請を却下した。トムの健康状態は、機械工の仕事に戻るには不十分なものの、受給資格を拒まれるには十分だったわけである。

トムとカーラは、無一文であった。二〇〇〇ドルほどあった銀行預金は、底を尽いていた。カーラは、前夫との離婚手続きで、六〇〇ドルの弁護士料を払わねばならなかった。別れた夫は刑務所に入っていたため、彼女は、息子のザックとマットをトムの養子にしてもらいたかったが、その申請手続きには一〇〇ドル必要だった。小銭をかき集め、「一〇〇ドルためるのに、一年かかりました」と、カーラは、悲しみに打ちひしがれた様子で語る。「今では、医者に行くのに必要なトラックのガソリン代、五ドルにも事欠く有様です」。なによりもつらいのは、子どもたちに何も買ってあげられないことである。「世界一素晴らしい子どもが三人いるのだから、親として、あの子たちに何かしてやりたい。お店に行くと、おもちゃのピストルとか、一ドル九九セントで買える、ちょっとした物が目につくけれど、お金がないので、歯がゆいのなんのって……。やりきれないですね。これまでの人生で、去年のクリスマスほど最悪のクリスマスはありませんでした。三人の子どもたちにあげたプレゼントは三つ。クリスマスの朝は、目を覚ますのさえつらかった……子どもたちは、気にしない様子で、喜んでいましたけれど」。トムへのプレゼントはなかったし、彼女も、何ももらわなかった。いちばん大切なもの以外には。「私たちはたとえ無一文でも、家族がいる」と、カーラは言う。

「援助に値する貧しい人々」

家族や周りの人たちとの結びつきは、経済的困難の痛みを和らげることができる。放課後、祖母が子どもたちを迎えにいってくれたり、友だちが車を貸してくれたり、また、教会が保育サービスとコミュニティという役割を提供してくれたりすることで、親は仕事をしてなんとかやっていくことができ、孤独感と闘えるのである。ある一二月のこと、ウォルマートのクレアモント店長であるマーク・ブラウンは、従業員のミーティングで、「ある」従業員が経済的に逼迫していると告げた。彼によれば、「ここにいる誰かが、子どもたちと楽しいクリスマスを迎えられそうにないと話しただけ」だという。そこで、社員たちはさっそく募金を始めた。低賃金の労働者たちが、ポケットを探り、誰だかわからない同僚のためにドル紙幣の山を作ったのだった。全部で三、四〇〇ドルが集まり、数ドルを寄付した者のなかには、貧窮している当の女性従業員自身も含まれていた。

こうした関係が、最も広義の親族関係とも言える社会的ネットワークである。それは、血族関係を超え、より広範な親近感と共同性へと広がっていく。それは、暮らしの物質的側面を向上させてくれるセーフティネットである。家族、および、家族を超えた人々とのつながりや思いやりのネットワークに囲まれていると、貧困の崖っぷちにいる危機も、ワンクッションおいたものになる。あらゆるハードスキル（読み書き、計算、タイピング、道具を使いこなすこと、論理的思考力など）と、ソフトスキル（時間厳守、勤勉、怒りの自制など）を含む、経済生活をうまくいかせるすべての要因をリストアップすれば、家族の結びつきは、そのなかでも飛び抜けた位置を占めるであろう。これがないと、いとも簡単にすべてが崩れてしまう。しかし、キング夫妻が経験したように、こうしたネットワークがあれば、事態の進行を遅らせることができるのである。

キング夫妻は、「援助に値する貧しい人々」（deserving poor）と呼ばれかねない人たちである。この恩着せがましいレッテルは、右派の作り話である伝説的な「福祉の女王」（しばしば不正申請などを行って生活保護を受けている女性を指す。故レーガン大統領が、シカゴ在住のある女性を指してこう呼んだことが始まり。保守派が、婉曲的な黒人批判としてこの言葉を使うことが多い）と対比するために、時として使われてきた。トムとカーラは、これっぽっちも怠け者ではなかったし、施しを期待してもいなかった。二人は勤勉にして正直者であり、まともな生活を送る責任は自分たち自身にあるのであって、福祉制度に頼ることではないと考えている。キング夫妻はルールどおりに生きており、二人の身に降りかかることは、彼らの落ち度によるものではなかった。ただ、教育をあまり受けていないことが失敗のもとになりうるという点を除けば――。要は、不幸が次々と重なったとき、身を守るすべがなかったということである。

絶望した二人は、自らの誇り高い原則に背き、ついに生活保護を申請し、それ以外にも、いくつかの重要なセーフティネットを見つけた。そのセーフティネットとは、医療費を支払うための扶助制度であるメディケイド、および、月二六九ドルの食料切符、家賃全額を補助する「セクション8」プログラムなどである。官僚主義によって生じる手続きの煩雑さの多くは、ケース・マネージャーのナンシー・ゼトーの力を借りて乗り切った。彼女は、同じく貧困家庭の出身だが誇り高く、カーラのなかに、自らの姿を多分に見いだしていた。ナンシーは、勤務先の民営機関「パートナーズ・イン・ヘルス」を通して、薬剤――通常、使用期限切れ間近になったもの――を寄付してくれる製薬会社から、てんかんの薬を無料で手に入れ、カーラに渡した。カーラは、スーパーマーケットで牛乳や卵、ジュース、シリアル、ピーナッツ・バターに換えられるWICバウチャー、つまり、連邦政府による「女性・乳幼児・子ども特別栄養強化プログラム」のバウチャーを、娘のために不本意ながら受給した。

キング夫妻は、貧困層が、お金で物を買う代わりに一般的に用いる物々交換という経済領域にも、足を踏み入れることになった。トムは、仕事先の農家から、最終分の賃金を、現金でなく、野菜で還元してもらったのだった。「今の私には、金より野菜のほうが、ずっと有難いんですが」と、トムは、農家の雇用主に告げた。「うちに帰ってから、瓶詰めにしたり、冷凍したりできますからね」と言うと、「オーケーだよ」と、彼は言ってくれたんです。「何が欲しいか教えてくれよ。取りにきな」って」。

こうした物々交換は、人に何かを与え、友情が芽生えるという癒しにつながった。道端で屋台を開いている友人がトウモロコシとトマトを持ってきてくれたときのことである。カーラが、いくら払ったらいいかと友人に尋ねると、彼は、「ああ、気にするなよ。助けが必要になったら、声をかけるから」と言ってくれたのだった。そこで、カーラは、頼まれもしないのにお返しをした。化学療法と進行ガンによる極度の疲労と闘いながら、彼の屋台で働いたのである。

「彼は、瓶詰めにできるようにって、五五ポンド〔約一〇キロ〕分のジャガイモとトウモロコシをくれました」と、カーラは説明する。「でも、お金をやり取りしたことは一度もありません」。

すき間風が吹く夫妻の家では、主に地下の薪ストーブで暖が取られていた。秋が深まり、夜の冷え込みが強くなるにつれて、トムとカーラは、不安におののき始めた。ニューハンプシャーの冬の寒さが怖かったのである。二人は薪を買う金にも事欠いており、部屋には、石油ストーブの吐き気を催すにおいが立ち込めていた。すると、小さな木材会社を経営するトムの友人、カート・ミニチが、お返しは要らないからと言って、トラック一台分の薪を夫妻の家の庭先にドサッと置いていってくれた。背中の痛みが和らぐと、トムはカートにトラックの整備をさせてくれと言い、できるかぎり背中をいたわりながら慎重に作業をした。カートは、自分の好意に対する好意のお返しを受け取り、一家は冬を越すことができた。

キング一家の苦境をめぐるうわさが広まるにつれ、一家に対する地域社会の寛大な行為の輪も広がっていった。「コンコルドの女性補助団体」〔ニューハンプシャー州コンコルド市〕は、カーラが義歯を入手できるよう、四五〇ドルの募金を集めた。翌年のクリスマスには、「訪問看護師や学校、消防署が、ありとあらゆる物を寄付してくれました」と、トムは話す。「思いやりや優しさを示してくれるなんて、ついぞ期待していなかった人たちが、ですよ。クリスマスの時期には、みんなが入れ替わり立ち替わり訪ねてきてくれたんです。手に手にプレゼントの箱を持って」。

こうした数々の好意はカーラの心を和ませたが、借りばかり増えて、カーラは、手に負えない借金を背負ったと感じていた。「受け取りはするけれど、何かお返しをしなければと思わずにはいられません」と、カーラはきっぱりと言う。「たとえば、去年のクリスマスには、食料品の詰まったバスケットを一つもらうお返しに、七五個以上のバスケットの配達を手伝いました。何かをもらうには、お返しに何かをしなくてはいけません。タダでもらうわけにはいきません。自分の気持ちがすまないんです。何かをもらうに価することをしたと感じなくては……」。

だから、バリー地域病院に足しげく通院したときに、待合室の子ども用設備が非常にお粗末であることに気づいたトムとカーラは、娘のケイトに、彼女のつましいおもちゃコレクションの中から人形などの遊び道具をいくつか選ばせ、病院に寄付した。また、トムは、待合室用に木のおもちゃ箱を作った。「木に焼き目をいれて色をつけ、人形は全部、きれいに洗いました」と、カーラは言う。「家の子どもたちが病院に行ったときに、それで遊べるし。そんなふうにして、みんなにお返しをしたんです」。

カートは、彼らの友人関係の中心になって、仕事から相談ごとにいたるまで、あらゆる面倒を見てくれた。「彼は、朝、家にやって来て……」と、トムは当時を思い出す。「『今日はどうしてるんだい?』って聞くんです。『別に何も』と言うと、『じゃ、トラックに乗りな。一回りしよう』って。それで、裏道をドライブして立ち木のある場所を探すんです。私を家から連れ出すためだけに」。少し運転できるくらいトムの背中の調子がいいときは、カートは、トムを週二日ほど雇い、伐採業者がやって来て木を伐採することができるよう、薪用地を踏査し、印をつける仕事をさせた。それから、トムが木材用トラックの運転免許を取れるよう、教本を片手に指導もした。夫妻の借家が売りに出され、引っ越しを余儀なくされたときには、カートは、一一エーカー〔約四・五ヘクタール〕の土地と古い薄緑色の金属製トレーラー式可動住宅を、彼らが支払いやすい条件で売った。頭金の三万ドルは、トムが受け取ったばかりの障害保険金三万六〇〇〇ドルから支払い、残りの五〇〇〇ドルは、数年がかりで、一部は現金で、一部はトムがカートの仕事をすることで支払うという約束であった。自分の家を手にしたという感覚はトムとカーラの気持ちを奮い立たせ、二人は、そこに腰を落ち着けようと励み始めた。庭に野菜を植え、トムは、カーラが寝室から見られるように、バラをたくさん植えた。そして、彼は、トレーラーを拡張しようという野心的な計画を思いついた。トムは、カートから電動製材機を借りて家の裏手に設置し、息子たちと一緒に木を切っては、さまざまな幅の板を作った。上手とはいえない大工技術で、その板を金づちと釘を使ってつなぎ合わせ、裏口にポーチをこしらえたり、そのほかにも不格好な建て増し部分を作ったりした。

カーラの病状は悪化した。ボストンで治療を受ける必要があったが、トムには、カーラをそこまで連れて行く確かな手立てがなかった。彼が手に入れた一九八六年製のブロンコ〔米フォード社を代表する四輪駆動車〕は、走行距離が二三万マイル〔約三七万キロ〕に達しており、ボストンまでもたないのは明らかであった。そこで、カートは、トムのために、自分のクレジットカードを使い、トラックをレンタルした。「カーラの通院のたびに、カートが電話してくるんです」と、トムは言う。「『いいか、今日、仕事に来られなくても、気にするなよ。家の面倒を見ることが先決だ』って」。

こうした仲間付き合いのおかげで、トムの寂しさは癒された。「必要なときに話し相手になってくれる人、それがカートです」と、トムは話す。「夜、眠れなかったりするときには、いつでも電話して、『カート、話を聞いてほしいんだ』と言える相手。二時間でも三時間でもじっと座って、一言も口を挟まずに話を聞いてくれる。私に、ただひたすら自分の問題や生活についてしゃべらせてくれるんです」。

病めるときも健やかなるときも

病状が重くなると、トムとカーラは、普段よりももっと話し合いの時間を持った。ストレスと喪失感に打ち負かされ、崩壊する家族もあるが、鍛えられて、たくましさを増す家族もいる。キング夫妻は、以前にもまして仲良くなり、互いに心を開き、不安感を打ち明け合った。「子どもたちが、八時半か九時に寝た後……」と、トムは言った。「カーラとひざを突き合わせて、何時間も話すんです……。昔は、誰とも話なんかしなかったんですよ。すべてを胸の内に仕舞いこんで、一人で苦しんでいました。でも今、カーラになら、自分の感情も恐れずに見せられる。泣く姿を見られたってかまわない。だって、それが私の気持ちなんだから。それが、ありのままの私なんだ。そんな私を受け止められないんだったら、目をそらしていてほしい。これが現実なんですから。私には感情があって、ためらわずに、それをさらけ出せる。ええ、今や私たちの関係は素晴らしいものになりました」。トムはそう言いながら、額からあごにかけて、顔全体を手でなでるのだった。

トムとカーラは、動物を飼うことにした。体重四〇〇ポンド〔約一八〇キロ〕の豚のエマをはじめ、親戚が不潔に放ったらかしておいたイタチ三匹、そして二匹のイヌとウサギ数匹である。その後、トムは、何匹かのヤギと子牛二頭も飼い入れた。彼と息子たちは、動物用の囲いと物置を作った。

カーラは、ガンに関する本と小冊子を読みあさったが、トムは、医師団の話を聞いては、自分の頭の悪さを痛感するのだった。医者は「こんなに長ったらしい言葉を使う」と、トムは手を二フィート〔約六〇センチ〕ほど広げて、いきり立つ。多くの学歴のない人々が、タイムリーな医療を受けるチャンスを逃す背景には、大概、そうした苦情が伴う。「うちに戻ってから、カーラに聞くんです。「ところで、医者の話がわかった？」「そうねえ、だいたいね」「じゃあ、そこに座って説明してもらおうか。全然わからなかったから」って」。

たいていの場合、トムの腹立たしい劣等感の炎は、くすぶる程度だったが、カーラが骨髄移植のドナーを必要としたときには、人目もはばからずに燃え上がった。彼女の症状は、ほとんど絶望的なものであったにもかかわらず、医師団は懸命に手を尽くしていた。トムは、適合の可能性があるのは血縁者の細胞に限るという話を理解できずに、ドナーになりたいと申し出た。適合検査を受けても無駄だとはねつけられると、なぜですかと、憤然として医者に尋ねたのだった。適合の可能性は一〇〇万分の一しかないからだと答える医者に向かって、「ちょっと待ってくれ！」と言ったのを、トムは今でも覚えている。「女房の命にかかわることなんだ！　私に適合性がないとしても、最終的には、誰か合う人がいるはずでしょう。ほかの人に骨髄を提供して、その人の命を救えるなら、そうします。カーラのために、骨髄バンクから返しに誰かのドナーを提供してもらわなきゃいけないなら、私が、おドナーになりますよ」。そして、「私がわかる言葉で説明してくれ」と、トムは医者に注文をつけた。

「現状にお腹立ちですか」と、医者に尋ねられると、「いや、頭にきてるだけだ」と、トムはやり返した。

「お気持ちはわかります」と、医者は譲歩した。「あなたの気がすむように、適合検査を受けていただくほうがいいかもしれません」。トムは検査を受けたが、適合性はなかった。結局、カーラの姉妹の一人、クリスがドナーになった。

「なんて素晴らしい日」と、カーラは日記に綴った。「今日は買い物に行って元気が出た」――。日付は一九九八年二月八日となっており、それは、らせん綴じノートの一ページ目に記されていた。日記は、ほとんどが鉛筆書きで、スペルミスだらけであり、自分の心情を吐露したものであった。記述の多くは神に宛てた手紙で、感謝や訴え、生を望む必死の懇願であふれている。その夜、カーラは、次のような言葉で日記を締めくくっている。「神様。トムとザック、マット、ケイティ、そして私自身が長生きし、愛と幸せ、笑いに包まれますようお守りください。みんなが、いつも仲良く、今日という日に感謝できますよう。アーメン――カーラ」。

カーラの喜びは、シンプルなものであった。「トムとビル、バージニアが、五〇ドルというお買い得な値段で、二列式ガスレンジ付きオーブンを買ってきてくれた」日は、カーラにとって「素晴らしい一日」となる。「左側の手前のバーナーはつかないけれど、バーナーが二つしか動かなかった前のオーブンセットよりはずっとまし」であった。また、次のような日も、素晴らしい日となる。「『ヘッド・スタート』のためにトムが焼いたチョコレート菓子のブラウニーとアップル・シナモン・マフィン、ザックが作ったナツメヤシ・ケーキが完売。トムへのバレンタインデーのプレゼントは、ワッフルを焼くための器具。トムからは、きれいでセクシーなネグリジェをもらう。子どもたちには、五ドルずつお小遣いを与えた」。

だが、ガンの痛みが広がり、家計がますます苦しくなるにつれ、自分が死んだほうがトムの暮らしは楽になると考え、夫から距離を置く時期もあったと、カーラは綴っている。彼女は、子どもたちに腹を立てて、ジンジャエール割りカナダ製ウィスキーを大量に飲み始めた。二月一九日、「とっても気分のいい一日。人生って素晴らしい。神様、これまでの人生に感謝します。酒浸りなのは自分でも承知しているけれど、お酒に救われている。だからって、飲んでいいとは思わないけれど、お酒が必要だって、心底感じる」。その夜、カーラは何度も目覚め、朝四時半には、とうとう床にモップをかけ始めた。寝付かれなかったのだった。二月二〇日、「うーん、今日も良い日だった。生きているっていうだけの理由で。ザックに手をあげてしまう。壁に押し付けて体をつかんで、お仕置きとして、部屋で頭を冷やさせた。原因はくだらないこと。うちにあったアイスクリームが自分のお気に入りの種類じゃないっていう理由で、フリーザーと、弟のマットに八つ当たりしたから、厳しくしかった。ケイティが駄々をこねるから、口もとをたたいてしまった」。二月二三日、「最近、自分でも、酒浸りをどうしていいかわからない。でも、ああ、どうすることもできない。きっと、なんとかしないといけないんだろうけど」。二月二六日、カートからトムへの給料が滞っていると、カーラは記している。「なんてこと、私はアルコール依存症。明日になれば、後悔するだろうし、二日酔いにも襲われるだろう。罪悪感に駆られるだろうけど、残るのは二日酔いだけ。でも、トムが言うように効きめがあるなら何でもいい」。次の日の日記の最後のほうは、酒を飲みながら書いたので、文字が判別できなくなっている。三月五日、「ザッカリーとマシューが優秀な成績を取ったから、一〇ドルずつ与えるつもり。このごろ、すごく落ち込んでいる……トムともっと話をしなきゃ。私の人生のなかにトムが存在していて、彼が私の人生そのものであることが、本当にうれしい」。

骨髄移植を受ける予定だったので、カーラは、「春を彩っているすべての色、光り輝くような黄色と、あまりの真緑に息が止まってしまいそうなサファイア・グリーン」を見られないのではないかと心配していた。移植の予定は延びたが、春の間、カーラの日記帳が開かれることはなかった。五月後半、ほぼ二か月間の空白を経て、カーラは、こう走り書きする。「神様、とてもとても長い間、何も書かずにごめんなさい」。翌日、病院で書いた日記は次のようになっている。「ショックで、納得できない。死にたくない。ここまで頑張ってきたのに、死んでいくなんて」。二日後の五月三〇日、「お医者さんたちは、みんなサジを投げている。でも、それでいいかも。もう苦しまずにすむから……。今日、母が見舞いにきたけれど、帰ってと頼んだ」。そして六月三日、「今日はトムの誕生日。トムは調子が悪い。ひどい有様で、何度もパニック発作に襲われている。昨夜、駐車場でのこと。大勢の人の面前で、ザックが手に持っていたボールをトムがたたき落としたから、私は腹を立てていた。体中に腫瘍ができている。子宮ガン——上等でしょ？　死にたくない。後生だから——生きたい。神様、どうかどうか私を生かしてくださいますか」。

トムは、レンタルしたトラックで、移植のために、カーラをボストンのブリガム・アンド・ウイメンズ病院〔ハーバード大学医学部の関連病院〕に連れていった。その後も、カートのクレジットカードを使って車をレンタルし、できるだけ足しげく、片道二時間かけてカーラを見舞った。カートにとって、トムの手助けをすることは、呼吸と同じくらい自然なことであった。「トムは、本当に心根のいいやつですが、落目になっている」と、カートは言う。「彼のようないい人を助けるためだったら、どんなことでもいといません」。ある日のこと。そんなカートを助けようと、優しく熱い手を差し伸べてくれる人がいた。トムの家の通りの外れにある自動車販売代理店、ダートマス・モーターズのセールスマンである。

「カーラがボストンの病院に入院した後の最初の日曜日だったと思います」と、トムは思い出す。カートと話をしたら、「ダートマス・モーターズへ行けよ」って、言われました」。そのときも、カートは、トムのためにトラックを借りようとしていたのであるが、その代理店では、最後の一台がすでにレンタルされてしまっていた。すると、そのセールスマンが、「自分の車、ブレイザー〔GMのシボレー系四輪駆動車〕を貸してくれたんです」。

「はい、これを使ってください」と、セールスマンは言った。「もうカートと話はついています。帰ってきたら、戻してくださいね。満タンにしておきましたよ」。

「で、私は、「満タンにしてお返しします」って答えたんです」と、トムは話す。「約束は守りました」。

七月三日――移植手術を受けた翌日、カーラは、こう記した。「トムとザック、マット、ケイティ、そして、なかでも私、カーラに、どうか神のご加護がありますよう。神様、昨日という一日をありがとうございました。そして、私を助けてくれたクリスにも神の祝福がありますよう。アーメン――カーラ」。三日後、カーラは、たどたどしい筆跡で、次のように書いている。「もうすぐ寝ます。トムとザック、マット、ケイティ、そして、特に私に神の祝福があらんことを。それから、神様、今日という日をありがとうございました。どうかお助けください。病気を治してください。今日という日をありがとうございました。アーメン――カーラ」。カーラの日記は、これが最期となった。そして、それから五日たって、トムのザックとマットとの養子縁組許可が下りた。

七月一二日、カーラが三三回目の誕生日を迎えた日の午後、医者はトムに電話し、できるだけ早くボストンに来るよう促した。明日の早朝でいいかと、トムが尋ねると、「わかりました。早ければ早いほどいいでしょう」と、医者は答えた。トムは、カートに電話した。「カートは、何人かに電話をかけてくれました。その後、ダートマス・モーターズのセールスマンから「何時に車が必要ですか?」と、聞かれたので、「明朝、六時前に必要なんです」と答えたところ、「店に来てください。じゃ、現地で会いましょう。五時半にお待ちしています」と言われたんです。彼は五時半に代理店のドアを開け、車の鍵を渡してくれました。「どこにサインすればいいですか」って聞くと、「心配無用。さあ、行った、行った。

行ってらっしゃい」と、言ってくれたんです」。

トムは、八時前にカーラの病室に到着した。「みんながカーラの周りに集まり、手当てを施していました。医者がこちらにやって来て、「彼女が、あなたに会いたがっています」と言うので、「わかりました。様態は？」と聞くと、彼は首を振りました。それから、病室に入ると、カーラは、手を伸ばして、私の手を握ったんです。こんなふうに、ね。だから、私も手を伸ばして、妻の手を取りました。カーラは、首から十字架を掛け、手にはイヤリングと指輪を持っていました。それから、それを私の手の中に落としたんです」。トムの声は途切れ、長い沈黙が涙を包んだ。「それで、私はこう言ったんです。「カーラ、今日、どんなことが起ころうと、君のことを永遠に愛するよ」って。カーラはうなずき、私の手の中に何もかも落として、私の手を握り締め、息を引き取りました」。

トムは、借りていた新車のブレイザーを運転して家に帰り、子どもたちに、差し向かいでカーラの話をした。彼は、カーラの結婚指輪にチェーンを通して首から掛け、自分の結婚指輪は、そのままはめ続けた。トムが寝室の外に植えたバラが花開くのをついぞ見ることなく、カーラは逝ったのだった。

トムと息子たちは、次のような言葉を赤字で清書した板を、庭に立っている三本のポールにぶら下げた。

最愛の妻、母にして、親友、カーラに捧げる
追伸　みんなが愛しているよ

空虚感を抱えて

その板は、翌年の夏にもまだ掛かっていた。しかし、庭は雑草で荒れ果て、バラの茂みには刈り込みが必要で、あたり一帯は、錆びついた機械が散らかる廃品置場と化していた。そのせいで、ザックとマットは、スクールバスが家の前で止まるたびに、恥ずかしさを感じるのだった。その有様は、まるで彼らがこれまで持っていた物が、すべて庭に放り出されているかのようであった。トラクター式芝刈り機が四台あり、そのうちの一台は、円形コイルの接点にはさみを固定すれば動いた。ほかの三台は、解体して部品を使うのに便利だった。それ以外に、回転耕運機が二、三台、芝刈り機が二台、草刈機が一台置いてあった。プロパンガスのタンクが横倒しになり、ピクニック用テーブルがガラクタに埋もれ、スポーク付き車

輪が一つ付いた古い木の手押し車は、片側の部分がなくなっていた。釣りざおと釣り道具箱が詰まったアルミ製手漕ぎボートの中に、迷彩柄の金属製カヌーが上下逆さまに立て掛けられている。トレーラーの裏の森の外れには、オレンジ色の円錐形の交通標識が立っており、木立の中には、種々の金属くずや金属製タンク、缶類、ちぎれたビニール袋、いくつもの古タイヤが転がっていた。何本ものジーンズと作業ズボンの重みで、物干し用ロープがたれ下がり、フェンスを作るために切り分けられた金網が積み重なっている。

トムと息子たちは、物置のほかにも、小さな小屋を作っていた。その小屋は、ヤギのエイプリルとシルビア、ウサギのシナモン、スパイス、リコリス、ミニー、そしてモルモットのウィリアムのためのものであった。子牛のジェシーとジェイク用の小さな納屋の骨組みも出来上がっていた。自前の製材道具で切った板には二枚として同じ幅のものがなく、長さもまちまちだった。囲いの作り方も場当たり的で、巨大な豚のエマを入れる帯電有刺鉄線フェンスが用意されていた。ほかにも、ふぞろいの板をつなぎ合わせた囲いが置かれている。その板は、まるで、使い道のない、硬くなったパン皮のかけらのように見えた。ヤギは、廃品のドアを半分に切って作った入口と金網で出来ている囲いの中に入っていた。その入口はといえば、地面の十分深いところまで埋め込まれていないために垂直に立っていない荒削りの柱に寄りかかるようにして、斜めに取り付けられている。ザックとマットは、一日交代で、それぞれ三〇分ほどかけて、動物にエサをやるのであった。

彼らの土地の裏手に続く砂利道の奥は、古いガラクタの山と化していた。そのほとんどは、彼らが、その地所を買う前からそこにあったものである。線路の枕木の山、スノーモービル三台、車体の後ろ半分がなくなったスクールバス（トムは、板を乾燥させる窯をバスの背部に設置しようと計画していた）、五台のトラック、古い車数台に加え、フランキーという名の黄色い大型トラクター。そのブルドーザー並の排土板は、ザックの言う「ガソリンタンクに何かが詰まった」ときに押しのけられた大量の木の根と泥の山に接していた。

それは一見、廃品置場のようでありながら、実のところ、どれもたいてい動きはしないが修理という楽しみを存分に味わうことができる、大人用の遊び場の真ん中で暮らしているかのようであった。そして、そうしたなかで子どもたちは何かを学び、トムもかつて学んだのだった。つまり、自分の手を汚すことで、物を使えるように直し、動物の世話をし、責任を果たすというやり方である。息子たちは「4-H」〔青少年に生活技能を教える全米最大の非営利課外活動組織〕で積極的に活動し、数々の賞を受賞した。ザックは、ガレージセールで五ドルで買ったチェーンソーを使って、彫刻をこしらえた。丸太を立てて縁取りし、鼻を突き出して両耳をとがらせたクマを彫ったのである。娯楽として、ランズ池〔ニューハンプシャー州〕でナマズを釣り、ウサギとヤマウズラを仕留めたと、ザックは語った。その秋、シカを射止めたが食べなかった友だちが、その肉を届けてくれた。ほかに面白かったことは？「草刈り！」と、ザックは叫んだ。

トレーラーの中は、大混乱に陥っていた。ザックと二人のいとこは、おそらく数日分に相当する汚れた皿の山と必死に格闘していた。裏の廊下に沿って一列に並ぶ寝室では、ベッドと床の上に汚れた衣類が所狭しと散らばっている。しかし、洗濯は二の次であり、トムと息子たちは、ある農家に、干し草づくりのために出かけるところであった。報酬として、農夫からは動物用の干し草をもらえることになっていた。

七年生と八年生の息子たちは、傷だらけの楕円形のキッチンテーブルで宿題をした。テーブルの上には物が散乱し、そのテーブルは、家の中央に置かれていた。手狭で散らかった寝室は、とりわけ弟のマットにとっては、娯楽の聖域だった。彼は、ラジオを聴いたり、ふざけたりして時間を過ごすのが好きであった。トムが料金を滞納したせいで電話が止まったとき、マットの先生は電話ができないので、家に手紙を出した。しかし、その手紙は、トムの目に触れることなく、マットの部屋に何か月間も放ったらかしになっていた。その後、トムは、マットの通信簿のひどい成績を見て激怒した。英語と科学がE、数学と社会科学がDだったからである。トムは、学校に押し掛け、「なぜもっと前に知らせてもらえなかったのか」と、担任教師に尋ねたのだった。

マットは大の学校嫌いだったが、ザックは学校が好きであった。ザックは、美術の才能を見せ始め、高校時代に、建築の仕事に就きたいと考えるようになっていた。彼が高校二年を終えるころ、ザックを大学にやるのかどうかトムに聞くと、「もう願書を出したんじゃないかな？」という答えが返ってきた。そして、「ザック、どこの大学に願書を出したんだい？」と、トムはザックに尋ねた。時期が早すぎるため、ザックがまだ願書を出していないのは言うまでもないことであったが――。ザックには、そうしたことについて、ほとんど知識がなかった。そして、トムのほうも、子どもたちを愛し、サポートしているものの、知識に裏付けられた助けを彼らに与えることができなかった。

カーラの死後数年間、トムは、捨て鉢になり、仕事を失い、酒浸りにさえなった。その夏、ケイトのベビーシッターが見つからなかったので、トムは、カートの伐木運搬トラックを運転することができなかった。九月に学校が始まると、彼は、材木屋で時給六ドルの職を得た。販売・加工用にトラック運転手たちが運んでくる丸太の寸法を測る仕事だった。ある日、彼は、雇用主が、実際の数値を知りながら、少なめの数値を仕入先に申請し、良質のレッドオークとセイヨウトネリコを安く買い上げた後、それを材木用に高値で売っていることに気づいた。トムいわく、材木屋は、そうすることで、「伐採業者を締め上げている」のだという。「私をこの仕事に加えたことが、彼らにとって、最大の過ちでした。このあたりで伐採業をやっている人たちの四分の三は、私の友だちなんです。だから、材木屋とは考え方が違います」。トムは、現場の責任者と対決した。

「お前が口出しすることじゃない」と、その責任者は言った。「言われたとおりに仕事をすればいいんだ。そのために給料を払っているんだから」。

「それはごめんです」と、トムは言い返した。「私は、昔、相手側の仕事をしていたから、彼らの気持ちがわかるんですよ」。彼は、一晩考えた末、翌日の正午に会社を辞めた。「こんなことが起こっているなんてうんざりです。ウソを見て見ぬふりしながら、仕事はできません」と、トムは、上司に言った言葉を再現して言う。「自分の言葉に忠実な男でいたいんです。有言実行という評判を守りたい。それがおかしいって言われるなら、一緒にはやっていけません」。

そうした信念どおりに行動する贅沢を手にできるアメリカ人は、ごくわずかである。トムにも、そんな贅沢は許されなかった。カートから、器具類の修理の仕事をパートタイムでさせてもらったが、ほとんど金にならなかった。折しも、クリントン大統領の弾劾問題（モニカ・ルインスキーとのセックス・スキャンダル）で全米が大騒ぎしている最中であったが、トムは、自らが抱く不安の地平線のはるかかなたを大きな嵐が通り過ぎていくかのように、まったく興味を示さなかった。「政治には、たいして興味がないんです」と、彼は、あっさりと言った。その年の二月になるころには、トムは、別の伐採業者のところで、週三〇〇～三五〇ドル稼げるフルタイムの仕事を見つけていた。彼は、冬の森の中で日がな一日過ごすのが大好きであった。「ちょうど今、硬木を少し切っているところです」と、彼は言う。「大半が楓で、桜は少し。白樺はたくさん。それ以外に、松も切っているんですよ。週平均で、硬木を二積み、松を二、三積みってとこかな。朝八時までに雇用主の家に出かけていき、八時半までには伐採を始めて、たいてい午後三時半か四時には帰宅します。かなりきつい仕事ですが、死ぬほど大変ってわけでもありません。仕事ですから」。トムは、伐採業という、材木業者とは反対側の立場に再び身を置き、丸太の寸法に注意深く目を光らせたが、これといった問題は起こらなかった。

「順調です」と、トムは話す。「うまくいっていますよ」。トムは、そう言いながら、顔を手でなでた。「うん。金持ちとはいかないけれど、銀行に一〇〇〇ドルか一五〇〇ドル入っていれば、何かあっても、ひと月はやっていけますからね」。しかし、雇用主の伐採業者が木を切り尽くしてしまったため、トムは、四か月間、仕事にあぶれ、酒を飲み始めた。友だちとの仲が疎遠になっても、お構いなしで、テレビを一日中つけっぱなしにして空虚感を埋めるのだった。

彼の人生に、厚かましく、はっきりものをいうメリー(仮名)という女性が登場した。トムと同年で背が高くがっしりした体つきのメリーは、自分を救援者だと信じて疑わなかった。「彼の家の中はめちゃくちゃでした」と、メリーは言う。「本が散乱し、洗濯物が所狭しと散らばって……。トムはといえば、抜け殻みたいになっていました。仕事をしていなかったし、自暴自棄になっていたんです。私たちは話をし、二人で一緒に泣きました」。メリーの、黄色がかったブロンドの髪はもつれ、顔つきは快活で経験に富み、おおむねしっかりしているが、トムの子どもたちには、愛情をこめながらも断固とした態度で対応した。厳しいながらも温かく接し、母親のように、あれこれ注文をつけた。彼女は、不通になっていた電話を自分の名義に変え、開通させた。トムが電気代の支払いを遅らせたため、電気会社のコンピュータに支払いが記録されず、技術者が電気を止めにきたときには、メリーが、きちんと調べてくれと技術者にせっついたおかげで、わずか二時間半後に電気が戻った。

それでも、けっこう長かったけれど。「秋までには、経済的に自活できるようになってみせます」と、トムは神妙な顔つきで言い切った。彼と息子たちは、二頭の子牛用の荒れ果てた「納屋」で、仕事を始めた。「豚と牛を飼おうと思うんです。（メリーは）ニワトリを飼いたがっています。ディーゼル発電機を探しているところなんですよ。ニュージャージー州のフォートディックス市で、緊急用発電機を二台売っているんです。一〇〇〇ドルでね。配線し直さなくちゃいけませんが」。そんなのは朝飯前だとでも言わんばかりに、トムは肩をすくめてみせる。彼が自分の計画を口にするとき、その早口でしゃべる声には、わざとらしい自信が感じられた。まるで、自分が口にしているのは希望にすぎず、実現しないことはわかっている、とでもいうかのように。それから三年たっても、彼は、まだ発電機を手に入れていなかった。

メリーは、うつ病がどのようなものであるか知っていた。彼女自身も、薬で症状を抑えていたからである。トムは、何か薬を飲んでいたのだろうか。「ええと、ジャック・ダニエルですね」と、彼女は言う。「医者に処方してもらったわけではないけれど、彼にとって、ウィスキーは処方薬と同じなんです……。彼の誕生日のことでした。私は、素敵な誕生日用の料理を作ろうと計画していたんですが、トムは、朝の九時半にお酒を飲み始めようとしたんです。それで、正午には酔っ払っていました」。しかし、トムが酒を断ってから、すでに四か月がたっていた。「彼は、しっかりやってますよ」と、メリーは続ける。「トムが最後に酔っ払ったとき、私は酒瓶を流しに投げ捨てたんですが、それ以来、彼は一本も買っていません。現実と闘っています。トムがバカなことをしそうになったら、私が許しません。彼のことなど、怖くもなんともありませんから」。

セラピーを受けてはどうだろう？　「私にとって、世の中でいちばん難しいことは、誰かに電話をかけることなんですよ」と、トムは語る。ひょっとしたら、彼には、メリーと接することが最高のセラピーなのかもしれない。なにしろ、彼女は、うつ病の特徴である無気力状態からトムを引きずり出したのだから。彼は仕事を探し、デービー・ツリー社〔植木・芝生の管理サービス会社〕で、電線の周りの枝を刈り込むという契約の仕事を見つけた。「外出して、一日九時間、木の上で働く。夜、徒歩で帰宅して、ああ、一日よく働いたなあって、自分に言うんです……気持ちいいもんですよ。一年前には、体力的に無理だ、できないと思ったことが、今はできる。サドルに尻を乗っけて、木のてっぺんに登り、そこで八、九時間過ごすのも苦になりません。木に登って、刈り込みをし、下りてくるわけです」。トムはマットに刈り込みの仕方を指南し、二人は、自分たちの土地の木も刈り込んでいた。そうこうするうちに、メリーは、トムの家を出て、自分の家に戻った。二人は会い続けていたが、距離を置いていた。

次の冬、大雪が降ったせいで、トムはレイオフされ、八週間、無職のままだった。時給一〇・五〇ドルで燃料タンクを溶接する仕事を得たものの、再びレイオフされる。夏には、ある農家で、六五エーカー〔約二六ヘクタール〕近い畑にトウモロコシを植え、トマトとカボチャの栽培を手伝った報酬として、週給三〇〇ドルと、野菜を好きなだけもらった。農期が終わると、デービー・ツリー社での仕事に戻ったものの、五〇歳になったとたん、保険の対象外になったという理由で、木に登らせてもらえなくなってしまう。そのため、冬の間は、薪を切って売るアルバイトしか仕事がなかった。トムは、メイプルシロップを採る仕事にもかかわった後、ブーツ・メーカーのラクロスで、工場の機械のメンテナンスの仕事を得る。時給一〇・五〇ドルであった。それは屋内での作業だったので、早晩、飽きてしまうことがわかっていた。

「最終的には……」と、トムは、わざとらしい自信を漂わせながら快活に話す。「トレーラーのこの部分に、スライダー〔引き戸〕を付けるつもりです。そして、そこを表玄関にするんです。今、みんなが車を置いている正面には駐車しないようにしてね。ええ、時間はかかるけれど、ちゃんとやりますよ。この家を買ってから、もう随分たちますから。そろそろ、わが家らしくしなきゃ」。

しかし、それから一年ほどたち、トムは、そのトレーラーを、友人から二五〇〇ドルで購入した中古のトレーラーに取り替えた。代価は、トムが造園の仕事を手伝うことで相殺された。ラクロスの仕事は、条件が良すぎて辞められなかったが、森の中で働けないことが唯一の不満であった。掛け金が週三八・一五ドルという医療保険など、福利厚生も完備されていた。二〇〇一年から二〇〇三年にかけての不況期にも残業手当がたくさんつき、トムは、週に約五五〇ドル稼いだ。「実のところ、かなりまともな暮らしができました」と、彼は言う。マットは、隣人

息子たちは、働くことが好きだった。

のガレージに絶縁材を張る仕事をし、ザックは、高校のコーチのために大工仕事をして、父親の家計を助けるのだった。マットは、今も４‐Ｈの課外活動を続け、ブルーリボン賞をもらい、はにかんだ笑顔を浮かべるザックは、高校最終学年の秋に、学園祭の王様《ホームカミング・キング》に選ばれた。ザックは、ＳＡＴ〔大学進学適性試験〕で、数学と英語の合計点が、わずか九五〇点だったが、富裕層の子弟が成績を上げるために通うカプランやプリンストン・レビュー〔いずれも大学や大学院などへの進学適性試験の受験指導を行う民間教育機関〕のコースは受けられなかった。彼に手を差し伸べることができるのは、彼らの礎となっている家族やコミュニティのネットワークであり、大学という、彼らとは無縁の領域ではなかった。ザックは、建築の勉強をするために、マサチューセッツ州ボストンのウェントワース工科大学に願書を出したが、自由選択である作文を提出しなかった。逆境を克服すべく奮闘している若者を入れたがっている入学審査官たちにとって、貧困の淵をさまよう彼の道程が、どれほど魅力的に映るかを認識していなかったからである。結局、ウェントワースは、ザックの入学願書を却下した。

厳しい冬であった。極寒の下、雪が降り続いていた。孤独がトムを襲い、冷え冷えとした沈黙が漂っていた。彼は、暖を取るべく、心の友であるジャック・ダニエルに再び救いを求めた。そうこうしているうちに、雑然としたトレーラーのサバイバル・システムが壊れ始めた。まず、クリスマスが終わった後、突然、水道が使えなくなった。大降雪の重さでパイプの位置がずれ、井戸の底でポンプとつながっていたワイヤーが切れたのである。それから、汚水処理システムが凍結し、逆流した。最後には、暖房装置のファンの中にベアリングが引っ掛かり、トムが帰宅すると、オーバーヒートした火炉から立ち上る煙が、トレーラー中に蔓延していた。「完全にお手上げでした」と、彼は言う。トムは、ザックとケイトをメリーに引き取ってもらい、マットを最初の妻との間に出来た長女に預けた。そして、彼自身は、手元に残った唯一のペットであるイヌを連れて、プロパンガスの暖房装置を備えた、森の中のキャンプ場にある友人のキャンプ用トレーラーに移り住んだ。

トムは、働いては酒を飲んで、その年の冬と春を過ごした。日一日と、勤務シフトの交代時間を待ちきれない気持ちが強くなり、仕事が終わると、工場の仲間数人とバーに行っては、ビールをあおった。そのうち、さらにビールを家に買って帰るようになる。日差しがしだいに長くなり、解けた降雪が泥水と化し、茶色の枯れ木で覆われていたニューハンプシャーの丘が柔和な新緑に染まるにつれ、トムの酒量は、毎週、毎晩と増えていった。

ある六月の夜、彼は、お決まりの日課に従い、バーに行ったあと、一二本入りのビール・ケースを買った。トムが次に覚えているのは、目覚めると、トレーラーに続く私道で、自家用小型トラックの横に寝っころがっていたことであった。エンジンは止まっていたが、つけっぱなしのラジオからは、午前三時半を告げる女性の声が流れていた。ビールはわずか三缶しか残っておらず、トラックの中に空き缶は見当たらなかった。彼は、すぐさま行動を起こし、職場の仲間と一緒に、「ＡＡ」の集会に毎日通い始めた。ある土曜日、私がトレーラーで彼に会ったときには、彼は、四日にわたって断酒し、汚水処理システムを掘り起こしているところであった。

ザックの高校の卒業式が翌週に控えていたので、トムは、それに向けて調子を整えようと決心していた。彼は、コネチカット州ハートフォード市の大学に関する、学生向け教育資金融資か何かの書類をザックから渡されたことをおぼろげに覚えていたが、記入の仕方がわからなかった。トムは、ザックが数か月後に大学に進学するものと思っていたものの、定かではなかった。

ザックはハートフォード大学に合格したが、行かなかった。教育資金融資の書類が結局提出されなかったからである。そこで、彼は、空軍に入隊しようと決意した。飛行機のメンテナンスの職業訓練を受けさせてもらえることになっていたからである。ザックは期待に胸を躍らせ、トムは、そんな息子を誇りに思っていた。一〇月になるころには、万事が好転する。ケイトとマットはトムのもとに戻り、トムはトレーラーを拡張し、時給一三ドルほどで、午後六時から午前六時までの夜勤の仕事に就いた。酒は、六月から一滴も飲んでいなかった。

彼女が選んだ道

アン・ブラッシュは、貧困を選んだ。昼と夜、そして週末にいくつかの仕事をかけもちする道を選べば、子どもたちとの絆が危機にさらされると固く信じていたからである。そんなふうにして、お粗末な経済的安定を手にしたところで、感情的な安定が犠牲になってしまう、と考えたのであった。「週に五〇時間も六〇時間も働いて、子どもたちに中産階級の生活をさせるよりは、あの子たちのそばにいたほうがいいと決心したんです」と、アンは説明した。そのため、彼女は、パートタイムの仕事を選び、教会と友人たちからの援助を受け入れ、どうにかこうにか生活保護を受けずにやり繰りしていた。子どもたちへの学資ローン以外には、政府の援助を頑としてはねつけ、食料切符も、住宅補助金も、メディケイドの世話にもならなかった。アンが言うには、一二年余りにわたって「崖っぷちを歩いた」後で、息子のサンディは、コンピュータの専門家として、ダートマス大学〔ニューハンプシャー州ハノーバー市〕を卒業し、娘のサリーは、ニューイングランド音楽学校〔マサチューセッツ州ボストン市〕で、声楽を勉強している。サンディは、教育資金援助で学費を全額まかない、サリーのほうは、ローンと奨学金、そして、私的な寄付金で、学資を工面していた。

しかしながら、アン自身は貧乏から抜け出せなかった。統計に照らしてみれば、貧乏とは言えない（年収二万三六〇〇ドルの仕事を見つけていた）ものの、まとまった借金があることや貯金がないこと、非常に窮屈な生活への不安を考慮に入れれば、生活は苦しいと言えた。貧困の淵に足を踏み入れようとしている多くの人々の常として、アンも、どうにか生きている現況に対する緊迫感よりも、当てにすることができない将来への緊迫感のほうが大きかった。それでも、自身の「文化資本」のおかげで、最も人間を消耗させる、貧困の特徴的症状——絶望——にもめげなかったと、彼女は話す。アンは、経済的状況の限界を超えて子どもたちの人生を拡大させようと奮闘し、見事にそれをやってのけていた。「子どもたちは二人とも、貧乏だと感じたことは一度もないと言っています」と、アンは満足げに明言する。「ある意味で、それが、あの子たちに自信を与えているのです」。

「すごく貧乏な生活をするってことがどんなことか、わかっている」——サリーが、一六歳のときに吐いた言葉である。「翌週の食事代を確保するのに苦労するってことがどんなことか、わかっている。でも、貧乏だと感じたことはない」。サリーは、自分が、公立校に通う他の低所得世帯の子どもたちとはかなり違っていると感じていた。「あの子たちには、絶望感といったものが漂っていました。貧乏でない生活など想像することもできない、といった感じに」。貧困という意識は、単に金銭的問題によるものだけでなく、冷え冷えとした孤独感がもたらすものでもあると、彼女は結論づけた。「一人素晴らしい人を知っていれば、一文なしのホームレスで、お腹がすいていても、貧乏ではないと思う」と、サリーは主張する。「愛せる人が一人でもいるかぎり、貧乏とは感じません」。彼女の絶えることのないほほえみが、そのまなざしをはじめ、サリーの顔全体を明るく見せていた。そして、その目には、厳しい世界さえ陽気に映るのであった。

両親の離婚で生活が苦しくなったとき、サリーは五歳、兄のサンディは七歳だった。サリーは幼すぎたため、突然訪れた不安定な状況も把握できなかった。母親を主に悩ませている強迫観念——住む場所を確保できるかどうかわからないということ——も、サリーにとっては、ごく当たり前のことになった。それは、単に「心配のタネの一つにすぎなかった」と、彼女は言う。「朝、学校に遅刻せずに着けるかどうかといった、たくさんの心配ごとの一つにすぎなかったんです」。

しかし、母親のアンのほうは、子ども時代から慣れ親しんできた、中産階級の安定した快適さから転落したことで、混乱とトラウマに襲われていた。アンはサンディとひざを突き合わせ、「欲しいもの」と「必要なもの」を選別するリストを作り始めた。「目の前のことに、毎日、一つ一つ対処していく努力」を始めたのである。それは、家賃や光熱費、食費など、緊急性のあるものをどうやって工面するかについて算段することを通し、現在を生きることを意味していた。「今を生きるということは、「必要」なものにだけお金を払うこと。そして「欲しいもの」と「必要なもの」を、いつも分けて考えることなんです」と、アンは語る。

新たな境遇下で、ようやく足元が固まったとき、豊かだったころの思い出が、彼女を苦しめた。「離婚前は、食料品を買うのと同じくらいの頻度で、本を買いに行ったものです」と、ある日、彼女は、考え込んだ様子で語った。しかし、今では……と、アンは言葉を続ける。「皿洗い機のある暮らしとか、誰かが家を掃除しにきてくれる生活がどんなものだったか、思い出すこともできません。もうそういったことを思い出せないけれど、以前は、そのおかげで、自由な時間がたくさんあったなあと……」。貧困と直面したことで、アンの生活は常にせわしいものになったが、同時に、目の付けどころを変えるきっかけにもなった。それは、衣食住といった基本的なものだけでなく、健康な暮らしに必要な、より目に見えにくいものに対しても目を配るということである。「アートや音楽、自分たちの目標、あるいは、直接的な物理的環境を超えた何かを求める気持ちも併せて表に出さなければ、私たちは、生き延びることさえできないかもしれません」と、アンは語る。「愛し愛されずに、生き延びることはできません。だから、私たちの大半は、愛の代替物として、手が届きやすいアルコールやテレビ、ドラッグ、ウォルマートでのショッピングなどに走るのです」。「貧乏である、または、貧乏になると、健康にとって何がいいのかといったことを、お金を持っていたときよりも注意深く考える必要が出てくる」ことを、アンは発見した。それは「親密にして健康な人間関係、一人ではないという意識、新鮮な野菜、砂糖を摂りすぎないこと、毎日三〇分間、体を動かすこと、などです。そうしたことすべてにより、私たちは健康でいられるのです。少なくとも、来月、あるいは来年、どこに住むことになるかわからないというときでも、生き延びることができるようになります」。

アン・ブラッシュが、こうした貧困に陥った背景には、一つには、はっきりした目的がなかったという理由が挙げられる。その結果、才能はあるものの、技能が身に付かなかったのである。結婚が長続きすれば、経済的には何の問題もなかったろう。彼女は、偉大な文学作品を愛読し、バッハのフーガを聴くのが大好きだった。思想を楽しんだし、口にする言葉には、明らかに知性が感じられた。白人だったので、人種差別とも無縁であった。しかし、そうした特権的な社会・経済的地位をもってしても、一九六四年に高校を卒業した女性にとって、権利という感覚に目覚め、職業への目的意識を持つことは、自然にできることではなかった。そして、彼女の両親は、アメリカ社会のそうした腹立たしい遅れを克服することができず、職業的に自立することの価値を娘に植え付けることができなかったのだった。化学工学コンサルタントだった彼女の父親は、コネチカット州やマサチューセッツ州に住み、家族を扶養していたが、娘には大した期待を寄せていなかった。

アンは、一年で大学を退学した。「学校が大嫌いでした」と、彼女は語る。その後、あるデパートで、短期間、アシスタント・バイヤーとして働いた。「その仕事もあまり好きではありませんでした」。それから、京都に五年間住み、日本人に英語を教えた。「しょっちゅう美容院に行っては、マニキュアを塗ってもらいました」。アメリカに帰国してからは、ボストンで、エンジニアリング会社相手に旅行コンサルタントとして働き、大学への復学を試みた。「はっきりした目標がなかったんです」と、アンは認めた。そして、そのあと、起業したばかりの製図工と結婚することになったのであった。

離婚後は、養育費として年に約一万ドルを受け取り、非常勤の代用教員として、日に五〇ドル稼いだり、大学で週二〇時間、事務仕事をしたり、ヨット関係の事務処理に携わったり、医療文書やその他の本の編集整理を、ページ単位の出来高払いで行ったりした。編集の仕事は「最高でした」と、彼女は言う。「でも、去年は、三〇〇〇ドルか四〇〇〇ドルくらいにしかならなかったと思います」。その間ずっと、「子どもたちのためを思い、長期的な目標に的を絞る道を選びました。つまり、子どもたちが、職場に連絡を取れないような仕事は何であれ、拒み続けたんです。そのせいで、多くの人からひんしゅくを買ったり、少なくとも、怠け者か非現実的な人間だというレッテルを貼られたりしました。でも、子どもたちを食べさせることができるだけの養育費はもらっていたので、格安家賃の家を探すか、歓迎はされないにしろ、母の家に身を寄せるかすればよかったんです」。

彼女の母親がフランス旅行から戻り、突然、家を売ろうと決心するまで、アンと子どもたちは、その家で四年近い歳月を過ごした。母親は、アンに一か月の引越し準備期間を与えた。「思い切り打ちのめされました」と、アンは語る。「うつ病になってしまったので、女性センターに助けを求めたんです」。一年半にわたって、毎月、少額の援助をすると母親が言ってくれたにもかかわらず、アンは、あれこれ計算した末に、その申し出を断った。「『頼むから、やめて。そんなことしてもらっても、私たち家族の長期的な経済的見通しが変わるわけじゃないんだから。そのお金を受け取れば、サンディが今年寄宿学校に進学するための奨学金をもらえなくなってしまう。結局、たいして私たちの助けにはならないし、サンディにとっては、迷惑以外の何ものでもないんだから』と、母に言いました」。そのわずかなお金を母親からもらうことで、学資を払うには足りないが進学用の補助金申請資格からは外れてしまうという、どっちつかずの状況に陥ることを恐れたのである。

「寄宿学校」と言うと、金持ちのための贅沢に聞こえるし、実際にそうでもある。しかし、アンにとっては、自分が住むことができる貧困化した町や近隣地区にある、お粗末な公立校からの避難を意味するものであった。自分が子ども時代に受けた教育のおかげで、彼女は、可能なもの、手に入れられるもの、期待するものを思い描くことができた。それは、代々貧困が続く家系に育った母親たちのなかに住みつく、不可能なもの、手が届かないもの、期待できないものといった観念よりも、はるかに野心的と言えた。アンの子どもたちは、優秀にして貧乏――学費補助を受けるには最高の条件――であり、二人の教育は、アンの揺るぎない目標の中心を占めていた。

アンは、最初、サリーを地元の学校に入れたものの、退学させ、ニューハンプシャー州の寄宿学校、セント・ポールズから学費全額免除の奨学金が取れるまでの数年間、自宅で学習させた。サンディも、私立校に進学した。アンの親類のなかには、こうした状況に眉をひそめ、アンを無責任だと非難する者もいた。「私の姉妹に言わせると、サンディには私立校に行く権利はないし、私には、そんな選択をする権利はないんだそうです。持っているものに甘んじていれば、それでいいんだって……」と、彼女は当時を振り返る。「だから、あのころは、とても大変でした」。

アンは「大学卒業資格を得るための」「大学レベル検定プログラム」にパスし、大学の学位取得に必要だった残りの単位を取ったが、経済的困窮は緩和されなかった。それどころか、アンの暮らしは、どこに住み処を確保できるかという、尽きることのない不安に満ちていた。空腹を別にしたら、身を寄せる避難場所がないという切迫した状況以上に、恐ろしい空虚感をもたらすものはないであろう。冷え冷えとするむなしさが、本来ならば温かい安定があるべき場所に巣くうのである。こうした歳月のなかで最悪の瞬間が訪れると、彼女の快活な顔には心配のしわが刻まれ、（いつも詫びを言いながら）絶望してパニックに陥った。そして、そうなると、アンは両手を握り締め、「恐ろしい状況になっている」と口走り、「どこに住むことになるのか、わからない」とか、もっとひどい場合は、「生きていたくなんかない。希望なんか、かけらもない。疲れすぎて、どうにもならない」と、口にするのであった。

母親の家を追い出されてから一年間、アンと子どもたちは親切な友人たちのもとに身を寄せることになった。しかし、それは人に迷惑をかけることでもあり、アンは、そうした状況に、とうとう嫌気が差した。そして、ほかに住める場所を探し始めたが、しだいに絶望的になっていった。割安な家賃の住居を見つけるべく、ニューハンプシャーに目をつけたが、それでも、アンには手が届かない金額であった。とはいえ、彼女は、どこか誇らしげな雰囲気を漂わせており、人々――経済的に余裕があり、アンの博識と内省、子どもたちへの献身ぶりにひかれる人たち――に助けの手を差し伸べたいと思わせるものを持っていた。アンのマナーや興味からは、彼女が転がり落ちた社会・経済階級を示唆するものはみじんも感じられず、彼女の子どもたちによれば、人から貧乏だと見られることはめったにないという。一方、専門職の人々は、アンを自分たちの仲間のように見なし、運命のサイコロが振り違えられていたら、お互いの立場が入れ替わっていても不思議はないと感じていたかもしれない。それゆえに、アンの境遇は、都市のスラムに住む黒人の独身女性の身に起こることとは、ほど遠かった。「私たちはホームレスだけれど、いつもなんらかの形で、誰かの世話になってきました」と、アンは言う。彼女が通っていたコミュニティ・カレッジでは、教授夫妻が親しく付き合ってくれた。彼らは、サリーに続き、アンをロシア正教会の信徒たちの集まりへと引き入れ、ついには、バーモント州の森の中にある、彼らの使っていない小屋をアンに提供してくれた。こうして、アンは、住む場所とコミュニティ、つまり、心身両方のための避難場所を見つけたのである。

小屋に住み始めたことで、彼らの生活には、厳しさと純粋さが伴うようになった。その小屋は、本道から約二キロ離れており、舗装されていない私道を五分の一マイル〔約三〇〇メートル〕余り上がった場所に建っていた。狭いキッチンとバスルームがついており、水周りは、二階のタンクまでポンプで水をくみ上げる重力供給式水道ポンプ頼みであった。トイレは屋外にあり、彼らは、そこに出没するクモをシャーロットと命名した。冬の間、暖を取る唯一の手段は薪ストーブであり、夏は夏で、常に氷を補充し続けねばならない、古い木製のアイスボックスだけが頼りだった。週約一二ドルの氷代は、アンの基準からすると、高いものであった。プロパン・ランプに加え、教会からもらった、お余りの蜜蠟製ロウソクが唯一の明かりであり、アンが読書するには、不十分な明るさであった。陰鬱で、よどんだ冬が訪れ、水が凍りつくやいなや、アンとサリーは、五ガロン〔約二〇リットル〕の水が入ったバケツを、井戸から五分の一マイル〔約三〇〇メートル〕運び上げねばならなくなった。「ラッキーなことに、雪が降り始めたんです」と、アンは話す。そのおかげで、当時一三歳だったサリーは、バケツをそりに載せて引っぱり上げることができるようになったのだった。

二人は、小屋での生活を通し、物事を急速に学んでいった。「最初の冬には、薪など一本も用意しませんでした」と、アンは言う。「薪が必要だなんて、知らなかったんです。サンディが帰ってきて……彼は、のちに大学で、この話を作文に書いたんですが……みんなで素晴らしいクリスマス休暇を過ごしていたときのことです。サンディは、寄宿学校の一年目で、帰省していたんです。どこかに薪があるかどうか探すと、二週間分くらいしか残っていませんでした。その後、サンディは学校に戻って、サリーと私は、そのまま小屋に残ることになっていたんです。私は、それまで、薪を割ったことなど一度もありませんでした。苦手だったんです。そこで、サンディとサリーが、薪割りをしようということになって……。丘を下って、家から半マイル〔約八〇〇メートル〕くらいのところに、手ごろな長さに切られた木が、山と積まれていました。それで、二人は、それを雪の中から掘り出し、サンディが薪割りをして、サリーと私が、丘の上に置いたそりに薪を投げ入れ、三月まで十分しのげる量の薪を確保したんです」。その後、教会の人が、もう一山、薪をくれたため、「残りの冬を乗り切ることができました」。食糧が底を突くと、教会の信徒たちが助けてくれた。次の冬がくるころには、準備の仕方も上手になっていた。

小屋で暮らすうちに、彼らは、以前よりも、会話と読書に多くの時間を割くようになった。「でも、小屋では、いとも簡単に病気になるんです。実際、よく体調を崩しました」。そのため、二年弱で、暖房と電気が完備するアパートを探し始めることになった。しかし、家賃は月に五〇〇〜六〇〇ドルで、手が出なかった。そこで、再び、教会が彼らを救いにやって来た。正教会は、ニューハンプシャー州クレアモント市の、使われなくなったカトリック修道会の敷地内に、だだっ広い訪問客滞在用アパートを用意していた。アンは、家賃を払う代わりに訪問者の世話をするという好条件で、そこに住まわせてもらえることになった。お湯が使え、暖房と電気照明が完備し、時折、訪問客と時間を過ごせるという、ふってわいたような喜びが、アンに訪れた。サリーは声楽のレッスンを受け、青果店で働きながら、ピアノ伴奏者への謝礼を捻出した。サンディも、大いに教会とかかわるようになり、ロシア人作家、アレクサンダー・ソルジェニーツィン〔一九一八年生まれ、一九七〇年ノーベル文学賞受賞〕の息子、ステファン・ソルジェニーツィンと友だちになった。そして、コンピュータに関心を持つようになるが、サンディの興味が広がったところで、アンには、息子に何かを買ってやれるような余裕はまったくなかった。

アンはパートタイムで編集の仕事を続ける一方、あるダートマス大学教授のために、低料金で試験の採点を手伝った。自らの学資ローン一万八〇〇〇ドルのほかに、クレジットカードの支払いもあった。その後、教会がアパートを手放すことになり、アンたちは、そこを出る羽目になった。明け渡しの日が近づいたが、新しい住居が見つからないため、彼女は、自分がパニックに陥っていくのを感じていた。そこで、今度は、教会の小教区の住人から、救いの手が差し伸べられた。その住人は、二世帯住宅を所有する自分の叔母に、階上の部屋をアンに安く貸してもらえるかどうか聞いてくれたのである。その叔母は、月額四〇〇ドルで部屋を提供することに同意した。今回も、貧困にあえぐ大半のアメリカ人には手が届かない、教会を基盤にした中産階級のネットワークに支えられ、アンは、雨露をしのげる場所を見つけることができたのであった。アンは、新しい家を飾る花柄の壁紙が好きでなかったし、大半が不良品や中古品である雑多な家具のコレクションにも、ほとんど興味がなかった。とはいえ、自分たちの所持品のなかには、それなりに意味のある物もあった。「毛糸でかがった生地で出来た小さなスツールは、私たちのものです」と、アンは言う。「引き出しに入っている銀食器も」。それは、彼女の家系に代々伝わる銀食器であり、今となっては失われてしまった、彼女とそのルーツをつなぐコネクションとでもいえるものであった。

アンは、ニューイングランド大学出版という小規模な学術出版社で、編集者の正社員の仕事を見つけた。年収二万三六〇〇ドルで、医療保険の補償もあった。彼女は、その仕事を大いに気に入っていたが、経済的安定への道は開けなかった。多額の借金があったうえに、サンディが一八歳になると、前夫からのサンディへの養育費が打ち切られてしまった。また、会社の歯科保険は、年間一〇〇〇ドルまでしか補償されず、長年、治療を先延ばしにしてきた歯を大がかりに直すのに必要な治療代をまかなうには足りなかった。

しかし、子どもたちに投資したおかげで、その成果が出始めていた。二人とも勤勉であり、ある夏には、二人一緒に教会で管理人として働いた。また、それぞれの興味に沿って、サンディはコンピュータ・プログラミング、サリーはオペラを歌うことに、それぞれ才能を発揮した。ほっそりした口数が少ないサンディは、ＳＡＴの数学で八〇〇点、英語では七〇〇点以上を取り、志願したダートマス、アマースト、ウィリアムズ、カールトンのいずれの大学からも、学費全額免除で入学を許可された。子どもたちは、二人とも、お金がないことを深刻がらずに切り抜け、いさぎよく犠牲を払った。サンディは、ダートマス大学で、ジャズ・コンサートや映画を楽しむ余裕がなかったし、テイクアウトの食べ物をあまりたくさん注文しないよう努めた。それでも、クレジットカードには、かなりの負債がたまっていた。私立校に通うサリーは、友だちと洋服のショッピングに出かけると、実際には買わないのだが、試着し、買うようなふりをして、ドレスアップを楽しんだ。サリーは、通学しているセント・ポールズからのわずかな補助金で、自分と友人たちのためにピザを買った。でなければ、森の中を散歩して野草を摘んでは友だちに贈った。「みんな、私が自分では高くて買えないような物をプレゼントしてくれます」と、彼女は言う。「だから、私のほうは、彼女たちが自分では手に入れられない物をあげるんです」。

サンディは、大学で、いい友人に恵まれ、自分の殻を出て、ダートマスの同窓生の手になる就職ネットワークへと足を踏み入れた。そして、ネットワーク下の雇用主の一つである、サンフランシスコのソフトウェア会社で、月給三七五〇ドルという信じられないような好条件で、夏休みのアルバイトを見つけたのだった。ある六月の午後、サンディは、ダートマスの新緑を眼下に見下ろすホテル、ハノーバー・インのテラスで、母親と妹と一緒に腰掛け、初出勤をすべく、そのソフトウェア会社に向かおうとしていた。アンにとっては、満足感を味わえる一瞬になるかもしれないひと時であり、彼女は、子どもたちが大人の生活に入っていく姿を見届けていた。その生活は、アンが苦労しながら、どうにかして実現するよう努力してきたものであった。とはいえ、アンは、そのとき、自分のことを特に誇らしく感じているわけではなかった。というのも、折しも自らの倫理的信条に背き、自己破産を宣告したばかりだったからである。おかげでクレジットカードの負債はなくなったものの、自分自身の学資ローンの負債については、破産宣告をしても帳消しにすることはできないという法律があるため、そのまま残っていた。その負債があまりにも重荷になっていたので、アンは、子どもたちも、学資ローンを抱え、しまいには同じ轍を踏むのではないかと、戦々恐々としていた。心配と絶望に捕らわれているアンを目にし、二人の子どもたちは、心底痛々しげで心配そうな表情を見せていた。「何の感情も湧きません」と、アンは言う。「もうどうでもいいんです」。

「僕が仕事を見つけるよ」と、サンディが提案した。

「これまで私たちの面倒を見てくれたんだから」と、サリーが言う。「今度は、私たちがお母さんの面倒を見る番よ――私が、メトロポリタン・オペラ〔世界三大歌劇場の一つ〕に入ったあかつきには、ね！」

笑い声が上がり、アンが口を開く。「その前に、自分の部屋を片付けなさい！」

卒業後、サンディは、おそらく高給でシリコンバレーに戻ることもできたに違いない。しかし、家族や友人、教会と離れたくなかったことから、ニューハンプシャーにとどまって母親と暮らし、旅行代理店にコンピュータサービスを提供する、バーモント州ノーウィッチ町の会社で、システム・アドミニストレーターとして働くことになった。初任給は、母親が最高に稼いだときの一・五倍に相当する年俸四万ドルだった。そして、卒業証書を手にしたサンディは、ダートマス時代から累積していた借金を返済し始めた。それは、高利息のクレジットカードの負債一万〜一万二〇〇〇ドルと、低利息の学資ローン二万ドルであった。

サリーはといえば、ニューイングランド音楽学校入学に当たって、奨学金と学資ローンを使ったが、それだけでは足りず、地元の夫婦からの寄付金で残りをまかなった。夫妻は、サリーが、ある夏にタングルウッド〔マサチューセッツ州ボストン郊外〕で勉強するための学資を調達しようとしていることを紹介した新聞記事を読み、心を動かされたのだった。夫妻は、サリーがタングルウッドに行くのを助け、その後は、音楽学校への進学も援助した。二人は、アン自身の学資ローンの返済基金も前貸ししてくれた。このように、アンとその家族は、人々が手を差し伸べたくなるような人たちなのである。

アンは、親戚の価値観を尊重しなかったし、親類たちも、アンの価値観を尊重しなかった。彼女がお金に固執するのは、無一文同然だったからであるが、親類たちがお金にこだわるのは、あり余るほどお金を持っているからであった。アンは、お金によって、自分が必死に従おうとしてきた倫理基準が、いとも簡単にゆがめられてしまうのを目の当たりにしてきた。母親が晩年を迎えたときのことである。母親の面倒を見てくれることになっていた人々が、安くて粗末な老人ホームに母親を送り込む姿を目にし失望を味わった経験が、アンにはある。その施設では、付き添い人が、入居者の名前を覚えようとせず、名前の代わりに、「ねえ」「あなた」と、呼び掛けていた。アンは、何時間も、あるいは何日にもわたって母親を訪ねては親子の絆を取り戻そうと試み、母親をそんな施設に送る選択がなされたことを嘆き、戸惑った。「本当に考え込んでしまいました」と、彼女は言った。「私には、どこかまずいところがあるに違いないって。ほかの人と全然違う何かが。人と違うんです。みんなが大事だと思うことを大切だと思わないんです。母親の身に降りかかっていることが恐ろしすぎて、何が起きているのか理解できませんでした。要は、本当に簡単なことなんですよ。人の幸福を、自分が責任を負っている人の幸福を、お金と引き換えにするなんて間違っている、ということです」。

自信を喪失したにもかかわらず、アンは今も、自ら選び取った道を信じて疑わない。「私たち一家は、一〇年以上の間、お金がない生活をしてきましたし、一時は住む場所もありませんでした」と、彼女は言う。「ひどい話に聞こえるでしょう。そんな道を選ぶのは変に聞こえるかもしれませんね。でも、私が選んだ道なんです。家族全員の選択なんですよ。みんなで、健康にいい方法を選んだんです。子どもたちをないがしろにし、週七〇時間働いて家賃を払い、ほかの子どもたちが放ったらかしにされているような貧乏な地域で暮らす道を選ぶよりも、この選択のおかげで、私たちは、ずっとましな人間になったと思います。それに、お金がなく、物をあまり持っていないということがどんなことかも、わかりましたし。それは、お金はそこそこあっても、自分の人生にとって大切な人たちのために割く時間がない人生を送るほど、悪いものではありません」。

第8章　体と心　*Body and Mind*

ほとんどの時間をソーシャル・ワーカーの仕事に費やしています――社会福祉局と闘い、人々のために住居を獲得するのです。

――グレン・フローレス、小児科医

栄養失調の子どもたち

家計が厳しいとき、変更のきく数少ない支出の一つが、食費である。家賃は額が決まっているし、車関係の支払いも常について回る。電気代と電話の基本サービス料金は、まけてもらったり、値切ったり、切り詰めたりする余地がない。しかし、世帯が食料品に費やす金額はフレキシブルである。つまり、切り詰めようがない経費を払ったあとに残る金に合わせて、使う額の多少を調節できる。その結果、アメリカでは、栄養失調の子どもたちが、どっと生み出されている。

デボラ・フランク医師のもとには、そうした子どもたちの一部がやって来る。しわのよった老人のように見える、やせた男の赤ん坊。標準体重の三分の二しかない、生気を欠いた女児。感染症への抵抗力を持ち合わせていない、やせ細った少年。そんな子どもたちが、ボストン医療センター五階にある外来診療センターのドアをたたく。フランク医師が、週二回、そこで「成長診療所」を開いているからである。

そこを訪れる子どもたちは、飢えて骸骨のような顔つきをしているわけではないとはいえ、その顔は、アメリカの貧困層をむしばむ苦難の数々を、絶望的なまでに映し出している。食費は額が一定していないので、その他必要不可欠な経費、とりわけ、貧困家庭の収入の五〇〜七五％にも達しかねない家賃をはじめとする、情け容赦ない支出の一部にわけなく食われてしまう。「家賃補助のある住宅がもっとあれば、飢えも減ることでしょう」と、フランク医師は言い切る。食料切符がもっと手厚く支給されていれば、栄養価の高い乳児用調整乳の値段がもっと安ければ、スラム街の商店に新鮮な果物や野菜が並んでいれば、すべての保育所が、まともな食事とおやつを提供していれば、アレルギー体質の子どものためにさまざまな食品を買う余裕が家族にあれば、やって来たばかりの移民がジャンクフードの広告に惑わされなければ、母親が仕事をする代わりに母乳を与えることができれば、共稼ぎの両親を持つ子どもたちが、面倒を見てくれる大人の間をたらい回しにされなければ、両親が子どもたちをきちんと腰掛けさせ、食事を与える術を心得てさえいれば、そして、経済的に最下層にいる人々の抑うつ状態がもっと軽いものだったら、飢えは減るであろう。

栄養失調を治療する診療所は、激しくぶつかり合う種々の問題と直面するが、そうした問題のほとんどは、医者の手で解決できるものではない。だからこそ、フランク医師や、「成長障害」の改善に取り組む他の人々は、小児科医だけでなく、栄養士やソーシャル・ワーカー、心理学者と協力し合おうと試みる。彼らの働きは効果を挙げているものの、一度に手掛けられる患者は一人だけである。

水曜日の朝、デボラ・フランク医師が、幼稚園の先生さながらに赤いバックパックを背負い、カラフルなスモックを着て大股で出勤してきたとき、待合室は、親と子どもたちであふれていた。彼女はメガネをかけており、その白くなりかけた髪は、短くカットされている。彼女の物言いは率直で、無駄口をきかず、素早く仕事に取り掛かる。そして、穏やかながら有能であることを示す張り詰めた雰囲気を漂わせながらスタッフを動かしていた。ややせわしげに、ピンと気を張り、患者には飾り気のない親しみやすさを見せ、子どもたちが診療所に連れてこられることになった状況に対しては、怒りの刃を向けるのであった。

フランク医師のリストの最初に載っているファン・モ

ラレス(仮名)からは、飢えの陰鬱なイメージがかいま見られる。五・五ポンド〔約二・五キロ〕で生まれたファンは、生後七か月の今でも衰弱していて一二ポンド〔約五・四キロ〕しかなく、食後に嘔吐するのであった。右手は完全には開かず、不自由な右腕の手術を受ける必要があるものの、栄養失調で体が弱っている間は、手術を受けることができない。家族には、彼を助ける力がない。父親は獄中におり、国外追放を待つ身である。父親が働けないため、母親は家賃を滞納し、住居から追い出され、食事の出ないホームレス用シェルターに収容されていた。

「ファンは、病んだ赤ちゃんです」と、フランク医師は言い切る。彼女は、ファンに数多くの検査を実施するよう段取りし、栄養士は、ファンの母親に高価な調整乳「ドゥオカル」を与えた。通常の調整乳からは、一オンス〔約三〇グラム〕で二〇カロリーの栄養しか得られないのに対し、ドゥオカルには二六カロリーの栄養価があるからである。ソーシャル・ワーカーは、アメリカ生まれのファンが、アメリカ市民として受給できる政府の援助を探し始めた。事実上、非合法移民に対しては、救急治療以外のサービスがすべて打ち切られていたため、ファンがボストン医療センターに運び込まれることになった原因である広範な社会的・経済的・身体的病弊に対して専門家たちにできることはと言えば、ファンの病状を書きとめるだけであった。

次に診療所の門をたたいたのは、小さな老人のように見える赤ん坊、ヘクアン・オリバー＝ビグビーである。その赤ん坊は、頰までこけているという危険な兆候を示していたので、家族は、彼を病院に連れていこうと思い立ったのだった。「顔の脂肪が落ちるのは、いちばん最後ですから」と、フランク医師は説明する。「体をくるまれている子どもたちが、栄養失調でも、なかなか気づかれないことが多いのは、そのせいなんです。体がやせこけていても、顔は丸いままだからです。人々が心配し始めるのは、赤ちゃんの顔の脂肪が落ちだしてからなんですよ」。

ヘクアンをはじめとする子どもたちは誰もが、外来患者向けの集中治療を、まずは栄養士から、次に小児科医から、最後にソーシャル・ワーカーから受ける。その治療が始まる場所は、診療所の廊下であった。最初にケースワーカーがヘクアンの体重と身長を測り、その冷酷ともいえるほどの値をノートパソコンに打ち込む。ヘクアンの体重は六オンス〔一七〇グラム〕ほど落ち、九ポンド四オンス〔約四・二キロ〕になっていた。これは、同年齢の男児の正常な体重である一四ポンド一〇オンス〔約六・六キロ〕の六三％にすぎない。その後、ヘクアンと両親は診察室へと送られ、栄養士のメアリー・シルバと面会する。メアリーは、二日前に彼らの自宅を訪問していた。彼女は、ヘクアンの授乳について事細かに質問し、ヘクアンが、高カロリー調整乳を、いつ、どのくらい摂取したのか聞き出そうとしていた。わが子がどのくらいのミルクを摂取したのか定かでない多くの親と同じく、ヘクアンの母親の答えもあいまいだった。

「火曜日には嘔吐しましたか」と、シルバが尋ねた。

「少しだけ」と、母親のハケタ・オリバーは答えた。ヘクアンが寝る前、何時に調整乳を与えたのかとシルバが質問すると、オリバーは口ごもり、あやしげな答えをした。それから、では、その前には何時に授乳したのか、その前はどうか、そして、その前は？　とシルバに問い詰められると、オリバーは、ついに、あてずっぽうに答え始めるのであった。栄養士のシルバは、オリバーのアパートを訪ねたとき、飲みかけのボトルが放ったらかされているのを目にしていたので、一回分のミルクの量を減らし、もっと頻繁に授乳するよう勧めた。「ミルクを吐かないようにさせるには、少量を何回かに分けて与えるのがいいかもしれません」。

　それから、シルバは、栄養失調の診療の際に決まって尋ねる重要な質問を投げかけた。「あなたには、何かアレルギーがありますか」。いいえと、オリバーが答える。赤ん坊の父親が診察室の隅に座っていなければ、この話題は、ここで終わっていたかもしれない。その父親は、ジェフリー・ビグビーという名の、笑みを浮かべた男であった。時給六ドルほどで、トラック運転手として働いており、オリバーとは結婚していなかったが、息子の世話には熱心であった。アレルギーは家系を通じて引き継がれることが多いが、ビグビーは、手がかりになる一つの事実を提供した。花粉、ネコやイヌの毛だけでなく、バナナやリンゴ、オレンジにも、彼自身、アレルギーがあるという。「赤ん坊のとき、気管支喘息だったんです」。シルバは、猛烈な勢いでメモを取っていた。これは、両親の立ち会いがどれだけ大切かを示す、典型的ケースと言えよう。

　そこへ小児科医のフランク医師がやって来た。赤ん坊のカルテを手にした彼女は、極度の心配に襲われた。「息子さんの体重が、非常に危険なレベルにまで落ち込んでいます」と、彼女は両親に告げた。「入院させないでいるのは本当に危険だと思います。ほぼ連日、診療所に通われていますよね。息子さんは、急激に重体に陥りかねません」。フランク医師は、赤ん坊の反射神経をチェックすべく、うつ伏せに寝かせて、赤ん坊が両手で自分の体を支えられるかどうか調べた。どうにかできたものの、かろうじて、という感じである。次に、医師は赤ん坊を立たせ、両足で体重を支えられるかどうか調べる。「あまり元気とは言えないですよね？」とフランク医師は両親に尋ねたが、一言の返事もない。

そして、幼いヘクアンは、病院に残ることになった。検査の結果、彼は、「エンファミル」〔大豆を原料とした乳児用調整乳〕に対してアレルギーがあることがわかった。しかし、エンファミルは、この家族がWIC、すなわち、連邦政府による「女性・乳幼児・子ども特別栄養強化プログラム」のもとで手に入れることができる唯一の調整乳だったのである。六日間の入院生活で、ヘクアンは、まる一ポンド〔約四五〇グラム〕体重を増やした。「食物アレルギーがなかったら、おそらく、彼は、成長障害に苦しまずにすんだことでしょう」と、フランク医師は結論づける。「でも、たとえアレルギーがあっても、あの子が恵まれた家庭に生まれていれば、WICのもとで得られる唯一の調整乳が体に合わないという事実にふりまわされることはなかったんです。ですから、私たちにできることといえば、連邦政府に手紙を書いて、他の種類の調整乳、つまり、もっと値の張る「プレジェスタミル」を、WICの下で配給してほしいと頼むことです。プレジェスタミルは、非常に高度に加水分解された調整乳なんですよ」と、彼女は言う。「これなら、タンパク質が細切れになって入っているので、アレルギーを起こさずにすむんです」。

通常、「成長診療所」では、やや高カロリーの調整乳をはじめ、他の食品を家族に無料で提供することが可能である。さらに、スーパーマーケットの商品券一〇ドル分と、通院の際の往復のタクシー・バウチャーも出していた。これ以外に、診察や対応処置に費やされる全時間数に対する人件費と設備費を含め、ヘクアンをはじめとする子どもたち全員の各診療にかかる総コストは、患者一人につき数百ドルに上る。ヘクアンの父親が加入している保険で支払われる額は、そのうち四〇ドルにすぎない。診療所の六〇万ドルにも及ぶ莫大な年間予算は、広範な募金運動によって捻出されていた。その内訳は、個人や民間財団からの寄付、そして、マサチューセッツ州公衆衛生局からの年間補助金である。

　ボストンは、貧困もあるものの、かなり豊かな都市であり、マサチューセッツは、比較的、進歩的な州である。一方、アメリカのもっと貧しい地域では、経験あるチームによる組織的な専門技術が遠く及ばないところで、栄養失調の子どもたちは、さらにひどい困難にさらされている。ボストンでさえ、親が成長診療所と十分に協力しなかったり、またはできなかったりすれば、状況は、ミシシッピの田舎と変わらない。

　たとえば、ドナルド(仮名)の例を挙げよう。診療所は、この男の子に必要な食事について事細かに指示を出していたものの、母親がそれを守らなかったため、子どもは、十分な助けを得られずにいた。また、母親は、勤務先の物分かりの悪い上司が仕事を休ませてくれなかったため、息子を大叔母に預けざるをえなくなったが、大叔母は、診療所のスタッフのアドバイスに耳を貸す気はなさそうであった。ドナルドはとても小さかったので、実際は生後四三か月たっていたが、その半分にしか見えず、体重もほとんど増えていなかった。スタッフは、ドナルドが「一生子ども」、つまり、しかるべき地点に決して達することができない子どもになるのではないかと、暗澹《あんたん》たる予測をしていた。小児科医が母親の雇用主に一本電話をかければ、救いの道が開けるかもしれなかったが、誰もそうしようとは考えなかった。

　実際、そうしたことを実行する医者はわずかである。しかし、若手小児科医のジョシュア・シャーフスタインは、例外と言える一人であった。彼は、医者としての短いキャリアのなかで、すでに一二か所ほどの雇用主に電話を入れていた。たとえば――ある日、彼が一人の赤ん坊を診察したところ、ひどい発疹が出来ていた。「月曜日に再診が必要だと母親に言ったところ……」と、小児科医は話す。「母親はワッと泣き出し、もう一度休みを取ったら、クビになると言うのです」。翌朝、ジョシュアは母親の上司に電話をかけた。その上司自身も医者だったことから、「赤ん坊の病状とフォローアップの必要性について、じっくり話し合った」という。母親の仕事の保障については、わざわざ口に出すまでもなかった。「医学的な状況について話をしたら、その上司は、赤ん坊が病院で治療を受け続けることがどれだけ重要か、よくわかったと言ってくれました」と、ジョシュアは語る。「その上司が彼女を責めるようなことはないと確信できました。実際、そんなことは起こりませんでしたよ。そのお母さんからは、とても感謝しているという旨の電話をもらい、仕事を失わずにすむと言っていました」。

親が指示を守れないために、子どもが成長障害に陥ることは多い。ベトナムからやって来たばかりの、ある母親の例である。彼女は、広告にすっかり惑わされ、処方された高栄養価の調整乳「ペディアシュア」を使いきったとき、子どもにコカ・コーラとペプシを代用品として飲ませていたのであった。「コカ・コーラとペプシ・コーラはくせものなんですよと、そのお母さんに言いました」と、フランク医師は語る。「テレビ・コマーシャルで宣伝していますが、炭酸で食欲がなえてしまうんです。買うのをやめてはいかがですかと言ったら、それでも別にかまわないと、彼女は言ったんです。その家には、子どもは一人しかいなかったので、ペディアシュアをもう一缶与えることにしました。これが、「今週の介入」と言える例ですね」。

「介入」とは、適切な言葉である。重大な危機に面したとき専門家たちにできるのは、提言や奨励、介入を通して、家族の行動を違ったコースへとどうにか導くことくらいである。とはいえ、アメリカにやって来たばかりの人たちを前にしては、その結果は、とりわけ不確かなものとなりかねない。彼らは、突然、なじみのないアメリカのジャンクフードに囲まれ、不十分な英語力ゆえに、良いアドバイスも消化できないおそれがあるからである。「私がよく引き合いに出すのは、ある移民一家の例ですが……栄養士が三〇分余りもかけて、ポテトチップを赤ちゃんに食べさせてはいけないと、彼らに説明したんです。窒息しかねないうえに、食欲もなくなり、食品としても価値が低いとね」と、フランク医師は語る。「それで、もうわかっただろうと、私たちは思っていました。そうしたら、次の診療の際、誇らしげに、ある袋を見せ、もうポテトチップはやめましたと言いながら、「チーズ・カールズ」の袋を見せたんですよ。こういった人たちは、どこの国から来たにしろ、母国にいたなら、その国の市場で、自分たちの伝統的な民族料理の食品を何の問題もなく適切に買い求めることでしょう。ところが、この国に来て、訳がわからなくなってしまっているのです」。

アメリカ人のなかにも、似たような人たちがいる。ソーダとポテトチップ、フルーツジュースで子どものお腹をいっぱいにさせるという、過ちを犯す人々である。栄養価がほとんどないこうした飲食物は、良い食品を口にしたいという子どもたちの空腹感を抑えつけてしまう。フランク医師率いる専門家チームは、生粋のアメリカ人を相手に、絶え間のない戦いを繰り広げている。典型的な交戦相手は、「自分の母親や大勢の若い兄弟姉妹と同居している、若い母親です」と、フランク医師は言う。「赤ちゃんは、ひたすら年上の子どもたちの背中を見て育ちます。彼らがソーダを飲んでいると、赤ちゃんは、近づいていって、その様子に目を向けます。それから、年かさの子どもたちが、赤ちゃんにソーダを飲ませ、みんなで笑って手をたたきながら言うんです。「見ろよ。赤ん坊なのに、もうイッパシだよ」と」。こうした病理的現象は、お金を十分に持っていないことが直接の原因で引き起こされるわけではないかもしれないが、低所得者の世界ではありがちな、崩壊した家庭生活と知識不足のもとで蔓延するものである。

ボルチモアの診療所にやって来る、若い白人のアメリカ人の母親はスクランブル・エッグの作り方を知らなかったので、栄養士が教えねばならなかった。ベッキー・ジェンテスとブレンダ・セント・ロレンスが定期的に訪問しているニューハンプシャー州の家族には、健康によい食べ物に関する知識が欠けていた。それは、ベッキーとブレンダという二人の訪問員の間で交わされた、以下の会話からも見て取れる。

ベッキー　「この家の子どもたちのなかには、果物がどういうものか知らない子がいます。彼らに聞いてみましょう」。

ブレンダ　「果物も野菜も食べていませんからね。私が面倒を見ている子どもたちのなかで、野菜や果物を口にする子は一人もいません」。

ベッキー　「ホットドッグはたくさん食べていますが」。

ブレンダ　「ホットドッグとボローニャ・ソーセージですね」。

ベッキー　「手軽だし、親たちが、そうした食生活をするのを見てきたんですよね。ニンジンの皮をそいだり、料理したりする方法を知らないんです」。

ブレンダ　「知ろうとしないでしょう」。

ベッキー　「ええ、そうでしょうね。手間がかかりすぎますから」。

ブレンダ　「ある家族のために、五〇ポンド〔約二三キロ〕分のジャガイモを手に入れたんです。生活保護受給世帯は、タダでもらえるんですよ。その家族の名前で申し込んで、書類の手続きをすればね。ほら、彼らのアパートに放ってある腐ったジャガイモのことです。皮むきをする気がないんですよ。面倒だって」。

こうした食生活は、明らかにお金の問題によるものだけではない。新鮮な果物や野菜は、ホットドッグなどの加工食品より安上がりであることが多いからである。しかし、親が子どもに十分な栄養を与えることができない事情には、親の経済状態が潜在的な役割を果たしている。スラムの家主のなかには、故障した冷蔵庫を取り替えようとしない人がいるため、ミルクをきちんと十分に冷蔵できないことがある。また、複数の家族が、一つのアパートですし詰めになって共同生活を送っているような場合は、他人の食べ物を盗む住人たちによって、たった一台しかない冷蔵庫が荒らされる、といった具合である。貧困者は、政府の官僚主義におじけづくことが多い。生活保護から外された人々は、食料切符をもらう資格も失ったと思い込むことが多いが、それは間違いである。州によっては、世帯の年収が公式な貧困ラインの二〇〇%に達していても、食料切符の受給資格を認めている。

多くの合法移民は、たとえ資格があるような場合でも、食料切符やメディケイド、あるいは、児童医療保険プログラム〔メディケイドの受給資格から外れる収入はありながら、民間の医療保険に加入できるだけの収入のない世帯の子どもを対象にした、州政府による医療保険プログラム〕をなかなか受給したがらない。「公共のお荷物」と見なされ、市民権へとつながる永住権をもらえなくなることを恐れるからである。クリントン前大統領が出した行政命令に基づけば、これらを受給することで、移民がマイナスの影響を被るのは、生活保護小切手、およびSSIなどの現金の支払いについてだけである。食料切符と医療保険は問題ないのであるが、移民自身も移民担当官も、この点をきちんと把握していない。

福祉改革は、とりわけ「同一家族への支給額の上限」条項により、食費の援助額に対しても大きなダメージを与えている。この条項のもとでは、母親が生活保護を受けている間に生まれた子ども、あるいは、受給終了後一定期間内に生まれた子どもは、生活保護を受けることができない。フランク医師が成長診療所で診察する栄養失調の子どもたちの約三分の一は、この条項ではねられた子どもか、その兄弟姉妹なのである。おまけに、医者たちは、母乳が最も赤ん坊の健康によいと考えるにもかかわらず、働く母親は、搾乳器を持っていなければ、終日、母乳を供給することができない。しかし、メディケイドのもとでは、通常、子どもが入院でもしないかぎり、搾乳器代は補助の対象とはならないのである。

子どもが栄養失調になることは、母親や父親が貧困のために支払わねばならない、このうえなく痛ましい代価である。子どもに食事を与えることは、最も根本的な責任であり、親の義務の最たるものと言っていい。そのほかの生活必需事項については、コントロールが及ぶ余地は、もっと少ないように思われる。最もつましい母親でさえ、家賃を削ることはできない。しかし、お金が底を突き、十分な食べ物を買えなくなると、自分のやり繰りがまずいせいだと、自責の念に駆られることが多い。その結果、母親は、学校や職場、人間関係において、一連の誤りを繰り返したあげくに、子どもをまともに養育することができない自分の無力さを決定的な誤りと思うものである。

子どもたちの苦境にまごつき、恥の思いに駆られた多くの親は、防衛的で傷つきやすくなり、栄養失調を専門に治療する診療所にとって、扱いにくい客となる。その日、このボストンの診療所の患者のなかで唯一の白人の子どもだったドリス（仮名）の母親と父親も、そうであった。彼らはとても若く、どちらも、サンドイッチ屋でパートタイムの仕事をしていたが、診療所のスタッフによる家庭訪問を拒んだり、ドリスの食事摂取の記録を怠ったりするのであった。そして、スタッフは、自分たちの提案に二人が抵抗していることに気づいた。栄養士のメアリー・シルバは、その小さな女の赤ん坊の体重が増えているのは、かろうじて、この子が、診療所の食料貯蔵室から無料で配られている「高栄養価調整乳」を飲んでいるおかげであると考えた。

ドリスは生後六か月で、同じ年齢の赤ん坊の平均体重の八九％の重さであった。初診時には七三％だったので、体重は順調に増えていたが、発育テストの結果により、重大な遅れが発見された。「その女の子は、しかるべき動きをしないのです」と、シルバは語る。「座らないし、認知行動的に言っても、本来すべきことをしないんです」。治療法の一つは、さまざまな種類の良質のおもちゃで遊ぶことだと、ドリスを診察した心理学者のワンダ・グラントは言う。しかし、そうしたおもちゃを買う余裕や関心が、はたしてドリスの両親にあるだろうかと、彼女はいぶかる。母親が、発育テストを「くだらない、の一言に尽きる」と評したからである。

それでも、ドリスを何度も診察につれてくるだけの気遣いが、両親にはあった。栗色の髪をひっつめにしている母親は、一本の指を除き、両手をいくつもの指輪で飾っている。父親は左耳にボタン型のピアスをはめ、両腕には入れ墨が彫られていた。入れ墨の一つは、ナイフの周りに蛇が絡みついている絵柄で、「P・O・W」〔戦争捕虜〕という文字が添えられている。左手の四本の指には、アルファベットの入れ墨がひと文字ずつ彫られ、続けて読むと、「HATE」〔憎悪〕という言葉になるのであった。

シルバは、母親につけるように言っておいた、ドリスの食事摂取の記録を出すよう求めたが、母親は何もしていなかった。赤ん坊が一日に何本のミルクを飲んだか尋ねても、母親は把握していなかった。八本か九本ではないかと、父親が推測して言う。シルバは、ドリスが、授乳時にミルクをきちんと吸い込めないのではないかと考えた。一部の赤ん坊は、そのせいで栄養障害を引き起こすので、彼女は、ドリスの授乳と嘔吐について、事細かに尋ねることにした。両親は、自分たちの失敗が露見することを恐れ、どんな質問にもしぶしぶ答えているという様子で、あいまいな回答を返すばかりである。

そこで、シルバは、彼らをほめる材料を探そうと試みた。「一か月で二ポンド〔約九〇〇グラム〕も体重が増えています」と、彼女が母親に話しかける。「ホッとしたでしょう?」

「はい」と、母親は答える。

「ミルクをこしらえたり、娘さんのためにいろいろしたりすることが、成果を挙げていると思いますか」。

「ええ」。

「この調整乳を続けましょう」と、シルバが言う。「シリアルもね。一日に二度で大丈夫。もし、三度欲しがったら、あげてください。果物も少しあげるようにしましょうか」。

「はい」。

「何がいいですか。果物は一種類にしますから、よく考えて選んでください」。

「アップルソースは?」

「わかりました。それでいいでしょう」。ドリスに発疹ができるようなことがあれば、一日おいて、ほかの果物を試すようにと、シルバは助言した。それから、何か質問があるかどうか、両親に尋ねた。母親は、不機嫌そうにクビを横に振る。「何か心配でも？」彼女は、再度クビを振った。「本当に？」母親がうなずく。

シルバが部屋を出ていくと、母親は、心理学者が書いた、ドリスの発育の遅れに関する二ページの報告書を読み、妊娠中に「ごく少量のアルコールを摂取」という記述を見て腹を立て、報告書を投げ出した。その情報は、母親の医療記録から写されたものであった。

「間違っている」と、彼女は吐き捨てるように言う。「妊娠中は一滴も飲まなかったのに」。

みじめな食事時間

階級、文化、そして、言語が、両親と医者の間にバリアをつくる。富と教育を欠いた多くのワーキング・プアの目には、白衣や、ぴかぴか光る医療器具、理解不可能な言葉と恩着せがましい行為は、人間味を欠いた官僚的な支配体制として映る。特に黒人にとっては、連邦政府がアラバマ州タスキギー市で人体実験を行ったという過去が脳裏をかすめ、不安感が増す。この人体実験では、一九三二年から一九七二年にわたって、三九九人の貧しい黒人男性が、梅毒の治療を施されることなく、放置されることとなった〔米公衆衛生局は、被験者である黒人男性たちに病にかかっていることを知らせず、症状の進行を研究した〕。

二〇〇一年には、またもや、そうした疑心暗鬼に拍車がかかる一件が持ち上がった。炭疽菌入りの手紙二通が、ワシントンのブレントウッドにある郵便局を通って発送されたとき、そこで働く、一七〇〇人の職員への医療処置が遅れたのである。職員の大半は黒人であった。その手紙が連邦議会に配達されたときには、公衆衛生局の役人が迅速に動員され、議会のオフィスビルから人々を避難させて、議会スタッフを検査し、抗生物質を投与した。しかし、郵便局のほうは、ただちに閉鎖されることなく、二人の職員が死ぬ事態になって初めて、職員たちに検査と治療が施されたのである。犠牲者二人のうち一人は、加入していた医療保険のＨＭＯ〔保健維持機構〕から、抗生物質の支払いを拒否されていた。

現実に起こる不公平がもとで、妄想が生まれる。アフリカ系アメリカ人の間で語り継がれている都市伝説には、黒人を人体実験のモルモットにしたり、誘拐して内臓を取り出したり、製薬用に血を抜いたりする医者の話があふれている。そうした話は、額面どおりに受け取られているわけではないとはいえ、時として、子どものしつけのために使われることがあり、医者への不信感と反感を生むもととなる。たとえば、成長診療所に来ていた、あるアフリカ系アメリカ人の男の子の例を挙げよう。彼は、遊ぶおもちゃを持っていなかったので、お絵描きをしたがったが、母親はクレヨンを持っていなかった。そこで、男の子は、診察室の中にある物をおもちゃにして遊び始めた。テーブルに上ったり下りたりし、大きなゴミ箱のふたをいじくり回す息子に向かって、「注射されたいの?」と、母親が脅かすように言う。「先生が注射しにくるわよ。汚いじゃないの! そんなものに触っちゃダメ!」すると、男の子は、窓のそばに行ってカーテンを引き、後ろに隠れてしまった。「先生が注射しにくるわよ! 注射されたいの?」

たとえ注射をされなくても、医者は、不愉快のタネになりえる。「中南米系の人たちにとって、「尊敬」という意味の「レスペト」と、「運命論」という意味の「ファタリスモ」は、とても大きな意味を持つのです」と、ボストン医療センターの「小児科中南米系専門診療所」の共同所長、グレン・フローレス医師は語る。そうした事情が、中南米系の親と「アメリカの、気が焦って、せっかちな医療提供者」との間に衝突を招く原因になりかねないと、彼は言う。「中南米系の人たちは、自分が軽んじられていると感じると、治療を続ける気をなくしてしまいます。再診に現われないため、健康状態に悪影響が及んでしまうんですよ」。そうした運命論的あきらめは、「よく知られた、ある研究結果からも見て取れる」と、医師は話す。「その研究によると、中南米系の人々は、ガンを宣告されると、それは神のなせる業であり、自分にできることはあまりないと信じる傾向が非常に強いという。「おそらく検査もあまり受けようとしないでしょうし、治療もしっかり受けようとしないでしょう。病気が進行してしまってから、来院するのです」。

時には、言葉の壁も危険な結果を招きかねない。フローレス医師は、通訳を介して医者と患者が話している様子を録音したテープを聴き、「診察に来る人が、身内の人を通訳者として連れてきたり、待合室にいる人や守衛をつかまえて通訳させた場合に」重大な誤訳が生じていることに気づいた。たとえば、子どもの耳の感染症を治療していた、ある医者の例である。その医者は、経口シロップの抗生物質を飲ませるよう母親に指示したのだが、不慣れな通訳者は、薬を耳に注ぐよう母親に伝えたので

ある。幸いにして実害はなかったものの、まったく治療

の役には立たなかった。訓練を受けた通訳者がいれば、誤解は最小限に食い止められる。「メディケイドを利用して、プロの通訳サービス料を支払ってもらうよう求めるべき時がきているのです」と、フローレス医師は主張する。言葉や文化、飢え、医療へのアクセスといった諸問題にきちんと対処すれば——患者に薬代を払う余裕があり、彼らが、指示どおりに薬を飲み、フォローアップのために再来院するという条件のもとであるが——多くの入院、特に喘息や糖尿病、特定の腎臓関係の感染症による入院の多くは避けられるものと、フローレス医師をはじめとする医師陣営は考えている。

栄養失調の場合、必ずしも貧困のみがその原因とは言えないものの、貧困は事態を悪化させる。幼児は一日に六回——三度の食事と三回のおやつ——食べるべきものと栄養士は考えるが、崩壊家庭にとって、そんなことはできるべくもない。複数の人たちが子どもの世話をするため、誰がいつ食べ物をあげたか把握できない。ヘルシーなスナック菓子が家になかったり、年上の子どもたちが先に見つけて食べてしまったりするかもしれない。また、働く時間帯が変則的で、現金に事欠き、隣近所にはびこるドラッグと犯罪の危険に身をさらしているシングルマザーは、適切な食生活に役立つ環境をつくり出す根気もエネルギーも、持ち合わせていないかもしれない。ボストン在住の、あるやせっぽちの子どもは、五人の兄弟姉妹に囲まれ、窮地に陥っていた。「ほかの子どもたちに先を越されてしまうのです」と、栄養士のミシェル・ターコットは語る。「食事の時間になったときには、もう彼らが平らげてしまっていて、何も残っていないんです。家庭の機能が正常に働いていない恐れがあるときには、母親を教育し、ちゃんと成長していない子どもに注意を向けさせる必要が、時としてあるのです」。メアリー・シルバが治療していた二人の子どもは、空腹を訴えても、母親に取り合ってもらえなかった。スーパーマーケットで働く母親は、重度のうつ状態に陥っており、子どもたちのニーズに気づかなかったのである。

「どんな家庭にも、ストレス因子となる要因はあるものです」と、フランク医師は言う。「でも、経済的に安定していれば、そうした要因のせいで、子どもが成長障害になったりすることはありません。親が重いうつ病にかかっているなど、非常に深刻なストレス因子があれば、家庭の経済状態がしっかりしていても、成長に支障を来すかもしれませんが。あるいは、医学的に大変重大な問題を抱えた子どもは、経済的に安定した家庭であっても、成長障害に陥ることでしょう。ただ、経済的安定という枠組みがあれば、たとえ存在していたとしても手に負えないほどの大問題にはならない事柄が、貧困家庭では壊滅的な悲劇と化してしまう、といった関係が見られます」。

「栄養士が家を訪問しても、赤ん坊を座らせて食事させる場所がないんです」と、フランク医師は続ける。「赤ん坊は、壁に寄りかかって、大人用のイスの上に立ち、大人たちが使うテーブルで食べようとします。あるいはテーブルすらなく、床の真ん中に敷いた新聞紙の上に赤ん坊が座っていることもあります。それから、母親が、一本のスプーンを使って三人の子どもたちに物を食べさせたりするかもしれません」。成長診療所から、お金のない家庭に赤ちゃん用のイスが提供されることもある。

絶望的といえるほど貧しい都市、ボルチモアにあるメリーランド大学の「成長・栄養診療所」は、家庭訪問を行うスタッフにも事欠くほどである。規定労働時間の半分だけ働く、年収二万ドルのソーシャル・ワーカーを雇う予算が削られたため、患者の家庭状況を把握するには、親に直接詳細な事情を問いただし、情報を集めざるをえなくなった。

メリーランド大学小児病院の一階にある成長・栄養診療所の統括者であり、心理学者でもあるモーリーン・M・ブラック医師が家族に質問を浴びせるのも、家庭状況を把握するためである。彼女は、すでに三児を持つ一九歳の親と一緒に、診察室に座っていた。三人の子どもの一人である男の子は、三歳四か月だったが、一二・五ポンド〔約一〇キロ〕しかない。前月、増えた体重は、わずか二オンス〔六〇グラム〕にも満たなかった。

同診療所では、予算が削減されたせいで、児童保護局〔州単位などによる児童相談所〕の職員に家庭訪問を任せている。その職員たちは、基本的な点はチェックしているものの、細かい点については把握していなかった。同局のケースワーカーによって記された、その家に関する報告書は、診療所のファイルの中に保管されていた。そして、そこには、家は汚いが食べ物は十分にあると書かれている。食事の与え方に関する記録は、いっさいない。その家の子どもたちは、折しも里親のもとから戻ってきたところだった。実の母親がドラッグを使用していたため、里親に預けられていたのである。現在、その母親は、マクドナルドで、最低賃金をかろうじて上回る収入を得ながら、月に七二ドル分の食料切符を生活費の足しにしていた。母親が働いている間、子どもたちは、母親の母親、つまり祖母に面倒を見てもらっており、母親の恋人も、それを助けていた。彼は、青いバンダナを頭に巻いており、一六歳くらいにしか見えない。だぶだぶのバギージーンズをはき、鼻ピアスを付け、迷彩柄のジャケットに身を包んでいる。心理学者のブラックと母親、そして、その恋人の間で交わされた会話は、ざっと以下のような内容である。

心理学者　「バリー(仮名)は、どこに座って食べるんですか」。

母親　「床に座ります」。

恋人　「そして、私が、子どもと一緒に座るんです」。

心理学者　「バリーは、そこに長い間、座っているんですか」。

母親　「時々は」。

心理学者　「バリーの年では、もう、一人で食べていいはずですよ。娘さんは、どこで食べるんですか」。

母親　「床の上です」。

心理学者　「あなたは、どこで食べるんですか」。

母親　「ベッドの端っこで、テレビを見ながら」。

心理学者　「テーブルはありますか」。

母親　「はい」。

心理学者　「食事中、テレビを見ないわけにはいきませんか。お子さんが食事をしている間はテレビをつけてほしくないんですが、なぜだかわかりますか」。

母親　「テレビを見てしまって、食事をしなくなるから」。

ブラック医師は白人で、母親は黒人である。少々批判がましい、この教えを、母親がどのように受け止めているかは判断しがたかった。それから、ブラックは、食事時間をもっと規則正しくするよう促し、診療所が、彼女の息子のために子ども用のイスを調達するかもしれないと、母親に伝える。しかし、家族全員が丸テーブルを囲んで座れるだけの数のイスはなかったので、家族が一緒に腰掛けるために、母親は、イスをあと何脚か買わざるをえない羽目になった。

「息子さんがテレビに気を取られると、食事がおろそかになってしまいます」と、ブラック医師は説明する。「二時間も座ったままでいてほしくないんです。家族の皆さんも、食事中、テレビを見ないというのはどうでしよう？」

母親は笑い、バリーと素手を使ったゲームをして遊んでいる恋人のほうをちらっと眺めてから、他の子どもたちがかんしゃくを起こすだろうと答えた。

「お宅で、いちばん実権を握っているのは誰ですか」と、ブラック医師が尋ねる。

「私です」と、母親は答える。

「では、あなたが決めてください」と、医師は、母親をうまく誘導する。「テレビはお預け、と言ってください。ルールを作るのは、あなたにほかならないのです。できると思いますか」。

「やってみます」と、母親は従順に答える。

「どんなふうにやるか言ってみてください」。

あたかも教室で日課の復誦をするかのごとく、母親は、階下に行き夕食を取ってから二階に上がってテレビを見ると、期待どおりの答えを返す。ブラック医師は、指図を与えるだけでなく、無力感に陥っているかもしれない若い女性を力づけようとしているのであった。「最初は、お子さんたちが文句を言うかもしれません」と、医師は母親に言う。「そうしたら、どうしますか」。

そこで、恋人が答える。「文句を言わせておきます」。

「怒鳴りつけますか」と、医師が尋ねた。

「いいえ」と、恋人は答える。「子どもたちがビビッてしまいますから」。

「トライできそうですか」。

「やってみます」と、母親が請け負う。子どもたちが、「わめいたり、がなったりすることなく、テーブルに着いて食べる」ようになれば素晴らしいと、母親は話す。それから、「私も、もう一度学校に行こう」と、いくらか悲し気に言い足した。おそらく、彼女は、もう一度勉強する必要がある、今度は親になる方法を学ばねばならないと言いたかっただけかもしれない。あるいは、先生にしかられたときに味わった、ひどい気分を思い出したのだろうか。

モーリーン・ブラックの診療所は、栄養失調の子どもを持つ親との対話に少なからぬ努力を払っていた。子どもたちが食べ物を十分に食べなくなったせいで、親が気をもんだり、腹を立てたり、自己防衛的になったりすると、子どもは、心の中で、食事時間をみじめなものとしか感じなくなってしまう。ビデオテープで親子の様子を録画すると、食事時間というものが、坂を転げ落ちるような勢いで、またたく間に、敵対的でギスギスした時間となりうるのが見て取れる。家族との最初の会合では、いつも決まって部屋の中に三脚付きのビデオが置かれており、食べ物が運び込まれたあと、家族だけがその場に残り、子どもに食事を与える。「驚くようなことの連続です」と、ブラック医師は語る。「子どもを小突く母親もいれば、毒づいたり、無視したり、なだめすかしたりする母親もいます。子どもの面倒を熱心に見る母親もいますが」。その後、親にテープを見せながら、診療所のスタッフたちは、親をほめるための要素をなんとか探そうとする。しかし、ブラック医師は、多くの親が自分の行動にショックを受けることに気づいた。「テープで自分の姿を見て、泣き出す人たちがいます」。

ある録画セッションには、子どもが、かなり上手に食事をしていたのに、母親がだいなしにしてしまう様子が映っていた。詳細はこんな具合である——。幼い娘のキャシー(仮名)が、あごの高さまでくるテーブルに座っていた。一緒に座ってピザをつまんでいる母親は、「ほら、自分の分を食べなさい。食べなさい」と、娘に指図する。キャシーは、ひと切れのピザに手を伸ばし、非常にうまく食べ始めたものの、小さなかけらを落としてしまった。「ダメじゃない！」と、母親が娘をしかりとばした。「こんなに、ちらかしちゃって！　ちゃんと食べなさい！」しかし、キャシーは、空のスプーンを右手に持ち、左手でピザを持ち、しっかり食べていたのである。それにもかかわらず、母親からほめてもらえず、しかりつけられたのであった。キャシーが、食後までお預けとなっている、紙パック入りのチョコレート・ミルクに手を伸ばすと、母親が、その手をたたいた。「ダメ！　食べなさい！　食べなさい！」そこで、キャシーが、最初のひと切れを食べ終えずに別のひと切れをつかもうとすると、母親がどなった。「ダメ！　持っている分を食べるの！　それを食べるのよ！」

実のところ、キャシーは、静かに、かつうれしそうに食べていたのであるが、何度もしかられているうちに耐え切れなくなり、ついに泣き出してしまう。母親は娘にピザをふた切れ与え、事を収めようとしたものの、もう手後れであった。とげとげしい雰囲気のせいで、食事時間は、いっそう痛ましく不快なものとなり、キャシーは混乱状態に陥っていた。母親には、「キャシー！　シーッ！　シーッ！」と言うのが精一杯であった。キャシーは、カメラの目が届かない場所へと駆け寄り、母親が、その後を追う。平手打ちする音が聞こえ、女の子の叫び声が響く。「キャシー！　泣くのをやめなさい。シーッ！」と、母親が叫んだ。

のちのセッションでは、母親はやり方を変え、口出しをしなかった。キャシーは、チーズ・マカロニをスプーンですくい、フーフーと息を吹き掛けて冷まし、右手でスプーンを握りながら、実際は、おおかた左の素手で食べている。口の中に収まるマカロニはほんのわずかだったが、スプーンを使いこなすのも難しすぎる。空のスプーンは、食事の際のツールというよりもおもちゃと化していた。キャシーは、スプーンをなめてから、かじった。母親は、「食べなさい！」としか言わない。娘は、もう一度、スプーンでマカロニをたっぷりすくったが、口に入れるには多すぎる量である。そこで、左手で、スプーンの上のマカロニを一本つまんだところ、残りが器の中に落ちてしまった。何が起こっているのかを母親が察してさえいれば、この孤軍奮闘している女の子も、救われたかもしれない。しかし、実際のところ、母親は、娘の様子を観察することなく、ただ座っているだけに見えた。キャシーがとうとう紙パックのチョコレート・ミルクに手を伸ばすと、母親は娘を手伝い、ストローを差してやった。

別のビデオには、この診療所で「独裁者」と呼ばれている別の母親が、よちよち歩きの男児をスプーンで小突きながら、感じの悪い声で、「食べなさい！　さあ、食べるのよ！　食べなさいってば、食べるの！」としゃべる姿が映し出されている。母親は、子どもにスプーンを渡したが、息子は、それで遊んでいるだけである。母親が、息子からスプーンを手荒に取り上げると、子どもは体をよじらせ、イスから落ちそうになった。母親は、彼の両手首をつかんでグイと引き寄せ、その両腕を頭上に持ち上げて、息子をイスの上に引き上げる。彼女が、子どもの手をピシャリとはたいたので、彼が泣き出す。それから、息子は、ひとさじの食べ物を母親から無理やり口に突っ込まれそうになり、世にもおぞましい大声を上げて泣き始めた。

「好き嫌いを言わないで食べるのよ！」と、母親が厳しい口調で言う。そして、彼女は、子どもの頬をたたき、繰り返しスプーンを口の中に入れようとする。そのたびに息子が顔をそむけるので、彼女は、片手で息子の頭をつかんでよじり、もう一方の手で、食べ物を口に押し込もうとした。息子は、再度、イスから滑り下り、テーブルの下に潜り込む。それから、母親に腕をつかんで引っ張り出されると、大声で泣きわめいた。最後に、母親は、息子の涙を荒々しくふき取ったのであった。

栄養失調と脳の発達

成長・栄養診療所は、もう何年も前から、この男の子を診察していた。彼は六番目に生まれた子どもであり、母親は、九年生まで終えた時点でドロップアウトしたシングルマザーで、現在、生活保護を受けている。彼女がパニック状態に陥っているのは、明らかであった。少年の医療記録には、生後六か月から体重が減り始めたと記されている。彼の体重は、八歳のとき、年間を通して、同年齢の全児童の下位五%以下の範囲に属していた。テスト結果によれば、彼の認知能力は正常以下であり、二年生の時点で、数学と読解の能力に約一年分の遅れが見られた。

栄養失調が脳の発達と身体的健康に与えるダメージは、発見しにくいものである。というのも、通常、警鐘となる発育の遅れが認められたときには、すでに脳や体に損傷が生じているからである。「実際に成長が止まってしまった子どもの記録には、食事を抜かしたという話が、何度も何度も繰り返し出てきます」と、デボラ・フランク医師は話す。「でも、飢え、つまり、不本意にも食べ物を手にできないために生じる影響は、発育においてよりも、健康・行動面で先に現れることが判明しています」。あるいは、発育面では、なんの影響も見られないことさえある。体のサイズを維持できるだけのタンパク質やカロリーを与えられても、「食品の質を表す微量栄養素、たとえば、鉄分や亜鉛など、免疫機能や学習能力をはじめとする種種の機能に影響を及ぼす栄養素」の欠乏により、子どもがダメージを被る場合もあるのである。

飢えで感覚が鈍るだけでも、子ども時代の学習の妨げとなる。二日以上にわたって十分な食事をとらなかったことがある人なら誰もが認めるように、飢餓状態になると集中力が落ちる。空腹感に襲われた人は、無気力で軽率になり、強迫観念にとりつかれ、食べ物と関係ない事柄を頭から一掃してしまう。私自身、海兵隊が運営しているサバイバル・スクールに海軍から派遣されたとき、これを経験した。二、三日間、森の中で食べ物を探しあさった後、精気を失い、食以外のことは、ほとんど考えないようになった。政治も文学も、同じサバイバル・クラスの仲間たちの面白い個性さえも、どうでもよくなった。クラスメートに関して唯一気にかかることといえば、彼らが、食べものを獲得する私の能力のプラスになるか、マイナスになるかということだけであった。本を読む気になどさらさらならなかったのは、確かである。学校の教師たちは、教室で、これと同じようなことを目にしている。お粗末な食事しかしていない子どもたちは、勉強に集中できないのである。ワシントンのダンバー高校には、腹をすかしている生徒たちに投げ与えることができるようにと、グラノーラ・バー〔オート麦などの穀類、ナッツ、ドライフルーツなどを混ぜ合わせて焼き、細長いバー状にしたスナック〕をいつも用意している男性英語教師がいた。「勉強は、本人のやる気があって初めてできるものなんです」と、フランク医師は語る。「まずは、しっかり食事をとり、暖かく、安全な環境に身を置くことです」。

こうした一連の病理的現象を一掃するのは、たやすいことではない。「栄養失調は、人間の免疫システムの非常に重要な部分を弱めてしまいます」と、医師は説明する。「体の防壁、つまり、粘膜や皮膚のような部分の守りを弱めることに加え、ウイルスと戦う免疫である、いわゆる細胞性免疫も損ねます。また、呼吸器と消化器官の内壁を覆っている免疫グロブリンの分泌も妨げるのです。そして、次のような話になるわけです――。どんな家庭のどんな子どもにも言えることですが、小さな子が病気になれば、体重が減りますよね。気分が悪くなって吐いたり、下痢をしたり、熱が出ます。熱のせいで、新陳代謝率が上がり、より多くのカロリーを消費するからです。子ども時代にかかる、本当にありきたりの病気……耳の感染症にしろ、ウイルス性の胃腸障害にしろ、子どもの間ではやっている病気にかかれば、どんな家の子でも、一ポンド〔約四五〇グラム〕から二ポンド〔約九〇〇グラム〕くらいはやせるものなのです。でも、私やあなたのような家庭の子どもなら、流行性の胃腸不良や耳の感染症にかかっても、回復すれば、お腹が減って、普段よりも余計に食べるようになるのです。親のほうも、どんな物でも、二杯、三杯とお代わりをさせて食べさせますよね。そして、二、三日もすれば、そうした子どもたちは元の状態に戻り、免疫機能も通常に働くようになります」。

「でも、私たちのもとに通ってくる家族で、いったん子どもがなんらかの障害を被ってしまうと（そして、それが、必ずしも珍しい病気のせいではなく、子どもの間で流行しているような、ありきたりの病気のせいであっても）、それをケアするだけの余裕がまったくなくなってしまうのです」。とりわけ食費を使い果たした月末や、学校のランチに頼れない休みの時期には、そうである。「障害が不動のものとなり、穴埋めできなくなるのです。そうすると、その赤ちゃん、あるいは、子どもであれ誰であれ、その人は、新たな感染症に侵されやすくなり、さらに脆弱になってしまいます。通常、第三世界で栄養失調の子どもの命を奪うのは、感染症なのです。栄養失調の子どもにとっては、はしかのような伝染病が、まったくの命取りになってしまうのです」。

アメリカにおいて、栄養失調発生率を測るのは困難である。国勢調査局では、農務省から依頼を受け、毎年「食料不足」についての電話調査を実施している。しかし、調査結果は回答者の主観的な自己報告に依存しており、貧困のあまり電話も持てない世帯は、調査対象に入っていない。フランク医師が考えるところによると、この調査は、問題を控えめにしか浮き彫りにしていないという。五万世帯の家族を対象にした同調査結果に基づく研究によれば、全米世帯の三・五％に当たる三八〇万世帯では、二〇〇二年中のある時期に、少なくとも家族の一人が飢えを経験したという。これらの世帯をはじめ、一二一〇万もの世帯（アメリカの全人口の一一・一％に相当）が、十分な食費を確保できるかどうか定かでないと報告したため、「食料不足」の状態にあるとみなされた(1)。同調査は、食料の質ではなく、量が十分かどうかを調べるためのものであった。ゆえに、自分たちを「食料不足」とは考えていなくとも、健康な脳の発達にとって死活的といえる栄養を欠いた子どものいる多数の家族が、統計から抜け落ちた可能性がある。肥満症の問題が悪化していることから見ても、健康に悪い食べ物をたくさん摂取することは助けにならない。

過去数十年にわたり、脳の科学的理解が進むにつれて、栄養失調が引き起こす脳のダメージについても、研究が進んでいる。その重大な例の一つに、鉄分の不足が挙げられる。いくつかの陰鬱な研究結果によれば、幼児期にひどい鉄分不足を経験した子どもは、のちに不足が解消されても、脳機能の遅れを取り戻せないという。彼らは、青年期になっても、「算数の学力試験や作文、運動機能、そして、空間記憶と選択的回想といった特定の認識プロセス」能力において劣ったままである。子どもの発育研究に関する資料を集めた、全米科学アカデミーの長大な報告書『ニューロンから近隣コミュニティまで』によれば、教師たちは、また、そうした子どもたちが「より強い不安感や抑うつ感、対人問題、集中力欠如」などの問題を示すのを目にするという。鉄分は、脳の発達における多くの点において不可欠なものである。その主要点とは、大きさから見た脳の発育や髄鞘《ずいしょう》（神経繊維を取り巻く脂肪性の絶縁膜）の形成などであり、髄鞘の形成により、脳の刺激伝導細胞であるニューロン間のインパルス伝達が促進される。脳の成長にとって、最も注意を要する時期は、妊娠後期、つまり最後の三か月間と、生後二年間である。このため、子どもがいつ栄養不足に陥るかによって、どのような知的能力にダメージが及ぶかが決まってくる。もっと早い時期、すなわち、妊娠四か月から六か月の中期に栄養不足が生じると、ニューロンの形成を減じかねない。七か月から臨月までの妊娠後期に栄養不足が起こると、ニューロンの成熟が遅れ、神経膠《こう》、つまり、グリアと呼ばれる分枝状細胞の生成が阻まれる。(2)

早産は、脳に「生物学的な障害」を生じかねず、黒人、および貧しい母親・子どもに、とびぬけて大きな影響を及ぼしている。一部の科学者は、早産を遺伝的な要因と結びつける。また、白人女性よりも黒人女性の間で早産の発生数が高く、その結果、黒人乳幼児の死亡率が白人より二・四倍も高くなっているのは、母体の健康における人種間格差——お粗末な医療や栄養失調、未治療の膣感染症など——が第一の原因らしいと考える科学者もいる。(3)新生児集中治療が進歩したおかげで、標準体重に達しない未熟児の生存率は上昇しているが、早産は、盲目や聾唖《ろうあ》、認知障害など、生涯にわたるハンディキャップを引き起こすという深刻な結果にもつながりかねない。そうした未熟児の赤ん坊は、脳出血を起こしたり、血中のブドウ糖が不足したり、脳の成長に不可欠な子宮内の特定の栄養素・酸を生成できなかったり、といった危険に直面する。(4)バリー・ズッカーマン医師とロバート・カーン医師が書くところによると、「脳性麻痺の子どもたちの約三分の一、および、精神発達遅滞の子どもたちの一〇％は、出生時の体重が非常に軽かった子どもたちだとみなされている」という。(5)『ニューロンから近隣コミュニティまで』によれば、精神発達遅滞を招かない軽症の脳出血でさえ、「（行動・集中力における問題や記憶障害など）軽度のハンディキャップをもたらす危険性を高める」。「新たなデータがはっきり示すところによると、胎児の脳は、子宮内で、妊娠期の最後まで独自の方法で発達し続けるが、妊娠が早期で終結することにより、その発達が中断され、その結果、子どもに行動上の影響を及ぼす」。未熟児だった幼児は、「認知発達のあらゆる局面で、月が満ちて生まれた幼児に追いつくとは想定できない」と見る研究者もいる(6)。

極度のストレスがもたらすもの

私の日曜学校の先生は、哲学の教授でもあった。ある時、彼は授業で、ランプを指差し、ランプにどうしてもできないことは何かと質問した。私たち生徒は、歩くこと、話すこと、自分で電球を取り替えることなど、明白な答えをいくつか挙げた。しかし、彼が求めていた答えは、そのどれでもなかった。先生によると、ランプには、自分がどのような仕組みで動いているのか、理解する術がないのだという。彼は、しばらくの間、私たちに考える時間を与えた後、こう続けた。私たち人間も、自分たちの体がどのような仕組みで作動しているのか、完全に把握するのは不可能である、と。頭脳、および、それにまつわる驚異はすべて、私たちが完全に理解できるようなものではなく、これからもずっとそうであろうと、先生は語った。

この話は、四〇年以上も前のことである。磁気共鳴画像法（ＭＲＩ）や陽電子放射断層法（ＰＥＴ）を使って脳を調べるような現在のハイテク機器時代よりも、はるか以前の話である。こうした機器をはじめとする多くのツールを武器に急速に台頭してきた神経生物学・行動研究分野では、人間を使ったテストや、サルやネズミの脳による実験を通し、意義のある発見がなされている。しかし、私の日曜学校の先生が言ったことは、今でも大筋のところで正しいと言えよう。人間の脳は、今も、ほとんど知られざる広大なフロンティアのままなのである。とはいえ、新しく発見された知識から新たな議論が生まれており、それは、貧困層にとって、深刻で重苦しい意味を持つ。その新たな議論とは、低所得層が置かれた困難な生活条件、また、病気やストレスにさらされやすいという状況が、彼らの脳そのものに影響を及ぼしているのではないかと見られ始めたことである。大勢の科学者やさまざまな学問領域の研究者たちは、生物学と経験の間に、また、遺伝と環境の間に、それぞれ確固たる境界線が存在するとは、もはや考えない。小児科医であり、ブランダイス大学社会政策・経営大学院ヘラー校の学部長でもあるジャック・ションコフが語るように、そうした二分法はほぼ消滅し、「生まれと育ち」の相互作用に導かれた精神と感情の発達という、全体論的な概念に取って代わられている。「経験、すなわち環境が結果に対していかに決定的な力を持つかについて行動科学者たちが唱えるのを、私たちはこれまで耳にしてきました」と、彼は言う。「今、聞こえてくるのは、いかなる遺伝子も、環境の影響を受けることなく作用することはないという、分子生物学者たちの主張です。要するに、遺伝子も不変ではないというわけです。遺伝子は素因であって、環境に呼応して変わるはずである、と」。

この見解に基づくと、生命の要素は、複雑な網の目のように絡み合っていることになる。それぞれの要素が、互いにいかに無関係に思えるとしても、ほとんどつながっていないかのように見える糸と糸を手繰りよせて影響し合うことなしに、大きな変化が生じるものは何一つない。食事と学習、住居と健康、母親による初期段階での子育てと、子どものその後の頭の働き——どれをとっても、それぞれ二つの要素の間には関連性がある。子どもの知性・行動上の発達に関する先進的な研究により、こうした複雑に入り組んだ網の目のような関係が、時には顕微鏡的で細かい研究室での作業を通して、時には大胆な体系的観察を通して、明らかにされつつある。ただし、こうした発見の多くには、注意書きがついている。精神的トラウマを与えたり、水や食料を与えなかったりする実験を人間に行うことは倫理的に不可能なため、「私たちが脳の研究から学んだと称しているものの多くは、人間以外の動物——ネズミと霊長類——を実験台にして得たものです」と、ションコフ医師は指摘する。「推論は可能です。でも、(ヒトの)脳の発達を研究するのとまったく同じであるとは言えません。ヒトの脳は、ネズミの脳とは違いますし、アカゲザルの脳とも違うのですから」。

それにもかかわらず、ヒトの脳の生物学的発達は、ある程度、早期の学習経験の結果によるものであると考えられている。出生時に約五〇兆あるシナプス(神経インパルスが通過する接合部)は、三歳でピークに達し、一〇〇〇兆まで増え、一五歳までに半減する。こうした「剪定《せんてい》」と呼ばれる現象は、一部の科学者が「使うか、さもなくば失うか」と呼ぶ、自然のプロセスの一部である。大ざっぱな言い方をすれば、実行されない作業や使われない機能は不要とみなされ、脳がそれに適応するということかもしれない。たとえば、生後二年間は、脳はあらゆる言語のあらゆる音を聞き分けることができるが、

二、三年間、特定の言語にさらされると、聞いたり使ったりしない音を認識する能力が失われてしまう。「このように、子どもの経験が子どもの脳を形作るのです。彫刻家が、大きな石の塊から複雑な形の彫刻を作り上げるように」と、ズッカーマン、カーンの両医師は記す。「しかし、神経網のそうした「可塑性《かそ》」は、永遠に続くわけではない(7)」。もちろん、脳は石から彫られた彫刻ではなく、その能力は青年期以降も発達し続けるので、前出のたとえは完璧なものとは言えない。とはいえ、初期段階における親子間のコミュニケーションは、以下に挙げる例のように、生涯にわたって影響を及ぼしうる。

午前三時に夜泣きする生後二か月の乳児を例にとって説明しよう。ズッカーマン医師とカーン医師は、次のような二つのシナリオを提供している。まず、ジョンの場合。母親はジョンを抱き上げてから、「自分の体に引き付け、揺すりながら、あやし、お腹がすいているのねと、話しかける」。「赤ん坊は、約三〇分間、お乳を飲む。ジョンが、時折休みながら母親の目を見ると、彼女はそれにこたえ、赤ん坊に静かに語りかける。それから、揺りかごに彼を寝かせ、キスをして、ブランケットを掛ける。その間に、ジョンは、ゆっくりと知らず知らずのうちに眠りに落ちる」。この赤ん坊は、「原因と結果について学んでいる」と、二人の医師は記す。「日々の生活で接する大人たちは信頼に値し、挫折したり、困ったりしたときには、助けを当てにすることができる存在だということを学ぶのです」。

別の生後二か月の乳児、ショーンは、ジョンとは違う扱いを母親から受ける。ショーンの母親は、「夫婦げんかの後に寝付いたばかりである」。「ベッドから起き上がるのは楽なことではなく、母親は、「ちょっと待って、ちょっと待って。今、行くわよ」と、息子に叫ぶ。彼女は、赤ん坊を荒っぽく抱き上げ、胸に押し付ける。夫とのけんかを思い起こし、その目は、じっと前を見つめるばかりである……。ショーンは、母親のピリピリした雰囲気に反応し、不安げに身をよじらせたり、こわばらせたりする。そして、しまいには、体を弓なりにそらせ、母親の胸から身を引き離して泣く。母親のほうも、それに呼応し、「飲みたくないのね。いいわ。じゃ、飲まなきゃいいでしょ」と、赤ん坊に言う。それから、まだお腹がいっぱいになっていない赤ん坊を揺りかごに戻し、「静かにしなさい。静かにしなさいってば」と叫びながら、ベッドに戻る」。ズッカーマン医師とカーン医師が見るところによると、ショーンがここで学ぶのは、「誰かから手で触られ、抱かれるのは、不愉快で嫌な気分を招きかねない」ことであり、「お腹がすいて泣くと、きつい口調で手荒に扱われるだけで、ニーズは完全に満たされない」ということである。「この赤ちゃんは、用心深くなり、他人に対して疑い深くなることを学ぶ。ショーンにとっては、原因と結果の学習自体にさえ、それがもたらす否定的な感情ゆえに、汚点が付いてしまう。一方、ジョンのほうは、脳の回路において、原因と結果の学習が喜びへと結びつくので、学習への愛着が育つかもしれない」[8]。

ここでは、また、親子間の相互関係も介在してくる。母親のほうも、赤ん坊が抱かれても喜ばず、素直に反応しないことを知り、その結果、優しさが減じてしまう。子どもの行動と育児スタイルは、互いに影響し合うのである。『ニューロンから近隣コミュニティまで』で報告されている研究要旨によれば、「緊密な愛情」という感覚を持ち合わせている子どもは、よりよい育児を親から引き出す。「要するに、そうした子どもたちは、親の指示や指導、教えに対する受容性に富んでいるので、親のほうは、よりきめ細かな育児を施すようになり、ほぼ間違いなく、緊密な愛情を子どもに抱くようになるのである」[9]。母親の抑うつ症も、同様の相互関係サイクルを生み出しかねない。母親がしかるべき育児をしないため、子どもは母親に反応しないので、母親の抑うつ状態が悪化するのである。「うつ状態にある母親は、自発性よりも不幸な感情をより多く示し、声を出すことが少なく、生後四か月のわが子に触ることも少なくなる」と、スティーブン・パーカー医師と同僚たちは、一九八八年の論文で発表している。「こうした乳児たちは、母親に向かって声を発したり、うれしさを表現したりすることが、すでに少なくなっていた」[10]。いくつかの研究によれば、子どもたちの認知行動にも影響が生じかねないという。たとえば、三歳のときに母親がうつ病にかかっていた八歳児たちの間では、読解能力の遅れが見られた[11]。

こうしたメカニズムの研究を専門とする生物学の分野は、いまだに十分な理解がなされていない領域といえるが、その大ざっぱな輪郭は明らかになりつつある。そして、その研究は、主に恐怖と不安によって誘発される神経化学的な変化に関する動物リサーチに基づいている。そのうちの研究の一つは、コルチゾール——危険やストレスによって増加するステロイドホルモンの一つ——に着目したものである。コルチゾールは、多数の「化学的メッセンジャー」のうちの一つであり、神経細胞内などにある受容体を通して、脳機能に影響を及ぼす。『ニューロンから近隣コミュニティまで』によると、コルチゾールは、「体内に貯蔵されているタンパク質の解体を助け、体が消費するためのエネルギーを放出する」という。また、「免疫システムを抑制し、肉体的成長を抑える。そして、感情や記憶をはじめとする、脳機能の多くの局面に影響をもたらす」。

極度のストレス――あるいは、それに相当する化学的状態――にさらされると、ストレスが取り除かれた後も、コルチゾールの分泌量は増加したままであることを示す証拠が挙がっている。コルチゾールを長期間にわたって大量投与されたサルや、ネズミなどの齧歯《げっし》動物は、ストレスへの敏感さを増すとともに恐怖や不安の兆候をより強く示し、脅威が取り除かれた後も、そうした状態は完全に消え去らなかった。また、生後間もなく放ったらかしにされると、ストレスへの反応が強まった。一方、面倒を見ると不安が低下し、恐怖やストレスのシステムを「変造する」ので、大人になると、脅威の消滅とともに、不安は速やかに消え去る。(12)

人間を被験者にした数少ない研究のうちの一つでは、「ルーマニアの孤児院で極端な困窮状態にさらされた子どもたちは、軽度のストレスを経験した後も、コルチゾールのレベルが下がらず、その高コルチゾール値が、彼らの低い精神・運動能力や身体的成長の貧弱さと高度な相関関係にある」ことが発見されている。(13) また、別の研究によれば、人間の乳幼児は、困窮状態に置かれても、温かく面倒見のいい保護者と一緒にいると、ストレスが著しく高まることはないという。「これに引き換え、不安定な愛情関係にあると、脅威にさらされそうな状況に直面したとき、コルチゾール値が高まる」。(14) 精神的トラウマを抱え、ストレスへの反応を調整することができない親たちの間で見られる行動は、こうした生物学的要素からくるものかもしれない。

生物学的な解釈こそなされていなかったものの、ストレスが認知機能に及ぼすマイナスの影響については、はるか以前から知られている。一九八〇年代の研究要旨によれば、「子どもたちは、ストレス度の高い環境に置かれると、発育・行動上のさまざまな問題を引き起こす危険性が高まる。たとえば、生後八か月の発育テストでお粗末な成績を挙げたり、四歳で、低いＩＱを示したり、言語発達障害に陥ったり、といった具合である」。これには、階級もひと役買っている。社会・経済的地位が低く、高ストレスにさらされた家庭の学齢児童たちは、同様に高いストレスを受けている高収入の家庭の子どもたちよりも、「感情をうまく調節することができず、学校の頭痛のタネを増やしている」[15]。

この因果関係をたどるのは困難であり、IQを、結果よりも原因としてみなす研究者もいる。そのなかで最も注目に値するのは、リチャード・J・ハーンスタインとチャールズ・マリーである。彼らは、一九九四年の著作『ベル曲線――アメリカの生活における知性と階級構造』で、知性は、圧倒的に遺伝によるものだと論じている。彼らの見解では、IQが低い人々は、当然ながら、世の中であまりうまくやっていけないため、低層の社会・経済レベルに属し、IQの低い子どもを産み、その子どもは、同様のパターンを繰り返すことになる。ほかの研究者たちは、異なる社会・経済環境で別々に育てられた双子が、似たような能力・性格を持つようになることを発見している。しかし、こうした研究は、家族の環境の変化を長期間にわたって記録したり、子どもの早期における発育という非常に重要な時期に、その家族がどのような状況にあったかを特定するに足るほど、洗練されたレベルには達していない。たとえば、同家族で育った乳幼児が、後年になって引き離される場合のように、その双子も、初期の発育期間には、主要な経験を共にしていた可能性がある。

これとは逆に、「生まれと育ち」、すなわち、遺伝と環境との間に相乗効果が働くと考える見方もある。その見解のもとでは、人の無能力化を招く諸要因を伴う貧困と、認知障害の間に、強力な相互作用が生じることが強調されている。知性の程度にかかわらず、知性は次代へと受け継がれる――かなりの部分が遺伝することは間違いない――ものであるが、遺伝的な素因が個人の経験と相互作用を引き起こすことで、生物学的健康ばかりでなく、知的成功の度合いも、高まったり低まったりするものと見なされる。

こうした作用は、養子縁組された子どもたちの間で見て取れる。養子として育てられた子どもたちの多くが、生みの親よりも養親の知的レベルに準じたIQに近づくという結果が出ているのである。一九九九年の研究によれば、もともと六〇~八六のIQしかなかった子どもたちが、四歳から六歳の間に養子として引き取られた後、その数値が劇的に上昇したという。なかでも重要なことは、父親の職種によって表される、養親の社会・経済状態（ＳＥＳ）に伴って、その上昇幅が変化することである。一一歳から一八歳においては、ＳＥＳが最高である養親の子どもの数値は最大の伸びを示し、そのＩＱは一〇〇近くに達していた。ＳＥＳが中程度の養親を持つ子どもたちは、その次に大きな伸びを見せ、九三の数値を記録し、ＳＥＳが低レベルの親に引き取られた子どもたちは、その伸びが最も少なく、ＩＱは八五となっていた(16)。

この分析においては、知的、および行動上の障害を説明するに当たって、以下のように、生物学上の病気が例として使われている。つまり、無防備が重なり合うことで、身体的病気にかかりやすくなるのと同様に、貧困は、認知、また感情における障害を引き起こしかねないというのである。また、生物学的な脆弱さが、病気からの回復を阻むのと同じように、社会経済的ハンディキャップは、子ども時代の発育の足枷となりかねないともいう。過去二〇年ほどの間に、かつては相対立するものとして見られていた生物学的要素と環境的要素が、「危険因子と保護因子」から成る、一連の複雑な複合体の一部だと見なされるようになってきている。その因子には、感染症や栄養素、染色体に加え、愛や子育て、感情的安全性も含まれる。「貧困のなかで生きる子どもたちは……」と、ションコフ医師は語る。「とりわけ、社会的ストレスの蓄積という負担にさらされやすく、生物学的に無防備である度合いが高いため、周産期合併症や栄養失調といった危険因子の影響を受けやすいのです」。

安全な家を

危険因子と保護因子は、子ども自身、および環境双方のなかに混在している。「子ども自身において危険因子となりうるのは、持病のようなものや潜在的な脳の問題、生物学的、あるいは体質的な障害です。または、怒りっぽく頑固な気質も、そうですね。そうした気質は、子どもにリスクを負わせることになります。というのも、よほど気をつけないかぎり、養子として迎えられた家族から虐待されたり、無視されたりする恐れがあるからです。生物学的な要素がひと役買っていることは確かですが、性格が絡んでいる可能性もあります。もう一つの危険因子は、自分を妊娠させたクソったれ男を憎むシングルマザーから生まれた男の子に関するものです。母親が、その息子を目にすると、憎き父親を思い浮かべるという場合ですね。これは、先にお話しした例とは別の危険因子ですが、一方、保護因子は、プラスの結果を引き起こす見込みを高めます。そして、保護因子と肯定的な結果は、通常、合わせ鏡になっているのです。子ども自身において保護因子となるのは、優良な健康、気立てが良く、のんびりした気質、外見のよさなど。すなわち、自分に近しく大切な誰かをまさにほうふつさせてくれるような子ども、ということです」。

「環境面において……」と、ションコフ医師は続ける。「危険因子となるのは、貧困や経済的困難、環境内における暴力、大気中の鉛などです。つまり、それは、家庭内のストレスといった心理学的要素であることもあれば、環境内の毒素など、より物理的なものである場合もあります。こういったものが、環境内の危険因子と言えましょう。シングルで経験不足、パニック状態に陥っているような母親は、かなり有力な危険因子候補になります。でも、面倒見のいい祖母が同居していれば、経験の浅い母親という危険因子を緩和する、非常に強力な保護因子になりえます。環境内の保護因子とは、経済的に不安がなく安定した家庭、その子を熱愛する大人が一人以上おり、子どもに心から尽くしていること、また、幼い子どものいる家庭をしっかりサポートしてくれる隣近所の人たち、などです」。

ションコフ医師がこれまで考えてきたところによると、貧しい子どもたちは、裕福な子どもたちよりも、さまざまな病気、とりわけ軽度の精神発達遅延に陥りやすいという。その証拠は、議論の余地がないほど確かなものである。重度の発達遅延は、あらゆるレベルの経済階層を通して同じ割合で起こるが、軽度の発達遅延は、世帯収入が下降するにつれて多く見られることが、複数の研究によって明らかになっている。しかし、その理由については、さほど明確になっていない。

「ことが貧困と精神発達遅延の間の関係となると、どのようなメカニズムが働いているのか、解き明かされていないのです」と、ションコフ医師は説明する。「どのような遺伝子が働いているかもわかりませんし、どのような環境が引き金となっているかも判明していません」。とはいえ、環境的誘引があるのは確かだと、同医師は考えている。ある病気に対する遺伝的素因を有しているからといって、必ずしも病気になるわけではない。つまり、病気が引き起こされるには、その素因に外からの一撃が必要になることが多い。貧困のせいで軽度の精神発達遅延の発生率が高まることから、貧困のなかの何らかの要素が、発達遅延発生において重要な役割を果たしているに違いないと、彼は推論する。

精神発達遅延の要因として知られているのは、栄養不良や染色体異常、出生前後の感染症、また、妊娠中に母体が鉛やアルコール、コカイン、タバコなどに汚染されていたこと、「乳幼児・保護者間の相互作用が機能不全に陥っていること」、そして、「貧困、および、家庭の崩壊」であると、ションコフ医師は言う。性的虐待が要因になることもある。性的虐待が慢性的かつ極端な形で起こる場合、「脳に影響が生じるという確かな証拠が、発達・行動研究により、挙がっています」と、同医師は述べる。「そうした子どもたちは、感情における重度の問題を抱えていることがわかっています。そして、感情的な問題が生じているということは、子どもたちの脳に何かが起こったということなのです。なぜなら、感情にまつわることは、すべて脳で起こるからです。膵臓ではありません。行動・思考・感情面で起こることは、何もかもが、脳の中で起こっていることなのです」。

この分析は、キャロライン・ペインの娘であり、軽度の精神発達遅延を患っているアンバーに当てはまるかもしれない。彼女は、性的虐待の犠牲者であった。精神的トラウマのせいで、安全性によってもたらされる、かわいがられているという感覚が、この少女から奪われてしまった可能性がある。専門家たちの考えるところによると、その感覚は、脳の発達に影響を及ぼすという。とはいえ、そうした感覚の剝奪が、この子の精神発達遅延にどのような影響を及ぼしたのか、あるいは、そもそも本当に影響が生じたのかどうかは、明らかになっていない。「あらゆる種類の慢性的虐待と冷遇は……そして、とりわけ、他の理由から危機にさらされている恐れがある子どもに、それが降りかかった場合……」と、ションコフ医師は話す。「精神発達遅延が生じる主要な決定因子になるのです。こういったことすべてが積み重なると、能力の発達がリスクにさらされることがわかっています」。そして、軽度の精神発達遅延は、貧しくストレスの多い環境に置かれた子どもたちの間で発生する度合いが高いので、「ストレスが重要な要因であると、私たちは推論しています」。

アンバーの脳に生じたダメージの原因は、医師団の手で徹底的に調査されたわけではないので、彼女の家庭の貧困との間に確固たるつながりがあるかどうかも、確認できていない。妊娠中、母、キャロラインの食生活はお粗末であった。キャロラインが稼いでいた賃金は微々たるものであったし、夫は失業中だったので、食費を切り詰めていたのである。もっとも彼女は、後年になってからも、ジャンクフードとコーヒーという悪習にはまっていたのであるが。キャロラインは、また妊娠中も喫煙しており、そのせいで、胎児の脳に害が生じていた。彼らの古ぼけた住まいは、何年間もペンキが塗り替えられておらず、古いペンキの断片やちりが空中に飛び交い、その中に鉛が含まれていた恐れがある。

貧困と健康の間のこうした複雑な結びつきには、極めて重要な意味合いが包含されている。それは、医学の領分をはるかに超えた危険因子を減じることなく、医師たちが、ある種の病気をきちんと治療することは不可能だということである。食料切符と生活保護小切手を患者の家族に確保しなければ、子どもの栄養失調を解決できないこともある。子どもの住居を改善することなしに、その子の喘息に完璧に対処することは不可能かもしれない。バリー・ズッカーマン医師が、ボストン医療センター小児科部門のスタッフとして弁護士を複数雇っているのは、こうした理由による。同医師いわく、この弁護士たちは、「予防医学を実践している」という。

ズッカーマン医師は、疲れた感じのする男性だが、問題の一部のみを語ることは決してしない革新的な人物である。何年か前、読解力の低い子どもたちが多数診療所を訪れているのを目にし、ズッカーマン医師と同僚たちは、自分自身の子どもたちの書棚から古本を持ち出し、待合室に置くことにした。しかし、ほどなくして、子どもたちが本を盗んで家に持ち帰るため、本がなくなり始めた。同僚の一人は腹を立て、待合室に本を提供するのはもうやめると不平を述べたが、ズッカーマン医師は、盗っ人である子どもたちに対し、もっと満足げな反応を示した。「でも、これはいいことかもしれないですよ、と言ったんです」と、同医師は、当時を思い出して語る。「子どもたちの家に本があるんですから、って」。それから、彼は、冗談めかして、こう言った。「子どもたちに、あの本を寄贈すべきですよ」。この冗談がもとで、「救いの手を差し伸べよう、そして、本を読もう」という全国的プログラムが誕生した。このプログラムは、全米六〇〇の診療所の賛助を得て、そこを訪れるすべての子どもに本を一冊贈るというものである。「実のところ」と、ズッカーマン医師は断言する。「神に誓って言いますが、子どもたちは、ロリポップをもらうよりも、本をもらうときのほうが、うれしそうに笑うんです」。

診療所で、ズッカーマン医師は、患者の貧困と、ボストンの悪化していくスラム地区がもたらす影響とに対峙している。「耳の感染症にかかった子どもたちに抗生物質を処方しながら、がっかりしました。その子たちは、自宅から放り出されたり、冬にもかかわらず、家に燃料がまったくなかったりするのです」と、彼は言う。「私にできる唯一の支援活動といえば、人々に向かって、がなり立てることだけでした。そして、しかるべき相手の電話番号が手に入らない場合は、自分で大声を上げて、気を晴らすしかありませんでした」。

小児科医からひと声怒鳴られれば、家主は感じ入って行動を起こすだろうとお考えかもしれないが、診療所の医師たちの経験では、そうはならない。しかし、弁護士が電話すれば、話は違ってくる。「喘息もちで、ステロイド投与に頼っており、学校にも行けない子がいました」と、ズッカーマン医師は語る。看護師が一人、その子のアパートへと派遣された。「母親は、ほこりを払ったり、カーテンの一部を外したり、それなりに、できることはやっていました。でも、その家のカーペットは、床面いっぱいに敷き詰められており、水漏れしていたため、家の中が、じめじめと湿っていたんです。医者ではらちが明かなかったので、うちの診療所の弁護士が、その家の家主と二度にわたって話し合いました。そうしたら、二度目の交渉の後、家主は水漏れを修理し、床一面のカーペットをはがしたんですよ。四、五週間後には、その子はステロイドが不要になり、学校に戻りました」。言い方を変えれば、「私は、医者に払うべき人件費を、弁護士に使っているのです」と、同医師は話す。「というのも、患者の治療を心から真剣に考えているからです。このような環境のもとでは、弁護士に患者の面倒を見てもらう必要があるのです。悲しい真実ですが、弁護士たちの部署が、今、診療所で最も急成長しているセクションなんですよ。最初は一人しか弁護士がいなかったのですが、今では三人おり、法律専門の学生たちも、わんさといます」。言うまでもなく、弁護士たちにかかる人件費などは、医療保険の対象外である。ゆえに、そうした資金の大半は、財団の助成金や個人からの寄付金によってまかなわれている。

劣悪な住宅は、肉体的な病を引き起こす培養器となる。一九七八年、住居用のペイントに含鉛ペンキの使用が連邦法で禁じられる以前に塗られた古いペンキは、はがれて、ほこりとなり、子どもたちの肺に浸入し、その体を汚染する。むき出しの配線は、けがのもとである。暖房炉がうまく作動しないため、住人がキッチンのガスをつけっぱなしにしたり、灯油ヒーターを使ったりすることで、火事が発生する。狭い場所に押し合いへし合い住むことは、けんかとストレスのタネをつくり、「ストレス」は喘息の「誘引となることがわかっている」と、ボストン大学医学大学院の小児科特別研究員、ミーガン・サンデル医師は言う。同医師は、住居と健康の関係を研究してきた。風通しの悪さと、危険な通りという環境が相まって、子どもたちは、不健康な空気が満ち満ちたアパートの室内に閉じこめられてしまう。

現在のところ、あらゆる社会経済グループを通じ、アメリカ人の子どもの八％が、喘息に苦しんでいるが、スラム街の黒人の子どもに限ると一二〜一五％の数値となっており、[17]特定の貧困地区では、さらに高い割合になっている。喘息の遺伝的素因を持つ子どもにとっては、「アレルギーの誘引が、家の中にたくさんあるのです」と、サンデル医師は語る。カビやチリダニ、ゴキブリの表皮がはがれて粉々になったものなどの抗原にさらされると、体の防御機能が過剰反応する。「こういった抗原を吸い込むと、肺が刺激されて、次に挙げるような二つのことが起こります」と、サンデル医師は説明する。「一つは、文字どおり、肺自体の筋肉が収縮することです。そして、そのせいで、腫脹《しゅちょう》が生じるのです。うるしを触ったときに、肌がはれ上がってかゆくなるのと似たようなことが、肺の中で起こるわけです」。呼吸障害を招く、こうした喘息の症状は、通常、吸入器を使った投薬で抑えることができるとはいえ、結果的に、入院して学校を何日も休まざるをえなくなる。

喘息の子どもを持つ大勢の両親は、医者がわざわざ教えてくれないことから、喘息の誘因について知らずにいる。ノースカロライナ州アイバンホー市で生活苦と闘うメキシコ人農場労働者、バルタザール一家も例外ではない。彼らの小さな木造家屋にはゴキブリが巣くっていたが、父親のアグスチンと二人の子どもたちに喘息の治療を施した専門医は、彼らの住環境について尋ねることはいっさいなく、ゴキブリが誘因になることにもまったく触れずじまいであった。アグスチンによると、一度、喘息に関する集会に来ないかと、その専門家から招待されたという。「来れば、喘息用の医療機器をもらえると言われたんですが、行けませんでした。一五ドルの参加費を払わなければならなかったからです」。

ほとんどの医者は、手に余る問題にクビを突っ込もうとしないものだが、ボストン医療センターは、対処療法のみに焦点を絞った、そうした視野の狭すぎる治療に背を向けてきた。このセンターでは、弁護士やソーシャル・ワーカーの助けを得られることがわかっているので、小児科医と救命救急室のスタッフは、通常よりも幅広い事柄について質問する。「劣悪な住環境のもとで暮らす子どもたちに関する照会を数えきれないほど受けました」と、同センター小児科部門の弁護士、ジーン・ゾッターは言う。「子どもが喘息の発作でやって来ると、医師たちは、住居に関する質問を始めます。すると、家の壁にカビが生えていることがわかるのです。そこで、彼らは、子どもを帰宅させないようにします。医師たちは、子どもを入院させたがり、医療保険業者に対し、入院の必要性を主張します。というのも、子どもを家に戻すと、症状を再発させる因子であるカビに、またさらされることになるからです」。保険業者は、喘息が住居のせいであることを知れば、入院費を支払おうとはしないであろう。

弁護士が電話すれば、通常、公共住宅局は、居住者を、カビが生えたアパートから他の公営住宅へと移動させるものだと、ゾッターは語る。また、彼女は民間住宅の家主も、強く押せば対応してくれることが多いともいう。しかし、時には、さらなる圧力をかけねばならないこともある。たとえば、要望書を書いたり、市の視察官を駆り出したり、法的手段に出ることをちらつかせたり、また、訴訟を起こすと脅かしたりすることもある。肺動脈弁狭窄《きょうさく》症にかかった生後九か月の男の子の場合が、そうであった。肺動脈弁狭窄症とは、心臓から肺への血流が妨げられる病気である。その子は手術を受けたものの、有毒性の煙と黒いちりを排出する暖房炉が自宅にあるせいで、危険な病状が続いていた。同じ界隈でつましく暮らしている家主は、「暖房炉を調べることさえ拒否した」と、ゾッターは言う。

彼女は、ボストンの、保護法を利用し、視察官を呼んで、家主が数多くの違反を犯している事実を指摘させた。公聴会が開かれたが、家主は出席しなかった。その後、一四日間の猶予付きで、暖房炉の取り替え、または修理を命じられたが、彼は何もしなかった。そこで、ゾッターが裁判に訴えると、家主は、自分で暖房炉を修理すると言い張った。彼女が異議を申し立てたにもかかわらず、判事は、家主に二週間の猶予を与え、修理を命じた。その後、ゾッターは裁判所に再出廷し、別の判事から、暖房炉の取り替え命令を勝ち取った。家主はついに折れたが、「全部で一か月半かかりました」と、彼女は言う。「その間、生後九か月の赤ん坊は、入退院を繰り返していたのです」。その五か月後、赤ん坊は感染症で死亡した。免疫システムがあれほど弱まっていなかったら、その男の赤ん坊は、おそらく感染症と闘えたことであろう。ゾッターは、損害賠償を求め、家主を告訴することも考えたが、暖房炉と赤ん坊の死との間に明確な因果関係が存在することを証明するのは、至難の業であった。母親は、打ちのめされ、腹を立てて、その家を出てしまった。

劣悪な住居から劣悪な健康へと続く道は、わかりやすく一直線に伸びているとはかぎらない。集中治療室(ICU)に入っていた、ある少女が、極度のネコ・アレルギーだったことを、ミーガン・サンデルは覚えている。彼女の家族はネコを飼っていた。「家族にこう言ったんです。「ネコをどこかにやらなければなりません。お子さんは、紛れもないネコ・アレルギーです。彼女がこんなにひどい喘息の発作を起こしたのも、一つにはそれが原因だと思います」とね」と、サンデルは当時を振り返る。「すると、両親は私をじっと見つめて言いました。「でも、ネコはネズミを殺しますから」って。住居に問題があるのは明らかでした。問題解決が、また別の問題を起こすという状態でした」。

サンデル医師と、同じく小児科医であるジョシュア・シャーフスタイン医師は、ある研究を実施し、住宅援助を受けることになった貧しい両親たちに、それまで住んでいた家が子どもたちの健康にどのような影響を及ぼしてきたかについて尋ねた。返ってきた答えには、「感情的に」という文字や「精神的に」いう文字が数多く躍っていた。あるインタビュー記録には、「心に余裕がない。家の中がうるさすぎて、子どもたちが宿題をすることができない」と記されている。「感情的に影響が生じている。家庭内暴力。そして、アパートはとても寒い」と、別の親は答えている。「感情的に。家族がいつも一緒にいられない」「精神的に。(街は犯罪が多いから)外に出て遊んだりすることができない」「精神的に。息子には自分の部屋が必要。でも、まだ私と一緒に寝るしかない」「精神的に。おじいちゃんがアルコール依存症で、叫び声を上げる。引っ越せば、ましになる。子どもが、おじいちゃんを怖がる必要がなくなるから。娘は精神的に病んでいる」。

子どもが被っている心理的被害への懸念を、親たちは最も多く口にすると、シャーフスタイン医師は語る。「本当は一緒に住みたくない友人や親類と同居している世帯が、たくさんあります。そして、親たちは寝室を子どもと共有せざるをえず、子どもたち用のスペースはありません。いつも騒々しいために、子どもたちは宿題をすることができないと言う親もいます。子どもたちは、始終泣いているか、「私の叔母を憎んでいる」と。家の中では、いつも、みんながけんかしているんです。家庭内で虐待された子どもたちについて、ずっとするような話を二つほど耳にしました」。

そのうえ、ネズミです。「子どもたちは、ネズミにおびえています」と、同医師は話す。「目覚めるとネズミが体の上に乗っていた経験から、眠ろうとしなくなり、学校の勉強に支障を来すようになった子どももいます」。その少年は、断ち切ることのできない悪循環に陥っている。貧困のせいで、健康と住まいの問題が発生する。劣悪な健康状態と住居が、認知能力の欠陥と学業上の問題を引き起こす。そして、教育面での失敗が貧困を招くのである。

家賃が高騰する住宅市場や低収入、不十分な政府援助などの状況を改善するうえで目指すべきは、ワーキング・プア世帯が不当にもずっと拒まれ続きてきた住宅補助金を、彼らに獲得してやることである。ボストン医療センター小児科部門の弁護士やソーシャル・ワーカーたちは、その目標に向けて腐心してきた。小児科に通院している多くの子どもたちは、食料切符や生活保護、「セクション８」プログラムの住宅バウチャー制度などの恩恵にあずかってしかるべきである。連邦政府が資金を提供している「セクション８」住宅バウチャーは、民間所有の住宅とアパートの家賃の少なくとも一部を支払うというものである。しかし、このプログラム用の資金と住宅が不足しているため、大半の地域で、順番待ちの長い名簿ができている。富裕層がより豊かになり、住宅費が高騰するなかで、ワーキング・プアは、住宅市場で家を探すこともできず、かといって財源不足の連邦・州住宅計画サービスも受けられずに、事実上、なす術がないまま置き去りにされている。

こうした住宅援助システムは、また福祉詐欺に悩まされいる。詐欺というのは、生活保護を不法に受給する人々のことではない。ケースワーカーなどの職員が、完全に受給資格のある家族に対してあの手この手で申請を思いとどまらせたり、なされた申請を却下したりすることのほうが、よりたちの悪い福祉詐欺である。彼らは、ワーキング・プアの母親に受付のデスクで二、三おざなりな質問をし、不当にも、申請用紙を彼女に渡すまいとする。どんな収入の人でも住宅援助の申請ができるという法規があるにもかかわらず。弁護士たちに言わせれば、これは巧妙な手口だという。というのも、依頼者がまだ申請を行っていなければ、弁護士といえども、介入できる余地はないからである。

福祉詐取を働く人々とは、カフカの小説に登場する迷路のように、終わりのない事務手続きシステムを構築する役人たちのことである。この手続きのせいで、食料切符やメディケイド、生活保護の受給者は、苦心して仕上げた仰々しい書類の山を積み上げ、仕事を休んで、政府の役人たちから浴びせられる手厳しい攻撃に延々と対処せねばならない。「依頼者のなかには、私よりも予定がびっちり詰まった手帳を抱えている人がいます」と、ボストン医療センター小児科診療所の弁護士、エレン・ロートンは語る。

生活保護を受け続けたいのなら、子どもが予防接種済みであり、通学していることを証明する書類を何通も提出しなければならない。食料切符をもらいたければ、給与明細書と納税申告書を送付する必要がある。仕事が欲しいのなら、まず子どもたちを預ける保育所が必要となるが、そのお金がない場合、保育所用のバウチャーが必要となり、バウチャーが欲しいならば、すでに働いていることを証明しなければならない。バウチャーを手に入れるには、複数の事務所に幾度となく出向く必要がある——もちろん、通常の営業時間内にである。このジレンマ状態にはまり込んだ、ある母親は、市内中の乳幼児向け保育所の順番待ち名簿に自分の名を連ねた。ところが、保育費の支払いを受けるには、まず仕事を見つけなければならないと、ケースワーカーに言われたのである。ロートンによると、そのケースワーカーは、こう言ったという。「保育所の順番待ち名簿に登録したのなら、仕事を見つけるために、子どもを預かってくれる人を探さなくてはなりませんよ」。

書類提出請求の一つ一つが、受給者を追い落とす機会へとつながる。というのも、彼らが、どれほど細心の注意を払って書類を出そうが、官僚主義に紛れて行方不明になってしまう書類があるように見えるからである。「先週も、こんな依頼者が訪ねてきました」と、ロートンは話す。「その女性は、福祉が打ち切られたということを、三種類の異なる方法で、三通の異なる通知書によって、知らされたのです。彼女が、ある（職業訓練）プログラムに参加したことを証明する書類を提出しなかったことが、打ち切り理由の一つだということでした。でも、彼女の話では、書類を出したのに、役所がなくしてしまったということらしいんです。まあ、それならそれでいいということで、再度、書類を出しました。それなのに、福祉打ち切りの通知が、また届いたのです。実のところ、その通知は、別のコンピュータ・システムを経由して発行されたものでした。だから、彼女は、職業訓練プログラムを欠席して、また新たな書類を受け取りにいき、役所にそれを提出しにいかなければなりませんでした。貧乏であるということは、フルタイム〔かかり切り〕の仕事をしているのと同じことなのです。本当にそうなんですよ」。

貧乏であるということは、また、さらなる不条理や矛盾を経験することでもある。ある母親は、喘息もちの子どもを有害な住環境のアパートからなんとかして連れ出そうとし、子どもの病気は住環境のせいだという手紙を小児科医に書いてもらった。ゾッターは言う、この手紙のおかげで、母親は建前上、緊急援助を受ける資格を得た、と。しかし、福祉当局の受付係は、この母親を三度にわたって追い返した。彼女にはすでに家があるのだから、ホームレスにならないかぎり、一時的なシェルター入居への申請すらできないというのである。母親は、資格を得るために、家を出てホームレスになろうかと真剣に考えた。弁護士は、ケースワーカーに対し、当局がやっていることは法律違反だと強力に訴えたが、「母親は、あきらめて、アトランタに引っ越していきました。福祉制度が助けになるとは思えない、という言葉を残して」。

こうした例のうち、弁護士の電話で問題が解決できるのは半分以下であると、ゾッターは推定する。診療所に通う子どもの母親が緊急食料切符の受給申請をはねつけられた、もう一つの例を挙げよう。「本当に低所得であれば、二四～四八時間以内に食料切符をもらうことができます」と、ゾッターは語る。「でも、当局は、申請者に本当に受給資格があるかどうか検証するのです。この母親は、申請を拒否されていました。ですから、私は、彼らに電話を入れ、言ったんです。これが彼女の収入であって、資産もないのだから、彼女には資格があるんです、申請させないわけにはいきませんよ、とね。それで、申請許可が下りました」。

弁護士が味方についている貧しい人々は、恵まれている。

第9章　夢　*Dreams*

でも貧しいので、僕には夢しかない。
だから、貴女の足下に僕の夢をひろげました、
そっと歩んでください、夢の上なんだから。

――ウィリアム・バトラー・イェーツ*

大いなる夢を抱く子どもたち

「大きくなったら……」と、一一歳のシャミカは言う。「弁護士になって、人を助けたいんです」。どんな人を？と私が尋ねると、「ホームレスの人たち」という答えが、少女の口からこぼれた。「小さい子たちを放っておけないでしょう。だから、ホームレスを助けたいんです」。シャミカは、六年生にふさわしい、希望に満ちた確信をのぞかせながら、きっぱりとした口調で言う。その輝く瞳からは、不可能なものなど何もないと、いまだ彼女が固く信じている様子がうかがえる。

シャミカが住む、荒廃したアナコスティア地区――大理石の記念碑が立ち並ぶワシントン中心部とは、汚れた川を挟んだ対岸にある――では、そうした子どものころの純粋なまなざしや精神が高校生になっても失われずにいることは、皆無に近い。高校に入るまでの間に、幼いころの視点やものの見方は、いつのまにか、くすんでしまう。あるいは、名声や富はアメフト競技場やバスケット・ゴールの下にある、という空想へとゆがめられてし

まうのである。

実際のところ、私が話をした、最貧困地域の中学校の生徒たちの誰もが、大学進学を望んでいる。彼らの親の中には、失業中の人もいれば、引越し作業や図書館の本の整理、庁舎の清掃で生計を立てている人もいる。スーパーや工場、老人ホーム、自動車修理工場、病院、理髪店で働いている親も多い。機械工や大工、電気技師やコンピュータ・オペレーターといった技能職に就いている人は、ごく少数である。自分たちの希望を実現するには、子どもたちのほとんどが、社会の教育・職業・収入の階段を何段も上がらねばならない。つまり、アメリカン・ドリームを地でいかなければならないのである。

シャミカと彼女の同級生五人のうち、三人が弁護士になることを夢見ていた。残りの二人のうち片方は、検眼士になりたいという。最後の一人であるロバートは、自分が「(会社の)社長か何か、あるいは、医者になって、オフィスで働く」姿を思い描いていた。彼の目標は、金を稼ぐ力を身に付けることである。「たとえば、家族が窮地に陥ったりしたら、駆けつけて、問題も解決できるような」と、彼は言う。会社を経営し、「ホームレスの人たちのところに行って、手を差し伸べ、お金をあげて、慈善活動などで援助するつもりです」。

アクロンの「オポチュニティ・パーク」(機会の公園)と呼ばれる貧困地域では、ある六年生のグループの子どもたちが、歌手や小児科医、警察官、看護師、ラッパー、機械工になることを夢見ていた。彼らの野心は、その若さゆえ、現実離れしたものである。建設作業員と美容師の両親の下に生まれたドミニクという少女は、「考古学者と小児科医」になりたいと言う。「同時に?」と、私は尋ねた。「いいえ。ある程度の年齢になったら考古学者になって、二〇代とか三〇代の、ちょっと若いときには、小児科医をやりたいんです」。

あるアクロンの中学校では、七年生の黒人生徒たちが、最も代表的な黒人の職業として知られるアメフト選手やバスケットボール選手、ラッパーを将来の希望として掲げる。一方、白人生徒たちは、芸術家や獣医、自動車整備士になりたいという。ドンという白人の男子生徒は、街の道路舗装の仕事に就きたい理由として、「給料がいいこと」を挙げた。ワシントンの二つの低所得地域では、私の質問に答えてくれた七年生のほぼ全員が黒人だったが、弁護士や写真家、フットボールやバスケットボールの選手、FBI捜査官、女性警察官、セールスマン、医者、ダンサー、コンピュータの専門家、建築家、芸術家になることを希望している。

八年生は、海洋生物学者やコンピュータ技師、科学者、建設作業員、弁護士、小児科医などを挙げた。彼らは、そうした職業の大人に偶然出会ったり、本やテレビを通して知ったりすることで、あこがれを持つようになる。時には真剣な気持ちを伴う場合もあるが、多くの場合、一時的な感情から、そうした考えに至る。すべての子どもたちについて統計をとれば、中には夢をかなえる子も見つかるだろうが、大多数の子どもたちにとっては、かなわぬ夢であろう。多くの生徒が高校を中退し、大学に進学するのは少数である。そして、大半が低賃金労働に甘んじることになる。

そうした子どもたちの大いなる夢を、C先生は冷笑する。彼女は、シャミカが通うワシントンの学校、パトリシア・R・ハリス教育センターで、一五年間歴史を教えているベテラン教師である。「あの子たちは、毎日、遅刻してくるし、一日おきに休むんです」と、C先生は嘲笑的に言う。彼女は黒人で、教え子もほとんどが黒人である。それゆえ、人種差別のとがめを受けることなく、子どもたちに対し、厳しく、かつ率直に接することができるのであった。「『二〇年後、何になっていると思う？』と生徒たちに聞くと、『医者になりたい』『バスケットボール選手がいい』『弁護士になりたい』『フットボール選手がいい』という答えが返ってきます。だから、こう言うんです。『アメフトチームがどのくらいあって、一チームに何人の選手がいると思っているの？　自分がそうなれるチャンスはどのくらいあると思う？　弁護士になるには、読解力が必要だってこと、わかってる？　医者になるには、数学の力と読む力が必要ってことも、わかってるの？　あなたたちには、夢をかなえるだけの力がありません。でも、努力しないといけません』」。彼女は、彼らの夢を踏みつけていた。しかも、そっとではなく。子どもたちに真実を話そうとしていたのである。「夢を持ってもらいたいけれど、夢を見る過程で現実も見てもらいたいのです」。

C先生をはじめとする多くの教師にとって、真実は、腹立たしい限りだった。「あの子たちは怠け者なんです」と、彼女は言う。「本を読みたがらないし、宿題もしません。彼らにとって、宿題は、楽じゃありません。生徒の多くは、家でかまってもらえないから、学校で、かまってほしいんです」。そのため、彼らは、気を引くために問題を起こす。自分の裁量で、ほうびや罰則を生徒に与えるのかどうか尋ねると、彼女は首を横に振った。「あの子たちは、通知表に落第点がついても、お構いなしなんです」と、彼女は言い切る。「どうでもいいんです。気にするのは、私たち教師のほうなんですよ」。

そうした教師と生徒の敵意の応酬に、シャミカは早くも巻き込まれていた。彼女は、かわいい女の子で、おしゃべりが好きだった。頭のてっぺんから結った、きれいな二本の三つ編みが、両耳を覆っている。その身だしなみからも、シャミカに対する母親の細やかな愛情がうかがえる。シャミカは、ひっきりなしにしゃべるので、ある日、担任教師は両親を呼び出し、彼女が授業中おしゃべりをしすぎると苦情を言った。それに対し、シャミカは、教師は自分をもう一人のシャミカと混同していると言い張った。だから、両親は、その教師をよく思っておらず、彼女自身も教師の評価など気にかけないようにしていると、シャミカは面白そうに話す。「先生からレポートを返してもらったけれど、偉そうなことを書かれたんです」と、その口調は冷ややかである。「ある単語を書き損なったら、先生は、偉そうに、こう書いてきたんです。「勉強しなきゃだめですよ、G-R-I-L」。〔GIRLを〕G-R-I-Lと綴ったんです。それなのに、通知表を返してもらったら、Dがついていたんですよ。「girl」のスペルも知らないくせに！」

基本的なものが欠けている

家庭と学校の険悪な関係に子どもたちが巻き込まれてしまうこともある。親の中には、ほとんど教育を受けていなかったり、仕事で忙しいために宿題を手伝ってやれなかったり、教師と面談する時間をとれなかったり、子どもたちを上手にサポートする術を知らなかったりする人もいる。悲惨な学校時代の思い出しか持っていないため——時には、かつて、子どもと同じ学校に通っていて——親になった今、学校を、避けるべき敵意に満ちた場所と考える人もいる。彼らが教師たちから聞く話には、よいことはほとんどない(大半の教師は、問題があるから親を呼び出すのであって、ほめるためではない)。そのために、教師との対話は、屈辱的で険悪なものとなりかねない。

どの社会・経済階級においても、親が学校とかかわる態度には、敵意や融和、協調、寛大さ、無関心など、さまざまなものが見られるが、下層階級の親は特定の問題に直面する。多くの貧しい親にとって、子どもへの愛情は心配のタネにもなるのである。危険や失敗が伴うなかで、ほとんど成就することがなかった自分自身の人生とは逆に、子育ては、もう一度成功へのチャンスを与えてくれる。しかし、そのゴールは、ドラッグやギャング、荒廃した学校や家庭崩壊という地雷が埋まった長い道のかなたにある。だから、ある一部の親にとって、攻撃的な態度をとることは、荒れた家庭や地域でサバイバルする上で役立ってきた、彼らなりの処世術なのである。家庭や路上で、うまく自分の身を守ってきた経験から、親たちは、子どもの学校でも挑戦的態度をとる。それは、子どもをサポートする一種の荒削りな形であり、そうした親の姿をまねる子どもたちもいる。

「最初の出勤日に、ある子どもから、白人のクソババア呼ばわりされました。確か二年生の生徒だったと思います」と、V先生は言う。彼女は、コロンビア大学を出たばかりで、ワシントンのケニルワース小学校で二年生を教えていた。「何度か子どもに殴られました。パンチを食らった、と言ったほうがいいでしょうか」。しかし、もっと恐ろしいのは、親の敵意である。そうした親の多くは、自分自身がまだ子どものときに、親となった人たちである。「とても若いお母さんたち、時にはお父さんもですが」と、彼女は語る。「『あなたのお子さんは、教室でこんなこと、あんなことをしていますよ』というようなことを私が言うと、非常に自己防衛的な態度をとるのです。そうした子どもの行動を自分の子育ての結果だと感じるからです。『娘、あるいは息子が、先生のことをこんなふうに言っていました。いったい何をしているんですか。以前は、こんな問題は絶対に起こらなかったのに』と、親から言われることもあります。『おまえみたいな白人のババア、たたきのめしてやる』なんてことも、私たち教師はよく言われるんです」。

長期欠席している女子生徒の家に手紙を出して様子を尋ねるといった、教師の通常の業務も、危険な仕事になってしまったと、V先生は言う。二年前に彼女に非難を浴びせた、ある母親は、「『私が退学しなさいと言えば、娘は学校を辞める』という脅迫の手紙を私に書いてきました」。そして、隣の教室には、街の無法者が乗り込んできた。やはり白人の若い女性である担任教師を脅かそうと、別の親が連れてきたのだった。「怖くて、殺されるかと思いました」と、V先生は話す。そして、その年の暮れに、彼女も同僚も、別の学校へと転勤になった。

これとはまったく逆に、アフリカ系アメリカ人の親は、白人教師は放任主義で、子どもを甘やかしすぎるという固定観念を抱くことが多い。これは、人種による態度の違いについてインタビューする際に、繰り返し登場するイメージである。V先生も、何人かの親から、このような目で見られた。そして、親たちは、子どもをたたいてもいいという許可をV先生に与え、彼女を味方につけようとした。「「あの子たちをトイレに連れ出せばいいんですよ。子どもに手を出すことを容認する手紙を書きますから」って言うんです」と、V先生は、ある親の言葉を引用する。

「「いいえ、そんなことできません」」と、彼女は親に答えたという。「多くの教師は、多少なりとも、そういうことをしています」と彼女は認めるが、体罰は法のもとで禁じられている。

人種や階級の壁を越えて親と教師が相対する場合、双方とも当惑を感じることもある。V先生は、生徒の親のほとんどが「非常に強く子どものことを気にかけている」ことに気づき、困惑した。「子どもがひどく乱暴な場合でもそうです。また、自分自身コカインをやっていたような親でも、そうなんです」。彼女には、どうしてよいのかよくわからなかった。「親たちは、心から子どものことを愛しています。彼らにとって、子どもは、とても大切なものなのです」と、V先生は、驚きと感嘆を込めて話す。

攻撃的な親がいる一方で、学校に姿を見せない親もいる。後者のほうが、ずっと数も多い。保護者会への出席率の低さは、低所得地域の学区に巣くう慢性病である。「学校から通り一つ隔てたところに住んでいる親さえいるのに、絶対に来ないんです」と、ワシントンのハリス・センターのセオドア・ヒントン校長は嘆く。同校では、保育園児から八年生までの子どもたちが学んでいる。

また、ワシントンのダンバー高校で数学を教える男性教諭、I先生は言う。「担当する七〇人の生徒の親のうち、最後の保護者会に来たのは八人でした」。低所得労働者の変則的な勤務時間に合わせて、保護者会の開催時間に融通を利かせても、託児サービスを提供しても、親たちを誘い出すべく、子どもの通知表を個人的に取りにくるよう求めても、あまりうまくいかない。ワシントンのベル多文化高校では、親たちは窓口で通知表を受け取り、その足で教師に会いにいくことになっている。同校数学教諭、スザンヌ・グエン先生の場合、担当生徒六〇人のうち、その親と面識があるのは、通常一〇人程度である。親の不参加は、好ましくない雰囲気を生み出し、職員の誤解を招くことが多い。アクロンのメイベル・M・リーディンガー中学校では、八五%の子どもが、貧困のため、無料で給食を受けられたり、給食費を割り引いてもらえたりする資格を持っており、そのほとんどが、黒人や中南米系、アジア系である。教職員食堂にいた数人の白人職員に、生徒たちが抱える問題は何かと聞いたところ、返ってきた答えは容赦のないものだった。「教育の価値を把握していないんです。そんなの家庭で教えるべきことなのに」と、図書館員はこぼす。「停学になったって、気にもしないんですから」。その場に座っていた他の教師たちも、この軽蔑した評価を支持する。それは、生徒が教師をとがめ、教師が親を非難し、親が学校を責めるという構図の一部だった。責任は、常に自分以外のどこかにあるのだ。

ハリス校のセオドア・ヒントン校長は、親の目線で眺め、可能な限り親の心に入り込むことで、その悪循環を断ち切ろうと努力し始めた。「親たちにとって、学校は、居心地がいいものではないのです」と、彼は言う。「どこか学校から見下されており、敬意を持った対応をされていないという感じを持っています。また、学校は、子どもへの愛や親との一体感を示していないとも感じているのです」。では、どうすれば解決できるのか。「親とコミュニケーションを図ることです。親しみを持って親たちと話し、受け入れ、友好的な態度で接するのです。子どもが悪いことをしたときだけでなく、いいことをしたときも、学校に来るよう呼びかけ、子どもに関する情報を絶えず与え続けることです。子どもが何か(いいこと)をしたら、たとえば、市長の作文コンテストで優勝したとしたら、それを伝えるのです。包み隠さず伝えることです。学校が開かれた場所であることを示すのです。昨日の朝、「黒人の歴史を知ろう月間」(二月)に合わせ、父親と息子の朝食会を初めて開催しました。三〇人、いや四五人くらいのお父さんが息子と一緒に来ていたと思います。こうしたことが大切なのです。親たちが学校に来るよう、あらゆる戦略を試してみなければなりません。そうすれば、彼らは、学校に来て、自主的に教室で手伝いをするようになるでしょう。育児講座など、副次プログラムも開催します。親たちを引き寄せるべく、手を尽くしています。二〇分、三〇分、一時間、あるいは、一日がかりの行事でも構いません。親が学校に来るんだったら、どんなものでもいいのです」。

こうした教師の事例についての私の科学的客観性の乏しい観察からは、保護者会への出席率と子どもの成績との関連について、一致した見解は得られない。関連性を指摘する教師もいるが、即座に、その逆の話をする人もいた。自らを「スラムの出身」と名乗る、リーディングー校の黒人男性数学教諭、N先生は、子どもを見れば、どの親が参加するか予測できると主張する。「成績表に〇点が並んでいるような子の親は来ません」と、N先生は断定的に言う。一方、スザンヌ・グエン先生は、集まりに出席した一〇人の親のうち数人が、成績の悪い子どもを持っていることに気づき、奇妙に思った。ワシントンのケニルワース校からウェッブ小学校に移籍し、二年生を担当するV先生は言う。「最も救いようがない子どもたちの親の中にも、積極的に学校とかかわる人もいます」。ダンバー校の男性数学教諭、I先生は、出席回数は少ないものの、「成績がビリの子の親が来ていた」ことに気づく。ポール中学校の教師三人が当初私に語ったところによると、生徒一五〇人のうち約半分の親に会ったが、親の出席率と子どもの成績の間に高い相関性を見いだしたという。しかし、一つ二つと例外が思い浮かんだのか、結局、彼らのうちの一人から、こんな言葉が聞かれた。「親がとても熱心なのに、子どもの成績がふるわない例もいくつかあります」。

ティーチ・フォー・アメリカが説くところによると、教師は、生徒の家族を知る努力をしなければならないという。ティーチ・フォー・アメリカとは、優秀で熱意のある一流大学卒業生に夏期研修を受けさせ、最貧困地域の学校に二年間派遣するプログラムである。新米教師たちは、生徒の家族と一緒に教会に行き、誕生会に参加し、自宅の電話番号を教えるよう奨励される。「二年間で、たぶん一〇〇人以上の生徒たちと夕食を共にしました」と言うのは、レイ・アン・フラレー先生である。彼女は、ルイジアナ州の小さな農業の町、レイク・アーサーで、フランス語を教えていた。都市のスラム街で働く教師たちにとって、そうしたことを実践するのは、はるかに大きな困難を伴うものだが、その多くは、生徒と交流を深めようと努めている。

ワシントンのポール中学で七年生に英語を教える男性教諭、L先生は、こう語る。「多くの子どもたちの家族について、いろいろ知りました。会ったことのない人たちもいましたが、定期的に連絡を取り合っていた家族もいます。彼らは、週一度、私の家に電話をかけてきました。子どもを車で家まで送っていったり、週末、子どもたちと一緒に遊んだりもしましたね。付き合い方は、家族しだいというところです。私は、自宅の電話番号を教えるだけで、彼らにイニシアチブをとらせるようにしていました」。彼が担当した一五〇人の生徒のうち、自宅に定期的に電話をかけてくるのは二五～三〇人だった。

生徒の家庭生活を知ることは、教師が生徒の短所を理解し、大目に見たり、手を差し伸べたりするのに役立つ。「親は、たいてい、子どもがちゃんと宿題をやっているかどうか確認しようとしません」と、アクロンで教える中年の女性数学教諭、M先生は言う。「低収入の仕事に就いている親は、たいてい夜勤で働いています。だから、生徒たちは一人で留守番をしているか、弟や妹のお守りをしているかで、親が帰宅するときには、子どもたちは、もう寝ているんです。彼らは、大概のことは自分でやるんですよ」。

M先生は、可能な限り、生徒にかかわるようにしていた。「たとえば、私の採点簿の最初に名前が出ている、この生徒は……」と、彼女は、名簿の先頭を指しながら話す。「この子は、極貧家庭の出身で、ほとんどの教師と問題を起こしています」。M先生は、この男子生徒の家庭がいかに貧しいかを彼の弟から聞き、社会科見学の日、余ったクッキーとカップケーキを、その弟にいくつかあげたのだった。翌日、弟は、その残りもののクッキーとカップケーキが、家族の一週間分のおやつになると、彼女に感謝して言った。そのとき初めて、彼女は、その家庭がどれだけ貧しいかを知ったのである。それ以来、その男子生徒に対するM先生の見方が変わった。「あの子が起こす問題行動のほとんどは、注目を集めたい気持ちからくると思います。だから、彼のことは、少し余計に気にかけてあげるようにしています」と、彼女は言う。「彼は、代数の授業を取るには学力不足だったのですが、本人は入りたかったんです。だから、オーケー、取らせてあげよう、と……。彼は、その授業でCの成績を取りました。でも、学校の個別指導プログラムに参加し、ボランティアの人に面倒を見てもらっています。それから、自習時間に私の授業に出て、コンピュータで数学を勉強しています。毎日、昼休みにここにやって来て、私の個人指導を受けているんですよ。だから、私は、日に三時限分、彼の面倒を見ていることになります。私に対しては、なんら問題のある行動はとりません。去年は数週間ごとに停学処分になっていましたが、今年は、ほとんど何の問題も起こしていません」。

生徒は、かまってもらおうとする。それは、彼らにとって、食べ物や水、酸素のように必要なものだからである。裕福な地域の学校で教えた経験を持つM先生は、生徒一人一人を気にかけ、大切にするというシンプルなテクニックを信条としている。「この子が市長の子どもだったら？　と仮定して、どの生徒も教えるようにしています」と、彼女は言う。「あるいは、市議会議員の子どもだったら？　と。この子には家族や親と呼べるものさえいないかもしれない、と思うのではなくて。その生徒を特別だと思い、その子自身にも、自分は特別だと思わせることができれば、彼らは、自分が尊重されていると感じるのです。ほんの数分多めに彼らの話に耳を傾けるだけでいいのです」。

しかしながら、いつもそれで十分とは限らない。また、いつも教師が救いの手を差し伸べることができるわけでもない。生徒の中には、満足に食べていない子もいる。腫れ上がった未治療の虫歯がズキズキと痛み、気力をそがれ続けている子もいる[1]。メガネがないため、教室前方のスクリーンに何が映っているのか、黒板に何が書かれているのかわからない子もいる。あるいは、ワシントンの幼いラトーシャのように、十分に登校できない生徒もいる。ハリス小学校で三年生を受け持つ、ラトーシャの担任教師が言うには、「彼女の母親は夜、働いていて朝は疲れているのかもしれない」から、娘を定刻に登校させられないのではないかという。その担任教師は、そのせいで、とりわけ心を痛めていた。表面的には学校の勉強ができないラトーシャだが、教師は、その子に聡明な資質を見いだしていたからである。「作文となると、からっきしダメですが」と、担任教師は言う。「素晴らしい思考力を持っているんです。実に教えがいがあります」。彼女は、ラトーシャのノートのあるページを開く。そこには、「ホームレスの人に贈り物をできるとしたら、何をあげますか」という質問が記されていた。

ラトーシャはこう書いている。「ふくおあげるとおもいます。きるもの。ほむれすは、なにももてないからです。ほむれすは、ぼみばこから、ひろったふくお、きます」。

ある日のこと。アクロンのリーディンガー中学校で、英語の授業中、L先生がパメラ(仮名)を教室から外に出し、「説教をする」ために、職員室に連れて行ったことがあった。教頭は、保護者に連絡を取ろうにも、誰に連絡すればいいのかわからない。「あなたの保護者は誰？」と、七年生のパメラに彼が尋ねると、彼女は肩をすくめたのだった。パメラは、本当に知らなかったのである。

「三週間の期限付きで生徒に宿題を出していて、月曜日が締め切りだったんです」と、L先生は言う。「でも、パメラは、それを提出しませんでした。事情を説明する、彼女の長いメモには、こうありました――母親の恋人が母親に暴力を振るうので、母と一緒に家を出なければならず、週末、家にいなかったと。それで、誰か別の人の家に行ったというのです。それから、こう書かれていました。「家に帰って私の宿題を取って来ようって、何度もお母さんに言ったんだけど、お母さんは、彼に殴られるのが怖くて、取りにいけなかったんです」」。

白人で、中産階級出身であるL先生は、パメラと同じくらい無力感を感じていた。

「こうして多くの生徒たちが挫折していくのは、今お話ししたような事情のせいなんです」と、彼女は言う。「彼らには、基本的なものが欠けているんですよ。雨露をしのげる家もなかったら、保護者が誰かもわからなかったら……私だって、英語の宿題のことなんか考えもしないでしょう」。

「私の生徒の約半数は、カウンセラーを必要としています」と、ジュディス・ヤコブ先生は言う。母国で、事実上、なんの教育も受けたことのない一〇代の移民の若者たちに、彼女は、読み書きを教えている。彼女によると、ある一六歳の男子生徒は、ワシントンのベル多文化高校にやって来たとき、鉛筆の持ち方や、イスにじっと座っていること、時間どおりに授業に出席することさえ知らなかったという。その子どもたちは、自分の問題にどう対処していいのか皆目わからない状況だった。ホンジュラスで父親を殺された、ある女子生徒は、「心ここにあらずといった様子で、その事態にどう対処すればいいのか本当にわからない状態だった」。薬物使用や妊娠、家庭内暴力、アメリカ文化への適応の難しさなどから、勉強に集中できない生徒もいる。「授業にうまくついていけないと、ただ、もうやる気をなくしてしまうんです」と、彼女は話す。「彼らの仲間は、働いてお金を稼いでおり、学校には通っていないんです。何人もの生徒から、こんなふうに言われました。「先生、何も身についていません。時間を無駄にしている気がします。私は一六歳です、私は一八歳です。働かなければいけません。私には、将来があるんです」と。でも彼らは、明日のことしか考えていません。教育を受けることで、長い目で見れば、状況が良くなるとは考えないんです。家族も、誰一人として、そんなふうに考えられないんですよ。生きていくだけで精一杯なのです」。

教育を受けても、彼らの可能性が広がる見通しなどないのである。たまたま、稀有な能力を持つ教師のクラスに入るか、人一倍先見の明に富む大人が家族の中にいるか、いずれかの状況にない限り、学校教育は、彼らの可能性を制限し、狭め、閉ざしてしまうのである。教育を受けるなかで、現況から脱出する道筋が示されても、彼らには、それを読み取ることができない。教育を身に付けておけば後々になってためになることが示されても、その価値を判断することができない。そのために、教育機構のプロセスにおいて、毎年、生徒たちがベルト・コンベア式に、卒業、あるいは中退に向けて押し出される過程で、彼らは、将来に対する想像力を失ってしまうのである。

教育の地域間格差

私が学校を訪れ、ワーキング・プアについて本を書いていると言うと、教師たちは、しばしば皮肉たっぷりの反応を示す。「ああ、それなら私のことを書くといいですよ」。アメリカでは、おおむね地方の固定資産税が教育の財源となっており、地域間格差が大きい。最も貧しい地域では、最も手厚い公的サービスが必要であるにもかかわらず、その財源を確保できない。教師は薄給かつ社会的地位が低いので、十分な能力を持たない人たちが集まり、現場は、そうした層と有能で献身的な人材との玉石混交状態となる。

「いつもAやBの成績をとるような生徒を教えるのは、実に簡単です」と、アクロンの教師は言う。

「そういう生徒は、家庭でしつけを受けているし、家族の期待がありますから。でも、誰からも歓迎されない子どもを教えるには、ベテラン教師や面倒見のいい人、気配りのある人など、特別な教師が必要だと思います」。

貧しい地域では、大人数のクラスや言うことを聞かない生徒、不十分な教材といった問題と格闘していく結果、多くの夢が踏みつけられてしまう。ある木曜日のこと、ダンバー高校のI先生は、受け持ちの九年生に、翌日の数学テストの準備をさせようとしていた。いつも「クラスがうまく機能せず、混乱しているといった感じ」にさいなまれながら働いていると、彼は話す。

「雰囲気が和んだことなどありません。教室に入って教えるのを快適と感じることなど一度もありません。いつも何かにビクビクし、ピリピリしています。生徒同士のケンカや、私と生徒とのいさかいが起きやしないかって……」。その週の木曜日の五時限目、生徒たちは「異常に興奮して」いたが、I先生には理由がわからなかった。彼は、生徒たちにいくつか質問を浴びせた。「『今日はどうだった？　何をしていたんだ？』と尋ねた後、ついに、私は、核心に迫る質問をしました。『四時限目の授業はどうだった？　この一時限前の授業だよ』。

『言えないよ』と、彼らは答えました。

『なぜ言えないんだ？』

『先生が怒るからさ』。

『何をしていたんだ？』

『ニンテンドーで遊んでいたんです』」。

四時限目は理科の時間だった。教師は途中でサジを投げ、任天堂のゲーム機を持ち込んだ生徒に、教室の備え付けのテレビでゲームをしていいと許可したのである。

「学校全体の規律が保たれていれば」と、I先生は嘆く。「そんなことは起こらないでしょう。彼らは、授業にやって来て勉強する準備を始めるでしょう。四時限目の教師が生徒にしっかり勉強させていて、彼らが二時限目にもしっかり勉強していて、一時限目にもしっかり勉強していれば」。

その前日、宿題をやってこなかった生徒と話しているとき、I先生は、生徒の他の授業の宿題について尋ねた。しかし、他の授業では、なに一つ宿題が出ていなかった。「信じられませんでした」と、彼は言う。教師たちもまた夢が消えかかり、苦悩しているのである。

子どもたちの能力が伸びるかどうかは期待度によって変わる、という認識が生まれて久しい。教師や親が子どもの可能性を信じているほうが、あの子にはできないと思われているよりも、子どもは、いい結果を出すものである。しかし、教師の評価は時として、人種や階級による偏見に基づいている。たとえば、黒人は知性が劣り能力が低いという、アメリカに大昔からはびこっているイメージである。根強く残る、そうした考えのせいで、アイビーリーグの白人教授は、「この課題はむずかしいだろう」と注意するとき教室で唯一人の黒人学生の方を見る可能性がある。実際、多くのアフリカ系アメリカ人学生が、そういった経験を味わったと報告している。

しかし、貧困地域の学校で厄介な経験や環境にさらされた場合にも、生徒への評価基準は低下する。そこでは、教師も生徒も、低い期待感と成績の悪循環にさいなまれている。

「頭がいい、という定義が、私の中で変わりました」。スザンヌ・グエン先生は、ベル高校で一年間教えた後、こう認める。

「生徒のところに行き、「まあ、すごいじゃない。こんなことができるのね！」と言ってあげるんですよ。私の大学のクラスメートが同じことをしても、そんなことくらいで頭がいいとは絶対に思いませんが」。

やる気のない生徒と能力のない教師の組み合わせはマイナスに働く。ひとかたならぬ努力をしているワシントンのハリス校でさえも、なかには、疲労と能力の欠如の片鱗がうかがえる教師もいる。ハリス校は、窓の付いていない、かなり現代的な建物で殺風景すぎるため、高い柵と警備塔を付け加えれば刑務所のように見える。唯一鍵がかかっていないドアには金属探知機が備え付けられ、教育委員会が派遣した警備員――紺色の制服を着た若い二人の黒人女性――によって監視されている。しかしながら建物の中に入ると、刑務所との類似点はまったく見受けられない。「開かれた教室」が流行していた七〇年代に建てられたため、内部には、事実上、ほとんど壁らしい壁がない。不完全な仕切りによって「教室」と「教室」が仕切られているせいで、騒音もかなりのものである。生徒はそこら中を歩き回り、彼らの行動をコントロールするのは難しい。

ワシントンの最も貧しい地域のひとつから通う、保育園児から八年生までの生徒たちは、ドラッグと暴力に溺れていた。リビングストン通りに面する同校の前には、市当局の手で、人目を引く標識が立てられていた。そこには、「ドラッグ禁止区域」という文字が躍っている。学校が休みに入る直前の三月のある日の午後、赤いスポーツカーが徐行しながら、その標識の下に止まった。前の座席には、二人の姿が見える。まるで示し合わせたかのように、通りの向こう側のアパートから一人の男が足を引きずりながら出てきて、ドライバーと窓越しに言葉を交わし、車の周りをゆっくりと回って後部座席に乗り込む。五分後、男は車から立ち去った。今度は若い女性が車に近づき、立ち話をした後、数分、後部座席に乗り込む。警官の姿は見られなかった。

同校の子どもたちは、居住地域や家庭がもたらすハンデを背負って登校し、教師の側にも、能力不足の人がいる。「吹雪による影響を三つ挙げよ」という宿題が三年生の子どもたちに出されたとき、一人の生徒がこう答えた。「吹雪による三つの影響は、停電になる、人が倒れる、車が雪の中を進む〔getting throw the snow〕のが大変なことです」。それを読んだ教師は、"throw" の下に、〔through と入れるべきところを〕インクで "threw" と朱を入れたのである。

七年生を受け持つ女性数学教諭、D先生は、スクリーンに映し出された問題と悪戦苦闘しながら、自分が教える思考・推理力コースの授業で混乱を覚えていた。その問題とは、「ずるいジェイクは、五〇ドルでポニー〔小型種の馬〕を買った。一週間後、それを六〇ドルで売る。二週間後に七〇ドルで買い戻し、その一週間後、八〇ドルで売った。彼はいくら稼いだか、あるいは損したか」というものである。

D先生は、次のように、金額のプラスとマイナスを総計する形で、しかるべき方程式を作った。

$-50, +60, -70,$ and $+80$

答えはプラス二〇になる。このコースは、テストで比較的いい成績をとっている生徒のみが受講しているはずだったが、必ずしも全員の受講生が授業についていけるわけではなく、授業にしっかり耳を傾けているわけでもなかった。黄色いシャツの女の子が手を挙げ、プロジェクターのところに行き、別の答えを示した。彼女は、スライド上の「六〇」という数の隣に「一〇儲かった」と書き、「七〇」の隣には「一〇損した」、「八〇」の横には「一〇儲かった」と記した。この論理は、生徒だけでなく、D先生を混乱させるにも十分なほど、もっともらしいものだった。なぜ二つ答えが出るのか。しかし、D先生は、「ずるいジェイクは、最初の三回の取引で六〇ドルを使い、最終的には八〇ドルを手にした」という別の説明にまで考えが回らず、生徒側も、誰一人として混乱を解決できなかった。もっと気がかりなのは、彼らがあまりにも早く理解する努力をやめてしまったことである。問題解決力を養う授業であるにもかかわらず、生徒も教師も、問題解決に熱心ではないようだった。結局、彼らは、その問題を中断し、ほかの問題を始めた。

ここまではいかずとも、アクロンのリーディンガー校で行われた六年生の文法の授業でも、問題が露見した。

女性教諭のB先生は、若く、身のこなしがキビキビしており、タカのような目で二二人の生徒たちを眺め、彼らの身動きやよそ見の一つも見逃さない。彼女は、注意深く座席表に目をやり、一人一人の名前を呼んだ(これは、新学期が始まって一か月目のことである)。B先生は、生徒たちの行いを完璧に押さえていたが、彼らの知力をコントロールするのは不可能に近かった。前日のテーマは単主語、今日のテーマは主部(修飾語句を伴った主語)である。彼女は、生徒たちに教科書の三四五ページを開けるように言った。「「真っ赤なカーディナルが窓枠に止まっていた」という文では……」と、彼女は説明する。「「カーディナル」が単主語で、「真っ赤なカーディナル」が主部になります」。

この子たちは、今までにカーディナルという鳥を見たことがあるのだろうか。「青い大きなパトカー」や「赤いレンガの建物」では、なぜいけないのか。子どもたちの経験に即した勉強内容でも支障が出ることはないだろう。こうした点を正そうと、教え方に進歩が見られるようになってから何十年もの月日がたつ。スラム街に住む黒人の子どもたちが目にする教科書に、郊外に住む白人の金髪の子どもたち以外の姿が登場するようになってから久しい。それでも、目標到達にはまだ埋めねばならない距離がある。同校で、数学教師が一五%のチップ額を計算させる問題を出したときのことである。彼女は、八年生の全員がチップの意味を知らないことに気づき、面食らった。彼らは、チップの要らないファストフード店でしか外食をしたことがないのである。

「「大きな赤が窓枠にとまっていた」という文は、意味が成り立つと思いますか」。B先生は冗談めかして、こう尋ねた。

「い〜え!」と、生徒たちが答える。生徒が大いに面白がって楽しめる課題を出したいという衝動を彼女が感じていたとしても、その衝動は、すっかり抑え込まれてしまっている。次々と続く文例は退屈で、生徒の多くは、直接目的語を単主語と取り違えていた。B先生は、「あなたはグロリア・エステファンの新しいCDを聞きましたか」という一文を挙げ、単主語はどれかを生徒に問う。

「CDですか」と、一人の生徒が尋ねる。

「違います。これは誰に対する質問ですか」。

「あなた、です」。

「正解」。

主語とは、動作を行っている「何か」あるいは「誰か」を示す言葉である、という説明方法に比べて、彼女の説明は非常にわかりにくい。

「それらの記者たちは、一日中、市長にインタビューしている」。

「主語は、それらの記者たち」。

「正解。ダミアン、じゃあ、単主語は？」

「市長」。

「外れ。スタンはどう？」

「記者たち」。

「焦点が当たっているのが「記者たち」だから、答えはそうなるんです」。こうしたお粗末極まりない説明では、ほとんどの生徒が理解できないのも無理はない。しかし、B先生は、生徒の頭を混乱させたまま、さっさと授業を進めていった。

統一テスト

授業の混乱度を測定する一つの基準は、統一テストである。これは、授業の成功を測る指針として最も重要なものであり、校長にとっては昇進(あるいは降格)の、学校にとっては調達資金の増加(あるいは減少)の判断材料となる。統一テストの結果によると、ワシントンのハリス校の成績は、悲惨とはいえ上昇していた。セオドア・ヒントン校長は、穏やかな口調ながら改革をやり遂げる決意を表明し、それは実を結びつつあった。彼は、始業前と放課後に課外授業を行い、多くの生徒を午前七時から午後六時半まで学校で勉強させた。また、コンピュータを大量に導入した。もっとも、教師の大半は、その活用方法を知らなかったが。テストの成績は、相変わらず非常に低いものの、上昇が見られた。「可」以下、すなわち「ほとんど、あるいはまったく基礎的な知識や技能が身に付いていない」生徒の割合は、二〇〇〇〜二〇〇一年の間に、数学では四三・一%から三一・八%に、読解では、二五%から二一・八%へと減少している。「良」、つまり、その学年のなかで「十分な学力のある」生徒の割合は、数学で一六・六%から一九・三%に、読解では一九・三%から二四・六%へと上昇している。ただし、この数字には、英語が不自由な移民の子どもや、学習障害のために特殊教育を受けている子どもは含まれない。

これらの数字は、本当に学習状況が改善されたことを示しているのだろうか。テスト準備のために授業時間の多くを費やさねばならなかった教師の答えも二手に分かれる。テスト重視の傾向は年間を通して続き、毎年春に実施されるテストの数週間前をもって頂点に達する。たとえば、ベル校では、まず秋になると、週三回、五〇分授業のうち二〇分がテスト準備に充てられるようになり、一月になると一日おきに三〇分となり、最後には、毎日、三〇分割かれるようになる。このおかげで、数学力や読解力が向上すると見る教師もいるが、数学のスザンヌ・グエン先生はそうは考えない。「まったく関係ありません」と、彼女はきっぱりと言う。「生徒がテスト形式に慣れるだけです。むしろ自尊心を養うものだと思います。それ以外の何ものでもありません。学習の助けになるとは思いません」。

テスト課題の内容が偏っており、限られた経験しか持たない、低所得世帯の子どもたちには不利だと見る教師もいる。「注目の的」(the center of attention)や「うやむやにしておく」(leave up in the air)という言い回しは、それを文字どおり解釈するしか術のない子どもたちをまごつかせる。彼らは、後者の意味について、何かが空中に浮いている様子を想像しようとしたのである。「ホットドッグ」の代わりに「フランクフルト・ソーセージ」を使った数学の問題も混乱を招いた。「今時、ホットドッグを「フランクフルト・ソーセージ」なんて言う人がいますか」と、ハリス校の教師は、いらついた調子で尋ねる。

「生徒たちは、キャンプに関する話を読んでいます」と、ワシントンのウェッブ小学校で二年生を教えるV先生は話す。「話に出てくる子どもたちの行動を推測する授業です。子どもたちが寝袋を持ってバスに乗り込む場面なのですが、うちの生徒たちは、キャンプの経験など一度もないのです。キャンプ場に行ったことすらないのですから。何の話かわからないんです」。彼らの集中力はごく短時間しか続かないと、彼女は付け加える。まだ字も読めない子どもたちに算数の問題を書き取らせながらテストを行っている間ですら、集中力がもたないという。「ただ、ぼんやり座っているだけなんです」と、V先生は言う。

さらに、一部の教師が認めるところによれば、運営資金の増加や減少の決め手となるテスト結果に学校側が執着するようになると、教師の関心は落ちこぼれ生徒に最も届きにくくなるという。「ボーダーラインにいる子どもたちは助けてもらえます」と言うのは、ルイジアナ州シュリーブポート市の一教師である。「底辺にいる子どもたちの成績が少し上がっても、学校全体のテストの成績には影響しないのです」。

テスト前の何か月かの間に会った教師たちは、自発性を奪われ、多忙でせかせかしているように見えた。練習問題を急行列車よろしく次々と片付け、ゴミを線路から吹き飛ばすかのように、理解の遅い子を追い立てる。教室で「お客様」を見つけるのは簡単だ。しゃべっていたり、居眠りをしていたり、授業に関係ないものを読んでいたりするからである。彼らは、落ちこぼれ、打ちひしがれ、ふてくされた子どもたちで、教材を理解することをやめ、努力を放棄している。教室を見渡せば、そうした生徒たちが見つかる。しかも、その数はかなり多いように見える。

テスト一週間前。ハリス校では、二〇人いる四年生の大部分が、さして勉強しないうちにドリルを中断しており、教師のほうも、生徒にあまり考えさせないうちに慌ただしく答えを教えている。大半の生徒たちは、二分の一が八分のいくつに相当するのか理解できない。また、棒グラフの数字から、二種類の果物を組み合わせて計一〇〇個分にするには、それぞれの果物をいくつずつ用意すればいいのかを読み取ることもできない。答え――リンゴ八〇個とブドウ二〇個――はグラフから明らかである。後ろの席に座っている二人の女の子は、ほとんどすべての答えを間違えていたが、間違えた理由を理解しようとしない。教師も同様で、さして大人数のクラスではないのに、教室内を回って、個々の生徒の問題を見つけ出そうとはしないのである。

また、リーディンガー校の数学教諭、N先生――どの親が保護者会に出席しないか予想できると言った男性――が表計算ソフトの説明を行っていたときのことである。彼は、コンピュータのスクリーン上に表を映し出し、生徒たちに計算方法を示すと、「遅れずにしっかり私の説明についてきなさい」と、六年生二五人に言った。そして、少数の生徒しか理解していないと思われる授業を大急ぎで進める。始業時間や退社時間、時給を入力し、表計算ソフトのセルに給料が算出されようとしていた。N先生は、正しい公式をセルに書かせようと生徒を指導している。正解を答えたのは、たった一人、ジュリーという生徒だけだった。彼女は、クラスに六人いる白人生徒のうちの一人で、自宅にコンピュータを持つ数少ない生徒の一人でもあった。彼女は、何度も手を思い切り高く挙げるので、席からずり落ちそうになる。セルＤ２に入る労働時間の数式は(Ｃ２―Ｂ２)、時給六ドルの賃金総額は(D2×6)だと、彼女は言う。N先生は、ほかの生徒にも発言する機会を与えようとするが、誰一人答える者はいない。手を挙げるのはジュリーだけで、コンピュータのエンターキーを押すよう教師から求められるたびに、彼女は「ほら！」と、相好を崩す。正答がセルに表示された瞬間、ジュリーは喜び、自信を深める。そして、妖精のように、にっこりと笑う。

ほかの生徒の大半は、ふてくされたり、ほかのことに気をとられたりしている。後方にいる男の子が鼻歌を歌い始め、ほかの生徒たちはヒソヒソ話をしている。N先生は、鼻歌を歌っている男の子に職員室に行くよう命じ、一人の女の子を教室の端に数分間立たせた。そして、教室内を前後に回っては生徒たちの作業ぶりを眺め、「上出来、上出来。あっ、入力する列を間違えているぞ」と話しかけながら、かなり大人数のクラスであるにもかかわらず、できる限りの注意を払っている。しかしながら、多くの生徒が授業についていけないのだった。

理解できないのにじっと座っているのは、惨めに違いない。皆目わからない数字や文字が頭の中をグルグル駆け巡るなかで、生徒たちが、理解できないことから生じる重苦しい苦痛に背を向け、思考を停止するか、もっと面白いことを考えるかのいずれかに走るのは確かである。コンピュータ上で正解を表示したり、ちょっとした謎解きをしたり、学んだりする楽しさは、大半の生徒たちとは無縁のものである。

前方のデスクから眺める教室の様子も、あまり魅力的とはいえない。「いつも電気のスイッチになぞらえて話すんです」と、アクロンの職業科の教師は言う。「スイッチがオフだと入力も出力もできません。授業に出てきて……誰の教室だろうが、何先生の授業だろうがお構いなし、スイッチをオフにしてしまう生徒もいます。スイッチをオンに保とうと努めますが、難しいですね」。

いくつかの学校で、教えられたことの何割を理解できないか生徒たちに尋ねたところ、その答えは寒気がするようなものだった。その典型的なものが、ワシントンのポール中学校の七年生から返ってきた次のような答えである。

「半分」。

「半分もない。二五%ぐらい。早口すぎる先生もいます」。

「板書がいいかげんな先生も」。

「ほとんどわからない。でも授業が進んでしまうので、途中で聞かなくなります」。

「授業を楽しくするようにしてほしい」。

理解できないときはどうするのか？

「わかったふりをする」。

「うなずいて笑う」。

「だって、わかっていない顔をしたら、ほかの子に笑われるから」。

先生に説明を求めることは？

「はい、時々聞くけど、すごく怒られる。「質問をやめなさい。次に進まないといけないから」って」。

「おしゃべりしていた生徒が繰り返し質問すると、答えてくれない。「さっきしゃべっていたから、わからないのは自分の責任でしょう」って」。

宿題がわからなかったら、どうする？

「やらない」。

「頭のいい友だちの一人に電話する」。

「それでも、宿題をやってくる。自分なりに。間違えても、先生が説明してくれなかったんだから、私のせいじゃないよ」。

どの学校の生徒も、質問に答え生徒を尊重してくれるという意味ですぐれた教師の名を、少なくとも一人か二人は挙げることができた。とはいえ、生徒たちは教師に質問するのをためらうことが多い。「先生は、知識をひけらかすような説明をするか、こっちをバカにしたような答え方をします」と、アクロンの八年生の男子生徒は言う。彼の同級生たちも、教師の声のトーンや素振りのせいで、自分たちをバカだと感じてしまうと、口々に言う。

「先生たちは、わかって当然という態度で答えを言います」と、ある女子生徒は不満を口にする。また、ある男子生徒は、「先生は答えを教えてくれない」と話す。「だから友だちに聞きにいくと、授業中は私語は禁止だと言われます。答えを知りたいだけですと言っても、教えてくれません。どっちみち答えはわからないんです」。

「授業がわからないと怖くなるときがあるけど、先生に聞くのも怖い」と、ある七年生の男子は言う。

ほとんどの問題はお金で解決する

もちろん貧しくなくても、こうした体験には遭遇するものである。貧しい生徒たちの教室でも、すぐれた教育がなされうる一方で、裕福な学区域にも無能で無神経な教師はいる。しかし、高収入・高学歴の家庭の子どもにはセーフティネットがある。学校でわからなくても、家庭に帰れば助けてもらえる。学習能力を欠いていても、家庭教師やコンサルタントをつけ、さらには弁護士を雇って学校にさらなるケアを求めることさえできる。学校問題に対峙するのは、ゆとりのある親でもこれだけの難事業になりうるのだから、教育をほとんど受けず、お金や時間、学校制度と向き合うノウハウに事欠く母親にとっては、事実上、不可能である。

行動医学を専門とする小児科医、ロバート・ニードルマン医師によると、たとえば、注意欠陥障害のある子どもが貧しい家庭環境に置かれると、裕福な家庭で育つ場合ほど、学習成果を上げる機会に恵まれない。オハイオ州クリーブランド市にある病院兼診療所で、比較的高収入家庭の患者と低収入家庭の患者を診察するなかで、彼は、その歴然とした差を目の当たりにした。注意欠陥と衝動性を特徴とするADDなる症状は「低所得家庭の子どもに特に多いわけではない」と、彼は言う。「低所得世帯にしばしば見られるのは、高所得世帯に比べ、親――両親がそろっていない場合が多い――が、子どもの注意欠陥障害に対処する助けとなる手段をわずかしか持っていないことです。貧しいと、生活に優先順位をつけねばなりません。何もかもやるのは不可能です。子どもを学校に車で迎えにいき、買い物をして小切手を現金に換え、（その上）子どもの治療にも通うことなど無理な話というものです」。

豊かな家庭では、「子どもを保育所やいい学校に入れることができ」、子どもをベビーシッターに預けることで、両親は、疲労から一時的に解放される。「でも、貧しい地域にある診療所に行って、同じ症状の子を見ると、その両親にはお金がまったくないことがわかります。子どもたちは教室にすし詰めにされ、そこでは、いつも叫び声が飛び交っています。同じ問題を抱えた子どもたちが大声を出しているのです。両親は休暇を取れば、失業する恐れがあります。解決のために費やせる時間やお金に差があるのです。高収入世帯の子は、大した問題もなく精神分析医のもとに来るように言われ、母親は毎週治療費を払い、子どもを診察に連れてくることができます。でも、貧乏な子の場合は、精神分析医を紹介しても、母親は働いているし、金銭的余裕もないため、子どもを毎週診察に連れてくることはできないのです。精神分析医が優れたインターンでも、インターンは一年後には診療所を去ってしまいます」。

「最後になりますが」と、ニードルマン医師は結論づける。「二人の子どもの間には劇的な差が生じます。一人は、けんかし停学になって、少年院や刑務所と紙一重のところまでいきます。もう一人は、授業料の高い私立校に進学して、BやCの成績をとるのです」。

裕福な地域の私立校や公立校では、生徒たちに安全策——各授業に合った適切な教科書、コンピュータへの自由なアクセス、オーケストラからチェス・クラブまで、驚くほどの数の魅力的な課外活動——が用意されている。しかし、町の貧しい地域では、必ずしもそうではない。ベル高校にはオーケストラ部はなく、あるのは小さなジャズバンド部だけである。体育館もなく、中学校と共有しているサッカー場が、通りを越えた場所にあるだけだ。ジュディス・ヤコブ先生やスザンヌ・グエン先生など、一部の教師には、教員室にも教室にも自分の机がなく、教材や備品をすべて台車の上に積み上げているため、その姿は教師版ホームレスさながらである。グエン先生の教え子たちは、本やファイル、グラフ計算機〔数式を入れるとグラフが出てくる〕が詰まった靴箱を積んだ二段型台車を押しながら廊下を歩く彼女を見ては、冷やかすのだった。狭くて窓のない倉庫内の、教科書やペーパー類が収まった棚と棚との間に、彼女のちっぽけな机が他の二つの机と並んで置かれていた。

紙でさえ、入手が困難な場合がある。たとえば、ハリス校で、三年生のあるクラスに配布された竜巻の図は、米国情報局の便箋の裏にコピーされたものである。表には、アメリカ合衆国の国璽《こくじ》と、「局長室」という文字が印刷されてあった。話をしてくれた教師はそのコピーを「変節の紙」と呼び、学校長であるセオドア・ヒントンに敬意を表した。「ヒントン校長は、とてもやり繰り上手です」と、彼女は言う。八年生のある教室では、一九八〇年代に作られた時代遅れの地図と取り替えるべく購入された三〇〇ドルの新品地図が、筒状のまま壁沿いに立て掛けられている。地図を壁に掛けるには、黒板の上のシンダーブロックにネジ用の穴を開ける必要があるのだが、それをやる人がいないのだ。一方、時代遅れとなった地理の教科書は、一冊八〇ドルの新品に取り替えられたばかりで、各生徒にクラス用と持ち帰り用を配るだけの十分な冊数があった。

貧しい公立校では備品などが公平に分配されないことが、こうしたことからもよくわかる。一方は機材を与えられず、他方は、どっと押し寄せた支給品に埋もれるといった具合である。たとえば、ハリス校はコンピュータであふれている。二つのコンピュータ教室や図書館のほか、実質的に全教室にコンピュータが備え付けられている。それらは連邦補助金により購入されたものだ。C先生の受け持つ七年生の数学の授業では、教室の後方に、新品の青緑色と灰色のｉＭａｃ三台が鎮座しているが、彼女が受けた二日間の研修だけでは、生徒たちにコンピュータを効果的に使わせる方法を習得することはできなかった。その上、コンピュータにはディスク用ドライブが内蔵されておらず、外付けドライブはまだ到着していなかったので、ディスクの文書をプリントアウトすることができなかった。そのため、彼女は、別の七年生のクラスから長身の男子生徒を呼び出し、コンピュータを接続してプリントアウトできるようにしてもらった。彼は、放課後にコンピュータを修理するグループのメンバーであり、昔でいえば、学校の中を歩き回って映画のプロジェクターを動かす、オーディオ・ビジュアル派の機械いじりの好きな少年といったところである。

しかしながら、ベル高校では、コンピュータがあるのはコンピュータ室だけで、いつも満員だと、グエン先生は言う。彼女によれば、教室にコンピュータがありさえすれば、授業で、表計算ソフトのエクセルを使って「最近の統計学者がもう自分でしないような機械的な計算」ができるという。「それを使えば要点をすぐに強調できるし、技能も学べます」。しかし、彼女の教室にはコンピュータはなかった。

ダンバー高校はＩ先生の要請により、一〇〇ドルのグラフ計算機を一六台購入した。この電卓は、一台を二人で使うことができるが、教え子三六人が全員出席したら問題が起こる。しかし、通常、授業に出るのは二〇人ほどなので、十分足りるはずだと、彼は言う。とはいえ、その使い道には限界がある。「計算機代として約一六〇〇ドル費やしましたが……」と、彼は述べる。「惜しむらくは、オーバーヘッド・プロジェクター付きの、壁に画面を投影できる高機能計算機が買えなかったことです。その計算機がないと生徒がビジュアルで確認できないので、私がやっている計算を理解させるのは至難の業なんです。こんなに素晴らしい計算機があるのに、宝の持ち腐れですよ。あと三〇〇ドル出す余裕がないせいで、みんなが私のしている計算を見られないんですから」。

二〇代前半のＩ先生は、テクノロジー世代の落とし子ともいうべき若者だが、コンピュータを教育手段として使うことには関心がない。同僚が、コンピュータ・ゲームを使って生徒を楽しませながら数学の授業を進めているのを見たＩ先生は、きっぱりとこう言った。「子どもたちには、文章を書き、思考し、話をしてもらいたい」。

ティーチ・フォー・アメリカで指導主事を務めるカヤ・ヘンダーソン先生も同様である。彼女は、〔ニューヨーク市〕サウスブロンクスのＩＳ162学校でスペイン語を教えていた。同校にはコンピュータがたくさんあり、ネット環境も調っているので、日本にもメール友だちがたくさんいる。「素晴らしいこと尽くめです」と、彼女は言う。「次にお話しするような事実を除けばね。つまり、六年生や七、八年生の教え子の中には、親しみを込めた手紙一つ書けず、日本の子どもたちとの交流ができない生徒がいるということです。生徒たちが基本的なスキルをマスターしていなかったら、こんなにコンピュータがたくさんあっても何の意味もない、ということです。都会や恵まれない地区の教育では、これが最大の問題だと思います。生徒たちを非常に低いレベルに放置したまま、人生で成功を収めるのに必要なことを彼らが身に付けているかどうか、気にかけないんです」。

ヘンダーソン先生の情熱は、自身の経歴によって形作られていた。彼女の大半の教え子同様、彼女自身も黒人であり、ニューヨーク州マウントバーノンの中産階級出身で、〔ワシントンの〕ジョージタウン大学を卒業していた。「仕事に就いたら、職場でコンピュータの使い方を教えてもらえますよね」と、彼女は言う。「だから、必ずしも学校でコンピュータの使い方を習う必要はありません。私も習いませんでした。でも、字の読み方は教わっていたので、コンピュータ教本を読んで理解することができたのです。問題を解くスキルも掛け算も人から教わりました。私の教え子たちは、三単語打つのに一五分もかけて日本の子どもにメールを打つんです。彼らは、同じ町の人に手紙を書くことすらできないんですよ」。

さらに、学校にはコンピュータがあふれているにもかかわらず、ヘンダーソン先生の手元には、二四〇人の生徒に対し、二二冊のコンピュータ読本しかない。「全ページ、コピーしました」と、彼女は言う。

「本が足りないので、誰にも本はあげられません。教師が、すべて黒板に書くかコピーします」と、ロサンゼルスのワッツ地区にあるグレープ・ストリート小学校の数学教諭は話す。コピー機が壊れていなくても、教師にコピーさせなかったり枚数を制限したりしてコピー費用を抑える学校もある。ヘンダーソン先生の学校では、一人当たり週五〇枚しか許されていなかった。途方もなく少ない数である。幸運にも、彼女はティーチ・フォー・アメリカのニューヨーク・オフィスに出入りできたので、そこで、何時間もかけてコピーをした。

ヘンダーソン先生がワシントンでティーチ・フォー・アメリカの指導主事になったとき、彼女はそこの事務所でも同様に、メンバーがコピーをとれるようにした。「二二六人のメンバー全員が、週七日、一日二四時間、いつでも事務所にやって来てコピー機を使うことができることになっています。私たちは、お粗末な小型コピー機を使って、毎年、何万枚ものコピーをとるんです」と、彼女は言う。そうでなかったら、キンコーズ〔オフィス・サービスを提供するチェーン店〕で、かなりのポケットマネーを使うことになるだろう。実際、多くの教師が、コピー代に少なからぬ額の自腹を切っている。ワシントンの公立校はその問題を認識し、資料用として、各教師に年二五〇ドルを支給しているが、これは実際に教師が費やすコピー代の一部にしかならない。

「コピー代に使う額にはびっくりします」と、ジュディス・ヤコブ先生は言う。「読むものすべてをコピーしますからね」。ヤコブは、勤務校の図書室は「お話にならない」と考えていたので、「グッドウィル・ブック・セール」で本を探した。「生徒が喜ぶ本を探していたら、目が疲れすぎて、ほとんど何も見えなくなってしまったほどです」。他のどこの地域でも、多くの学校の図書室は蔵書がまばらで、ほとんど利用されていない。ハリス校では、図書室は生徒でぎゅうぎゅう詰めになるほど人気があるが、彼らの大半はコンピュータを利用するためで、蔵書数は大したことがない。図書館員のゲラルディン・ハートは、前年、何箱もの新しい本を受け取ったが、未開封のまま事務所のドアの後ろに置いていた。ワシントンの教育委員会が、新しいオンライン検索システムをまだ導入していないからである。もらった本を並べても、導入後にやり直さねばならないので、本棚には並べたくなかったのである。

学校は、期待すれば実現される予言に満ちている。そこには夢と失望が混在し、子どもたちの可能性が信じられることもあれば挫折させられることもあり、光がともることもあれば消えることもある。グレープ・ストリート小学校の数学教諭に、お金で解決できる問題は何かと聞いたところ、「子どもたちが心に抱えるトラウマ以外は、ほとんどすべての問題がそうです」という答えが返ってきた。「お金がもっとあれば、心の傷にも、もっと上手に対処できます」。

その答えの中には、憂慮すべき問題が見て取れる。貧困、あるいは貧困に近い状態というものは、一つの問題ではなく、複数の問題が重なって生じたものだということである。バリー・ズッカーマン医師の小児科部門で弁護士やソーシャル・ワーカーが働いているように、一連の教育サービスの窓口として、学校に人材や資金が提供されれば、これまで挙げてきた広範囲にわたる困難の一部には対処できるようになるかもしれない。そして、学校自身も、より良く機能するようになるかもしれない。たとえば、無料か低価格の朝食や昼食を提供して生徒の栄養(そして集中力)を改善したり、共働きの親のために、放課後の学童保育カリキュラムでデイケア・サービスを提供したりすれば、ある程度の成果は挙がる。

学校の役割拡大が広範囲にわたって影響を及ぼすことは、二〇〇二年一二月五日の雪の降る朝、ワシントンの教育長であるポール・バンスが学校を開校しようとした一件でも明らかになっている。近隣学校は六〜八インチ〔約一五〜二〇センチ〕の積雪によって休校となったが、彼は、市内の学校は通常どおり授業を行うと発表した。しかし、午前八時数分前、バンスは前言を翻すはめになり、休校を決めた。政治家や評論家からは、その優柔不断と失策を非難されたが、彼の行動の裏には気高い思いが隠されていた。収入を犠牲にするか、十分に監督が行き届かない状態で子どもを家に置くかという二者択一を迫られる共働きの親の生活をかき乱したくなかったのである。学区内のほとんどの子どもたちは、補助金による朝食と昼食を受けるほど貧しい家庭の出身だった。バンスは、彼を批判する人たちとはまったく異なり、その朝、学校が休校になれば、多くの子どもが空腹を抱えることを知っていたのである。しかし、その二か月後、同じワシントンで、ジョージ・W・ブッシュ大統領は、学校での食事の受給資格を狭める予算案を提出したのだった。

ある国について学ぶには、刑務所や病院、学校を訪ねるのが最適だと考えることが、私にはよくある。そうした施設の内側では、その国の社会のものの見方や倫理観が、理想を背景にした形で、くっきりと映し出される。ジョナサン・コゾル〔アメリカの教育家・ジャーナリスト〕は、著書『残酷な不平等』の中で、アクトン卿〔イギリスの歴史家〕が一九世紀アメリカに関して書いた表現を、次のように苦々しい思いで引用している。「階級差別のない国では、子どもは親の身分に生まれるのでなく、思考と労働によって得られるあらゆる褒美を、無制限に要求できる存在として生まれる。(アメリカ人は)何人といえども、子ども時代に競争の手段を奪われているとは思いたくない」。

　コゾルは、こう記してもいる。「今日、皮肉や悲哀の念を感じることなく、こうした言葉を読むのは難しい。「競争の手段」の否定は、大都市の学校において、貧しい子どもたちに施される教育がもたらす、唯一かつ最も不変な結果かもしれない」[2]と。

　私たちがなすべきことは十分明らかであるように見える。シャミカが弁護士になれるように、ラトーシャが自分の立派な考えをはっきりと書けるように、してやることである。しかしながら、不幸なスラム街や貧民街、地方の農場のかたわらの、季節労働者がひしめき合う作業宿舎、中西部やニューイングランド地方の滅びゆく工業都市などにおいては、アメリカは子どもたちの夢の上をそっと歩もうとはしないのである。

＊「葦間の風」尾島庄太郎訳、イェーツは、アイルランドのノーベル文学賞受賞詩人・劇作家、1865–1939。

第10章　働けばうまくいく　*Work Works*

あふれるような才能が埋もれてしまっているのは、たぶん、長い間、ドラッグやアルコールに依存したり、身体的な虐待を受けたりしてきたせいだと思う。原因は、はっきりわからないけれど。でも、その才能を覆い隠している層が剝がれ始めた……その下に隠れているものは、まるで小さなダイヤモンドみたいに見える。

——リーリー・ブロック、元麻薬常用者

それぞれの中に光を見つけだす

最初のころ、ピーチズは、雇用訓練指導員と話すときに、ほとんど目を合わせようとしなかった。じっと足元を見つめ、消え入るような声で、つっかえつっかえしゃべった。この女性は、苦しみを記録したい写真家や芸術家を惹《ひ》きつけるような顔をしていた。その顔は、子ども時代に経験した虐待、そして、大人になってからのホームレスと売春の傷跡を残しているからである。傷ついたピーチズの痛々しい表情は、彼女が女性用シェルターで暮らしていた当時そこを訪ねた画家の描いた肖像画にうまく捕らえられている。

雇用訓練を何か月か受けるうちに、ピーチズはだんだん相手の目を見て、はっきりとしゃべられるようになった。自分の能力と可能性を信じる気持ちが芽生え始めていた。立ち直りへの歩みを始めたのである。しばらくたってからシェルター時代の肖像画を改めて眺め、ピーチズは愕然《がくぜん》とした。心の傷が癒《い》える前の自分は、深い谷の向こう側にいるように見えたのだった。「思わず目を見張りました」と、ピーチズは言う。「とてつもない重荷を背負っているような顔でした。目の下には黒いクマができて……。私に、私の精神に、重圧がのしかかっていたことがありありとわかりました」。

ピーチズは、ホワイトハウスから三マイル〔約五キロ〕ほど離れたペンシルベニア通り近くにある雇用訓練センターの典型的な訓練生と言っていい。訓練生の多くは荒廃しきった生活を送ってきたせいで、ごく基本的なことから学ばなければならない。約束の時間を守ること、人前で話をすること、電話に応対すること、課題をやり遂げること、そして自分を信じること。それを後押しするために、指導員はそれぞれの参加者の中に光を見つけだし、その光を点灯させる必要があった。目標は、四か月から八か月の指導のあと、すべての参加者をまともな就職先に送り込むことにある。

ピーチズはコンピュータの前に座り、マウスを操作し、キーボードを打っていた。指導員のドゥエーン・ハリスが肩越しにのぞき込んで、文書のヘッダーのデザインの仕方を丁寧に指導している。「そのテキストボックスの中をクリックして。そうじゃなくて。ボックス全体を削除するんです。そのテキストを選択して。ペーストしちゃだめです。カーソルをボックスの中に入れるんですよ」。やさしく親切に、ハリスは間違いを指摘し、正しいやり方を教えようとしていた。しまいに、いら立ったピーチズがコツコツ机を叩くと、ハリスはカーソルを操作してピーチズにボックスを作ってやった。そのあとの作業は、ハリスの説明を聞きながらピーチズが自力でやり遂げた。「ちゃんと保存しましたか」。

訓練生たち――「チームメンバー」と呼ばれる――はみな大人だったが、昔ながらの上下関係を重んじて、指導員を「ハリス先生」と敬称をつけて呼ぶ。この職に就く前、ハリスは二一年にわたり、軍曹として、海兵隊で若い兵士をしごいていた。海兵隊で学んだ教訓は、雇用訓練の場でも役立っている。「誰もがお手上げの若い隊員を任せられたものです」と、ハリスは振り返る。「大きな挑戦でした」。その挑戦を海兵隊時代のハリスは楽しんでいた。雇用訓練センターの教え子全員と同じく、ハリスも黒人である。生徒たちとは打ち解けた関係を築くことができた。ハリスはいつも落ち着いていて、要求は厳しいものの、訓練生を温かく励ます。遅刻せず、きちんとした服装をし、真面目に努力し、成果を挙げることを求めた。つまり、本当の職場のような雰囲気を大きな教室の中につくり出したのである。抜き打ちで薬物検査も行い、一度でも違反が見つかれば退場させられた。

この雇用訓練プログラムの原点は、単純な炊き出しにさかのぼる。カトリック教会のホレース・マッケナ司祭がノース・キャピトル通りでホームレスの人々に食事を提供し始めたのは、一九七〇年。この活動を母体に、SOME(So Others Might Eat)〔ほかの人たちも食事ができるようにするために〕という組織が誕生した。新たな問題が浮かび上がるたびに、SOMEは活動内容を増やしていった。給食プログラムで食事を取っていた人の多くは麻薬常用者だったので、一九七五年には、麻薬常用の治療プログラムを発足させた。しかし、麻薬常用を克服しても、まともな住居を見つけて実りの多い生活に移行するのは難しい場合が多かった。そこで一九八八年には、更生途中の麻薬常用者が職を探す間、スタッフや仲間に支えられながら、きちんとした環境で九〇日間暮らすことのできる施設をつくった。しかし、住居の提供が依然として困難であったため、翌年、元ホームレス向けのワンルームの集合住宅を設けた。誘惑を断ち切れない地元ではドラッグという悪癖を克服し難い場合が多いので、一九九一年には、ウエストバージニア州の四五エーカー〔約一八ヘクタール〕の敷地にエクソダスハウス〔脱出ハウス〕と名づけた施設をつくり、そこで九〇日間の麻薬常用克服プログラムを開始した。それでも、雇用市場で通用する技能を持たない人がほとんどだったので、一九九八年に、廃校になっていたカトリック・スクールの校舎を改装し、雇用訓練センターを開設。オフィス・スキルやビルのメンテナンス、看護などのコースを開講した。そこでは、履歴書の書き方、面接の受け方、大勢の同僚の前での話し方なども教えている。

「チームメンバーはみな、一日に一つは成功を経験しなければなりません」と、同センターのスコット・フォルスティック副所長はきっぱりとした口調で言う。これは、生徒たちのこれまでの失敗のパターンを意識してのことである。「やる気を高めるためのテクニックの一つなんです。コンピュータに触ったことすらない人もいる。そういう人にとっては、電源を入れて、プログラムを立ち上げることも一つの成功です。ビル・メンテナンスの講師が最初にやらせるのは、道具箱をつくること。とても簡単なことですが、成功したという証拠が形として残ります。そのあとで、パイプの溶接や電気の配線など、もっと難しいことに取り組みます。最大の障害は恐怖心です。「いままで成功したことなんかないのに、今度だけうまくいくわけがない。私が成功するなんて、誰も考えたことがない。誰も私に成功してほしいと思ったこともない。私が成功しようとしまいと、誰も気にも留めない」と思ってしまう。新しいことに挑戦し、殻を打ち破ることに対して、強い恐怖心があるのです」。

その殻を打ち破る後押しをするための取り組みの一つが、チームメンバーによる朝の短いスピーチである。あらかじめ準備させてきたテーマについて発表させる場合もあれば、その場で指名してスピーチさせる場合もある。これによって、訓練生は大きく成長する。最初のころは、決まりの悪さや恥ずかしさ、不安、じっと見つめる人々の顔、言葉が発せられるのを待つ静寂、自分の話など価値がないという訓練生の静かな思い込みのせいで、この訓練は重苦しいものであった。しかし、しだいにチーム内に仲間意識が芽生え、全員が同じ問題と重荷を抱えていることがわかるにつれて、彼らは視線を床から上げ、しっかりした声ではっきり話すようになり、自信をもち始める。こうして、これまでの人生で失敗し続けてきた大人が、職場で欠かせない行動、すなわち他人とのコミュニケーションをうまくできるようになるのである。

ピーチズは、自尊心というテーマで短いスピーチをしたことを覚えていると話す。「その部屋にいる人は、みんな目に涙を浮かべていました。若者も年配の人も、男の人も女の人も。「あなたがどういう体験をしてきたかよくわかります」って、誰かが言ってくれました……やっと思いを吐き出すことができたんです。恐れることなく思いを吐き出せる場がそこにはありました。それまでは、一人で泣いていても気持ちは吐き出せませんでした」。

ある朝、ハリス先生は訓練生を会議室に集めて、プライベートな題材ではなく、もっとオフィスの仕事に関係のあるテーマについて即興のプレゼンテーションをするように指示した。「「即興」ってどういう意味かな?」と、彼は問いかけた。

「その場の勢いでやるんですよね」と、誰かが答える。

ハリス先生は、スピーチのテーマを訓練生から募集した。「会社と社員のコミュニケーション」と誰かが提案すると、ストレスをなくし壁を取り除くうえで良好なコミュニケーションが果たしうる役割について、彼は、一分間ほどの簡潔なスピーチを披露した。続いて、紫とクリーム色のパンツ・スーツを着ていたデラという若い女性を指名した。「ドレスコード」（服装規定）というテーマを誰かが提案する。

デラは、おどおどした様子で、いきなりこう切り出した。「職場でのドレスコードの大切さ」。そして、そう言ったきり、黙り込んでしまった。

「思いついたことをそのまま言わないように」と、ハリス先生が諭《さと》す。「慌ててはいけません」。

「職場でのドレスコードの一つは、人前に出て恥ずかしくない服装をすることです」と、デラは続けた。「どんな格好をして来てもいいというわけではありません」。彼女は、ここで長い沈黙に陥り、手を頬に、次いであごに当て、必死にアイデアを探す。ハリス先生は助け舟を出さない。「要するに」と、デラがようやく口を開く。「私はきちんとしていると思うし、そうあるように努めています」。そして、彼女はまばらな拍手を受けながら着席した。

「このテーマについて考えてみよう」と、ハリス先生が言う。「簡単な問題ではないからね」。

そこには見え透いた称讃はなかったが、ピーチズがほかでは経験したことがないような大きな励ましがあった。ピーチズによれば、ここにやって来たとき、彼女は「陰気で、汚くて、間抜けで、不平不満ばかり言っていた」という。そうした軽蔑的な言葉は子どものころ、彼女がよくそう言われていたものである。「センターに来ても、お金がなかったから昼食を食べに行きませんでした。お腹をすかせて座っていたんです。そうしたら（補助アドバイザーの）シェリーが気づき、「腹が減っては戦はできぬって言うじゃない」と言って、ピーナッツ・バターとジャムとパンを持ってきてくれたんです。一緒にサンドイッチをつくりました。腹が減っては戦はできないから。こんなことをしてもらえるなんて考えもしなかった……。ハリス先生は、私と一緒に歩いて話してくれます。「今、どんなこと考えている？」って聞いてくれるんです。センターに来ていないときでも、電話すればなんでも聞いてもらえます。「シェリー、ちょっと相談したいんだけど」「ハリス先生、聞いてほしいんです」「ミスター・フォルスティック、まったく嫌になります。どうしたらいいと思いますか。職場で別の部署に移りたいし、学校にも行きたいし、どうすればいいんでしょう？　どう対処すれば？」というように。いつでも相談できます。ここは一つの家族。そう、家族なんです。それは、私が手にしたことがなかったもの、ここにいる人の多くが持ったことがないものなんです」。

つまり、雇用訓練は、トレーニングのプロセスであると同時に、癒しのプロセスでもあったのである。「悪魔を完全に追い払えたわけではないけれど」と、ピーチズは言う。「ずっと気分がよくなりました」。ＳＯＭＥの最新の会報を掲げて、ピーチズは誇らしげに話す。「これ、私が作ったんですよ。五〇〇人に配られたんです。大丈夫、私にもできる。だって、これを作ったんですから」。

それを作ったことがピーチズの履歴書の目玉になったのは、履歴書作成のワークショップを指導する、言葉の達人キャシー・トラウトマンのおかげである。彼女は白人で中産階級出身だが、訓練生が壁を感じないように、自分はシングルマザーで大学中退組だと、みんなに打ち明けている。「大学に行かないほうがいいとは言いません。でも、まずは生きていくことが大事でしょう？」テーブルの周りでみんながうなずく。彼女は、生徒たちの心をつかんでいた。

訓練生が生活を軌道に乗せる段階までくると、彼女は、履歴書に書く際に売りになりそうなことに取り組むよう訓練生たちに助言する。「くだらないことに時間を費やさず、地域のボランティア活動をすることが大事です。それに、マクドナルドで四年間働いたりしないこと。そんなこと履歴書に書いてどうなると思いますか。確かに、会社のルールや顧客サービス、衛生管理を学ぶ機会にはなるけれど、一年で十分。四年もやってはいけません」。どんな取るに足りない学歴や職歴でも強調して書くように、ともアドバイスする。「ＳＯＭＥ雇用訓練センター、証明書、プログラムの名称など」と、トラウトマンは挙げ連ねる。

「プログラムと時間数を細かく書いて。ビルのメンテナンスと建築作業が九六〇時間。オフィス・スキルが八一〇時間。教室での授業と実地演習」。トラウトマンは、専門用語を教え、ありふれた経験を立派な経験のように言い換える方法を示し、業界用語を覚えるために求人情報を読むよう勧める。「就職したい業界のキーワードをたくさん使えれば、それだけ業界のことを知っていて、業界の一員みたいに見えます」。この指導の結果、タイピングは「キーボード技術」に、英語の補習は「ビジネス・コミュニケーションと人間関係スキル」に、それぞれ言い換えられることになる。

キャシーが訓練内容の詳細を聞き出し、売り物になる履歴をリストアップしていくうちに、訓練生たちの誰もが少しずつ自信を持ち始める。ビルのメンテナンスのクラスが校舎の改装に取り組んでいることを知ると、彼女はとても興奮した。「これは仕事です」と、彼女はきっぱりと言う。「大きなプロジェクトです。履歴書に書くんですよ。「教室の建設。居住棟の増築。壁の取り壊しと設置。オフィス機器の電気配線。コンピュータ化に伴うオフィス・テクノロジー・クラスの教室の大幅改装(特殊な電気・照明の導入を含む)」。自分のやっていることを文章にする方法を身に付けましょう」。ピーチズの会報のことを耳にすると、彼女はこう言った。「「画像処理と印刷」。そうですね、「デスクトップ・パブリッシング」にしましょう。そのあとにカッコして、「マイクロソフト・パブリッシャー」と書きなさい。そうすれば、ただデータを入力するだけじゃなくて、オフィス・オートメーションの有能な人材だということになりますから」。

そのとき、誰かが「チーム」という魔法の言葉をつぶやくと、トラウトマンは目を輝かせた。「どこかにチームワークという言葉を入れないとね。実社会では、チームワークがとても重要視されています。みなさんはチームの一員としてプロジェクトを達成しようとしている。そこがいいところです。すごくいいですね。面接のときにそのことを話しましょう。面接担当者が食いついてきますよ」。

面接への不安は、訓練生たちにとって悪夢以外の何ものでもない。別のワークショップでのこと。パットというコンサルタントが、誰か採用面接を受けたことがあるかと受講生に尋ねた。手を挙げたのは半数だけだった。パットがその半数に、面接の経験から連想する言葉を挙げさせると、「恐怖」「駆け引き」「不安」「混乱」「緊張」「場違い」「尋問」「萎縮」といった言葉が並んだ。一人が「自信」と答えたところ、その男性に対し、いっせいに疑わしげな視線が注がれる。

「しゃんとしなさい」と、パットが受講生たちに言う。

「背筋を伸ばして」。受講生たちが言われたとおりにすると、パットは、職務内容について下調べをし、面接に遅刻しないこと、と彼らに言い渡した。きちんとした身なりをすること、その会社での昇進の可能性と仕事内容について質問をすること、面接担当者の質問には職務内容に即して答えること——。訓練生たちは、生活保護受給や麻薬常用、刑務所への服役などで履歴書に空白期間があることを心配していた。「正直に振る舞うのがいちばんです」と、パットは言った。過去に犯した過ちではなく、この仕事でできることに焦点を当てて話しなさい、と。そして訓練生たちの恐れている質問を具体的に挙げさせ、対策を伝授した。

「あなたを雇うメリットはなんですか、と聞かれたら?」ある訓練生がこう質問すると、「人とうまくやれること」と、パットが模範解答を示す。「チームで働くことに慣れています……と言いましょう。前科のことは心配しないように。仕事に関係のある経験だけ話しましょう」。

「当局とトラブルは起こしていませんか、と聞かれたら?」別の訓練生が尋ねる。

「『いいえ』。自信を持ってそう言いましょう。背筋を伸ばして『いいえ、ありません』と答えてください」。

「あなたのことについて聞かせてください、という質問には?」

「面接担当者は皆さんの人生について知りたいわけではありません。『私はよく働きますし、責任を持って仕事に取り組めることを知っていただきたいと思います』と言えば十分。二五分間、説教を続ける必要はありません」。

「二年後、自分がどうなっていると思いますかと聞かれたら?」

この質問には、訓練生の一人が模範解答を示した。「この分野で出世できるように自分をみがき、できればこの会社で昇進したいと考えています」。

「いいですね!」と、パットが声を上げた。「雇用主に受けますよ」。

なぜ前の職場を離れたのか、頻繁に転職してきた理由は何かと尋ねられた場合は?

「なにか対策が必要ですね」と、パットは言う。「たとえば、こういうのはどうでしょう?『何度も失業した経験があります。でも、これからは人生を建て直そうと思っているんです。私はこのプログラムで勉強しましたし、基本的に責任感のある人間です。勤勉です。そして……」。いいですね、あくまでも正直に。「私を雇って後悔はさせないことを保証します」と言いましょう。ここで、何が必要かわかりますか。頭の中で自信をもたなければならないんですよ」。

私は働く生活保護受給者

こうした訓練はみなうまくいった。ロビイストや法律事務所、政府機関の郵便仕分け室とコピーセンターに配属する、やる気のある人材を求めていたゼロックス社は、年間一〇〇万ドルの免税措置と引き換えに「福祉から労働へ」という就労促進プログラムに参加。この雇用訓練センターの訓練生から四人を採用した。ピーチズはその一人だった。脳性小児麻痺《まひ》の女の子を持つシングルマザーのウェンディ・ワクスラーも採用された。ゼロックスは、採用した面々に訓練を施して、フルカラーの報告書を印刷・製本する機械の操作と整備点検を修得させた。最初八ドルだった時給は、たちまち一〇ドルに昇給。医療保険などの付加給付も提供されるようになった。彼らの見事な転身ぶりを高く買ったゼロックスは、さまざまな場でその人たち（と会社自体）が脚光を浴びるようにした。シカゴの式典で、ウェンディはクリントン大統領と言葉を交わした。「大統領は、私のスピーチをはじめ、何から何までほめてくれました」と、ウェンディは興奮気味に語る。「スピーチを気に入ってくれて、それから私を抱き寄せて、一緒に写真を撮ってくれたんです」。女子学生のようにクスクス笑いながら、ウェンディは続ける。「写真はゼロックス社内中に張られたし、社内報にも載りました。『ジェット』誌〔アフリカ系アメリカ人向けのニュース雑誌〕にも」。その後、彼女は大統領の招待を受け、娘を連れてホワイトハウスの大統領執務室も訪ねた。数年後、娘の容態が悪化し、ウェンディは看病のために仕事を辞めなくてはならなくなってしまった。六歳の娘は、体重が二五ポンド〔約一一キロ〕しかなかった。ウェンディは再び生活保護受給者になったものの、それは長く続かないという自信があった。彼女は、これまで受けた訓練と職歴を評価され、生活保護による援助金のおかげで、コンピュータ専門家とウェブデザイナーを養成する学校に入学を果たしたのである。すぐに自活できるようになると、ウェンディは確信していた。

ピーチズも、いまだ貧しさを感じているとはいえ、自分自身に満足していた。「私は働く生活保護受給者。そう、私は仕事をしているんです。何もしていない女性と同じくらいのお金しか手にできないけれど、私は働く生活保護受給者。どこへ行くにも何をするにも十分なお金に事欠くけれど……何もしていない女の人は、家でのんびりメロドラマを見て、髪をセットしてもらって、ネイルケアもしてもらっている」。そう言いながら、ピーチズはお腹を抱えて笑う。「そして、私はわけがわからないまま必死で頑張っている。私は働く生活保護受給者」。

女性が働き始めると、それに伴う経費——交通費だけでなく、たいてい子どもを預けなければならないし、職場で着る服も買わなければならない——がストレスとなる。それでも、ピーチズは、リサイクル・ショップで流行遅れの二五ドルの服を買い、どうにかしのいでいる。アパートを借りるだけのお金も貯め、絹の造花で贈答用のバスケットを作るサイド・ビジネスも始めた。自由な空気を味わい、少しだけ将来の夢を見ることを自分に許すようになった。「その気になれば、ニューヨークにだって遊びに行ける」と、彼女は、うらめしそうなほほえみを浮かべて言う。「ランチを食べて、ディナーに行って、それから……ああ、思いつかない。〔ワシントンの劇場兼コンサート・ホール〕ケネディ・センターでも、どこでもいい。バハマにも行くつもりです。一人でもいいし、誰かと一緒に行ってもいい。バハマに行きます。行きたいから行くんです。ニューオーリンズにもね。そう、行きたいからです。引け目を感じる必要なんてありません。やってみて、それができるという事実を確認したいんです……楽しい時間を過ごして、ホンモノの人間になりたい。誰が誰を騙《だま》した、誰が誰を撃った、誰と誰が死んだ、なんていうこと以外の話題を持っている人間になりたいんです」。

もっと成功している人たちと知り合えることが職場に出かける励みになっていると、福祉と極貧の日々から脱け出した人たちの多くは言う。職場で成績のいい同僚と出会えば、刺激を受け、視野を広げ、学ぶことができる。カンザス市のある会社の秘書として二万二〇〇〇ドルの給料を受け取っているワンダ・ラウンドツリーは、上司から子育てについて思わぬ助言をもらった。「『ワンダ、こうしてみたら？　叩いてはダメ。こんなふうにしてみたらどう？』と、彼女は助言してくれました。そこで子どもをぶつのをやめて、上司のアドバイスをいくつか実践してみたんです。そうしたら、うまくいきました。「これ、いいですね！」と彼女に言うと、「子どもたちにあげたら」と言って、物をくれたりもするんです。『ラグラット』など子ども向けキャラクターの絵本や、いろいろな雑誌のこと、『スポーツイラストレイテッド』誌などについても教えてくれました」。

雇用主が予想外の発見に驚くこともある。ゼロックス社の地域採用・社員教育担当マネージャー、ビバリー・スミスによれば、飛び込みでやってくる求職者より、ＳＯＭＥの訓練センターを卒業した元麻薬常用者や元生活保護受給者のほうが信用できることがわかったため、同社では、この種のプログラムの出身者以外は採用しないことにしたという。「センターでは、働く準備をさせてくれます。訓練生にやる気をもたせ、朝起きるという習慣を取り戻させてくれるんです。そのおかげで、新しい生活への移行がすんなりいくというわけです」。スミスの経験では、「ソフトスキル」の訓練を欠いたコースは、育児や通勤の負担、財務管理の失敗により、仕事の場でも失敗する卒業生を送り出しがちだという。「たとえば、金曜日に給料をもらっても、火曜日にはもう交通費もないという人もいます」と、スミスは話す。質の高い訓練プログラム出身の生活保護受給者を雇用することにより、「社内の人材プールを拡大し、採用後の訓練という手間を省くことができました」。

ここに、福祉から労働へ移行させるための鍵がある。これが進めば企業のためになる。福祉改革は、全米各地で、民間企業と非営利団体（ＮＰＯ）の協力を促進してきた。官民共同で資金拠出したカンザス市の取り組みでは、企業幹部が重要な役割を担い、企業と貧困追放団体と市政府が手を携えて雇用訓練を実施している。オハイオ州クリーブランド市では、実際の仕事に即した雇用訓練を行うように、センターの施設を寄贈し訓練生を採用してきた地元企業の幹部たちに雇用訓練センターの理事会の主導権を委ねた。要するに、雇用訓練を労働市場の需要に対応させているのである。当たり前に聞こえるかもしれないが、連邦政府が予算を提供しているプログラムでは必ずしもそれが実現していない。

こうした試みの成功に不可欠なのは、営利企業とＮＰＯの共生、つまり、双方が恩恵に浴することである。そして、その場合、時として民間企業に健全な補助金が与えられているように見えることもある。たとえば、ケンタッキー州の農村部で行われている非営利の雇用訓練事業「ジャクソン郡リハビリテーション・インダストリーズ」。この事業では、減税措置を受けた工業団地の一角で、近くのミッドサウス・エレクトリクス社と契約を結び、家電用ケーブルを製造している。アパラチア地方出身の貧しい白人女性たちが機械の前に座り、茶色のワイヤを正確に同じ長さに切断し、その両端に端子を取り付けている。ワイヤの巻かれたスプールの乗った大きな台の前に座り、複雑な通信ケーブルを束ねて、デンタル・フロスのように細いプラスチック糸で結んでいる男女もいる。透明なプラスチックで覆われた「クリーン・ルーム」は、〔有力IT企業の〕ルーセントとヒューレット・パッカードから契約を取ることを期待してつくられた。この工場でつくられるワイヤは、メキシコで製造するほどは安くないが、アメリカ国内の大半の業者よりは廉価である。というのも、リハビリテーション・インダストリーズが売上でカバーする必要があるのは、支出の七〜八割のみだったからである。残りの費用は、政府の助成金でまかなわれる。雇用訓練の訓練生はこの工場で九〇日間働いて、法定の最低賃金と民間の水準より少ない付加給付を受け取る。

このようなミニ企業——社会復帰作業所と呼ばれることもある——は、厳しい職場であるという印象を訓練生に抱かせるために、あれこれ取りつくろう必要などなかった。なにしろ実際、厳しい仕事なのである。利益を挙げなくていいし、雇用訓練生に実際の職場を経験させるために政府の助成金を支給されているので、大企業の下請けで製品の組み立てと梱包を行っている営利企業との価格競争に勝って契約を取ることも多い。すべての当事者が恩恵に浴しているように見える（中小ライバル業者は別だが）。大手メーカーはコストを節約できるし、訓練生は——うまくいけば——雇用主が望む資質を身に付けることができる。

ただし、問題もある。訓練生は労働組合に加入しておらず、低賃金で民間の工場で働かされる場合も少なくない。民間企業にとっては、賃金が安いうえに、医療保険や有給休暇などの付加給付を与えなくてすむという利点がある。この結果、従来フルタイムの労働者が担っていた雇用のアウトソーシング化に拍車がかかり、付加給付の骨抜き化と賃金水準の低下が進んでいる。しかし、企業は安価な労働力が手に入り、訓練生は貴重な実務経験を積めるというメリットは大きい。シカゴのタートル・ワックス社の工場では、二五〇〇人の労働者のうち四〇人ほどが、「オプションズ・フォー・ピープル」〔人々のための選択肢〕という雇用訓練プログラムの出身である。

このプログラムの理事長、デニス・ヒーリーは同社の会長である。オプションズは契約の一部として、会社の負担を軽減するため、箱詰めなどの単純労働に従事する低賃金労働者を監視する監督者を工場に派遣している。この実地研修制度はタートル・ワックスにとって願ってもない話だったが、オプションズから派遣された訓練生にとっても好ましい出発点となった。訓練生の多くが、昇進の可能性のある正社員に採用されたからである。オプションズの修了生はフルタイムの正社員の半数以上を占めており、二人は中間管理職まで昇進している。

しかし、雇用訓練プログラムが労働者の権利について教えることはほとんどない。雇用してもらえる人間になるための負担を背負うのは、もっぱら訓練生の側である。一方、企業側は、まっとうな賃金と労働環境を提供するよう強いられることなどない。本当の意味でのエンパワーメントは存在せず、採用プロセスからして労働者にはわずかな交渉力すら与えられていない。バーバラ・エーレンライク〔既出の『ニッケル・アンド・ダイムド』の著者〕は、その実態を、巨大スーパーマーケット・チェーンのウォルマートで見いだした。「求職者が、次の瞬間には新人店員になっている」と、エーレンライクは記す。「応募書類を手渡された数日後には制服を与えられ、鼻ピアスを外すように言われたり、商品を盗んだりしないよう釘を刺される。自分自身の契約を結ぶ権利があるフリー・エージェントとして雇用主になるかもしれない相手と向かい合う中間段階が抜け落ちている(1)」。

オプションズは、五九番街の駅構内の線路と側線の脇に挟まれた場所にあった空き倉庫を改装し、にぎやかな工場に変えた。太鼓腹の訓練責任者リチャード・ブラックモンが、勤労倫理を訓練生たちにたたき込もうと努力している。「ここでは商品の梱包をしています」。ボール箱や樽の山の間を縫って歩きながら、ブラックモンは説明する。「プログラムのこの部門の目的は、スケジュールを立て、一日中働くことに慣れ、ベビーシッターを雇い、通勤ルートを確認し、いくらかのお金を儲ける経験をさせることにあります。実際のところ、訓練生は五・一五ドル〔最低賃金〕の時給を受け取っています」。

一つの作業コーナーでは、一ドルショップに商品を卸しているパーソナルケア社のために、消臭スプレー、洗濯のり、オーブン用洗剤などの缶に値札を付けている。「私たちが値札を貼るのは、要するに製造業者がやらないからです」と、ブラックモンは説明する。「缶を作るけれど、値札は貼らない。要するにそういうことなんです」。別の作業コーナーの前で、ブラックモンが立ち止まった。「これはドミニクズ〔食品スーパーチェーン〕の仕事です。オプションズの理事長はドミニクズの元社長兼CEOということもあって、ドミニクズとは非常にいい関係にあります。ドミニクズは店内の販促キャンペーンが終わると、使用した品物をすべて私たちに送ってきます。私たちはそれを倉庫にしまい、店でまた売れるように再包装して送り返します。店頭に展示してあったものが送られてくるわけです。まだ再包装していない品物がそこにあるでしょう。そのボウルや皿なんかがそうです」。

「ここでは、オーウェンズ・ブロックウェイという会社から依頼された点検作業を終えたばかりです。このオシャレな瓶ですが、文字の位置がズレている製品がありました。瓶を手で持つとインクがおちてしまうこともあります。そこで、私たちはテープを使って商品検査をしました。粘着質のテープを数回、貼り付けたり剝がしたりして、インクがおちないかどうか試しました。インクが消えたり汚れたり、瓶が壊れたりした場合、瓶のフタを外して捨てました。フタが付いているということは……これは問題なしの商品ですね。問題のない商品と、取り外したフタは会社に送り返し、不良品は破棄しています」。

「この奥では塗料を扱っています。オプションズとは長い付き合いの塗料会社、シャーウィン・ウィリアムズが塗料をリサイクルするのを手伝っています。一、三年売れ残っていて、液体と固体に分離してしまっている古い塗料がここに送られてきます。私たちの仕事は、それを五五ガロン〔二〇〇リットル強〕のドラム缶に空けることと。シャーウィン・ウィリアムズは、それを再加工して再利用するのです。ここにある塗料はすべて、私たちがシャーウィン・ウィリアムズから引き取ってドラム缶に空けたものです」。

「これは、ケンドール・パッケージングという会社の仕事。この文書用ボックスを作っている会社なのですが、ボタンとボタン穴を付けるのを忘れてしまったので、私たちがやっています。箱の角にボタンを付け、箱を閉じるためのヒモを装着します。昔はケンドール・パッケージングの社内でやっていた仕事ですが、私たちに外注されるようになりました。この会社とは良好な関係を築いていて、一五万個分の作業を請け負っています」。

ブラックモンは、麻薬と暴力の蔓延で悪名高いシカゴのカブリーニ・グリーン公営住宅の生活保護受給家庭で育ち、やがてロースクールに進学。企業法務分野で働いたのち、主に無償で少年裁判の弁護活動に従事したが、その仕事を辞め、オプションズで訓練生を指導するようになった。彼は、事態を原因まで探り、問題の根っこを見つけ出すべく努めているように見えた。「ゆっくり歩いて生活保護から抜け出すことなんてできません」と、ブラックモンは自分自身の経験をもとに言う。「走って、叫んで、蹴飛ばして、怒鳴って、飛び出すようにして抜け出すしかないのです」。

　ボール箱や樽、作業テーブルの間を通り抜けて向かった先は、小さな教室だった。そこでブラックモンは、貧しい公営住宅出身の成功した一人の黒人男性として、九〇日間の訓練プログラムへの参加を希望する一七人の失敗した黒人男女の前に立った。自分がどうやってここまでたどり着いたかを話して聞かせ、朝の挨拶をし、教会のミサよろしく一同に問いかけて返答させた。

　「みなさん、訓練の用意はできていますか」。参加者が、ボソボソと答える。「はい」。

　「さあ、私の言葉を繰り返してください。「私は変えることができる」」。

　一同が控えめな声で言う。「私は変えることができる」。

　「もっとうまく言えるでしょう？　本気でそう信じているみたいに言ってみましょう。「私は変えることができる」」。

　「私は変えることができる」。

　「あるいは言い訳することもできる」。

　「あるいは言い訳することもできる」。

　「でも、両方はできない」。

　「でも、両方はできない」。

　ブラックモンがコーチングのテクニックを修得したのは、南イリノイ大学でフットボール奨学金を受給してフルバックをしていたときだった。当時は、ハーフタイムになると、どんなに劣勢でも逆転できると本気で思っているかのように、チームメートに檄《げき》を飛ばしたものである。「このプログラムの目的は、みなさんの自立を手助けすることです」と、ブラックモンは教室の面々に語りかける。「私たちがみなさんに与えられるものは、一つとしてありません。このプログラムは、みなさんの中にすでにあるものを目覚めさせ、他の人ができるのに自分にできないことなどなにもない、とわかってもらうことを目的としています」。そして、彼は、聴衆がすでに自分の内なる能力を活用した実例を示す。「世界有数の過酷な街でサバイバルしてきたんだから、頭が悪いわけがない。みなさんが三〇歳でも四〇歳でも、二〇歳でも五〇歳でも、これまでシカゴでサバイバルしてきたなら、絶対に能力があるはずです」。

どうせ最低賃金しか受け取れないなどとばかにしてはいけないと、ブラックモンは言って聞かせる。「最低賃金にはパワーがあります。出発点になりうるのです。時給五・一五ドル、週に四〇時間、月に四週間で、月収八二四ドルになります。生活保護で月に八二四ドルもらっている人いますか。誰も手を挙げませんね。ほら、最低賃金って悪くないでしょう？　パートナーと二人でそれぞれ最低賃金を稼いだら、月に一六四八ドルになる。月に一六四八ドル稼いでいる人いますか。最低賃金を侮ってはいけません。立派な出発点になるんです」。

「預金が五〇〇ドルある人は何人いますか。一人、二人手を挙げましたね。このシカゴで、子どももいて他にも負担があるのに、五〇〇ドルすらなくて、どうやって生活していけるでしょう？　人生、どんなことが起こるかわかりません。このプログラムでは、お金を貯めることの大切さを学びます。どうやったら、週一〇ドル貯金して、一年後までに五〇〇ドルの貯金ができるかも教えます。その方法を話し合う必要があるんです。貯金をしないといけません。貯金のコツは、一度に大金を貯金しようと思わないこと。長い時間かけて少しずつ貯めるんです。こういうことを話し合う必要があるんですよ」。

ブラックモンは、訓練生が自分自身のために立ち上がるよう願っている。「プログラムのねらいは変化を起こすこと。人生を好転させることが目的です。それを望まない人は、このプログラムの対象ではありません。私たちは助けてあげられません。何も与えられないからです。みなさんは、必要なものは、もうすべて持っています。私たちは、そのことに気づいてもらうための手助けをするだけです。みなさんが気づくのをお手伝いするだけです」。

何もかも神様のおかげです

リッキー・ドレークに初めて会ったとき、ほんの数分もしないうちに彼が非常に聡明であることに気づいた。彼は、分厚い黒のルーズリーフをめくって数学と工学の図式を説明したあと、金属の床のクリーブランド雇用訓練センターを案内してくれた。この古い工場内は、技能労働者を必要としている製造企業の寄付した設備でいっぱいだった。オリーブ色の旋盤、ボール盤、精密粉砕機など、すべての機械をドレークは動かすことができた。新たに選んだ機械工の仕事で使う道具であるマイクロメータやカリパスも器用に扱った。六か月コースの三分の二を終え、新たな技術を身に付けたドレークの意欲に満ちた態度を見る限り、以前に失敗した姿を思い浮かべるのは難しかった。

しかし、昔は失敗したこともあった。ドレークは、これまでの生涯について簡単に話してくれた。「父親はとても厳格で、息子たちをしかるときは、長い木の棒と短い木の棒でたたきました。結果的に、その体験が私に影響を及ぼしたんです。従軍したことも影響を及ぼしました。私はこういう問題を乗り越えなくてはならなかったんです。そこで精神世界に入り、神を信じれば「これよりましなことができる。これを乗り越えられる」と考えるようになりました」。

貧しい黒人家庭で育った少年時代は、あまり将来に希望を感じることができなかった。「少し反抗的」だったドレークは、一九六八年に家を飛び出して軍隊に入った。軍は、この少年がまだ一六歳であることに気づくと、父親に連絡して入隊許可書類にサインさせた。そして、ドレークはベトナム戦争に二回従軍した。軍隊でケーブルの溶接や架線、無線通信の仕事をしながら、自由と独立の奇妙な感覚を実感していた。「それを生涯の仕事にするべきでした」。ドレークは僧侶と会話し、仏教やヨガを経験し、マリファナやコカインにも手を出し、とうとう軍病院に送り込まれる羽目に陥る。一九七三年に「ザ・ワールド」――ベトナム従軍米兵は母国を呼んだ――に戻ったとき、試用期間の終了と同時に失職するような仕事を転々とできればいいほうであることに気づいた。「九〇日間の試用期間が終わる直前になると失職。そして、また求職者の身分に逆戻り。雇ってくれるところがまったく見つからない場合もあれば、どうにか日雇いの仕事にありつける場合もありました。トラックの配達かなにかの仕事をしたと思うと、次の日は電気系統の保守の仕事のことも。その繰り返しです。そんな状態では、仕事に応募しようにも、職歴って言えるものがないじゃないですか。単純労働を二か月やっても、職歴には入りません」。ドレークは、ドラッグとアルコールの誘惑に負けてしまったと言う。

雇用訓練センターを案内してくれた数か月後、ドレークの自宅を訪ねた。クリーブランドのその界隈は、以前は中産階級の住む地域だったこともあるが、今はさびれてしまっている。レンガ造りの二世帯住宅は、一〇年ほど前に夫婦で四万ドルを出して買ったものである。財政的な問題から、その家を手放す寸前まで追い込まれたこともあったという。ほどよく古びた感じに見える家に到着すると、ドレークが表に出てきた。そして、道の反対側で話していた二人の若い女性に歩み寄り、片方にタバコ代として一〇セント硬貨を渡した。それは、禁煙したふりをしている人の行動パターンであることを私が指摘すると、「そういうあなたこそ、どうしてそうわかるんですか」と彼は言いながら、ニヤリと笑った。

その家のリビングルームは、ドレークの手でペンキ塗りが終えられたところだった。リビングルームは、カーテンで締め切られており、とても暗かった。天井には扇風機が取り付けてあり、床はみがいて仕上げる途中だった。地下には、バスルームをつくる予定だという。しかし、こうして身辺を整え、生活をきちんと管理しようとする一方で、ドレークには心配事もあった。二五歳になる息子のことである。この息子は仕事を持たずにラップ・バンドの活動をしていたが、そのバンドは、CDを制作したばかりだというのに早くも解散の危機に直面していた。未婚で五か月の乳児を育てている一八歳の娘のことも気がかりだった。部屋の隅には、その赤ん坊のためのおもちゃと補助イスが置かれている。一二歳の娘も心配のタネだった。この子は集中力がなく、学校でも素行に問題があった。ドレークは、自分のことは心配するまいと心に決めていた。

「悪いことには片っ端から手を染めました」と、彼は言う。「酒にドラッグ、女遊び……しまいには、誰かに殺されるか誰かを殺すか、というところまでいきました。でも、そんな人生を送りたくはなかった……人は、大人になる過程で面白半分にいろいろなことを試すものですが、大人になったら卒業しなくてはなりません。ビールにマリファナ、タバコ……いろいろ試すけれど、これは通過点です。成人したら卒業して、失敗から学ばなくては。人より速く学ぶ人もいれば、遅い人もいる……いろいろな選択肢があるんです」。

ドレーク自身が最終的に行った選択は、彼を二つの救済へと導いた。それは、神と仕事である。「カトリックにイスラム教、ルター派など、さまざまな宗教を体験しました。フリーメイソンにも帰依したんですよ」と、彼は独特の用語を使って言う。「神学や哲学も学びました」。この数年、彼はバプテスト派の教会に居場所を見つけていた。しかし、最も情熱を傾けているのは仕事であるように見えた。雇用訓練を終えたあと、ドレークは、芝刈り機や除雪機などの部品をつくる工場に時給七ドルの見習い機械工として就職した。「工場で作っていたのは、留め金やレバー、バネなど、小さな部品です。私の部署では、それにドリルで穴を開けたり、ギザギザ部分を付け直したり、穴を広げたりしていました」。一年後には、製鉄所でコイルを細く切る機械を動かす仕事に就き、時給八・五〇ドルを稼ぐようになった。熟練機械工として食べていけるだけの技術があったおかげで、二〇〇三年の不況のさなかに別の製鉄会社に移り、九・五〇ドルの時給を得た。そして、会社から派遣され、油圧技術と設備メンテナンスの学校に通った。最後まで頑張り通せば、いずれ給料は倍に増えるはずだった。

しかし、ドレークにとって仕事がうまくいっていたのは、先々の収入の面だけではなかった。仕事のおかげで、人生を修復するプロセスが始まったのである。打ち込めるものが見つかり、技術をみがくためにコミュニティ・カレッジにも入学した。毎朝四時に起き、五時四〇分のバスに乗って職場に向かい、七時の始業前に少し読書する時間を持てるよう、六時半までには工場に着いた。ほぼ毎晩、九時か一〇時まで授業があった。

短時間会ったときの印象では、ドレークには、妻のドロレスと礼儀正しく丁寧に言葉を交わす時間がないように思えた。人前でも、妻にぞんざいで威張った口をきいていた。病院の配膳係の仕事から帰った妻のドロレスは、頭に赤いバンダナを巻き、黒革のジャンパーにきゃしゃな体を包み、白いスラックスというでたちだった。彼女はソファの隅に腰掛け、夫の改心について話してくれた。最悪の時期には二年間別居していたと、ゆっくりした口調で語る。しかし、ドレークはどん底からはい上がった。雇用訓練の過程の一歩一歩が、上方へと連なるはしごの一段一段のように思えたという。「夫のような人は、家族を食べさせられれば、精神が落ち着いて安心するんです。あのプログラムは、夫の人生で最高の出来事でした」と、彼女は説明する。夫の転身について、ドロレスはどう考えているのか。「神様の御許に戻るべきだということはわかっていました」と、彼女は言う。「お祈りをすると、神様は、夫が家族のために何をすべきか教えてくださいました。そして神様は私にも、家族と夫のために何をすべきか教えてくれるようになったのです」。成功は夫自身の力だと考えなかったのだろうか。「何もかも神様のおかげだと考えています。仕事や訓練のおかげとは思っていません。訓練を受けられたのも、神の愛の賜物です。神様は私たちを結びつけ、夫に仕事を与え、家族の面倒を見るために彼が本当に必要とするものを手にできる次の段階へと導いてくださることでしょう」。私は、雇用訓練センターを案内してくれたときのドレークの立派な態度について、ドロレスに話して聞かせた。すると、彼女は「本当ですか」と答え、少し驚いた様子を見せた。

ドレークは、妻の話に異議を唱えなかった。「一日一日を大事に生きています。ベッドに入る前と目覚めたときに神様と話をします。「神様、私の状況をご存知ですよね。どうかお助けください。私を正してください」って。すると、神様は、私が悪魔と戦うのを助けると言ってくださいます。自分で自分をそうした状況に置かなければ、それほどもがき苦しまずにすむわけです。マリファナ常用者の連中と一緒に街角に立たなければ、誘惑されることもありません。どういう意味かおわかりですよね？〔神との対話が〕有益であることはわかっています。最初は少しためらったけれど、続けるうちに、ますます神様に頼るようになりました。自分と神様が一対一で向き合っているというように、人生を考えられるようになりました。他人に頼る必要なんて、もうないんです」。

ある贖罪の物語

リーリー・ブロックはちょくちょく学校をサボっており、母親もそのことを知っていた。しかし、彼女はその日、アナコスティア高校での授業が終わると校舎を出て、ワシントン南東を流れる薄汚れたアナコスティア川の対岸の貧しい黒人居住地域を通り、自宅に向かっていた。小さなマイホームまであとわずかだったが、アールという男に後をつけられていた。

この少女は「リーリー」という、小鳥のさえずりのような名前を持ち、その言葉には、ときおり詩的なリズムが感じられた。燃えるような強いまなざしの持ち主で、その母親譲りの色白の肌は、アフリカ系アメリカ人が多数を占める地域では際立っていた。学校や家族、地域に縛られることにうっぷんをためていたリーリーは、反抗し、何かを追い求め、さすらい、一線を越えた。「なんとかして、あの子に法律を勉強させようとしたんですが」と、母親は笑いながら言う。「あの子は大うそつきだから、いい弁護士になれると思ったんです」。

学校の周りを徘徊していた、二〇代後半か三〇代前半のアールは、以前からリーリーに目をつけていた。この日、アールはリーリーの脇に車を止めて飛び出すと、彼女の腕をつかんで背後にねじり上げ、車に押し込んだ。男はリーリーを殴り、ワシントンの一四番街の歓楽街に連れて行くと、薄汚れたホテルへと引きずり込んだ。「太って脂ぎったイタリア系らしき男性従業員が男をチェックインさせ、鍵を渡したのを覚えています」と、リーリーは振り返る。「男はベッドのヘッドポールに私の手を縛り、どんなにわめこうが誰も助けに来ないぞ、と言いました」。確かに、大声を上げても誰も来なかった。レイプされているとき、笑い声が聞こえた。誰かに言ったら両親ともども殺すぞ、という脅しをリーリーは信じた。「私は回復できない傷を受けました」。そのあと、男は彼女を車で家まで送った。

この一件をリーリーは誰にも言わなかった。両親のことが心配だったし、怖くもあった。彼女が学校をさぼり、ドラッグをやっているのではないかと疑う母親のベルマから叱責を受けるにちがいない、と思っていたからである。親子の間には壁があり、あれから三〇年以上を経た今も、その名残のせいで、二人の記憶には食い違いが見られるのだった。「あの子はドラッグをやっていて、そのせいで非行に走ったのだと思います」と、ベルマは推測する。「白人の男の子と遊んでいました。彼らのなかには早くからドラッグに手を出す子もいるので、娘もそういう道に走ってしまったのでしょう」。

「違う」と、リーリーがきっぱりと言う。

「学校の帰りに寄り道したにきまっています。まっすぐ帰ってきたんだったら、そう私に言ったはずでしょう」と、ベルマは言い張る。「足を踏み入れてはいけない場所にいたから、それを聞いたら私が動転するだろうと思ったんですよ」。そこで、リーリーが、ノーと反論する。確かによく授業をさぼってはいたが、その日は違っていたからだ。それに、レイプされたことを母親に話していたらどうなっていただろう？　「今となっては、自分がどういう反応をしたのか見当もつきません」と、ベルマは認める。「居てはいけない場所に娘が居たことに激怒したかもしれません。まあ、よくわかりませんが」。

「もちろん、私は自分のせいだと思いました。あとはお祭しのとおりです」と、リーリーは話す。「レイプで妊娠して中絶したとき、母は病院に来てもくれませんでした」。しかし、父親は来てくれた。父親がこの子を甘やかしたと、ベルマは笑いながら文句を言う。

このあと、リーリーは一つの選択をした。そして、一〇代の若者によってなされる選択のご多分に漏れず、彼女のそれも、当時はさほど重大な決定には見えなかった。彼学校を卒業せずに、ニューヨークへと向かったのである。「違う道を選ぶ機会はいくらでもあったけれど、逃げることにしたんです」と、彼女は何年もの時を経て当時のことを語る。「母親のあざけりから逃げていたんですね」。

マンハッタンで雑誌の訪問販売をしていたときに、と彼女は言う。「ある人たちと知り合い、一緒に暮らそうと誘われました。私の行き着く先をあの人たちはわかっていたんです……その家族は、それまで知らなかった世界を私に教えてくれました……その人たちはキツい薬物をやっていたんです。クスリを鼻から吸入していたんですよ。そして彼らは、子どもだった私を営業時間終了後のバーに連れていったんです。あの時代にですよ。そこでは、六〇年代よろしく、ブラックライトの照らす部屋にみんながたむろしていて、二〇ドル札一枚でドラッグが買えました。でも、私にはなにがなんだかわかりませんでした。みんなが高級な服を着ているように見えて……もちろん、あのころは、それが別に高級品なんかじゃないってことがわかりませんでした。でも、それが始まりでした。あのとき、そのクラブで、初めて鼻からドラッグを吸入しました。決して忘れられない経験です。鼻吸引から始まって、皮下注射へと進み、さらに静脈注射へと進みました。ヘロインです。少なくとも二年か三年続けました」。ドラッグは、「亡霊から逃げる」のに役立った。

両親は娘を救い出すためにニューヨークにやってきたが、妊娠するまでリーリーは助けを求めようとしなかった。妊娠中はドラッグをやらないつもりだった。「きっぱりさっぱり足を洗いました」と、リーリーは言う。「そのころには二〇歳になっていて、実家に帰りました。人生をやり直そうと努め、正しいことをしました」。二度とアールから危害が加わる心配はないと知り、彼女は安心した。男は妻に殺されていたのである。「奥さんは服役せずにすみました」。

ワシントンの、リーリーが育った界隈は、悪癖を断つうえで望ましい場所とは言えなかった。「気がつくと、昔のグループに戻っていました。一度そういう習慣を身に付けると、抜け出せなくなってしまうんです」と、リーリーは話す。「そういう人たちとは縁を切らなくてはなりません。ホットドッグ断ちをするつもりであれば、ホットドッグ・スタンドに近寄らないでしょう？　近くに行けば、においをかいでしまうし、誰かが買ってくれるかもしれない。私の人生もそんな感じでした。やめたり、戻ったり、またやめたり、戻ったり。数年やめたかと思うと、またドラッグをやる連中に会って逆戻り……」。ワシントンでまたドラッグの世界に戻ったときには、彼女は、クラックという新しい快楽を発見した。

その発端になったのは、リーリーが配膳作業の技能を教えていた心身障害者学校の同僚だった。当時、学校の仕事は悪くないし、若い人たちともうまくやれていると、彼女は感じていた。高校を卒業していないせいで将来の可能性は限られており、たびたびの麻薬常用により職歴は途切れ途切れになっていた。しかし、この職場ではうまくやっていた。夫が粉末コカインの売人をしている同僚から週末、家に招かれるまでは――。「座ってお酒を飲みながら雑談をしていたんです」と、リーリーは当時を振り返る。「クラックのニュースが話題になったので、『どうして、みんなそれをやるのかな？』と言ったんですが、その好奇心が命取りになりました」と、彼女は話す。

「『ニューヨークではやっていますよね。私も一度か二度やったことがあります。やってみる？』と、その同僚は言いました。『やめておきます、怖いから』と私が言うと、同僚は『なんてことありませんよ』と言って、奥の部屋に取りに行きました。結局、夜が明けたときには、同僚の夫がクラックをつくるために用意していた一二〇〇ドル分のコカイン粉末をすべて使いきってしまい、最後は路上で買う羽目になりました。それが始まりでした。はっきりとそう言えます。それが始まりだったのです。それからは、毎週のようにやりました。そのうちに、一週間なんとか我慢しても週末にはこの同僚の家に行かずにいられなくなってしまいました。もう自分を抑えられなくなっていたんです。脳が欲しがっていたんですね」。そのとき、リーリーは三〇代で未婚だった。そして、すべて父親の異なる四人の子どもがいた。

「私はクラックをターミネーターと呼んでいました。肉体的な依存性がなく、精神的・心理的・習慣的な依存があったから。肉体的には欲しないけれど、脳の一部に今まで経験したことのない興奮を覚えるんです。脳のその部位が目覚めてしまうと、眠ることができなくなってしまう。本当なんです。それまで知らなかった能力を発見したように感じるのです。頭の回転が速くなって、あれこれやる気がわいてくる。でもこれは、ただそのかされているだけ。脳のこの部分は、そういうレベルでは機能していませんからね。でも別のレベルでは刺激されて、それが一五〜二〇分続いて、一気に崩れ落ちてしまう。ダメ、ダメ、ダメ……脳は、またその状態に戻りたがるんです。その刺激をまた体験したくて、睡眠、食事、洋服とか、いつもしていることを忘れてしまう。ピシャリと遮断されてしまう。あの状態をまた味わいたくて、どうしようもなくなってしまうんです！　肉体的な依存症よりタチが悪い。私という人間がすっかり奪われてしまいました。魂が拘束されてしまって、魂はそこから抜け出そうとしたけれど、だめでした。私の命が根こそぎ捕らわれて、絶たれ始めたんです。「私」はもはや存在しなかった。「それ」があるだけでした」。

リーリーは仕事に遅刻するようになり、やがて欠勤し始めた。「職場の人たちは私の変化を目に留め、その原因にも気づいたようでした。それで「彼女には辞めてもらおう」ということになったようです」と、リーリーは言う。「犯罪を起こす前にクビにしてくれてよかった」。

実際のところ、リーリーは犯罪を繰り返していた。「しばらくの間、イタリア系の彼と一緒にクラックを売っていました」と、彼女は言う。「そのあと、私たちはペンシルベニア州に移住しました。信じてもらえないかもしれないけれど、まる五年間もドラッグをやめていたんです。周りに住んでいたアーミッシュの人たちがくれたハーブやなにかのおかげで落ち着けたんです」〔アーミッシュは、現代の通信機器や自動車などの使用を拒み、馬車などで生活するドイツ系・キリスト教再洗礼派の人々〕。二つの仕事をかけもちし、クラックの世界から安全なところへ逃げおおせたと思っていた。「ほとんどなんにもわかってなかったんです。クラックはそこら中にありました」と、彼女は言う。「そう、そこら中に。文字どおり、そうだったんです。その街角にあるかもしれない。バチカンの一ブロック先にだってきっとあるはず。そして、それは醜い頭をもたげました。そのイタリア系の男と一緒にいると……二人で一緒にいると危険でした。私たちはニューヨーク〔マンハッタン〕の一四三番街とブロードウェイの交差点まで車を走らせ、一袋買ってまた始めてしまいました」。

リーリーはドラッグと仕事の間をせわしなく行き来し、この両方を同時に行うことも珍しくなかった。「週末が月曜にずれ込み、さらに火曜にずれ込むようになりました。あるとき気がつくともう木曜日で、それなのにまだ仕事に行っていなかったのです。父と母のいる実家に戻りました」。今度は、アーミッシュの人々から馬について教わったことを生かして、メリーランド州の競馬場で厩務員《きゅうむいん》の仕事を得た。ここなら、州の細かい規則のおかげでドラッグに近づかないだろうと思ったのである。「このときも何もわかっていなかったんです。ドラッグはどこにでもあります」と、リーリーは振り返る。「それなのに、逃げられると思い込んでしまうんです」。

ドラッグを買う金を調達する手段の変化が、彼女の転落度の指標となった。「最初は銀行の貯金を使いました」と、リーリーは言う。「友だちもいました。私は、いい暮らしをしていたんですよ。ずっとあとになるまで、路上生活がどういうものか知りませんでした。いつも誰かが面倒を見てくれたし、物をくれました。いつも物に囲まれていて、フロリダ州へしょっちゅう旅行していました。あちこち動き回り、活躍していて、再び華やかな生活を送るようになっていたんです。若いころの生活が帰ってきた……。それが罠《わな》でした。悪魔はとても狡猾です。悪魔は華やかなものの中に、それを隠していたのです。あまりにいろいろなことが起きるので、そこに蛇《へび》が潜んでいるのに気づかなかった。金を使い果たし、友だちがいなくなると、自分でやっていかなくてはならなくなった。でも、私には人脈を広げる能力があったので、こっそりドラッグをやっている人たちと知り合いになれました。私は、そういう人たちの橋渡し役になりました。そうすれば、自分の分が買えたから。あの人たちは自分で出かけて行ってドラッグを買うことができないので、私にお金を預けたんです。そのお金でドラッグを手に入れると、密売人から少し、常用者たちから少しずつかすめとるようになりました。でも根っからの盗人ではなかったから生き延びられたんだと思います」。一度、密売人たちが商売がたきのアパートに乱入して銃撃を始めたところに居合わせ、背中から撃たれたこともあった。やがて、ドラッグを買う金を稼ぐために売春を始めた。

同じような境遇の家族の多くがそうであるように、リーリーの子どもたちの面倒はおおかた祖母が見た。孫が子どもを生むと、ベルマはひ孫たちの世話もした。ベルマは疲れきっており、重荷を押し付ける子どもと孫たちに怒りを感じることもあった。けれど、ベルマは気骨のある人物だった。南部での厳しい子ども時代の経験から、一徹さを尊んでいた。奴隷だった祖母とその妹からよく聞かされたのは、彼女たちの叔母、つまりリーリーの大々々叔母の鋼のような抵抗の話だった。「奴隷主から指図されると、嫌だと答えたそうです。殴り続けられても、嫌だと言い続ける。すると、貯水槽に沈められる」と、ベルマは回想する。「それでも絶対に従わなかった。そんな頑固な女性でした。ずっと殴られ続けたんです」。

慣れ親しんだ場所から冒険に飛び出したベルマの人生もリーリーと負けず劣らず大胆だった。しかし、結果はまったく違っていた。アラバマ州の小作農の一家に八人きょうだいの一人として生まれたベルマは、まだ二〇代だった一九四〇年に故郷を去り、一人でテネシー経由でワシントンへ向かった。そこでいい夫を見つけ、農務省の印刷部でいい仕事を見つけ、ハワード大学の学部生になったが、卒業はしなかった。夫のホレースは復員軍人援護局の電気技師だった。リーリーは五〇歳になった今も、父親のホレースがホワイトハウスで働いていたと想像していたのだった。

ドラッグをやめたりまた始めたりしながら、リーリーは実家に戻ったり、姿を消したりを繰り返したが、戻ってくるたびに前より状態が悪くなっているように見えた。「あまりにひどいので、娘を家に入れるのをやめました」と、ベルマはきっぱりと言った。「すると、無理やり入ってくるようになったんです。だから警察を呼んで説明しました。娘は寝に戻ってくるって。けれど、私はあの子に家にいてほしくないと言ったので、警察は娘に出て行くよう言い渡しました。「ドラッグをやめない限り、ここにはいさせない」と、私は言いました。追い出すのはつらかったし、あんなことを言うのもつらかった。警察が娘を引っ張り出す光景には、心が痛みました」。

父親から完全には見放されなかったことをリーリーは覚えていた。最後に父親と会ったとき、いつか娘のことを誇りに思えるようになってみせると、彼は言った。そのとき父親は、「まるで未来がわかるかのように」今でもリーリーを誇りに思っていると言ったのである。「父は私が幸せに暮らし、安全でいることだけを祈ってくれていました」と、リーリーは話す。「幸せで安全というのは、とても深遠な言葉でした。安全でなければ幸せにはなれないし、幸せでないときは危険な場所にいる」。リーリーが路上でドラッグをやっているときに、父親は死んだ。娘の一人が彼女を探し出して、この知らせを伝えた。

ベルマは当時をこう振り返る。「リーリーは父親の死を知らされ、葬式の前には、自分も参列するというメモをドアに残していきました。けれど、葬儀の車は待ってくれません。結局、娘を待たずに出発しました。すると驚いたことに、教会にいた人たちから娘が来ていたと聞かされました。後ろの方にいて、みんなが帰る直前に出て行ったそうです」。

「それが私の気持ちだったんです」と、リーリーは反《はん》駁《ばく》する。「どうしても出席できなかったんです。恥ずかしかったし、罪の意識もあったし。父は私の一番の友だちでした。私は私なりのやり方で悲しみと向かい合わなくてはなりませんでした。それが転機の始まりになりました」。這《は》い上がるには、どん底まで落ちなくてはならないのである。

数か月後、ハイになった状態で、覆面パトカーの私服警官に気づき、運転席に近寄って声をかけた。「コンピュータでリーリー・ブロックを検索してみて」。

「君はリーリー・ブロックなのか」と、警官に尋ねられた。

「いいから調べて」。

警官はデータベースで、二つの未解決の罪状を見つけた。教唆罪での未出頭と重罪の麻薬所持である。

「お前はリーリー・ブロックか」。

そうだと答えると、警官は女性警官を補佐役に呼び寄せた。「イースター休暇の間、牢屋に入っていました」と、リーリーは言う。

裁判が始まると、深刻なピンチに陥った。弁護士を雇う金などなかったのである。もっとも、弁解するつもりはなかった。罪状は真実だったからだ。リーリーは黒人で、麻薬常用者で、ホームレスで、友だちやコネもなく、罪を逃れたり抜け目ない司法取引をしたりする方法も知らなかった。法廷に足を踏み入れたとき、ドラッグのはびこる路上から恐ろしい更生施設に送られると確信していた。

しかし、運命の気まぐれか、あるいはこれまでとは違う結果になる準備ができていたためか、リーリーは異なる種類の救済を授けられた。ワシントンは、ある実験を始めていたのである。それは、麻薬犯罪の初犯（初めて逮捕された人間のこと）のうち、判事に希望の光を感じさせた人間を刑務所に収監せずに治療プログラムに送り込み、抜き打ちの尿検査で厳しく監視しながら、サポートグループに参加させ、雇用訓練を受けさせるという取り組みだった。法律扶助協会のつけた弁護士の推薦により、判事はリーリーをマーティン・ルーサー・キング通りのセンターに送ることを決めた。新制度の恩恵を受けた最初の一人だったリーリーは、この扱いに心から感謝して、このプロセスで自分の力になってくれた人たち一人一人、弁護士、判事、カウンセラー、センターのスタッフ全員の名前を今も覚えている。自伝用のメモに記録も残してある。「麻薬裁判所は人生の転換点だった」と、リーリーは記している。「最初に迎えてくれたカウンセラーは、ホワイト先生だった。声と話し方に落ち着きと包容力があり、思っていたのと全然ちがった」。「長い間生きていた非現実の世界」から抜け出したのだと言う。「この時期に、人生と生活を渇望する本当の私自身が姿を現しました。この渇望を今でも癒そうとしています」。

しかし、いざまともな職に就こうと思うと、しかるべき技能がいかに足りないかを彼女は痛感させられた。認定準看護師の養成コースを履修し、医療の現場でしばらく働いたが、自分以外のみんなが快適に使いこなしているキーボードやスクリーン、コンピュータ機器にも魅力を感じるようになった。

そして、リーリー・ブロックは母親の家から二ブロック歩いたところにあるSOMEの雇用訓練センターで、ハリス先生のコースを取り始めた。コンピュータに慣れ、他人の前で話し、自信を失っては誇りを取り戻し、繰返し挫折を味わいながら毎日少しずつ成功を収めていった。能力と意欲の高まりという未体験の変化が内面で起こっていた。「私の変身」と、リーリーはそれを表現する。

履歴書を練り直し、面接の訓練を受け、求人に応募する手紙を送った。面接の予定が決まり、教室のコンピュータの前に座って不安を鎮めようとしていた。「怖いんです。そう感じなければ、頭がおかしい」と、リーリーは言った。「現代社会は弱肉強食だって、セミナーで教わりました。面接担当者は友だちじゃないんだって、みんなに言われます。親しげにするな、油断するな、って。でも、そんなことでしょげていられません。誰だって少しは怖いんだから。怖さを感じているほうがうまくやれるはず。そのほうが強い意志を持って、恐怖に立ち向かえるんです」。

バージニア州アーリントン市のゼロックス社のオフィスで大事な面接を受ける日がやってきた。「きれいな建物なんです！」と、リーリーは叫んだ。「歩道から上がる階段は大理石なんですよ。中に入ると、すごく格式高いって感じ。化粧室だって、すごく高級。マウスウォッシュのボトルやヘアスプレー、それにアルファケリ・ブランドの特大ローションもありました。手を洗ったあと、肌に潤いを与えられるようにっていう配慮なんです。すごく高級な化粧室は、会社が従業員の働く場に気を配っている証しです。細かいところで快適性に配慮しています。たとえば、マウスウォッシュなんて仕事にまったく必要ないのに。でも、それは従業員にとって必要だから置いてあるんです。化粧室に行ってみてくださいよ。本当に気分が爽快になります」。

ゼロックスはワシントンの企業などと契約を結び、オフィスの郵便室を管理し、コピーを取り、フルカラーの報告書を印刷する業務を請け負っていて、そのための求人をしていた。SOMEの雇用訓練センターの出身者は、魅力的な人材に見えた。「面接はとても和やかでした。本当に居心地がよかった」と、リーリーは驚いたように言う。「チームプレーの経験について強調し、ゼロックスでのチャンスにどんなに興奮しているかを力説しました。この会社が地域社会にどうかかわってきたかについて、調べてあったんです」。面接担当者は感心したようだった。「面接担当者によれば、私たちと他のプログラムの出身者は、昼と夜みたいに違うそうです。よそのプログラムの人たちは時給にしか関心がなかったようです。「いくらもらえるんですか」という質問ばかり。私はそのことにはまったく触れなかったんです。そんなことは全然聞かなかった。私の最大の関心事はゼロックスの一員になることだと、相手に知ってほしかったんです。それに、会社側の提示する条件がなんであれ、有難く受けるつもりでした。この会社のことは知っていましたからね」。

ゼロックスは、ピーチズやウェンディ・ワクスラーと一緒にリーリーも採用した。機械の動かし方の講習や年金プラン、ストック・オプション（リーリーにはよく理解できなかったが）、入社したときに同僚からもらった鉢植えなど、仕事に関係のあることは、リーリーにとって、なにもかもうれしいようだった。最初に配属されたのは、ある保険業界のロビイストの事務所のコピー室である。一か月後に同窓会で再会したSOMEの仲間たちはみんな、たったいま消防署見学から帰ってきた子どもみたいに、はしゃいで興奮していた。自分が他人より一歩リードしているかのように自慢話をし、与えられている責任や、内部情報の閲覧権、顧客の規模や影響力について、もったいぶって大げさに語った。リーリーは、文房具やバインダー、自分がロビイストのために制作した報告書の表紙がいっぱい詰まったバッグを持って飛び込んできた。「うちの顧客は、アメリカの全州に書類を送るんです」と彼女は自慢した。「ドキュテックを使って印刷もしているし、UPSのコンピュータともオンラインでつながっている。ブライスのプリンターや、ピトニー・ボウズの郵便物関連機器も使っています。ネットワーク機器も活用して、どこか離れたところにいる誰かと仕事のやり取りもしています」。

勤務先の法律事務所はとても大きくて、「モスクワにもオフィスがある」と、ウェンディは自慢げに言う。「ワシントン事務所には、二五〇〇人の弁護士がいます。私は郵便室の仕事をしていて、この前、監督役に昇進したところです。いちばん優秀な従業員の一人だって言われたんですよ」。

別の法律事務所に配属されたピーチズは、「うちの事務所にはファクス室があって、八台も機械が置いてあるんです！」と誇らしげに言った。「こんな部屋がうちにあったら……。棚がいろいろな方向にスライドするんです」。

勤務先のオフィスの「警備が厳重」で一〇階に行くには特別な鍵がいるのだとリーリーが言うと、ウェンディは、首からチェーンで下げているカードキーを見せびらかした。

「私はホーガン&ハートソンで働いている」と、誇りに満ちた滑らかな声で、大柄なリチャード・アイボリーが言った。「アメリカ有数の法律事務所、いや全米最大の法律事務所の郵便室で働いています。郵便物すべてと、UPSの翌日配達便を扱っています」。発送品が重要で、間違いなく発送しなくてはならないため、とても責任の重い役職なのだと、アイボリーは説明した。「郵便物を送るときは、とても気をつけなくちゃいけない。でも上司に三回も褒められたんです。次はファクス室に移ることになったし。見込みがあると思われているんです」。

リーリーは、新しく見いだされた自分の価値にめまいがする思いだった。年収一万七〇〇〇ドルから出発し、二万ドル台前半まで昇給した。その後、ゼロックスの業績不振が数年間続いたときはしばらく給料が据え置かれたが、彼女の目の前に世界が開けた。前の晩、母親と友人をペンシルベニア通りにあるバーのジョン・ハーバーズ・ブリューハウスのディナーに連れて行き、そのあとで隣のワーナー劇場でゴスペル・ミュージカルを観たと、彼女はセンターの仲間たちに話した。「誰がお金を払ったんですか」と聞かれると、リーリーは、「私です」と答えた。チケットに書いてある金額を見て、「すごい。信じられない」とみんなが言った。広がった地平線の記念として、リーリーはチケットの半券を取っておくことにした。

リーリーは犠牲者から勝者へと変わった。職場では、上司に褒められた。あまりに仕事を覚えるのが速いので、彼女にとっては、まるでシリアルを食べるのと同じくらい簡単な作業に見えると、ある上司は言った。「どんなにきつい日でも、ブロックさん〔リーリー〕のところに仕事を持っていくと、あの人の態度や笑顔のおかげで、私もひと息ついて、深呼吸してリラックスしていいんだと思い出します。そうしている間に、もう彼女の仕事は片付いているのです」と、別の上司は書いている。リーリーは順調に昇進して、保険業界ロビイストのオフィスから異動し、ワシントン総合病院で五〇台近くの機械を監督することとなった。リーリーは以前この病院で麻薬常用者治療プログラムを受けていたが、途中で脱落したことがあった。病院のあとは、連邦エネルギー省に配置換えになり、サービス・コーディネーターとテクニカル・サービス・マネージャーの肩書きを与えられた。その間、社会の注目も浴びるようになった。リーリーのストーリーは誰もが信じたくなるような贖罪の物語だった。ワシントンのテレビ局は、その半生にスポットライトを当てた特集を組んだ。有名人になったリーリーは、ワシントンに拠点を置く「スーテッド・フォー・チェンジ」〔変化への適合〕という非営利団体の活動に協力し始めた。この団体では、就職するためにきちんとした服が必要な貧しい女性に、専門職の女性が自分の着たお古の洋服を提供したり、着こなしをアドバイスしたりしている。リーリーはある年、この団体の資金集め集会で挨拶する役を任されたが、そのとき名誉会長を務めていたのは、大統領夫人ローラ・ブッシュだった。

二〇〇〇年には、連邦最高裁判所に招待されて話をした。その年、非暴力犯罪で起訴された麻薬常用者の更生に成功したとの理由で、ワシントン最高裁麻薬治療プログラムにポッター・スチュワート判事賞が授与されたのである〔ポッター・スチュワートはアイゼンハワー政権下の連邦最高裁判事（陪席裁判官）、1915-1985〕。リーリーは、やり直す機会を与えられたすべての人の代表として招かれたのだった。

リーリーは自分が選ばれたことが信じられず、舞い上がって私に電話を寄こし、スピーチの準備を手伝ってほしいと言ってきた。もちろん、と私は答えた。でも、あなた自身の言葉で自分の経験を話すだけで素晴らしいスピーチになりますよ、と助言した。過去二年間に行ったインタビュー記録を彼女に送り、スピーチ原稿を書くのではなく、インタビューの内容をそのまましゃべるよう勧めた。リーリーはこのアドバイスに従った。あとで、フィレステーキのディナーや厳かな雰囲気、同席した大物判事などによって、まだ夢うつつの状態で本人が語ったところによると、法廷を見渡すと涙を拭《ぬぐ》う人でいっぱいだったという。アントニン・スカリア判事（陪席裁判官）も彼女に近寄ってきて、話に感動し涙が出たと打ち明けた。私がスカリア判事を感動させた？　リーリーは心の中でつぶやいた。

スピーチを注意深く聞いていたもう一人の判事はもっと冷静に、家族のもとへ戻る道を探るべきだと述べた。そのとおりである。リーリーは、この点ではまだ成功を手にしていない。「私のせいで人生がだいなしになっちゃったから、子どもたちは私のことをちっとも尊敬してくれなかったし、愛してくれなかった」と、リーリーは嘆く。今は、孫たちを相手に努力していた。孫たちをスミソニアン博物館に連れて行ったり、本を読んで聞かせたりして、自分の子どもに対してつくってしまった空白を埋め合わせようとしていた。母親として失敗した女性の子どもが、また親として失敗することで、祖母として二度目のチャンスを与えられる。これもまた、失敗と贖罪のパターンの一部である。

ある晩、私がリーリーとベルマの家の食堂で一緒に書き上げたブロック家の家系図は、アレクサンダー・カルダー〔動く彫刻作品「モビール」で知られるアメリカの現代美術家〕の最も複雑なモビールのようだった。家系図は、ベルマの両親が結婚し八人の子どもが生まれたところから始まる。そのあと、ベルマとホレースが結婚して二人の子どもが生まれた。リーリーと子どもたちのうちの数人はたびたび相手を変えたので、その多くの子孫たちは混沌とした旋廻を織り成している。そのあまりに複雑な線図は、モビールにしたら耐えがたい不協和音を奏でたであろう。

リーリーは、子どもたちに対して暴力的だったことを認めている。回復し始めた最初の年、突如親としての役割を再び果たせると考え、娘に乱暴に接したので、息子が割って入らなくてはならない羽目になった。今でも時々、絆がほころびることがあり、リーリーの口調には暴力的な響きがあった。しかし最近は仕事に夢中になるあまり、もう成人した子どもたちとの関係を建て直す気力までは残っていないようだった。ある昼下がり、暗いリビングルームでテレビを見ていたリーリーは、スーツケースを抱えて表玄関から入ってきた娘を目に留めると、非難がましく言った。「ここに戻ってくるの?」「ううん」。娘は奥の部屋に消えていった。その娘のことを尋ねると、「知らない」と、リーリーは吐き捨てるように言った。「ノースカロライナに移るっていう噂を聞いたけれど、あの子がどうしているかは知りません」。

リーリーが立ち直ると、母親のベルマとはまたいたわり合うようになった。二人はベルマの家に一緒に住んでいる。まだ住宅ローンは払い終わっていないが、ベルマの三万ドルの年金を頼りに生計を立てている。リーリーの子どもたちのほとんどは、大半の時期にわたって自活してきた。息子の一人はペンシルベニア州で屋根職人、もう一人の息子はエネルギー省の警備員、娘の一人はゼロックスで、もう一人の娘はCIA本部の清掃員の仕事をしている。この家には、そのときどきで入れ替わるリーリーの娘たちとその子どもたちが加わり、この目まぐるしく回る車輪の軸はベルマである。

「赤ちゃんは好きです」と、ベルマは言う。「でも、ちょっと数が多すぎますね。どんなものでも一つで十分」。八六歳になり体も弱ってきたベルマは、孫娘の一人について愚痴をこぼす。その孫はようやく、祖母に頼るのではなく、ベビーシッターを雇うようになったという。「そうさせるために、さんざん口論したんですよ」と、ベルマは話す。「あの子は、自分が面倒を見てもらっていたころほど私が若くないって理解していないんです。私が昔と同じように働けると思っているけれど、そんなのは無理」。子どもと、孫と、ひ孫を育ててきたことについて、どう考えているのか。「疲れました」と、弱々しい笑みを浮かべながらベルマは言う。「特別な思いはありません。一つの仕事を終えただけ。一つ仕事が片付くと、次は何？　って考えるんです」。

ひ孫たちに対するベルマの接し方には、彼女が疲れ果てているせいなのか、あるいは実践を通じて学んだ子育て術なのか、ときに乱暴なところがあった。ある夜、学校長をしているサラという友人の誕生パーティでのこと、大人たちが気持ちよく穏やかに会話していると、子どもをしかりつける声で会話が断ち切られた。ベルマは、先制攻撃のような、きついお小言で和やかな雰囲気を中断させ、子どものほんのちょっとした不作法で部屋中が極度の緊張状態に陥った。子どもたちに対して、愛に満ちた優しい言葉を投げかけることはない。しからなければ手に負えないいたずらをするのかもしれないが、見ていて痛々しいものがあった。その場には、三か月の双子、五歳と七歳の女の子、三歳のデアンドレという男の子がいた。

デザートの時間になって、チョコレートとバニラのアイスクリームの入った大きな容器がデアンドレの目の前に置かれた。普通、三歳児だったらどうするだろう？もちろん、指を突っ込むだろう。デアンドレもそうした。この子が指をバニラの部分に突っ込むと、バルマは手をはたき、もう寝室に行かせるよと脅した。デアンドレは泣き始めたが、泣くことを怖がっているかのように、ほとんど声を立てずに泣いた。「なぜ泣くの？」と、ベルマは詰問し、ベッドに行かせるよと改めて脅した。「泣くんじゃないの！」

二人の女の子を除き、みんなが一緒にサラに「ハッピー・バースデー」を歌い、同じ旋律で「神のご加護を」と付け加えた。ベルマは、指で穴の開いた部分のバニラアイスをすくって、デアンドレに渡し、お仕置きのように言った。指を突っ込んだところは自分で食べなきゃだめだよ、と。少年はまた泣き始めた。

「なんで泣くんだい？」「泣くんじゃないの！」リーリーは母親と同じように厳しい口調で言った。するとサラが優しく割って入った。指を突っ込んだところは私が食べると言い、新たなアイスの盛り付け役を引き受けた。サラはデアンドレに、チョコアイスとバニラアイスのどっちが欲しいかと尋ねた。誰かがこの子の希望を尋ねたのは初めてだった。彼が食べたいのはチョコアイスだった。だから、泣いているのである。チョコアイスの入った皿を目の前に置かれると、デアンドレはようやく泣きやんだ。

どんなストレスや重圧が世代を越えて継承されたとし

ても、家族の絆はリーリーを支え、悪癖に後戻りさせない助けとなっていた。一年ほどたってから、リーリーの五〇歳の誕生日に、ベルマは娘が子どものころ好きだったご馳走を用意した。リーリーの四人の子どものうち三人がパーティーに顔を出した。そのころ、疎遠な関係だった子どもは一人だけだった。

「無理強いはできないですしね」。リーリーは、自分に言い聞かせるように言った。「向こうから来るようにさせないと。自分が今までと違う人間になったところを見せるしかないですね」。

アメリカに渡って……

アメリカの夢は容易に実現するものではなく、その神話は壮大な目標である。ある人物なり一族なりが、その持てる限りの可能性を達成したとき初めて、この国の美徳は確認される。だからアメリカ人は、サイゴン出身で今はカリフォルニア州サンタアナに暮らすトラン一家のことを誇らしく思っていい。この一家が成し遂げたことは、意欲、機会、倹約、教育、健康、人脈、助け合いがうまく組み合わされれば、どんなに大きな威力を発揮しえるかを証明している。一九九八年に難民としてベトナムから到着して四か月もたたないうちに、一家五人のうち三人が低賃金ながら職に就いていた。三人の収入を合わせれば、世帯全体の年収は四万二八四八ドルになった。そして入国後五か月もしないうちに、中古車を二台現金で買えるほどの金を貯めた。その後一年も経たないうちに、年長の子ども二人はコミュニティ・カレッジに通い始めた。

トラン一家の成功は、賃金のピラミッドの最底辺では、他のすべてのことがうまくいって初めて仕事がいい結果を生むことを実証している。それはすなわち、自分の能力を信じ、技能を習得していて、仕事の探し方を覚え、財産を慎重に管理し、苦難に直面しても尻込みしない賃金労働者が複数、結束力のある家族の中にいる場合である。そうした英雄的な振る舞いが求められている。麻薬、アルコール、家庭内暴力、学歴不足、病気、けがなどの失敗や不運に見舞われれば、この条件は崩れてしまう。不断の努力以外の要素が入り込めば、うまくいかなくなる。今までのところ、トラン一家はうまくやってきた。

もちろん、トラン一家はあくまで特異なケースである。移民のモデルとは言えない。すべての条件が都合よくそろうことなどない大多数のワーキング・プアが抱える問題を浮き彫りにする例外的事例にすぎない。ベトナム系、中国系、韓国系、その他のアジア系の人々は、素晴らしく勤勉で、アメリカン・ドリームを完璧に体現しているかのような固定観念をもたれることが多い。しかし、ロサンゼルスのレストランで働く韓国系の人々を見ればよくわかるように、アメリカにやってきて失敗しているアジア人も何百万人といる。さまざまな好条件のそろっているトラン一家の状況は、他の大多数の家族に欠けている要素をまざまざと映し出している。

感じのいい四〇代後半の男性であるトラン・マオは、金縁のメガネをかけ、チノパンにサンダルを履いていた。笑うと何本か歯がないのが見え、話すときは手刀で空を切るようにする。戦争中、南ベトナム空軍の電気技師としてミシシッピ州で訓練を受けたので英語が上達したが、軍隊では下士官の地位にあったため、一九七五年に北ベトナムが勝利したあとは「再教育キャンプ」に一年間送り込まれた。数年後、子どものうち二人と一緒に、他の数千人のベトナム人ともども、ボートで死に物狂いの逃亡を試みた。一行はインドネシアに流れ着き、難民キャンプで七年間過ごし、マオは国連難民高等弁務官事務所で働いた。しかし、難民としての地位を認めてもらえず、家族とともにベトナムに送還された。それでもあきらめずに、二年後ついに難民認定を受け、妻と三人の子どもを連れてアメリカに入国するためのビザを獲得した。

トラン一家は、本物のアメリカ人のように、新しい生活を始めた。つまり、借金を抱えていたのである。ＩＭＯ（国際移住機関、本部スイス・ジュネーブ――世界的な人の移動を専門に扱う国際機関）から購入した航空券については、月に一二五ドルずつ返済しなければならなかった。最低限必要なわずかの家具を買うために、友人からも二〇〇〇ドル借りた。三人の子どもはそれぞれ二〇歳、一九歳、一一歳になり、年長の二人は早くに働き始め、一家の生計を支える稼ぎ手になっていた。息子のトゥアンは自転車工場で当時のカリフォルニア州の法定最低賃金である時給五・七五ドルで働いた。娘のフォンはこれより一〇セント高い時給で、自転車のライトを組み立てる仕事に就いた。マオは薬の包装の仕事に就いた。給料は最低賃金だった。一か月後、マオは英語力を買われ、主にカンボジアとベトナムから来る新しい移民のための職探しを助けるＮＰＯ「カンボジアの家族」で、時給九ドルのカウンセラーの職を得た。借金の返済はすぐに終わった。

マオは、子どもたちがアメリカで頭角を現すには二つの要素が必要だと、はっきり理解していた。流暢な英語、そして、高い学歴である。職場で毎日、履歴書を送ったり採用面接の準備をしたりする人たちを助けるなかで、マオは、英語が話せないことがどんなに大きな足枷になるのかを知った。そこで毎晩、子どもたちに英語を読ませ、聞き取りの力をみがくためにテレビを見るよう促した。フォンとトゥアンは二人ともベトナム人と一緒に働いていたので職場で英語を話す機会がなく、ほとんど進歩しなかった。マオはいらだちを隠せなかった。「発音がよくない」と、マオはフォンの英語について言った。かしこまって腰を折り、敬意をこめた挨拶をしてみせたフォンは、インドネシアの難民キャンプで、正確だがなまりの強い英語を覚えていた。「もっともっと努力しないといけない」と、父親は娘をしかった。マオは、とりわけほとんど英語を話せない妻と一九歳の息子のことが心配だった。すぐにみんなを英語の学校に入れ、自分も入学した。マオはコンピュータの授業も取っていた。戦争、そして終戦のせいでかなわなかった大学の学位を、いつか取りたいと考えていたのだった。

一家五人は、キッチンとリビングルームにある二つの勉強机を交互に使うことになった。聖母マリアの絵があちこちに置かれ、片方の机の上にはパッカード・ベル社のコンピュータとプリンターが置いてある。寝室二つのアパートは五人には狭いが、家賃六七五ドルは一家が払えるギリギリの線だった。マオと妻のラン・ホーは片方の寝室で、男の子たちはもう一つの寝室で、そして、フォンはリビングルームの床で寝た。家の前の、のどかで清清しい通りでは、アジア系や中南米系の人々が、軒を連ねる商店街を気軽に行ったり来たりしている姿が見られた。そこでは、看板の多くがスペイン語で書かれていた。そして、一人の女性が、瓶や缶が中からあふれ出そうな大型ビニール袋の入った赤いショッピングカートを押しながら歩いていた。

一九九九年の秋になるころには、フォンとトゥアンは仕事を辞め、サンタアナ大学に入学していた(フォンは学部学生として、トゥアンはGEDを得るために)。母のラン・ホーは収入の穴を埋めるべく、地元の工場でペンを組み立てる仕事に就いた。給料は最低賃金だった。医療保険などの付加給付はなかった。マオの給料は時給一〇ドルに上がった。毎週末、家族が集まっては翌週の支出について計画を立てた。「紙に書かないといけないんです」と、マオは言う。「みんなで協力し合っています。普段は、週に一回買い物に行きます。新聞に挟まってくるクーポンを集めて、家族にとって一番大事だと思うものだけを買います」。家族の意見が合わないときもあるという。

「自分の靴が欲しいときもあります」と、フォンは話す。「でも、そんなお金はないんだと考え直します。靴はすぐに必要なわけではないし。お金を節約して、家族のために食べ物を買います。「それは買うな。これをしろ、あれをしろ」と、父は指図します」。そして、フォンは、こうも言う。「でも、自分で判断できます。ガマンしなきゃ、と」。マオによれば、月四〇〇ドルから五〇〇ドルを貯金し、ベトナムの親類に送るという。

二〇〇二年春、マオが仕事を紹介した人たちのなかには、不景気の影響を受けて工場から解雇され、再就職しようにも英語力がないために、人材派遣会社に雇ってもらえない人もいた。しかし、トラン一家は、今までのところ、どうにか難を逃れている。マオの時給は一三ドルにまで上がり、妻の時給も七ドルに上がった。フォンとトゥアンは学業を続けながら、アルバイトをして家計を助けた。「クレジットカードを持っているけど、めったに使いません」と、マオは言う。「できるだけ使わないようにしているんです。借金をたくさん抱えたくないから」。

一九九八年にアメリカに渡ってきたとき、フォンには大志があった。「医者になって貧しい患者を助けたいんです」。娘の大それた夢を恥ずかしがるかのように、父親は笑った。しかし、その四年後も、フォンは同じ夢を抱き続けている。父親はまた笑ったけれど、今度は娘に期待している自分を恥ずかしがっているかのような笑いだった。

第11章　能力と意志　*Skill and Will*

アメリカほど幸せな場所は地上にないのかもしれない。

――トマス・ペイン*、一七七六年

収入が低くなるほど投票率は低くなる

ここまで紹介してきた人々が示しているように、働いているのに貧困であることは、互いに増幅し合う一群の困難の所産である。そこには、低賃金だけでなく低学歴、将来のない仕事だけでなく限られた能力、不十分な貯蓄だけでなく分別のない出費、貧しい住宅だけでなく粗末なしつけ、医療保険の未加入だけでなく健全な家庭の不在がある。

悪いのは、搾取的な雇用主だけでなく、能力を欠いている従業員であり、働きすぎの教師だけでなく、挫折した手に負えない生徒であり、貧しい人たちをごまかす役人だけでなく、自分自身をごまかす貧しい人たちである。政治的、経済的な権力の構造における制度的問題、そして私生活や家族生活における個人的問題として、諸々の困難がマクロレベルとミクロレベルの両方で強く作用しているのである。

問題のすべてに、一刻も早く取り組まねばならない。たとえどれか一つの問題に対する改善策が見つかっても、他の問題の大半に対する改善策が見つからない限りは、それは支援策とはなっても、解決策にはならない。低所得者に家賃補助のバウチャーを与えることは、ましなアパートへの家族の入居の助けとなり、それにより子どもの喘息が和らげられて、欠席日数も減るかもしれない。しかし、ましなアパートに移っても、子どもが虐待されていたり、あるいは、親にほとんど技能がなかったり、最低賃金そこそこの仕事をしていたり、交通費と保育料に多額を費やしたり、無理のない金利で利用できるクレジットがなかったりすれば、その家族の状態が大きく変わることはけっしてないだろう。社会が、危機に瀕した家族の解決すべき問題──多くの場合、家族が特定の救済機関に駆け込むような問題──をどれか選り分けて取り上げる限り、次々と別の危機が続いて起こりやすい。ただ一つの素晴らしい解決法──たとえば仕事──を見つけようとすれば、事の複雑さを見誤ってしまうだろうし、仕事だけでは十分ではないだろう。

第一の問題は、私たちが何をなすべきかを正確に知っているかどうかである。私たちにはどんな問題を解決できる能力があるのか、そして、私たちの能力で到達できるぎりぎりの限界はどこなのか。能力に負えない、まだ地図に描かれていない解決困難な問題領域とは何なのか。

第二の問題は、能力を発揮しようという意志があるかどうかである。私たちには、困窮を大きく緩和させるために、お金を使い、犠牲を払い、富の階層構造を変えるつもりがあるだろうか。

私たちには、いくつかの問題については解決する能力が欠けており、また他の問題については解決する意志もないが、今、一つの知識がある。すなわち、総合的な救済策が不可欠であるということを理解している。それゆえ、家族の一連の困難に取り組む入口が必要であり、そして、それはワーキング・プアの家族が往き来しそうな通路に設けるのが最善である。ボストン医療センターのバリー・ズッカーマン医師は、ソーシャル・ワーカーや弁護士と一体になって、センターでそれがどのように実現しうるのかを示している。ワシントンのハリス教育センター校長のセオドア・ヒントンは、乏しい資金のもとで、夜もセンターを開け、育児教室を開き、医療保険に関する情報を提供してきた。ロサンゼルスの公営住宅は、居住者に英語教室と職業訓練を勧めてきた。

これらは、大きなアイデアの萌芽的な形である。病院、学校、公営住宅、警察、福祉事務所やその他の重要な機関に、思い切った十分な資金があれば、本来の権限以上のことができるだろうし、サービス相互のつながりを創り出して、困窮した人々が援助のネットワークへと入っていく入口となりうるだろう。これは能力と意志の問題である。

意志とは、力の働きであるが、貧困の淵で働いている人々は、たいした力を持っていない。しかし、彼らには行使している以上の力が確かにある。彼らが個人生活において持っている力の多くは使われないままである。市場で持っている力は効果的に組織されていない。政治において持っている力、すなわち投票権は、実際には使われていないも同然である。

リベラルの民主党が、金持ちに対する減税や貧者に対する福祉削減を批判するときはいつでも、保守の共和党は「階級闘争」という恐ろしい亡霊をよみがえらせる。まるで共和党と実業界の共和党支持者は、優遇税制と賃金体系を組み合わせて階級間格差を強化しているのではない、とでもいうかのように。たとえば二〇〇三年に、ブッシュ率いるホワイトハウスと共和党の議会指導者は、年収一万五〇〇〇ドルから二万六六二五ドルの何百万もの低賃金世帯を、子ども一人四〇〇ドルの児童手当の支給対象から除外した。この措置は、富裕層に巨大な恩恵をもたらした税制改革法の一部である、児童控除の増額のもとに行われた。しかし、貧しい人々は反撃に出ていない。収入が低くなるほど投票率は低くなる。二〇〇〇年の大統領選挙では、一八歳以上の全アメリカ国民の六〇%が投票に行った。世帯収入が七万五〇〇〇ドル以上の人たちの四分の三が投票し、年収五万ドルから七万五〇〇〇ドルでは六九%、年収一万ドル以下の世帯では、はるかに下がってわずか三八%であった。[1] 自ら選挙権を放棄する人とは別に、一八歳以上でおよそ二〇〇万人以上の服役者と、さらに元服役者が、大半の州で投票権を認められていない。彼らの圧倒的多数は低所得層の出身である。一八歳から三四歳までの全黒人男性のうち一二%は刑務所に入っている。[2]

そのため、貧しい人々や、貧乏とほとんど変わらない境遇にいる人々ほど政府を必要としているにもかかわらず、彼らは政府の政策にほとんど影響力がない。民主党も貧困追放のための諸組織も、アメリカの低所得者に希望を与えるために十分に力を合わせたことがない。一つの控え目な試みとしては、ロサンゼルスのワッツ地区の公営住宅群であるインペリアル・コートのオフィスのカウンターには、次のような小さな掲示板が置かれている。

つぶやく
ぼやく

こぼす
もがく
望む
あきらめる
悩む

投票する

ちょっと注意――最後の一つが事態をより速やかに変える。

選挙人名簿登録は、〔フリーダイヤル〕一-八〇〇-三四三-VOTEまでお電話を〔VOTEは投票の意。アメリカのプッシュホン電話は、2から9までのボタンにアルファベットが振り分けられている〕。

このメッセージは巧みではあるが、おそらく効果的ではないだろう。なぜなら、国勢調査局の調査によれば、アメリカ人は、所得と学歴が低くなればなるほど、投票が重要であると信じる割合が低くなる傾向がある。その不信は予想されたとおりの結果である。そういった人の大半は、個人生活の試練に疲れ、権力機構について冷笑的であり、世論調査員に対し、選挙はつまらなくて政治家は信用できないと思うと答える。低所得のアメリカ人は、選挙で候補者の注意を引くことはなく、より裕福な人々が彼らの利益を代弁するのを当てにしている。この富裕層は、政権与党や経済状態、この国の利他主義の現状にもよるが、〔社会に〕さまざまな不十分さがあっても関知しない。博愛心の点では、私たちの社会は気まぐれである。

だが、そうである必要はない。国民の優先事項と政治の展望は変化しうるもので、いくつかの仮定に左右される。もし、世帯収入二万五〇〇〇ドル以下の人々が、七万五〇〇〇ドル以上の人々と同じ割合で投票すれば、アル・ゴアがジョージ・ブッシュに対し、よく知られた計算では五四万三八九五票の僅差で上回った二〇〇〇年の大統領選で、さらに六八〇万人以上の投票者が選挙に行っていたであろう。低所得の投票者が急増すれば、フロリダ州の偏った選挙人登録と投票システムにすら打ち勝って、そして(彼らのうちわずかでも民主党に投票するほうが多ければ)結果は逆になって、ゴアが当選していただろう。

大差がつく場合ですら、大半の州の選挙人投票では五％かそれ以下の票差で決着がついており、六八〇万人の低所得の追加投票者（全有権者の六・五％）が、結果を決したということもありうる。同様に連邦議会や州議会の多くの選挙戦においても、低所得者またはそれに近い人々は、キャスティング・ボートを握る可能性がある。もし多くの人々が自らのニーズに応じて投票するようになれば、候補者はにわかに彼らに関心を示すかもしれない。もし民主党が、中産階級の支持を失うことなく、党の社会福祉の姿勢をより鮮明にすることができれば……もし彼らが、貧困追放プログラムから恩恵を受けている市民のあいだで熱心に選挙人登録と投票推進運動を行えば……もし有権者における強力な低所得層の代表団が共和党にもっと寛大な政治要綱を採用するよう強制したら……もし貧困の淵で働く人々が目に見える存在になったら……。

しかし、現実には、大半のアメリカ人は自身の階級的利害に則して投票しておらず、投票率が高まった場合ですら、貧しい人々がそのように投票する保証はまったくない。投票は、不満よりも願望によって動機付けられるように思える。『タイム』誌は、二〇〇〇年の調査で、アメリカ人の一九％は賃金労働者のトップ一％に入っていると考え、次の二〇％は将来そうなると思っていることを、明らかにした。「トップ一％に有利な政策をゴア氏が激しく攻撃した場合、まさしく三九％のアメリカ人が、彼は自分のことを狙い撃ちにしている、と考えていることになる」と、『ウィークリー・スタンダード』の編集主任デイヴィッド・ブルックスは書いている。(3)

自己欺瞞が投票行動をゆがめると、低所得の人々にとって不利な結果となる。投票は民主政治の礎石であり、政治はワーキング・プアの状態を改善するうえで最も効果的な手段である。ビジネスであれ慈善であれ、自由企業体制の重要部門は、租税政策、規制、賃金の支払条件、補助金、助成金などを通じて、政府によって実行される政策の広範囲にわたる影響から、逃れることはできない。

政治が車輪のハブであるというのは事実であるが、そのことは、この国の不信感が、貧困を軽減しようとするもっとも効果的な努力の核心に位置していることを示している。政治の力に関する根深い迷いは、植民地諸州がイギリスの君主制から独立して以来、アメリカの努力を方向づけてきた――トマス・ペインが一七七六年に小冊子『コモン・センス』の中で痛烈に表明した嫌悪によると「社会はどんな状態においても有難いものであるが、政府はたとえ最良の状態においても必要悪である。したがって、最悪の状態においては耐え難いものとなる」（小松春雄訳、岩波文庫、一五ページ）。

その不信に関してはまだ言うべきことがある。私たちの自由は、巧妙なチェック・アンド・バランス、すなわち三権分立が憲法に書き込まれた当初から、政府に対する不信のおかげを被っている。テロの時代にあっては、国家の専制の恐れに対する警戒心が危険なまでに弱まっているが、経済政策や福祉政策に関する今日の政治討論においては、それは依然影響力を持っている。保守派は、大きな政府に反対して、私企業を称讃し、市場の自由な動きを国家が侵害するのを抑制しようとし、しばしば環境、労働者、消費者に損害を与えている。保守的な運動におけるリバタリアン派〔自由至上主義者〕によってもっとも熱狂的に表明されている、この見地から考えると、政府の目的はきわめて限られている。「国家は自由を守るために存在する」と、右派を司法に進出させることに成功してきたフェデラリスト協会〔法曹界の保守派組織〕は宣言している。

それは紛れもない真実だが、けちくさい声明でもある。国家は、ただ自由を守るためだけに存在しているのではない。国家は、弱者を守るためにも存在している。弱い者を強くし、力のない者に力を与え、正義を進めるために存在している。「幸福の追求」を促進するために存在している。国家は、人々に敵対する疎遠な力として振る舞うこともできれば、幅広い共同体を体現したものとして振る舞うこともできる。それは過剰に規制したり窒息させたりすることもあれば、探検と発明を促すこともある。国家は私生活に関しては個人を放っておくべきであり、公共の利益のためには社会の資源を出し合うべきである。政治の特性は単一ではなく、アメリカ人にとっての賢明なやり方は——私たちが建国以来ずっと試みてきたことだが——その矛盾にどのように対処するかである。

いかなるシステムもこうした板挟みを解決したことはない。マルクス主義が失敗したのは歴史の解釈を誤ったからである。すなわち、マルクス主義は、文明の諸段階は不可避的に階級のない状態に到達するとしたが、それは人類の可能性に対する単純素朴な評価であった。マルクス主義が失敗したのは、その最初の後継者、ソビエト連邦の自称「世界最初の社会主義国家」が、政府を市民と取り違えたからでもある。国家の繁栄が人々の繁栄よりも上位に置かれ、非常に巨大で息苦しい国有制の官僚機構を生み出し、事実上、その外部には何も存在しないほどであった――ロシアの人々がその周りで互いにコソコソと話をした慎ましいキッチンテーブルを除けば。

アメリカ主義もまた失敗するのではないだろうか。それは政治をなんとしても本来の位置に置いておこうとしているが、どんな位置に置かれるべきかが、目下の議論の最重要問題なのである。鋭い警戒心を持たなければ、政治は、テロに恐怖する時代にあって独裁的になるか、あるいは国民のあいだで有害な格差が進む時代にあって思いやりを失ってしまう。私たちは、政治を制御すると同時に利用する必要がある。

経済的階層構造の底辺で働く人々を援助するために――彼らだけではできないことに手を貸すとともに、究極的には彼ら自身でできることは自分でやる能力を彼らが伸ばすのを支援するために――社会全体が政治的手段を必要としている。ここでは、社会的支援か自助かという二分法は存在しない。政治は、何もしないことも、すべてをやることも、ともにありえないのである。政治はセーフティネットを整備せざるをえず、困窮した人々に対する直接的な補助もせざるをえない。しかし、政治はまた、営利的世界と非営利的世界との、あるいは民間産業と民間慈善事業との創造的な相互作用のなかで、その権力を調整しなければならない。

「できること」と「やらないこと」

もっとも明白な取り組むべき課題の核心は賃金構造である。企業の経営者たちには、上層を犠牲にして底辺の賃金を上げ給与格差を縮める能力はあっても、そうする意志は明らかにない。税構造を改めれば、企業のそのような政策を誘発することになろう。政府は、最低賃金を大幅に引き上げる法律を制定する能力があるが、政治的な意志がない。それは主に、低所得のアメリカ人の大半が、自分の利害に従った投票をしないか、あるいは、まったく投票に行かないために、民間企業の巧妙なロビー活動と政治献金に対抗できないからである。

その上、最低賃金は切れ味の鈍い手段であり、それを利用する技術は完成されていない。連邦の最低賃金はインフレと対比した実質ドル価値では低下してきており、損失を招くことなく、おそらくかなり引き上げうるということが、合理的に論じられている。にもかかわらず、起業家のリスク・テイキング〔積極果敢な投資行動〕を損なうことなくどれほど最低賃金を引き上げられるのかということに関しては、経済学者の意見は一致していない。実のところ、一一の州とコロンビア特別区〔ワシントン〕は、連邦の最低賃金の時給五・一五ドルよりかなり上の、六・一五ドルから七・一五ドルに最低賃金を設定し実施することで、最低賃金の大幅な引き上げが可能なことを実証している[4]。

最低賃金制をより改良されたものにするための一つのアイデアは、この国の地域ごとに、その地域の生活費に基づいて異なる最低賃金を設定することである。もう一つのアプローチは、「リビング・ウェイジ」〔生活賃金〕法である。現在、一〇〇以上の郡と市が、公共事業を受注する民間企業に対し、人並の生活水準の維持に必要と見積もられる水準である時給六・一五ドルから一四・七五ドルを支払うよう義務づけている[5]。予備調査の結果、地域のための予算のわずかな増大、労働者世帯に対する政府の補助金の減少、安値入札を競うために従業員の賃金を押し下げずにすむようになった受注契約企業の不安の軽減などの利点が明らかになっている。しかし、経済学者のなかには、そうした仕事に雇われる人々は、高度な能力をもった労働者であり、最低賃金の境遇から脱出するために救いの手を必要としている底辺労働者ではないという理由で、リビング・ウェイジは趣旨に合致した人々を対象にしているのではないと思っている者もいる。

私たちは、人々が市場で稼ぐものと、快適な生活のために必要なものとの不一致に対処するための、他の方法を学んできた。一つの方法は、労働に報いる勤労所得給付金である。その支給は従業員に対する助成金のように見える一方で、それと同程度に、雇用主に対しても助成金のような働きをする。雇用主は、労働者にそれほど痛みを与えずに、低賃金を支払うことができる。事実、この福祉プログラムは、ウォルマートからマクドナルドにいたるまで、多くの大企業に間接的に利益を与えており、それらの企業がより大きな収益を挙げるのに貢献している。しかし、この手段が巧みに考案されたにもかかわらず、それに十分な影響を与えようという意志は奮い起こされてこなかった。というのは、年々の生活費の上昇を別としても、一九九六年以来、勤労所得給付金の支給額は増加していないからである。二〇〇三年、ブッシュ大統領は、議会に一億ドルの予算を要求した。支給を増やすためではなく、虚偽の申告をチェックする新たに六五〇人の会計検査官を雇うためである[6]。

雇用主は、新たな産業の誘致を競う州、郡、市によっても、また、製造業者を貧困地域に引き入れるための税控除を伴う、連邦政府が資金を出す企画誘致地域の創設によっても、手厚く助成されている。一例を挙げれば、アラバマは、外国の自動車会社に、固定資産税の軽減、所得税の一時免除、労働者の賃金を上げるための給付金――それに加え、事実上、労働組合のない環境――を通じて、数百万ドルを与えている。

そのような施しと引き替えに、民間産業は、支援のないときよりずっと高い給料を支払うことを求められていいはずだが、そうしたことはめったに起こらない。雇用創出が十分な見返りであると見なされているのである。このように、連邦主義と地元支配は国民経済の利益を害することがある。というのは、地方が税負担の軽減に関して互いに猛烈な切り下げ競争をしていると、その地方自身の税基盤が削り取られ、雇用の地域分布がゆがめられてしまうからである。この奨励策は、組織労働者がほとんどいない、アラバマとそれ以外の南部諸州で、もっとも貧しいいくつかの地域の住民の収入を高めてはいるが、雇用の流れを変えることにより、ほかの場所で労働組合を弱体化させている。労働組合に加入したアメリカの労働者の割合は、一九九五年から二〇〇二年のあいだに、全米で一四・九％から一三・二％へと徐々に減少してきた。アラバマ州では、九・五％であり、他の南部諸州では三％から八％のあいだをうろついている。(7)

労働組合への加入が広がれば有益であろうが、しかし組合に組織化されていても、駐車場や清掃の業務のように、ずっと低賃金しかもたらさない仕事もある。この国の繁栄は非常に低賃金の労働者に頼っている――そして、それはなくなりそうにない事実である。したがって、労働者の賃金を改善する最善の方法は、昇級と上方移動によるものである。すなわち、新たな労働者が、下方に流入して低賃金のポジションにつき、理想的には彼らの大半が結局は人並の賃金水準へと昇進することである。

私たちは、時給五～八ドルの範囲で仕事を始めた人が時給一五ドル以上に移行するのを援助する、少なくとも二つの効果的な方法を知っている。一つは、ピーチズとリーリー・ブロックを低い技能による痛ましいほどの被害と自己不信から救ったような、高度な職業訓練によるものだ。身に付けるべき能力があるのだから、次はそういった努力に十分に資金を出す意志を奮い起こす必要がある。第二の方法は、高校における職業教育の復活と、大学へ行かない人たち向けの実習制度のネットワークによる方法である。ここでもまた、問題は、能力ではなく、意志である。

高卒者と大卒者の賃金格差は、多くの若者が経済的苦境に陥った一九八〇年以来、急激に増大してきた。中等学校は、「カレッジ・フォー・オール」〔大学全入〕カリキュラムに対してますます圧力を感じるようになり、より高い比率の生徒を大学へ送っているが(およそ六〇％、この数字は一九七〇年から三〇％の上昇)、多くは、授業に出席しなかったか、給与水準の高い産業で要求される能力を身に付けることもなく中退した。「職場でうまくやるには、高校や大学でうまくやるよりもずっと異質ないろいろな能力が必要になる」と、アーバン・インスティテュートとアメリカン大学のエコノミストであるロバート・レルマンは書いている。多くの先進工業国とは異なり、合衆国は職業訓練に後れを取り、それが外国の製造業者から投資を避ける理由として言われる「中間的な技能分野の弱さ」につながっている、と彼は述べている。スウェーデン、ノルウェー、フランス、イギリス、日本、オーストラリア、ドイツは、中等教育の技術課程を、産業界出資による実習制度と連合させ、高度な能力を持つ人材を生み出している。しかし、海外から製造企業が合衆国に進出した場合、その企業はしばしばアメリカの欠点に対処するために思いきった方策を取る。ドイツの自動車会社のBMWは、アメリカ人労働者を、教育のためにドイツへ飛行機で送っていると、レルマンは述べている[8]。

一部のティーンエイジャーを職業学校に送り込むという考えは、平等主義というアメリカ的倫理と摩擦を起こす。平等主義は実際には機会の平等を与えることもなく、その理想を大げさに宣伝している。多くの親は、夢を熱心に信じて、子どもたちに決められた職業コースを歩ませるのに反対し、大学を上昇への唯一の信頼できる進路のように見なす。問題は、仮にオハイオの保育士のクリスティのような立場の人がいたとして、その人は、大学を卒業できなければ、非情な労働市場で自らを価値あるものとする専門的技能もないまま、取り残されるかもしれない、ということである。クリスティは、大学に入って中退するよりも、専門教育の課程を学んでいたほうが、うまくやれただろう。

ここかしこで、職業訓練は、特定の産業や労働組合、州政府の保護のもとに首尾よく行われている。「アメリカには何でもある」とレルマンは言う。「常に誰かが何かをどこかでうまくやっている」。たとえば、ウィスコンシンの州機関は、民間企業と連携して、印刷、金融、バイオテクノロジー、その他多くの分野で、若者たちに職業訓練を施している。「ヘッド・スタート」、すなわち連邦の資金による貧しい子どもたちを対象とする入学前教育は、高校生のあいだでの実習制度を作り出す手段となりうるもので、その実習制度は、子どもの発達の分野でなにがしかの資格を与えるものだと、レルマンは確信している。しかし、全国規模では、給料のいい仕事のために若者を訓練して、職業教育の欠陥を埋め合わせるという選択はなされていない。

より広範な教育上の問題において、能力と意志の相互作用は、いっそう複雑で議論が分かれるところである。公立学校の改善についてたくさんの本が書かれてきたが、公立学校に不公平な資金配分が行われていることについては十分な注意が向けられてこなかった。公立学校の基本的仕組みは非常に欠陥を持っており、二、三の寛大な州による、豊かな地域と貧しい地域のあいだの財源を平等化する取り組みはほとんど成果を挙げていない。大半の学区は地方の固定資産税に大きく依存しており、大半のアメリカ人は人種のみならず階級によって分離された地域に居住しているので、格差は深刻である。たとえば、ニューヨーク州の学区では、税基盤、すなわち課税対象となるすべての不動産価値は、生徒一人あたり八〇万二〇四七ドルから一三万三八七三ドルまで幅があり、生徒一人あたりの毎年の出費は、平均で、最も富裕な学校組織の一万三九七四ドルから最も貧しい学校組織の七四五七ドルにまで及ぶ――そして、これは、貧しい学区をよりいっそう助成することで格差を減らそうと努力している州での話である。(9)

この資金調達方法では不平等を断ち切れない。より多くの資金を持つ学校はより優れた教育を提供し、それが子どもたちの収入力を高めるのを助け、その結果、彼らは学校教育により多く支出しうる地域に住むことができる。そして今度は、そのことが、人種間格差を強める。というのは、共和党の大統領と上院によって任命された保守派の裁判官による判決を主な原因として、公立学校では、一九八〇年代後半以降、人種差別が復活しているからである。現在、アメリカの黒人生徒の六分の一は、事実上、白人のまったくいない学校に通っており、そういった学校の多くは困窮している。そして、白人生徒のわずか七分の一が多民族学校に通っているにすぎない。

多民族学校とは、入学者に一〇%以上のマイノリティが含まれている学校と定義される。[10]

学校に州全体や国全体で資金を出すことによって悪しきパターンを打破しても、人種的分離を止めることにはならないだろうが、資金の再分配への一歩にはなるだろう。しかし、どのような解決策も少なくとも一つの新たな問題を生み出す。お金はヒモ付きでやってくる。納税者の不本意な分担金を政府のより高いレベルでプールして、それを完全に平等に運用するという考えは、この国における地方による統治――および地方の特権――に対する強い執着と衝突する。私立学校へのバウチャー〔政府が保護者に対し授業料に充当できる一定額の現金引換券を支給して私立学校選択を支援し、公立と私立とを競争させる制度〕は、政教分離を掘り崩し、公立学校から資金を取り去っている。

さらに、お金によってあらゆる病弊が和らげられるわけではない。たとえ、教師が社会にとっての不可欠な価値に従って給与を支払われるとしても、たとえ、十分な数の教師が授業を少人数にし指導を多少とも個人に合わせたものにしても、たとえ、教師たちが十分な本と顕微鏡と地図を持っていたとしても、子どもたちが学校に持ち込んでくる問題のすべてが消えてしまうことはないだろう。困難が続けば、ある地点で私たちの能力は弱くなる。私たちは、若者が直面するあらゆる問題に対する対処法を知っているわけではない。しかし私たちは、なすべきことを選ぶ以上に、いかになすべきかを知っている。十分な意志がなければ、私たちの能力は色あせ、かの薄明かりの領域〔既知と未知の境〕にすら近づくことはできないだろう。

ワーキング・プアにかかるあらゆる負担に関しても同じことが言える。私たちは、持ち家を促進する方法とそこそこの住居を購入可能にする方法を知っているが、それを十分に実践していない。私たちは、アルコールや薬物の依存症への対処法を知っているが、援助を必要とし渇望しているすべての人々を収容できるだけの十分な数の施設を提供していない。それは、うつ病やその他の精神病についてもあてはまる。

私たちは、貧困の淵で働く多くの人が、医療保険に関してはまったく排除されていることをよく知っている。その人々はメディケイドの対象となるには収入が多すぎ、個人で保険に入るには収入が少なすぎる。私たちはただ部分的な対応をしてきただけである。一九九八年以来、政治は、州児童医療保険プログラムの欠陥の多くを埋めてきた。そのプログラムでは、貧困ラインと定められる額からその倍額までの範囲に含まれる年収を持つ世帯の子どもたちに医療保険を保障する州に対し、その援助額と同額の助成金を連邦が支給している――ニュージャージーのように、貧困ラインの三・五倍という、より高い年収を得る世帯の子どもたちにまで保障を拡大した州もある。しかし、親まで保険の対象とする州はわずかであり、景気後退のなかで税収が減り、そういった制度はより実現しにくくなっている(このプログラムに対する四〇億ドルの連邦の年間予算は、およそ新たな航空母艦一隻分に相当する)。さらに、保険に加入していないすべての子どもの約四分の一は、公的保険には加入資格がなく、その大きな欠陥は連邦政府の思い切った財政支出によって改めうるものである。さらに、メディケイドの受給資格のある貧しい子どもの四分の一が加入していない。その理由は、親が政府の援助を望んでいないか、複雑な適用申請手続きのせいであきらめているか、単に自分の子どもに適用資格があることを知らないかのいずれかである。私たちはずっと、そういった子どもたちを保険に加入させるためのアウトリーチ・ワーカー〔福祉サービス支援者〕に付加的に金を出す意志すら持っていなかった。同じことは他の援助についても言える。貧困世帯のたった三分の一だけが、食料切符や政府の助成を受けた住宅を受給しているのである。

四五〇〇万人を未加入のままにしている、この国の場当たり的な医療保険サービスに関するより大きな議論は、政治の役割、民間部門の公平性、アメリカの階級構成についての大問題のすべてに関係している。企業本位の医療保険政策は、保険加入を組織するうえで、考えうる最悪の方法かもしれない。そういった政策は、会社の人件費をつり上げ、労働者にひどく費用のかかる健康管理機関への加入を強制する。一部の企業では被保険者の共同基金があまりに小規模なので、一人の従業員にガンの診断が下るだけで、全員の保険料が急上昇してしまう。流動性の高い時代にあっては、労働者は仕事を変えるたびに保険プランが変わり、しばしば数か月は保険なしで我慢することもある。私たちは、職場を通じて自動車保険に入っているわけではないのだから、医療保険も職場を通じてではなく直接個人加入にするべきである。

しかし、私たちに、このことを解決する能力があるのだろうか。効率性と科学的な冒険心を抑圧することなく、皆保険の形態を作り出すことができるのだろうか。政治が民間部門を圧迫するという懸念にもかかわらず、研究開発においては、それとは反対のことが起きてきた。連邦の資金拠出が急上昇すると、それに刺激を受けて民間投資においても同様の急成長が見られたのである。問題は、医療保険の単一支払者制度〔政府が医療費を全額負担する制度〕が作られた場合、同じことが起きるかどうかである。その場合の単一支払者は、税金を通じて保険制度に資金を出す連邦政府であろう。ちょうど、現在の連邦政府が、メディケア〔高齢者および障害者のための公的医療扶助制度〕を通じて三〇〇〇万人の高齢者を保障し、メディケイドを通じて四五〇〇万人の貧しい人々を保障しているように。新制度は、収入に無関係に、全員に基本的な医療を提供することになるだろう。それを「ベイシケア」と呼ぶこともできるだろう。

こういった仕組みは、カナダやイギリスで見られるように、ある種の供給制限につながりかねないという懸念がある。カナダ人のなかには、たとえば、乳房手術のあとに化学療法のような治療を受けるのに長く待たされる経験をする人もいる。限りある医療資産をより平等に全人口に行き渡らせるなかで、ベイシケアはまた、富裕な人々から、専門家や高度の検査や先端医療に無制限にアクセスする特権を奪ってしまうだろうか。それは「社会化された医療制度」の性質を帯びて、研究を推進し人材をその職業に引きつける利潤動機を弱めてしまうだろうか。医療報酬に対する政府の規制に憤慨する多くの医師は、今や、支払い額があまりに低い――あるいはメディケアの報酬の補償として富裕な高齢者に年間予約手数料を課している――という理由で、メディケイドとメディケアの患者の診療を拒否している。

しかし、医療保険の民間版も、この国の医療制度を破局間近にまで至らしめている。保険会社は公衆に対して支払いの大幅な引き上げを迫り、自社の重役への法外な報酬をほしいままにし、危険にも保険による治療を拒絶することまで行い、治療の階級制度的なヒエラルキーを強め、収入の少ないアメリカ人の健康を害している。政府がメディケアとメディケイドと州児童医療保険プログラムを通じて徐々に保険業に参入している矢先に、さらなる参入をためらえば、公衆の福祉に対する義務を怠ることになる。単一支払者制度が政策的に受け入れられるようになるまで、助成金と規制を通じて何らかの形で連邦政府と民間が協力し合うことが必要である。

ここで、私たちは、個人の選択や医療の創意性を狭めることなく利益を保証するという、二兎を追う能力を発達させる意志を持つ必要がある。それができれば、大きな政府に対する反発に包まれつつも、社会正義の追求においては、なお理想主義的である国家にとって、素晴らしい偉業となるだろう。この偉業は、もし、この国で最良の保険制度を享受している連邦議会の議員たちが、メディケイドの対象外となってから背中の治療を中止せざるをえなかったキャロライン・ペインや、HMOから救急車の費用の支払いを拒否されてクレジットの格付けが台無しになったリサ・ブルックスや、ボストンやボルチモアの診療所にいる栄養失調の子どもたちのような困難に直面すれば、確実に実現するであろう。

私たちは、不健康な幼児期が、成長過程の人間に与える影響を知っている。神経科学などの研究分野は、生物学的なものと認知的なもの、初期の子育てとその後の機能の、それぞれの錯綜した関係について、私たちに教えてくれている。問題に関する私たちの理解は、それらの問題の解決に要求される能力に先立つものであり、その能力は行動を起こす意志に先立つものである。私たちは全米で早期介入プログラム〔就学前の教育・保護活動〕を展開してきた。その多くは、立派な構想に基づくものである。しかし、財源不足のまま訓練の不十分なスタッフによって運営されるそれらのプログラムは、不幸なパターンに陥る。すなわち、このプロジェクトは不十分な資金しか与えられず、それが不成功につながり、さらに不成功が原因で、失敗したアプローチとして放棄されることになるのである。

子どもを育てる際の親の不利な条件は、改善できることと、どうすることもできないことのあいだの一続きの領域に存在している。その領域の最も近い側では、母親と父親が、単に、講習や個人カウンセリングで学べる育児技能について十分な知識を欠いているだけということがあるかもしれない。裕福な親の多くは、そういった訓練にお金を出しているが、低所得の親は、社会福祉機関から細切れに無償援助を受けるしかないだろう。親たちは、子どもの非行にばかり注意を向けるよりも、いかに子どもたちを励ませばよいのか、共同の問題解決を行い、子どもたちが自分の選択をなすのを手助けするにはどうすればよいのか、怒りを抑えるにはどうすればよいのか、賢くしつけを行うにはどうすればよいのか、共感にどのように耳を傾け、表現するのか、どのようにして相互の尊敬を得るのか、といったような能力を身につけている。

しかし、連続する領域のもう一方の遠く離れた側では、深刻な個人の疾患と、ばらばらになった家庭が育児に影響を与えており、そこでは私たちの能力もいっそう弱くなってしまう。親の中には、自身の育ちのせいで著しい障害を抱えている者もおり、叱責や忠告は大した影響力を持たない。私たちは、たとえば、子どもたちを里親家庭に預ける以外の、性的虐待の防止法をまだ見つけだしていない。養子先の家庭は、常に模範的な家庭であるとは限らない。階級の境界線を超えることについての懸念もある。

幼年期のもつ決定的な性質を考慮すれば、なぜアメリカ社会は、親を指導し子どもを保護するもっとも創意に富んだ試みを集めようとしないのか。成功しているプログラムは、繰り返し出てくる言葉で表される。すなわち、「包括的」「集中的」、そして「高度に専門的」である。もう一つ加えるとすれば「金のかかる」であろう。外科の医師団が手術を受ける一人の患者について頭を突き合わせて話し合うようなやり方で、一つ一つの家族に焦点を合わせ、医学、心理学、児童発達の高度な専門家に診てもらうなら、高額の支払いを抱え込むことになるだろう。

世界で最も富裕な国は、この負担に耐えられるだろうか。もちろん、可能である。とりわけ、富裕層の人々が進んで多少の犠牲を払うならば。連邦政府による幼児の健康と発育に関するプログラムの成果が示唆しているように、そうすることで、社会福祉予算の別の部分で金を節約することになるかもしれない。全米八か所で九八五人の子どもが、誕生から三歳になるまで、小児科医、ソーシャル・ワーカー、家庭訪問員など、子どもたちの健康を観察し、家族にいろいろなサービスを紹介し、教育上の子どもの世話を提供する人々から、細やかな注意を受けた。それらの子どもたちは、三歳の時点で、そのサービスを受けなかった子どもたちと比較して、IQの点数はより高く、語彙はより豊富で、行動上の問題はより少なかった。[11] 言い換えれば、事を適切にやれば、うまくいくということである。「それを安い費用でやろうとすれば、手抜きをして切り詰めようとすれば、結局は、目に見えるほどの成果もなく、お金だけを費やすことになってしまう」と、カリフォルニア州選出の下院議員で「子ども・若者・家族住宅選定委員会」会長を務めるジョージ・ミラーは言った。[12] 私たちは、これらすべてのことを長い時間をかけて知った。彼はこの見解を一九八〇年代に述べていたのである。

私たちの大規模な試みですら、十分な数の子どもたちに届くわけではない。貧しい子どもたちのための就学前プログラムであるヘッド・スタートは、新たな航空母艦の価格の一・五倍相当の額の年間予算を受けている。児童擁護基金〔貧しい子どもを支援する民間団体〕によると、このプログラムに、資格のある子どもたちの六〇％しか申請していない。そしてこのプログラムの教師は、わずかその半数が大卒であることを義務づけられており、彼らの年収は平均で二万二〇〇〇ドルである。ブッシュ政権は、未就学児に読書教育を普及させるのにこのプログラムが必要であるという計画を発表することで、同プログラムにテコ入れした。それは、多くの教育専門家から、愚かな政策として異議を唱えられた。ヘッド・スタートは、一九九五年に始まり、誕生から三歳までというきわめて重要な期間を対象とし、予備調査では効果があると判断されていたが、全米で資格のある子どもたちのたった五％にしか利用されていなかった。一方では、政府は、育児のための基金を集めることなく、生活保護を受ける母親に課せられる労働要件を徐々に厳しくするという、矛盾した政策を展開した。私たちは、どうすればよいかを知っていることでさえ、やっていないのである。

政治は何をすべきなのか

ある社会を評価するには、その社会の自己修正能力を確かめればよい。痛ましい誤りがなされたとき、その土地固有の困難が明らかになったとき、不正が発見されたとき、あるいは機会が否定されたとき、政府と企業と慈善事業の諸制度を観察すればよい。それらの対応はその国の健全性と人々の強さの指標である。

合衆国には、厄介な事実を認識し、改善に向けて調整する鋭敏なメカニズムがある。私たちは、人種差別、環境の悪化、企業の違法行為、方向性を誤った対外政策、警察による残虐行為、国内の貧困に対し、そのように対処してきた。それらすべての害悪は依然として残っているが、それらの多くは半世紀前ほどにはひどくないという事実は、課題と成果の両方の証左である。その理想が十分に高ければ、それはけっして完遂されることはない。その努力が十分熱心になされても、それはけっして完成を迎えることはなく、せいぜい次々と成功を生み出し続けることにしかならない。アメリカの労働社会の貧困と対決するわれわれの使命はそのようにあるべきである。

ただ一つの原因が特定されるとすれば、対処法は容易に描けるだろう。それは、リベラルかまたは保守の処方箋にぴったりと適合するだろう。体制の搾取と個人の無責任のどちらかが責めを負うべきならば、議論の一方の側、あるいはもう一方の側は満足を覚えるだろう。単に、企業の貪欲さ、あるいは政府の無関心、あるいは困窮した学校が理由であれば、リベラルな解決法で事足りるだろう。原因が単に、親と子どもたち、教師と労働者の個人的な失敗であるならば、保守的な見解が有効であろう。しかし、サルマン・ラシュディが書いているように、「抑圧は継ぎ目のない衣装」である〔*Shame* 邦訳は、『恥』栗原行雄訳、早川書房、一九八九年〕。貧困は一種の抑圧であり、責任の始まりと終わりの境界線がはっきりしていない。ノースカロライナの農地では、移民がメキシコの貧困によって追い立てられ、またアメリカの約束によって引き寄せられる。彼らは、コヨーテとコントラティスタの契約移民である。彼らは、不潔な状態で倉庫に入れられ、栽培業者、卸売業者、スーパーのチェーン店、さらに移民の収穫したキュウリやトマトの低価格を喜ぶ買い物客によって、スズメの涙ほどの給料を支払われる。責任があまりに広範囲に広がり拡散する場合は、責任は存在しなくなるように見える。真実はその反対である。あたかも誰にも責任がないかのように見える。実際には、誰もが責任を負っているのである。

リベラルと保守の溝は、政府の大きさはどの程度であるべきかということについての見解だけではない。両者の溝は、政治は何をすべきかということについてもある。リベラリズムは、国家をいくつかの目的に利用し、保守派は、国家をそれとは別の目的に利用する。ちょうどリベラルの民主党が助成金の増額と貧しい人への福祉プログラムを要求するように、共和党のなかの「上流社会の保守層」は、大きな政府に結婚助成の支出の増減を左右させ、地方の教育政策を指図し、生活保護を受ける母親の出産の抑制を図る一方で、貧困と闘う宗教法人の道徳主義的な活動に助成金を支給することを望んでいる。

ワーキング・プアの困難は、こうしたイデオロギー上の議論によって救済されることはないだろう。政治論議は民主主義にとって不可欠であるが、解決策は、最終的に、おなじみの意見の相違を超越したものでなければならない。政治上の反対する勢力同士が、敵対勢力から解決策を見つけだすために、互いの縄張りを越境しなければばならない。ちょうどビル・クリントン大統領が生活保護の適用者に対し期間制限と労働要件を課すため保守の土俵に入ったように、保守派は、政府が提供する必要のある援助を実現するためには、リベラル派の土俵に上がるのが賢明であろう。この国の〔成功の〕機会と貧困は、勤労は万能薬であるというアメリカの神話によっても、体制が貧しい人たちを縛っているという反神話によっても、説明がつかない。仮にそうであるにせよ、政府と企業を通しての社会の義務と、労働と家族を通しての個人の義務——さらには教育を通しての社会と個人の両方の関与——を一体として認識するなかで、困難は軽減されるだろう。

　貧困の淵で働く人々は、アメリカの繁栄に欠くことのできない人たちであるが、彼らの幸福は、社会全体のなかで欠くことのできない部分としては扱われていない。それどころか、忘れ去られた人々は、崖から転落しまいとして、日々、悪戦苦闘している。恥を知るべきときである。

＊トマス・ペインはイギリス生まれのアメリカの思想家、1737–1809。『コモン・センス』を著して独立革命を鼓舞した。この言葉は彼の短い評論「アメリカの危機」の中にある。

訳者あとがき

本書は、David K. Shipler, *THE WORKING POOR: Invisible in America*, New York, Alfred A. Knopf, 2004 の翻訳である。直訳すれば「働く貧困層――アメリカの見えない人々」となる。しかし、邦題は、日本でも「ワーキング・プア」という言葉が広く使われるようになってきたことを考慮し、横山源之助の古典的名著『日本の下層社会』(岩波文庫)から想を借りて、『ワーキング・プア――アメリカの下層社会』とした。

著者のデイヴィッド・K・シプラーは、一九六六年から八八年にかけて、「ニューヨーク・タイムズ」の記者として、ニューヨークのほか、サイゴン、モスクワ、エルサレムなどで取材に当たり、ワシントンでは外信部長の任にも就いた。その後、現在まで、同紙をはじめ、『ニューヨーカー』誌、「ワシントン・ポスト」、「ロサンゼルス・タイムズ」などに寄稿してきた。著書としては、本書以前に、一九七〇年代後半のソ連を考察した『ロシア――崩れた偶像・厳粛な夢』(川崎隆司監訳、時事通信社、一九八四年)、中東問題を扱ってピューリッツァー賞を受けた『アラブ人とユダヤ人――「約束の地」はだれのものか』(千本健一郎訳、朝日新聞社、一九九〇年)、およびアメリカにおける人種問題を抉《えぐ》った『よそ者の国――アメリカの黒人と白人』(一九九七年、未邦訳)を書いている。

本書は、アメリカにおける貧困という重たいテーマを掘り下げた大著でありながら、出版と同時に大きな反響を引き起こした。二〇〇四年二月に出版されるや、たちまち「ニューヨーク・タイムズ」や「ワシントン・ポスト」などに書評が載り、ベストセラーになった。著者が「日本語版への序文」で書いているように、本書が出版されると多くのＮＰＯやボランティア・グループや大学などが一斉に本書を推奨し、著者は山のような講演依頼を受けることになった。貧困問題はアメリカ最大の社会問題でありながら、政治の争点になることもなく、長年片隅に追いやられてきたことを考えれば、本書が、バーバラ・エーレンライクの『ニッケル・アンド・ダイムド――アメリカ下流社会の現実』（曽田和子訳、東洋経済新報社、二〇〇六年、原書、二〇〇一年）に続いて、ワーキング・プアに対する社会的関心を呼び起こした意義は大きい。

シプラーは、本書の執筆のために、ワシントンの黒人居住区、ニューハンプシャーの白人の町、クリーブランドやシカゴの工場および職業訓練センター、アクロンやロサンゼルスの公営住宅、ボストンやボルチモアの栄養失調診療所、カリフォルニアのスウェットショップ、ノースカロライナの農場などを訪れ、貧困の淵に立つ低賃金労働者たちと数年にわたって対話を重ねてきた。そうした綿密で粘り強い取材をとおして、本書は、人々に不可欠な財やサービスを日々提供しているにもかかわらず、社会的に排除され、人々の目に入らず、打ち捨てられてきたワーキング・プアの実態を明るみに出すことに成功している。

世界で最も豊かな国アメリカは、貧困にあえぐ人々が先進国で最も多い国である。二〇〇五年現在、約三七〇〇万人（総人口の一三％）が、連邦政府が定めた貧困ライン――四人家族で年収一万九九七一ドル（約二三〇万円）――以下の生活を余儀なくされている。貧困者の多くは、しばしば連邦政府の最低賃金（時給五・一五ドル）を下回る低賃金で、福利厚生もほとんどないままに長時間働いている。公的な国民皆保険制度がないアメリカでは、労働者は企業をとおして民間の医療保険に加入しているが、まともな雇用と企業福祉から排除されたワーキング・プアは、医療保険にも入ることができないうえに、生活困窮者のための公的医療扶助制度も貧弱で、満足に医療も受けられない。

しかし、こういう数字を並べるだけではアメリカの貧困者の労働と生活の実態はとらえられない。著者が序章で言うように、貧困の構成要素は多様であり、どの要素も他の要素と結びついている。豊かな国において貧困であることは、貧しい国の貧困にはない多くの困難をともなう。これらの理由から、一つの不運が予期しない連鎖反応を引き起こすことがある。「荒廃したアパートは子どもの喘息を悪化させ、救急車を呼ぶことにつながり、それによって支払えない医療費が発生し、カード破産を招き、自動車ローンの利息を引き上げてしまう。そうして故障しやすい中古車を購入せざるをえなくなり、母親の職場の時間厳守を危うくし、その結果、彼女の昇進と稼得能力を制約し、粗末な住宅から出られなくなる」(本書、一六頁)。

このような連鎖は、一人ひとりの貧困者に寄り添って、彼や彼女が語ることに耳を傾けることによってはじめて再現することができる。その意味で本書には貧困に打ちひしがれて夢をなくしている人たちや、希望を失わずに這い上がろうと努力している人たちのいくつものドラマが描かれている。読者は本書を読み進むうちに章の数だけの異なるドラマに出会うだろう。そして今日の豊かな社会を支えているのは、社会に不可欠なさまざまな財やサービスを低賃金のハードワークで作り出している、ワーキング・プアの人々であることがわかるだろう。

著者が指摘しているように、貧困の原因は、物質的なものと精神的なものとの複合であり、また個人的なものと社会的なものとの複合である。したがって、その改善のための課題は、雇用や賃金だけでなく、個人の意志や能力から、家族、育児、教育、職業訓練、医療、住宅、福祉制度、社会運動、政治制度にいたるまで多岐にわたっている。本書の各章は、ワーキング・プアの前に立ちはだかる一、二の困難とその解決の方向を示しているにすぎないが、章を追うにつれて、アメリカの貧困問題とその処方箋が全体として浮かび上がってくる。

翻訳作業を進めながら共訳者たちが痛感したのは、本書に書かれている今日のアメリカは、明日の日本、いやすでに今日の日本の姿ではないかということであった。近年の労働分野の規制緩和のなかで、正規雇用と非正規雇用の二極分化が進み、派遣、請負、パート、アルバイトでは労働が商品のように扱われ、「労働ダンピング」とでもいうべき事態が進行してきた。今日の日本では年収三〇〇万円以下の労働者が全労働者のほぼ半数を占めている。貯蓄残高ゼロ世帯は一九八一年の五・三%から、二〇〇三年の二一・八%に増加した。二〇〇六年のOECD(経済協力開発機構)の「対日経済審査報告」は、日本の労働年齢人口の相対的貧困率が、先進国中、アメリカに次いで高いことを明らかにした。こうして、最近では日本でも「格差社会」が大きな社会問題となり、新聞、雑誌、テレビなどのマスメディアは、格差社会やワーキング・プアについて相次いで特集を組むにいたっている。諸般の事情で原書の出版から翻訳まで二年余りを要したが、災い転じてというか、奇貨おくべしというか、本書の邦訳は日本においてワーキング・プアにかつてなく関心が集まっている最中に出版されることになった。

訳者と編集者を最も悩ませたのは、三一九ページという原書のボリュームであった。索引を割愛することにしたが、それでも定価をできるだけ抑えるには、上下二段組にせざるをえなかった。ハードカバーの初版から一年後に出たペーパーバック版には、本書の登場人物のうち主要な八人のその後についてのエピローグが追加されている。やはり紙幅の関係で、この部分の訳については、岩波書店のホームページ(http://www.iwanami.co.jp/)に掲載したことをお許しいただきたい。一方、読者の便宜を考えて、字数が増えるのは承知で、原書にはない小見出しを数ページ間隔で挿入した。また日本の読者にわかりにくい用語については簡単な解説を入れた。なお、本書に出てくる文献で邦訳のあるものについては確認しえたかぎり、それを参照した。しかし、訳文は必ずしも該当の邦訳に従っていないことをお断りしておく。

本書の翻訳は、「日本語版への序文」から第2章までと最後の第11章を森岡孝二が、第3章と第9章および第10章を川人博が、第4章から第8章までを肥田美佐子が担当し、全体の統一に森岡があたった。森岡の担当章の下訳では、森岡洋史さん(京都大学大学院生)の協力を得た。また、川人の担当章の下訳では、第3章を木田秋津さん(弁護士)、第9章を東京大学教養学部川人ゼミ有志、第10章を庄司香さん(コロンビア大学大学院生)に協力いただいた。また、肥田の担当章では、梅沢葉子さん、大竹秀子さん、木塚貴子さん(いずれも翻訳家)、バリー・デ・ソーさん(英語教育研究家)に助力いただいた。

訳者たちは、ジル・A・フレイザー『窒息するオフィス　仕事に強迫されるアメリカ人』(岩波書店、二〇〇三年)でも一緒に仕事をした。また森岡と川人は、ジュリエット・B・ショア『浪費するアメリカ人——なぜ要らないものまで欲しがるか』(岩波書店、二〇〇〇年)や、同『働きすぎのアメリカ人——予期せぬ余暇の減少』(窓社、一九九三年)でも共同したことがある。いずれの本も学ぶところが多いが、胸を打たれた点では本書にまさるものはない、というのが本書を訳し終えての実感である。読者には、本書に描かれている労働と生活を他人事とせずに、日米に共通する貧困問題について議論の輪を広げてくださることを期待している。

最後に本書の翻訳出版の企画と編集に関しては、岩波書店の上田麻里さんに、同社の前述の二つの本に続いて、ひとかたならずお世話になった。ここに記して厚くお礼を申し上げるとともに、この仕事のためにいつになくタイム・プアにさせたことをお詫びしたい。

二〇〇六年一二月二八日

訳者を代表して

森岡　孝二

＊追記　米下院本会議は、二〇〇七年一月一〇日、民主党が提出した最低賃金を今後二年間で現在の一時間五・一五ドルから七・二五ドルに引き上げる法案を賛成多数で可決した。

第11章　*Skill and Will*

1. "Voting and Registration in the Election of November 2000," U.S. Census Bureau, *Current Population Reports,* February 2002, Table B, pp. 6–7.

2. *Los Angeles Times,* Apr. 7, 2003, p. A20 and *New York Times,* Apr. 7, 2003, p. A12. 全収監者人口は，2002年に200万人に達したが，そのうちおよそ8万9000人は市民権を持たず，1万人以上が18歳未満であった．

3. David Brooks, "The Triumph of Hope Over Self-Interest," *New York Times,* Jan. 12, 2003, Section 4, p. 15.

4. U. S. Department of Labor, http://www.dol.gov/esa/minwage/america.htm

5. The ACORN Living Wage Resource Center, http://www.livingwagecampaign.org/shortwins.php

6. Robert Pear, "Aid to Poor Faces Tighter Scrutiny," *New York Times,* Feb. 5, 2003, p. A1.

7. "Trends in Union Membership," AFL-CIO, http://www.aflcio.org/aboutunions/joinunions/whyjoin/uniondifference/uniondiff11.cfm

8. 職業実習プログラムを創出するための，学校から職場へ移行する機会に関する1994年の法律は，州に十分な資金供給がなされていたが，事実上効果を挙げることはなく，クリントン政権下で延長されなかった．Robert I. Lerman, "Promoting Quality Careers with Intensive School-to-Work Activities," the Association for Public Policy and Management, Dallas, Texasのための報告書，Nov. 7–9, 2002. この著者とのインタビューも参照.

9. 1999年–2000年についての数字．New York State Department of Education, http://www.oms.nysed.gov/faru/Analysis/99-00/Table%209.html

10. Gary Orfield, Erica Frankenberg, and Chungmei Lee, "A Multiracial Society with Segregated Schools: Are We Losing the Dream?" (Cambridge, Mass.: The Civil Rights Project of Harvard University, Jan. 16, 2003).

11. Jack P. Shonkoff and Deborah A. Phillips, eds., *From Neurons to Neighborhoods: The Science of Early Child Development* (Washington, D.C.: National Academy Press, 2000), p. 211.

12. Lisbeth B. Schorr, *Within Our Reach* (New York: Anchor/Doubleday, 1988), p. 293.

Questions?" *Pediatrics* 99 no. 6: 869–76.
6. Shonkoff and Phillips, *Neurons*, pp. 207–209.
7. Zuckerman and Kahn, "Pathways," p. 90.
8. 同上，p. 92.
9. Shonkoff and Phillips, *Neurons,* p. 238.
10. Steven Parker, Steven Greer, and Barry Zuckerman, "Double Jeopardy: The Impact of Poverty on Early Child Development," *The Pediatric Clinics of North America,* 35, no. 6 (December 1988): 1234.
11. Niomi Richman, Jim Stevenson, and Phillip J. Graham, *Preschool to School: A Behavioral Study* (New York: Academic Press, 1982), 引用は Zuckerman and Kahn, "Pathways," p. 98.
12. 同上，pp. 213–14.
13. Mary Carlson and Felton Earls, "Psychological and Neuroendocrinological Sequelae of Early Social Deprivation in Institutionalized Children in Romania," *Annals of the New York Academy of Science* 807(1997): 409–428, 引用は Zuckerman and Kahn, "Pathways," p. 91.
14. Shonkoff and Phillips, *Neurons,* p. 237.
15. Parker et al., "Double Jeopardy," p. 1232.
16. M. Duyme, A.-C. Dumaret, and S. Tomkiewicz, "How Can We Boost IQs of 'Dull Children'?: A Late Adoption Study," *Proceedings of the National Academy of Sciences* 96, no. 15: 8790–8794, 引用は Shonkoff and Phillips, *Neurons,* pp. 286–87.
17. David Brown, *Washington Post,* Sept. 19, 2002, p. A3.

第 9 章　*Dreams*

1. Jonathan Kozol, *Savage Inequalities* (New York: HarperCollins, 1992), pp. 20–21.
2. 同上，p. 83.

第 10 章　*Work Works*

1. Barbara Ehrenreich, *Nickel and Dimed* (New York: Holt, 2001), p. 149.（邦訳は，バーバラ・エーレンライク著，曽田和子訳『ニッケル・アンド・ダイムド——アメリカ下流社会の現実』，東洋経済新報社，2006 年，198–99 頁）

4. Maya Pines, "A Child's Mind Is Shaped Before Age 2," *Life,* December 1971.
5. Barry Zuckerman and Robert Kahn, "Pathways to Early Child Health and Development," in Sheldon Danziger and Jane Waldfogel, eds., *Securing the Future: Investing in Children from Birth to College* (New York: Russell Sage Foundation, 2000), pp. 92–93.
6. Pines, "A Child's Mind."
7. "Educational Day Care Can Reduce Risk of Mild Retardation," *Growing Child Research Review* 8, no. 10 (October 1990), from *American Journal of Public Health* 80, no. 7, p. 844.
8. Alexandra Starr, "Does Universal Preschool Pay?" *Business Week,* Apr. 29, 2002, p. 98.
9. Lisbeth B. Schorr, *Within Our Reach* (New York: Anchor/Doubleday, 1988), pp. 163–68.
10. "Parents As Teachers: A Research-Based Program," http://www.patnc.org/researchevaluation.asp

第8章　*Body and Mind*

1. Economic Research Service, United States Department of Agriculture, *Household Food Security in the United States, 2002/FANRR-35,* http://www.ers.usda.gov
2. Jack P. Shonkoff and Deborah A. Phillips, eds., *From Neurons to Neighborhoods: The Science of Early Child Development* (Washington, D.C.: National Academy Press, 2000), pp. 204–205.
3. Joycelyn Guyer and Cindy Mann, "Employed but Not Insured: A State-by-State Analysis of the Number of Low-Income Working Parents Who Lack Health Insurance" (Washington, D.C.: Center on Budget and Policy Priorities, 1999). 引用は Barry Zuckerman and Robert Kahn, "Pathways to Early Child Health and Development," in Sheldon Danziger and Jane Waldfogel, eds., *Securing the Future: Investing in Children from Birth to College* (New York: Russell Sage Foundation, 2000), p. 96.
4. Shonkoff and Phillips, *Neurons,* p. 208.
5. Zuckerman and Kahn, "Pathways," p. 96, 引用は Marie C. McCormick, "The Outcomes of Very-Low-Birthweight Infants: Are We Asking the Right

4. Margaret Reeves, Kristin Schafer, Kate Hallward, and Anne Katten, “Fields of Poison: California Farmworkers and Pesticides” (San Francisco: Pesticide Action Network North America, United Farm Workers of America, California Rural Legal Assistance Foundation, 1999). 先天性欠損症の情報は，カリフォルニア州のインペリアル郡より.
5. 上記 4. 参照.
6. Anthony DePalma, *New York Times,* Oct. 3, 2000, p. C1.
7. Tim Weiner, *New York Times,* Mar. 3, 2001, p. A1. メキシコ政府の熱心な後押しで，オンライン送金，キャッシュカード，アメリカ人雇用主によるメキシコ国内口座への給与振り込みなどを利用して，手数料を下げるためにネットワークが築かれつつある.
8. *New York Times,* Jan. 1, 2002, p. C1 and Mar. 27, 2003, p. A12.
9. Maria Panaritis and Thomas Ginsberg, *Philadelphia Inquirer,* Dec. 12, 2002.

第5章　*The Daunting Workplace*

1. Urban Institute, Washington, D.C. で発表された報告書，Philip Moss and Chris Tilly, “Soft Skills, Race, and Employment: Evidence from Employers,” May 6, 1999. 自動車部品製造業，保険業，小売業の雇用主へのインタビューで，新入社員の重要な資質として，回答者の 74〜100%がソフトスキルを，22〜67%がハードスキルを挙げている.
2. ワシントンの SOME 雇用訓練センターの雇用開発担当，パリッシュ・ウィギンスとのインタビュー，2002 年 5 月 20 日.

第6章　*Sins of the Fathers*

1. Judith Lewis Herman, *Trauma and Recovery* (New York: Basic Books, 1992), pp. 96, 111.（邦訳は，ジュディス・L・ハーマン著，中井久夫訳『心的外傷と回復』，みすず書房，1996 年，173–74 頁）
2. S. M. Horwitz, L. V. Klerman, H. S. Kuo, and J. F. Jekel, “Intergenerational Transmission of School Age Parenthood,” *Family Planning Perspectives* 24 (1991): 168–77.
3. Kevin Fiscella, M.D., M.P.H.; Harriet J. Kitzman, Ph.D.; Robert E. Cole, Ph.D.; Kimberly J. Sidora; and David Olds, Ph.D., “Does Child Abuse Predict Adolescent Pregnancy?” *Pediatrics* 101 (April 1998): 620–24.

Pediatrics, 16th ed. (Philadelphia: Saunders, 2000), pp. 126–29.〔原著の第10，12，17版は邦訳が出版されている．第17版は衛藤義勝監修『ネルソン小児科学』，エルゼビア・ジャパン，2005年〕
4. Barbara Ehrenreich, “Two-Tiered Morality,” *New York Times,* June 30, 2002, Section 4, p. 15. および Ehrenreich, *Nickel and Dimed* (New York: Holt, 2001), p. 146.（邦訳は，バーバラ・エーレンライク著，曽田和子訳『ニッケル・アンド・ダイムド ――アメリカ下流社会の現実』，東洋経済新報社，2006年，168頁）
5. *Now with Bill Moyers,* PBS, Nov. 8, 2002.

第3章　*Importing the Third World*

1. スウェットショップ・ウォッチの会員組織は，アジア太平洋アメリカ労働者連合，アジア太平洋アメリカ法律センター，ロサンゼルス人道的移民権利同盟(CHIRLA)，韓国系移民労働者支援団体(KIWA)，タイ・コミュニティ開発センター，縫製業・工業・織物業従業員連合，アジア人弁護士会，アジア系移民女性擁護団体，男女平等権利擁護団体，の以上である．
2. Julie A. Su, “El Monte Thai Garment Workers: Slave Sweatshops,” http://www.sweatshopwatch.org/swatch/campaigns/elmonte.html
3. Julie A. Su, “Making the Invisible Visible: The Garment Industry’s Dirty Laundry,” *The Journal of Gender, Race and Justice,* University of Iowa College of Law, vol. 1, no. 2 (Spring 1998).
4. Nancy Cleeland, “Garment Makers’ Compliance with Labor Laws Slips in L.A.,” *Los Angeles Times,* Sept. 21, 2000, p. C1. 2000年の連邦法違反者には，サンフランシスコの衣料品企業の25%，ニューヨークの同種企業の48%が含まれている．Victoria Colliver, “S.F. Clothing Firms Clean Up Their Act,” *Los Angeles Times,* Mar. 29, 2002, p. B1.

第4章　*Harvest of Shame*

1. Mary Jordan and Kevin Sullivan, “With Raised Hopes, Migrants Face Peril on Mexico Border,” *Washington Post,* Oct. 30, 2002, p. A1.
2. “Causes and Trends in Migrant Deaths Along the U.S.-Mexico Border, 1985–1998,” University of Houston, http://www.uh.edu/cir/death.htm
3. Farm Subsidy Database, Environmental Working Group, http://www.ewg.org

注

第1章　*Money and Its Opposite*

1. Robert Pear, "Aid to Poor Faces Tighter Scrutiny," *New York Times,* February 5, 2003, p. A1.
2. The Urban Institute の経済学者，Robert Lerman による．
3. シラキュース大学の TRAC の分析による．David Cay Johnston, *New York Times,* Apr. 16, 2000, p. A1, and Feb. 16, 2001, p. A1, http://www.trac.syr.edu/tracirs/findings/national/ratesTab3.html
4. H&R ブロック本社によって知らされたレートは，2001 年では少し低い．200 ～ 500 ドルのローンに対し 29.95 ドル，501 ～ 1000 ドルでは 39.95 ドル，1001 ～ 1500 ドルでは 59.95 ドル，1501 ～ 2000 ドルでは 69.95 ドル，2001 ～ 5000 ドルでは 86.95 ドルである．
5. H＆Rブロック社の税金還付に関するローンと関連訴訟についての詳細は，以下に記録されている．David Cay Johnston, *New York Times,* July 2, 2000, Section 3, p. 1. 2001 年 2 月 28 日，P. C1 のリポートも参照．
6. Christopher Bowe, *Financial Times,* Feb. 23, 2000, p. 11.
7. Peter T. Kilborn, *New York Times,* June 18, 1999, p. A1.
8. Tamar Lewin, *New York Times,* Feb. 13, 2001, p. A14.
9. Richard A. Oppel, Jr., *New York Times,* Mar. 26, 1999, p. C1.
10. *Consumer Reports,* January 2001, pp. 20–24.
11. Geraldine Fabrikant, *New York Times,* Dec. 3, 2000, Section 3, p. 17.
12. Vivienne Hodges and Stuart Margulies, *Stanford 9th Language Arts Coach Grade 4* (New York: Educational Design, 1998).
13. Tom Wolfe, *The Bonfire of the Vanities* (New York: Bantam, 1987), pp. 142–43.（邦訳は，トム・ウルフ著，中野圭二訳『虚栄の篝火』上下巻，文藝春秋，1991 年，196–97 頁）

第2章　*Work Doesn't Work*

1. Alan Weil and Kenneth Finegold, *Welfare Reform: The Next Act* (Washington, D.C.: Urban Institute Press, 2002)．序文は http://www.urban.org/pubs/welfare_reform/intro.html. に掲載されている．
2. Robert Lerman, "Single Parents' Earnings Monitor," Urban Institute, Oct. 26, 2001, and Dec. 26, 2002. http://www.urban.org. にて入手可能．
3. Jack P. Shonkoff, Chapter 37.2, "Mental Retardation," in Richard E. Behrman, Robert M. Kliegman, and Ann M. Arvin, eds., *Nelson Textbook of*

注

序　章　*At the Edge of Poverty*

1. 自由の女神像に刻まれたエマ・ラザラスの詩より．
2. Richard A. Oppel, Jr., *New York Times,* Dec. 18, 2000, p. A19.
3. Albert B. Crenshaw, *Washington Post,* Jan. 23, 2003, p. E1.
4. *World in Figures*（London: The Economist Newspaper, 2003）, pp. 76, 79.
5. *Webster's New International Dictionary,* 2nd ed., unabridged（Springfield, Mass.: Merriam, 1956）, p. 1935.
6. *American Heritage Dictionary of the English Language,* 3rd ed.（Boston: Houghton Mifflin, 1992）, p. 1419.
7. *Webster's Ninth New Collegiate Dictionary*（Springfield, Mass.: Merriam, 1983）, p. 922.
8. Michael Harrington, *The Other America*（Baltimore: Penguin, 1963）, pp. 173–74.（邦訳は，マイケル・ハリントン著，内田満・青山保訳『もう一つのアメリカ――合衆国の貧困』，日本評論社，1965 年，273–74 頁）
9. 国勢調査局は，「税込みの現金収入を集計し，キャピタルゲインや，現金ではない給付（公営住宅，メディケイド，食料切符のような）を含めない」．貧困の境界線は，毎年，消費者物価指数に基づいて調整されている．http://www.census.gov/hhes/poverty/povdef.html を参照．
10. 貧困指数の歴史の詳細は以下を参照．Gordon M. Fisher, "The Development of the Orshansky Poverty Thresholds and Their Subsequent History as the Official U.S. Poverty Measure," http://www.census.gov/hhes/poverty/povmeas/papers/orshansky.html
11. Kathleen Short, John Iceland, and Thesia I. Garner, *Experimental Poverty Measures,* 1998（Washington, D.C.: U.S. Census Bureau）, http://www.census.gov/hhes/poverty/povmeas/exppov/exppov.html
12. Institute for Research on Poverty, University of Wisconsin, http://www.ssc.wisc.edu/irp/faqs/faq3.htm
13. *The NewsHour with Jim Lehrer,* Public Broadcasting System, Mar. 17, 1997.
14. *Weekend Edition,* National Public Radio, Jan. 16, 2000.

森岡孝二

1944年大分県生まれ．関西大学経済学部教授・株主オンブズマン代表．香川大学卒業，京都大学大学院博士課程中退．経済学博士．専門は，企業社会論．主著に，『働きすぎの時代』(岩波新書)，『日本経済の選択』(桜井書店)ほか多数．

川人　博

1949年大阪府生まれ．弁護士．1974年東京大学卒業．78年に弁護士登録．主著に，『過労自殺』(岩波新書)，『過労自殺と企業の責任』(旬報社)など．共著に，『サラリーマンの自殺』(岩波ブックレット)ほか多数．

肥田美佐子

ニューヨーク在住．フリージャーナリスト．明治大学卒業．ニューヨーク大学でジャーナリズムを学ぶ．『ニューズウィーク日本版』の編集などを経て，1997年に渡米．米系広告代理店，ケーブルテレビ会社などに勤務後，フリーに．

ワーキング・プア
　—アメリカの下層社会　　デイヴィッド・K. シプラー

2007年1月30日　第1刷発行

訳　者　森岡孝二《もりおかこうじ》　川人《かわひと》 博《ひろし》　肥田美佐子《ひだみさこ》

発行者　山口昭男

発行所　株式会社 岩波書店
〒101-8002 東京都千代田区一ツ橋2-5-5
電話案内 03-5210-4000
http://www.iwanami.co.jp/

印刷・三秀舎　カバー・半七印刷　製本・中永製本

ISBN 978-4-00-025759-6　　Printed in Japan

消費社会アメリカの実態は,
そのまま明日の日本の姿かもしれない

浪費するアメリカ人
なぜ要らないものまで欲しがるか

ジュリエット B. ショア
森岡孝二 監訳

見栄も悩みもサイフ事情も，もしかしたら日本人と瓜二つ？
「働きすぎと浪費の悪循環」からの脱出は可能なのか？

▶四六判・上製・352頁　定価 2,520円

窒息するオフィス
仕事に強迫されるアメリカ人

ジル・A. フレイザー
森岡孝二 監訳

仕事がどこまでも追いかけてくる！

こんな働き方はまともじゃない——全米で大きな話題を呼んだ「ホワイトカラー搾取工場」からの衝撃のレポート.

▶四六判・並製・312頁　定価 2,415円

岩波書店刊

定価は消費税 5%込です
2007年1月現在